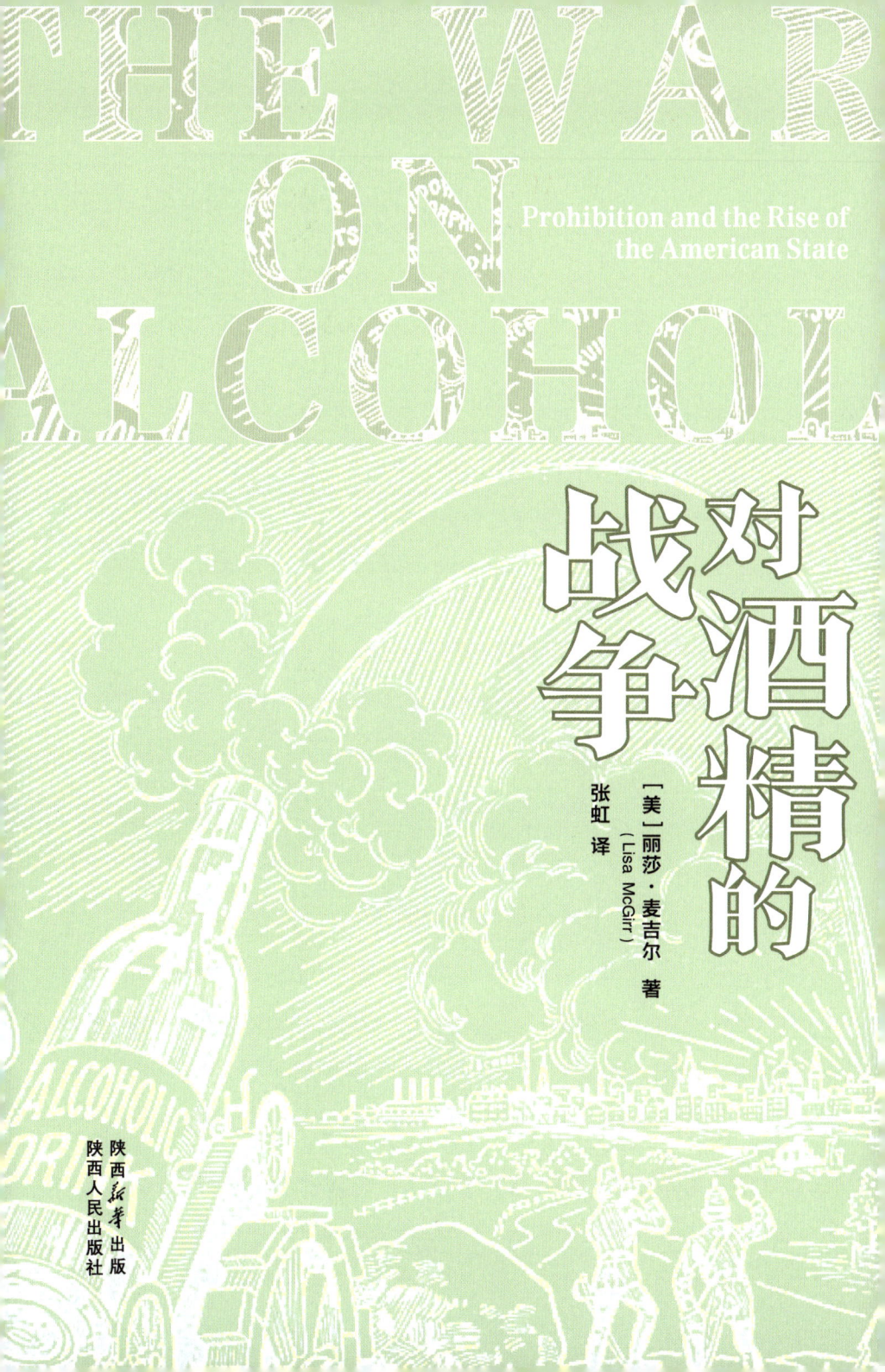

THE WAR ON ALCOHOL

Prohibition and the Rise of the American State

对酒精的战争

[美] 丽莎·麦吉尔 著
(Lisa McGirr)

张虹 译

陕西新华出版
陕西人民出版社

作者简介

丽莎·麦吉尔（Lisa McGirr），哈佛大学历史学教授，专攻20世纪美国史。著有《新美国史》等书，曾获新英格兰历史协会图书奖。

译者简介

张虹，西安石油大学副教授，2018—2019年美国威诺纳州立大学访问学者。主要研究方向为中西文化比较、英汉互译。近年出版译著五部、专著一部。

前 言 | PREFACE

  1933年3月4日，富兰克林·德拉诺·罗斯福（Franklin Delano Roosevelt，1882—1945年）临危受命，进驻白宫，履任美国总统。时值全球经济大萧条，美国国内经济更是处于崩溃边缘。罗斯福以百日"新政"（The New Deal）为主题做了就职演说。并立刻召集国会召开了特别会议，以最快的速度在国会通过了以拯救美国经济体系为目的的《紧急银行法》（Emergency Banking Act）、以缩减政府开支和退伍军人津贴为目的的《节约法》。在罗斯福上任的第八天，他的第三项重要法案——关于废除禁酒令、开放全国性酒禁的提案诞生了。经过和顾问团简单探讨，罗斯福端着一杯啤酒调侃说："国家是时候对啤酒做点什么了！"当夜便起草了《罗斯福啤酒草案》（Roosevelt Beer Message），呼吁开放酒禁。他强调说："当此国家经济艰难之时，恢复酒业尤为重要。"[1]

  在宣读《罗斯福啤酒草案》的国会现场，欢呼声一片。一天之后，即1933年4月6日，《啤酒法案》（Beer

Bill)在众议院正式通过,一个被限制了十四年之久的"禁品"终于合法重回美国人民的生活。时值美国经济最低迷之时,"啤酒"就这样被推到风口浪尖,《啤酒法案》也成为系列经济复苏新政举措的先锋。当晚,冒着华盛顿早春的微寒细雨,一辆拉着横幅的大彩车在一队警察的护送下,载着欢呼的市民和两箱新酿造的鲜啤酒,停在了白宫前的草坪上。横幅上字迹醒目:"第一杯真正的啤酒属于你!罗斯福总统!"市民们在雨中兴奋欢呼,庆祝长达十四年之久的全国禁酒令的废除。庆祝活动直至午夜,人群依然不肯散去。八个月后,第二十一修正案(Twenty-First Amendment)废止了第十八修正案(Eighteenth Amendment),终结了美国历史上国家对个人行为的一种约束。[2]

然而,这令人振奋的庆祝气氛并未持续太久,就被席卷全美的经济大萧条和失业惨况压了下去。在罗斯福执政的前两年里,总统和国会发起了联邦政府有史以来规模最大、影响力最广的政策创新,即历史上著名的"罗斯福新政"。以至于曾经备受关注的"对酒精的战争",很快变成了这台大剧的脚注,甚至淡出人们的脑海。笔者研究发现,在现今很多关于美国新政实施初期的历史书籍和文献中,几乎都缺失当时广受欢迎的《啤酒法案》的相关记载。不仅如此,这场"关于酒的战争"对于美国社会发展和20世纪美国政治的贡献,也在历史中几乎被遗忘了。[3]

在某种程度上来说,这种忽略并不奇怪。第十八修正案是美国政治史上最重大的失败政策之一,是第一个、也是唯一一个美国宪法史上被废除的修正案。一名前"反酒斗士"都承认:"禁酒令是'愚蠢的错误',是'完全无视法律'的。"这种观点也代表了废除禁酒令时被广泛接受的大众的观点。这样一个毁灭性失误政策，也分散了同时代的、以及后来历代的编年史家的注意力，使他们忽视了这个特别的美国"高尚实验"，给当时发展进程中的国家曾留下的深刻而未被承认的影响和印记。这本书旨在为这项国家政令和"禁酒时期"（Prohibition Era）在现代美国国家建设中所起的关键作用给予正名。[4]

经济大萧条的巨大阴影使得禁酒令在这一时期的民众印象里几乎很快消失了，更不要说从中反思了。但的确也还有为数不多的一些社会活动家和学者，试图反思这场运动，希望当政者从中汲取更深刻的教训。1934年，激进派艺术家本·沙恩（Ben Shahn）受政府之邀，为早期的新政倡议宣传活动之一——"公共艺术项目"（Public Works of Art Project）绘制壁画。他为纽约中央公园（New York's Central Park）设计了八幅巨型壁画，每幅壁画从不同的视角，包括联邦执法、非法酿造、黑帮拼杀等，客观地反映了禁酒运动这场"动机高尚的社会实验"。当然，当沙恩把壁画草图呈给政府时，他的构想还是被当政者否定了——没有解释，没有理由。也许这些看似诙谐有趣、实质尖刻嘲讽的壁画，让当政者觉得这种失败的旧政和当前乐观的新政之间的强烈对比是不妥当的。在沙恩和激进艺术家们的作品里，普通人的尊严，以及普通人支持和推崇的英雄式政府，是艺术要表现出来的主题。沙恩的诸多作品其实都是在启发、反思美国政府自我膨胀式政策实验、反毒品等活动的失败教训。[5]

新政后期以及第二次世界大战以后，美国新生代历史学家们倒是没有完全忽视"对酒精的战争"这段历史，但他们的观点又一边倒，只强调禁酒令的缺点。这些史学家大多支持带有浓厚自由主义色彩的新政政策，与之前所谓"陈腐的禁酒令"划清界限，态度泾渭分明。他们声称"新政"联盟的起源并不在于"拥酒"（Wets）和"禁酒"（Drys）之争，而在于大萧条时期的原料市场混乱。这些史学家们避重就轻，把美国"新政"制定者与其政策对应起来——小到收入税政策，大到国家贸易委员会的举措，而像大规模扩张联邦执法机构此类的严刑苛制在他们的历史叙述中则是一带而过。例如当时颇具影响力的历史学家理查德·霍夫施塔特（Richard Hofstadter）在他书中就写道："第十八修正案就是'一场闹剧'"，"是极其荒谬的限制令"，"是一战'放任'改革的残余、'十字军''乡村'思想的表现"。霍夫施塔特把《禁酒法案》（Volstead Act）贬低成"前一个时代道德过度紧张的象征，是笑柄、是烦恼的永恒来源，更是绝对道德'十字军'夸张的奇异力量的纪念，是他们希望消灭的邪恶！"他们暗示这种"荒谬的限制"是"完全无效的"。霍夫施塔特之后的众多历史著作中也大多延续这种观点，正如一句概述总结的那样："直到 30 年代初，才有人想起来要认真、严肃地去执行禁酒令，但那时为时已晚。"⁶

与霍夫斯塔德时代的史学家相比，后代历史学者们似乎关注到了第十八修正案背后的进步主义改革力量。但遗憾的是这代历史学家们依然没有给予这段特殊历史应有的地位和重视，继续在走使其边缘化的老路。这些新生代学者认为，禁酒令属于"到期就完蛋的无用法令"，不值得研究。不如把注意力集中在讨论"这样一个不切实际的法令怎么就通过了"的问题上。基于这样的探究视角，自然而然，对法令的实施过程的关注、对失败原因的分析又被忽略了。更有甚者，有的学者把禁酒运动解释为一场"象征性的十字军东征"，其真正目的是要确认早期的美国新教

（Yankee Protestantism）在社会文化中的主导地位。即使是那些看起来在真正关注禁酒时期历史的少数历史学家，他们也把大部分注意力放在了那场禁酒战争中出现的一些有影响力的英雄人物身上，或者干脆只是关注那些滑稽可笑的禁酒措施。[7]

或许正是各界这一偏颇现象的存在，反而引起了人们的关注。为了填补这一空白，美国后来出现了一大批以禁酒时期为背景的、哗众取宠的、夸张甚至耸人听闻的书籍和电影。从芝加哥的阿尔·卡彭（Al Capone）到俄亥俄州的乔治·雷穆斯（George Remus），文学家和艺术家们突出塑造了一批黑市酒贩、黑帮人物形象。在这些故事中，私酿烈酒在黑市自由流通、泛滥，地下酒吧的密室里随时都在上演着对文化的批判和对道德绑架的反抗情景剧。这些作品里写尽了不法商人一夜暴富的发家奇迹和破产命丧的悲剧。这些关于禁酒时期的零碎的历史描述，对大众和学术界理解"咆哮的二十年代"（Roaring Twenties）或"爵士时代"（Jazz Age）都产生了巨大的影响。综上所述，这些历史学者和作品都不能也不应该模糊了诸如禁酒令这类"社会实验"在美国国家建设和制度、意识形态方面的作用和贡献。诚然，史书和历代编年史记大多会去选择聚焦于记载和歌颂国家层面的大事和精英群体，会不自觉地掩盖了类似禁酒令这样的法律对于广大普通受众群体的非常微妙而又差异巨大的影响。[8]

……

这本书记载了一段更重要的史实，书中更加客观、密切地关注美国社会阶层的话题。这些因素不仅有力地影响了第十八修正案的通过，而且也影响了该法案在全国范围内十多年的发展。本书记录了不同社会群体对禁酒令从出现到消亡的斗争——拥护或反对。从芝加哥和纽约这样的大都市，到伊利诺伊州的赫林（Herrin）和弗吉尼亚州的里士满（Richmond）这样的小镇和城市，美国国家法律看似有着统一的影响，但实际上在不同的环境下呈现出了非常不同的特点。在这些不同的背景下，禁酒令这出戏里凸显出了一系列新的角色——政策企业家（policy entrepreneurs）和宗教改革者、地方和州执法人员、移民工人、少数族裔政客，以及在农村苦苦挣扎的穷苦白人和非裔美国人。通过这些普通美国人，我们看到了禁酒对日常生活的影响。这种审视历史的视角也重塑了我们对更广泛的历史发展的理解，包括对宗教权利的政治觉醒、发起新政的选举重组，以及20世纪美国联邦刑事国家的出现等历史事件的理解。随着书中讲述的故事的展开，我们将清楚地看到，对酒精的这场战争不仅分散了人们的注意力，更重要的是它产生了持久而重要的影响——禁酒令重塑了美国国家政党政治，并给美国以州为特色的发展道路打上了独特的、永久的印记。

这场"对酒精的战争"是美国大众政治中反复出现的主题中一个很好的例子。美国强大的福音新教传统和自由扩张资本主义是同时出现的，而且彼此之间存在着矛盾。这种相对力量的结合，不时地在因社会冲突和变化而不安的男男女女之间推动"道德十字军"（Moral Crusades）的形成。在改革者们求助于国家来稳定社会秩序的同时，为了确保自己在其中的地位，他们运用了强制性的绝对道德。即他们对工业资本主义、大规模移民和日益庞大、潜在的不稳定的无产阶级人口的巨大焦虑，最终都集中到反对酒吧和酒类贸易的运动上了。美国历史上第一次"反麻醉品"的战争就是将无数的上述不满集中嫁祸到酒类贸易和据称由此引发的社会弊病上的。

从"进步时代"（Progressive Era，1890—1920）到第一次世界大战（1914—1918）的近十年时间里，那些受"节欲戒酒"思想影响的、一直在和酒斗争的零零散散的人们，终于在日益强大的国家民族力量里找到了能够带领他们抗争的领导者——"白衣骑士"。20世纪初，反酒斗士们转向了联邦政府以寻求更激进的解决方案，颁布全国禁酒令，并通过一波制度建设、监管改革和宪政运动的浪潮获得了权力。如果没有禁酒人士的道德恐慌这剂催化剂，进步的改革者可能会采取更为温和渐进的酒类管制方式来解决"酒吧问题"。但许多城市进步主义者、学者专家、社会工作者等，包括简·亚当斯（Jane Adams）这样的名人，他们接受了"道德十字军"的理念，采取了更加专制的方法。第一次世界大战在欧洲爆发后，提高效率、杜绝浪费和做好战备的呼声使那些彻底的改革一发不可收拾、势不可挡。于是，一个由"道德十字军"和注重效率的进步改革者组成的新联盟，在联合反对工人阶级在酒吧饮酒的斗争中成立了。正是战争早期这种利益群体的归类和社会力量的结盟形式，促成了后来禁酒令针对性执法的逻辑模式。禁酒令的实施实际上是以其规模和选择性执法而引人注目的。对于这场由富有的新教反酒吧联盟（Protestant Anti‐Saloon League）领导的运动来说，针对工人阶级、城市移民和贫困社区的执法打击最为严厉就不足为怪了。毕竟，它一开始就是为了约束这些群体的闲暇娱乐方式的。本书描述了选择性执法在两个不同地理区域里的影响。书中首先考察了在芝加哥以少数族裔为主的工薪阶层人口中重塑的饮酒业格局。我们会看到禁酒令在这里是如何执行的，以及为什么会让那些对禁酒令本身已经怀有敌意的城市男女更加不满和怨恨。酒吧的关闭,有组织犯罪的暴力,昂贵的、有时甚至还有毒的私酒,以及禁酒令对移民文化的攻击,都让这些特殊社会阶层的男男女女在他们不同的群体中有了更强的身份认同。当这些少数族裔政治掮客充分利用这一点,在他们的选民基础上唤醒一种新的国家政治意识时,这些政客们的社会地位变得更加重要了。选择性执法对其他地方的贫困社区产生了程度不同但同样重要的影响。本书即探索了弗吉尼亚州执法的错综复杂,同时揭示了在南方社会和种族阶层分化的贫困群体里,因执法严酷而经常招致严重后果的现实。与其他地方的当局一样,南方的执法官员也使用禁酒令来保护那些已经被认定为容易"犯罪"的社区。低俗、腐败和暴力地提供非法酒类的巨大市场,执法官员和供应商之间复杂的关系和长期存在的漏洞,使得非法运作变得畅通无阻。与此同时,禁酒令的执行绝不是一纸空文,针对贫困社区的执法,造成了法庭被告席和监狱人满为患的危机。

总之,从总体上看禁酒令的大概形象是正面的、积极的。禁酒令的部分执行并没有阻止黑市向"贪杯的"美国人供应大量酒类产品。在许多地方都存在明目张胆的违法。在违反者中有一小群富裕的、自诩前卫的人,他们在自己的小圈子里,过着放纵的生活,挑战着与禁酒令有关的法律规范。本书还描绘了夜生活革命的"震中"——纽约,以及通过大众文化新媒体向外辐射到小城镇和城市的"文化地震"。让那些禁酒令支持者们感到失望的,也正如我们在本书后几章里将看到的:禁酒令最终被证明是一种催化剂,它催生了新的道德规范——新兴企业中产阶级的更加包容的社会和道德规范。

面对公然的侵犯法令、放纵的个人生活和跨种族的交织——夜生活世界的特征——支持禁酒令的斗士们并没有打退堂鼓。相反，他们在法律和秩序的新旗帜下进行反击。在对天主教、移民、宗教现代主义、劳工冲突、新的性别规范——尤其是女性性别规范的要求，以及第一次世界大战后非裔美国人的好战特性感到焦虑的状态下，一支由公民组成的"大军"多管齐下，开启了20世纪宗教权利的第一次转型。这些公民组织，包括大型禁酒组织和三K党（Ku Klux Klan），它们利用第十八修正案、《禁酒法案》和各州的类似法案，对白人新教民族主义的"敌人"发动了广泛的攻击。

第十八修正案和《禁酒法案》实际上帮助三K党得以崛起。在本书中，我们会看到在伊利诺伊州南部，三K党是如何在与走私和违法的斗争中赢得了大批新加入者，他们使用暴力和恐吓来对抗对百分之百美国主义（100 percent Americanism）的威胁。这样的例子在其他小地方也能得到印证。但是反过来，三K党滥用私刑也引发了巨大的争议和反对声，甚至包括其在这场"禁酒战争"中的前盟友。三K党迅猛发展壮大，但最终也以同样的速度走向衰落。面对执行禁酒令所带来的意想不到的后果，许多人开始重新反思他们曾对禁酒战争做出的承诺，但他们并没有完全拒绝"政府有权监督和惩罚其他娱乐性麻醉品的使用"。[9]

禁酒令对城市移民、信奉天主教的工人阶级实际上形成了诸多压迫，三K党的崛起便是这种压迫最令人震惊的例子。这些不满加剧了他们的政治化，将他们打造成一个强有力的政治集团。1928年，当一位来自纽约街头的候选人阿尔·史密斯（Al Smith）高举废除禁酒令的旗帜时，这些反抗力量便前所未有地团结在了民主党的周围。从芝加哥到匹兹堡，反对禁酒令的战争通过在城市工业社区的基层开展政治动员，逐步形成了少数族裔城市的工人阶级，奠定了该阶级的强大基础，而富兰克林·D. 罗斯福正是借助这一基础入驻掌权白宫的。

无法无天的违法行为、腐败、暴力和文化反叛削弱了对禁酒令的支持，而经济大萧条最终决定了禁酒令的命运。

1933 年，酒业再次兴起，但在美国娱乐生活中的地位有所下降，不再引起严重争议。禁酒令也从宪法条款中消失了。但事实证明，它对这个民族、这个国家的影响是深远的。研究 20 世纪美国政治发展的学者们长期以来一直在描绘这个国家社会福利的来源和渠道。一般来说，研究者会从制定内战老兵的养老金，到进步时代监管改革的前身，最后到新政时期，跨越 20 世纪 20 年代来审视历史。从而认为国家禁酒的十余年，也是整顿、放任的十余年。但这样做，他们实际上忽略了禁酒战争对形成 20 世纪美国国家特征———一个软弱却好干涉、重强制轻福利的国家——所起到的作用。禁酒令及其引发的犯罪和暴力浪潮，揭开了 20 世纪美国国家建设中较少被审视的一面，即它为后来建立联邦刑法国家奠定了基础。[10]

尽管存在严重的腐败、低效和资金不足，禁酒令标志着联邦政府在控制犯罪方面所担任的一个崭新而持久的角色诞生了。针对禁酒令之下出现的大规模的、明目张胆的违法行为，引起了公众对犯罪新的恐慌。这是美国历史上第一次，"犯罪"成为一个全国性的问题和困扰。为了恢复法律和秩序，联邦政府做出了很多努力，如联邦犯罪记录的保存更加精简，监狱管理更加专业化，新的监狱数量增加，扩大和加强联邦警察力量，赋予他们更大的权力，扩大联邦调查局（Federal Bureau of Investigation，简称 FBI）的权限等。

赫伯特·胡佛(Herbert Hoover)主张建设联邦刑法国家。这位贵格会（Quaker）教徒、工程师、美国总统，对酒精、犯罪和麻醉品的战争的态度，与他的新自由主义的认识是一致的，这种政治哲学在 20 世纪后半叶又一次充满活力地在华盛顿显现。胡佛赞成扩大国家权力，但却是出于保守的目的。正如早期的新政经济计划建立在胡佛的思想基础上，罗斯福也接纳并扩大了胡佛对犯罪的战争。

实际上，罗斯福政府对扩大联邦权力的态度远没有那么矛盾，而是把它推到了另一个层面，即增强了 J. 埃德加·胡佛(J. Edgar Hoover)领导的羽翼未丰的联邦调查局的权力和名声。长期被忽视的是，新政和胡佛政府之间的这些连续性，构成了两届政府最持久的成就。[11]

尽管选择性执法贻害无穷，但禁酒令和它所引发的不断升级的犯罪，还是让美国人民相信，他们需要求诸联邦政府来解决新的国家问题。在禁酒战争结束后，联邦政府并没有就此放弃其在控制犯罪方面的新角色和权力。在吸取禁酒令教训的基础上，它对娱乐性麻醉品采取了惩罚性措施，且还向其他方向扩展了管制措施。美国针对国内、国际的禁毒制度，与其禁酒制度是共生共存的。它很好地运用了在禁酒战争中所形成的、社会力量结盟的逻辑模式，主要的道德企业家的力量，以及通过战争赢得的官僚主义的强大影响力。这些社会力量随着对禁酒战争的广泛支持逐渐减弱也继而瓦解，于是禁酒战争中的主要人物又把精力转向了争议较少的反娱乐性麻醉药品的斗争中。20 世纪美国

"反麻醉品的战争"造成了监狱人满为患的新危机和无法计算的社会成本,笔者认为,现在正是重新审视美国禁酒历史的最佳时机。

目 录 | CONTENTS

第一章　激进改革的形成　　　　　001

第二章　贩卖、假酒和家庭酿造　　039

第三章　选择性执法　　　　　　　070

第四章　勇敢的抗争　　　　　　　111

第五章　公民勇士　　　　　　　　139

第六章　新崛起的政治力量　　　　177

第七章　联邦刑法国家的建立　　　213

第八章　禁酒令的废除　　　　　　257

致谢　　　　　　　　　　　　　　283

注释中使用的缩写　　　　　　　　286

书中各章节的注释　　　　　　　　288

索引　　　　　　　　　　　　　　335

第一章　激进改革的形成

1913年12月10日,来自美国各州的"禁酒十字军"(Antiliquor Crusader)战士在华盛顿的市中心集会。分散在各州的较大的禁酒组织,协同建立了一个"大联合委员会"(Great Joint Committee),并要求联邦政府采取行动,取缔全国境内的酒类贸易。集会人员分成两大队,皆以军队化整齐方阵向国会大厦所在地行进。游行队伍的其中一支,是由亚伦·S. 达格特(Aaron S. Daggett)上将——一位参加过美国南北战争(American Civil War)和美西战争(Spanish-American War)的老兵率领的千人左右的反酒吧联盟委员会(Anti-Saloon League Committee)方阵。另一支则是由五十位身着白色连衣裙的基督教妇女禁酒联盟(Woman's Christian Temperance Union,以下简称WCTU)的成员组成,她们整齐地跟在一个手持国旗的小男孩后边向前行进。当两队游行者到达国会所在地时,反酒吧联盟的主席重新集合了所有的人,并发表演讲支持他们的崇高目标。"是时候了,"他怒吼道,"联邦政府应该把'人类文明最大的敌人——酒精'从东海岸到西海岸、从国土上的每个角落驱逐出去!"乔治亚州(Georgia)基督教妇女禁酒联盟的领导人、有着"飓风"绰号的玛丽·哈里斯·阿玛尔(Mary Harris Armor)也向人群发表了演说。她对要求修改宪法以终止酒类交易的新呼吁大加赞赏,并颇为大胆地预言:"这场战争将持续下去,到1920年的时候,这种全国范围的民众普遍的禁酒要求,将会促成一部美国法律。"1

集会的当日,后来被一些人称为"禁酒令之父"的里士满·P. 霍布森(Richmond P. Hobson),一位亚拉巴马州(Alabama)国会议员,在12月的这个充满活力的日子,也去一一问候了聚在国会大厦前的人们,包括妇女、孩子等。霍布森这个人相貌俊朗,浑身又自带军人气质,早在年轻时就有了"唐璜"的美名——唐璜是拜伦的长篇讽刺史诗《唐璜》(*Don Juan*)中的人物,一副风流倜傥的剑客形象。一位传记作者描述霍布森深受很多女性喜爱,称其为"美国被吻次数最多的男人"。霍布森也赞扬了这支"禁酒十字军"的崇高目标。同时,他自己也堪称是一位狂热的禁酒主义者,他不仅起草了一项规定禁止饮酒行为的法律提案,而且迅速诉诸行动,向国会提交了该项草案。他鼓励这支禁酒队伍要将打击酒类贸易的斗争进行到底,因为,正如他在其众多演讲中的某场里所声称的那样:"无论这是一场国家层面的'战争',还是一场文明与摧毁文明的敌人——私酒贸易之间的'战争','战争'的性质始终不变。"2

这样的演讲并不仅仅是华丽的辞藻,里士满·霍布森的军旅生涯塑造了他对国家"酒精之战"的态度。霍布森曾于1898年在美西战争中服役。他因战时参与过一项冒险而艰难(但也注定失败)的军事任务而出名,即击沉美国煤矿船"梅里马克号"(Merrimac)封锁古巴圣地亚哥港,回国后他成了一名战斗英雄,受到人们的拥戴。沙文主义报刊把这场失败的战争冒险描写成了美国式神话,对美国人的勇敢和创举的大肆颂扬,使霍布森成了战时名人。后来他又到菲律宾服役,当时那里的鸦片贸易十分猖獗。对鸦片贸易的压制和打击成为美国寻求在菲律宾发挥其影响的重要手段之一。随之,1905年美国国会通过法令,批准菲律宾逐渐禁止鸦片进口。而从这些经历中,霍布森逐渐成长为一个强烈主张提升国家实力、鼓吹帝国主义扩张以及加强国际和国内麻醉品管制的坚定人物。[3]

像霍布森这位前海军军官、后来的政治家一样,当时的人们把那能醉人的酒认定为一种麻醉剂,能毁坏身心,这也符合那个时期对禁酒知识有限的科学认知。由于看到了诸如美国外交官、传教士和军事指挥官们在控制全球麻醉品贸易中所发挥的影响作用,在服过兵役之后,霍布森本能地想到了去寻求联邦政府的影响力和权力来介入对国内酒类非法贸易的管控。

霍布森在向国会提交的第十八修正案决议里写道:"酒精是一种麻醉毒药,对人体有破坏作用,使其退化……它把国民的身体素质降低到了一个可怕的水平……甚至将威胁到……全民的生命。"[4]

里士满·霍布森代表着几十年的禁酒运动中一股新的关键力量,它是古老的新教道德正义与20世纪的民族国家建设的现代融合。霍布森认为,不断增强的国力需要坚定、高效的公民意识做支撑。然而,这种现在看来是有些扭曲的世俗新逻辑,却在当时扩大了禁酒令在国内以及国际的反响，它把新的跨州、跨国界麻醉品管制工作也带动起来了。不难看出，半个世纪以来，禁酒运动赖以支撑的思想竟是来自强大的新教福音派，它把醉酒视为"道德上的罪恶"。霍布森本人是在亚拉巴马州盛产棉花的马诺丽亚·格罗夫（Magnolia Grove）长大的，从小就沉浸在严格的禁欲思想中。但现在，作为一个强大的国家力量的倡导者、引领者，他和他的盟友开始以新的视角看待这场斗争及其解决方案。在联邦政府的强硬执法行动中，一项试图通过控制与强迫去重塑公共和私人行为规范的新教道德计划逐渐形成。这种国家权力与道德劝说之间的联姻，势必将带来联邦警力的急剧扩张，以及各州和地方用于控制犯罪的警力的增加。[5]

1913年的宪法修正案运动标志着禁酒运动策略上的重大转变。在那之前，规劝戒酒和禁酒动员与管制，依靠的是限制酒类贸易的州立法和地方活动，具体措施诸如禁止在城市、县镇开设酒吧、销售酒精等。现在我们回首多年前，在那个清朗的早晨，聚集在华盛顿的那些男男女女，他们都是几十年来一直为禁酒运动努力奋斗的斗士。为了更好地理解这些追随者对霍布森的支持，理解联邦政府和军人对新道德主义的拥护，我们必须深入研究禁酒情结及其思想的形成史，以及由它引发的强大的禁酒战争的始末。

......

美国的禁酒运动，如同西欧有同样问题的国家一样，在19世纪得到了加强。北美的饮酒文化源远流长，可以追溯到殖民时代。科顿·马瑟（Cotton Mather）将酒称之为"上帝所造的尤物"，"自殖民初期以来，饮酒一直是日常或庆祝活动时的不可缺少的部分，是政治生活和私人生活里的重要元素之一。事实上，整个北美殖民地——就像在英国一样——在那个饮用水有杂质、含盐重且对健康明显有害的时期，威士忌和其他能让人产生兴奋感的烈酒顺理成章成了人们日常的饮品乃至滋养品"。⁶

工作时偶尔停下来，喝杯浓烈的威士忌——这在前工业化时代十分常见，但在后来日益市场化后，这种情况即使在居家生活中也变得极为少见。因此，19世纪30年代和40年代，禁欲戒酒运动得到了大力推动，当时崛起的中产阶级更是将戒酒清规视为人们自律和上进的表现。进而有之，一些支持禁酒的人士危言耸听地警告说："大量数据显示，这个刚刚起步的国家正在被烈性酒精所淹没：1830年，全国人均烈性酒年消费量超过了五加仑，创下了美国历史最高纪录。"更明显的例子是，在1829年，连军队也不敢明确禁止招募"酒鬼"入伍了，因为战争部长(the secretary of war)估计，全国四分之三的劳动者每天至少要喝四盎司的蒸馏酿造威士忌酒。民众这种嗜酒现状引发了特拉华(Delaware)的道德协会(Moral Society)的警告，说这个新国家正在面临成为"酒鬼之国"的威胁。⁷

而欧洲国家，从英国到德国，也在与这些高人均酒精消费作斗争。其中一些国家，如瑞典在当时同一年份里对酒的需求总量还超过了美国。因此，当时也激发了这些国家民族强大的禁酒运动。

但是从没有一个国家或者民族，在抵制酒精的运动力度方面超越美国——美国在禁酒运动中体现出来的绝对主义是其他西方大国无法匹敌的。这一显著特点应该归功于美国强大的新教福音派思潮。新教的复兴主义连同道德的宗教信仰深深扎根于美国这个狂热的资本主义与奴隶制并存的国度。其时正值美国缺乏强大的调解机构来缓解资本压力,这也为富有开创精神的新教福音派牧师提供了成为领导力量的绝好时机。在这种情况下,坚定的道德准则和严格的宗教信仰成为一种可以支撑社会秩序的力量,并提供了一个牢固而有归属感的情感世界——在这个世界里,富含人文情感的复兴主义宗教信仰对人们来说充满了意义,提供了一种安全的秩序感。因为相较世界其他国家、那些已经形成固定社区的地方,此时的美国还是个社会结构尚待建立完善、根基不稳固且缺乏公共生活的国家。[8]

美国新教福音派完美主义的强大思潮从一开始就推动着这场针对酒的争论,且辩论的立场比大多数其他西方国家都更加绝对。他们提倡完全戒酒,而不仅仅是适度限制饮酒。并且想要让信奉福音的传教士这一派,和雇佣越来越多工人的雇主中明显不那么虔诚的另一派,都认可"任何一种的酗酒行为皆是一种社会罪恶"。这些终生致力于救赎灵魂和创造一个更完美世界的传教士和他们的追随者,把酒与诱惑、罪恶联系在一起:只要一滴酒就会导致依赖性、"奴役性"甚至毁灭性。能保证禁酒,就为灵魂的救赎铺平了道路。蒂莫西·谢伊·亚瑟(Timothy Shay Arthur)1854年的小说《酒吧里的十个夜晚》(*Ten Nights in a Bar-Room*),以及后来的一部广受欢迎的戏剧《我在那里看到了什么》(*What I Saw There*),使这些观点流行起来。小说讲述了一位名叫乔·摩根(Joe Morgan)的正直丈夫和父亲的故事,他因屈服于暴利酒馆老板塞拉斯·斯莱德(Silas Slade)的诱惑,不顾妻子绝望的恳求,把所有工作和家庭收入都用去酗酒,继而酒后失德、纵情声色,最终这个曾经负责任、勤奋的男人丢了工作、家破人亡。故事的结尾,是摩根抱着女儿的尸体久久不能释怀——她因为去到酒吧里央求父亲回家，却遭遇酒吧斗殴而被残忍杀害。这个故事的寓意很明显：努力工作有助于个人成功和家庭幸福；反之，哪怕是经不起仅仅一杯酒的诱惑，也意味着必然的毁灭。[9]

这些早期的禁欲倡导者集中引导的是个人皈依。例如，一个以巴尔的摩（Baltimore）为基地的华盛顿"改过自新酒徒"的工匠协会，他们就让会员签署了一份戒酒和救赎生活的誓言协议，引导大家戒酒。然而，到了19世纪中期，禁酒改革者们认为，单凭个人的自觉皈依不足以结束这具有"破坏性的、危险的、邪恶的"酒精贸易问题。他们转向借助地方和州政府的力量，大规模推行清欲廉洁运动。改革者们的第一次全州范围的大行动是在缅因州（Maine）发起的，活动发起人尼尔·道（Neal Dow）是一位精力充沛、具有公众意识的市长和工厂主。尼尔宣称："酒类交易比所有罪恶加起来的诱因更容易使人堕落和陷入贫困。"尼尔·道成功地在1851年通过了"禁止酒吧和传统小酒店营业"的州一级法律。当得知这项法律颁布后，一群吵闹的工人男子涌到市政厅进行抗议。尼尔·道市长要求他们解散，接着下令开火制服其中的顽固反抗者——这次事件里出现了美国国土上对酒精开战以来的第一个付出生命代价的牺牲者。继而，这场长达十几年之久的禁酒运动浪潮在北部和东部各州扩散开去。但后来所有这些已见成效的努力和颁布的法令在内战期间都被废止了。主要是因为此时禁酒令所引发的强烈反抗和围绕奴隶制废除问题的争论，大大地削弱了对禁酒措施的支持，促使禁酒的努力行为被边缘化了。不仅如此，1862年对酒征收的新税为战争带来了急需的收入，也弱化了这种努力。那个时候，就连禁酒斗士尼尔·道也把他的改革行动转向了反对奴隶制的斗争，领导着缅因州军队参加了拥护联邦的战争，直到他升任陆军准将并获军衔。[10]

尽管禁酒运动是由中产阶级的代表人物尼尔·道等人领导的，但禁酒之风并不只存在于中产阶级之中。来自附近华盛顿都市统筹区巴尔的摩的工匠、手艺人和劳工领袖，到劳工骑士团（the Knights of Labor）的特伦斯·鲍德利（Terence Powderly），他们都把控制饮酒的欲望作为维护独立的劳工共和主义（labor republicanism）的一种手段。他们认为，酒精给人带来的依赖性和奴役不亚于那些牟取暴利的雇主。鲍德利说："工人喝的任何一杯朗姆酒，都是夺走他们的妻子和孩子的钱去买的。"骑士团也因此禁止酒商加入他们的组织。于是，19世纪的禁酒运动普遍开展，并赢得了民粹主义改革者、劳工捍卫者，以及谴责"暴利"白酒行业的非裔美国人领袖们的支持。禁酒运动的核心组织者是中产阶级的新教教徒——这个群体越来越倾向于"自律和控制"，这后来被证明是一种终将会榨干国家的强迫行为。[11]

到19世纪后期，出现了一批对国家发起的社会变革产生新认识并具备新的组织能力的禁酒改革者。基督教妇女禁酒联盟于1874年在俄亥俄州的克利夫兰（Cleveland）成立，是19世纪末20世纪初最强大的妇女改革组织。身着白色连衣裙的妇女参与了多项改革活动，以扩大其妇女组织和女性在公共领域中的影响，并致力于保护家庭免受那些不受限制的工业增长所造成的威胁。"保护家园"成为这些中产阶级新教改革家广泛而鲜明的旗帜，但他们最为关键的使命却体现在他们为自己组织所取的名字中。[12]

中产阶级的新教女性自诩为家庭美德的守护者,她们把反对饮酒消费视为保护脆弱的妇女和儿童、管教男性尤其是管教工薪阶层那些赖以养家糊口的男性的关键。19世纪末,大批男性工人在新兴的棉纺厂、机械工厂、钢铁厂和煤矿长期从事工时很长的工作。他们的妻子为家庭操劳,兼顾养育孩子、做饭、洗衣服等工作,有时还收留穷困的寄宿者。她们依靠丈夫的工资来维持家庭生活,保持收支平衡。然而这些工薪阶层妇女的家庭预算会经常因为配偶的周期性失业而受到挑战,生活变得愈加困难、复杂。裁员,经济低迷,制造商的季节性生产周期,都使得工薪阶层经常陷入失业困境。那些经济条件好的妇女也公开讨论说,酒吧的存在确实明显给经济条件差的家庭生活带来了不安全感——贫穷的妇女们不得不担心急需的现金会被丈夫们拿走并花费在酒吧里。更为糟糕的是,醉酒的丈夫回家后会引发家庭暴力。另外一方面,家长式的新教精英妇女,她们也是基层"禁酒十字军"的成员,理所当然地继承了早期的禁酒思想。然而,她们对这些矛盾的解决方案不再是把重点放在转变个人的欲望、去过节制欲望的生活上。她们寻求一定的社会手段来促进禁酒,并发起了具有地方特色的禁酒运动,并最终在全州范围内开展了以废除酒类交易为目的的禁酒斗争。[13]

许多新教牧师团体很快地加入这一充满活力的基层女性改革者的行列,共同反对酒吧营业。他们秉承了美国内战前那些认为喝酒就是罪恶、滴酒不可沾的传教士的禁酒传统,在1893年成立了反酒吧联盟。在全国新教教会的巨大资源支持下,尤其是在卫理公会(Methodist church)牧师的人力和物力支持下,反酒吧联盟迅速成长为一个高度组织化的影响力团体。当基督教妇女禁酒联盟还在依靠地方分会积攒实力时，反酒吧联盟则直接通过全国范围的新教教会和神职人员扩充成员和募资。新教徒自豪地宣称自己是"行动中的教会"，并在政治上致力于改革"公共道德"。最大的新教教派卫理公会与该联盟的联系最为密切，许多主教都担任该联盟的主要领导人。浸信会（Baptists）和长老会（Presbyterians），以及较小规模的基督门徒和基督教科学家也都加入进来。但是另一方面，路德教（Lutherans）和圣公会（Episcopalians）教徒在"禁酒十字军"中基本上是缺席的。地方联盟的牧师，地方部长协会，以及他们在全国各地城镇的成千上万的会众，都给反酒吧联盟提供了有效的组织手段，可以把禁酒运动的信息传播给广大的新教徒们。[14]

除了令人印象深刻的广泛基础之外，该联盟还按照现代商业公司的运营管理模式进行着高效的运作。联盟的关键领导职位和执行委员会成员基本都是新教牧师在担任，同时该组织还招募了经验丰富且政治立场鲜明的律师。最有名的是该联盟的法律总顾问，也就是那位戴着眼镜的、秃顶的韦恩·惠勒（Wayne Wheeler）先生。此人虽然身材矮小，但他最终在华盛顿掌控的巨大实权则远远弥补了他外形的不足。纵观美国历史，我们会发现，新教教会有效地利用了国家权力，并借此来建立一个"公正的国家"。[15]

反酒吧联盟建立了一个广泛而成功的组织，它的革命对象是"恶魔酒吧"，而不是攻击个人的烈性酒消费。那些有着自动旋转门、高高的酒吧凳和长长吧台的迷人酒吧——无论是西部边境小镇上那又脏又破的小酒馆，还是中西部少数族裔聚集区的"穷人俱乐部"，无一不是迎合绝大多数喜欢喧闹和自由无拘束的男性工人阶级顾客的。1905年,一位改革家在文章中肯定地描述道:"最重要的问题还是集中在酒吧上。对此,所有热爱清醒和社会秩序的人,都会同意的。"[16]

然而,废除酒吧意味着要对抗从酿酒厂、酿酒商到贩卖商"牟取暴利"的整个蜘蛛网般的网络。反过来,要打击酒类贩运,也不可避免地波及酒吧外的饮酒消费。得克萨斯州(Texas)参议员莫里斯·谢帕德(Morris Sheppard)在1914年向参议院提出的决议里宣布:制造、销售、进口和运输麻醉人的酒为非法行为。但在个人的饮酒消费行为和废除酒类贸易之间做出了明显的区分。该决议后来成为参议院的第十八修正案。谢帕德支持宪法修正案,他宣称:"我不是一个严格意义上的禁酒主义者……我在和不法酒贩做斗争,反对酒吧,但我的目的并不是要阻止个人饮酒行为。"[17]

因此,对工人阶级在酒吧饮酒的强烈敌意,构成了20世纪早期禁酒运动的核心原则。对于小城镇和工业城市中大部分信奉新教的中产阶级来说,工人酒吧是一个潜藏着各种社会问题的藏污纳垢之所。在美国转变成一个工业强国的过程中,一直伴随着大规模的贫困、市场混乱、犯罪和巨大的财富差距等问题。对于自认为"体面"的男男女女来说,酒吧本就是一个诱惑之敌。"酒"为这些社会弊病提供了一个简单的解释,这个解释既不需要挑战这些男性女性生活的物质基础,也没有要求进行更深远的变革来重新平衡社会和经济力量,只是简单地用"过度饮酒"去解释"大量贫困"的存在。这种观点让20世纪初的美国观察家们深感震惊。这种观点正如一名有影响力的禁酒斗士所概括的那样:"在某些情况下,贫穷……是受环境影响的不可避免的结果,但更重要的是懒惰、缺乏远见,而最糟糕的是,贫穷是由酗酒引起的。"禁酒斗士们通过消灭酒馆和捣毁其赖以生存的酒品贩运体系来改善民生——至少表面上看是在改善城市工人阶级男男女女的生活状况。这一时期,"普通人的文化休闲消费其实受制于公共利益"的观点也被广泛强调。[18]

"禁酒十字军"继续夸大酒吧、酒饮品和酒业造成的实际伤害。他们迅速采取了全面禁止酒类贸易的措施,这是一种与酒吧和酒产品消费所产生的弊病完全不成比例的"治疗方法"。要彻底根除酒这个"敌人"所形成的恐惧气氛,导致许多禁酒者夸张地把那醉人的酒,认定为一种危险的"麻醉毒药"、一种几乎具有魔力的"邪恶力量"。在这样的思想引导和影响下,他们完全忽视了快速工业化经济中产生贫困的客观原因。霍布森在全国知名演讲者云集的、夏季户外巡回演讲集会上声称,酒是这一切的罪魁祸首。"在这个工业化时代,成千上万的孩子被扔到大街上,或被赶进工厂和矿山里做童工——而这些孩子此时最重要的应该是去接受教育,为将来承担更高的公民义务做好准备——这对孩子和国家都至关重要。"搞垮类似"酒王"这样的大牌酒商和企业,就直接惩戒了暴利资本家集团,并消解了那些引起社会贫困的有害的群体的休闲方式,这些群体包括大城市里的欧洲移民、大西部的本地矿工,以及南部的非裔美国人。因此,这场禁酒运动实际上是典型的白人新教、福音派和盎格鲁-撒克逊(Anglo-Saxon)中产阶级们的改革,是他们在发现自己的传统道德和势力在迅速发展且肆无忌惮的美国资本主义世界中受到冲击时的一场自保革命。[19]

......

基于大大小小的制造商对海量劳动力的迫切需求,在 1880 年到 1920 年间，有超过两千万的移民流进美国。移民浪潮的高峰是在 1900 年和第一次世界大战之间，仅 1907 年一年，就有超过 100 万移民进入美国，这是美国 19 世纪末和 20 世纪初大规模移民浪潮中最大的一次。1910 年达到顶峰，当时美国 14.9% 的人口是在国外出生的。19 世纪 40 年代开始，移民主要来自北欧国家，如德国、爱尔兰和瑞典。美国内战结束后，一大批中国移民承包了修建横贯北美洲大陆铁路的工作，形成了另外一股移民潮。然而，一场种族主义运动结束了这种"苦力劳动"，1882 年的《排华法案》（Chinese Exclusion Act）切断了亚洲移民的流动。19 世纪末和 20 世纪初，越来越多的来自南欧和东欧的移民替代了来自德国和爱尔兰的移民。

波兰人、意大利人、希腊人、波希米亚人、俄罗斯人和斯洛伐克人似乎一夜之间就在这个国家的城市定居下来，人数之多前所未有。纽约和芝加哥这两个美国的主要城市，不仅变得不可思议得大，而且充满了鲜明的异域色彩和气息。1910 年，纽约市近 500 万居民中有 41% 是在美国之外出生的。1920 年的芝加哥，三分之二的人口要么是在国外出生，要么孩子的父母是外国人。[20]

大量移民劳工及其子女定居在东海岸和中西部城市人口密集的少数族裔聚居区。在那里，天主教教区、犹太教会堂、波希米亚福利组织和意大利社交俱乐部等互相交织，密集而庞大的多民族网络改变了这片土地上原有的建筑景观，出现了大量具有异域文化特色的建筑和生活方式。对许多欧洲移民社区来说，喝酒是社区生活、家庭庆典、宗教仪式以及身心放松的一部分。从波士顿（Boston）的"手中鸟"（Birds-in-Hand）酒吧，到密尔沃基（Milwaukee）的道夫勒（Doerfler）酒吧，再到芝加哥的工人酒吧，尽管各式各样，但它们也只是工人阶级饮酒场所里的一小部分而已。广义上讲，美国酒馆的数量在 19 世纪的后三分之一时间里增加了两倍之多。[21]

酒吧数量的快速增加刺激了啤酒消费。整个 19 世纪，烈性酒的消费量急剧下降。从 1830 年到 1910 年，它减少了一半，从每年人均 5 加仑降至 2.3 加仑。随着这一数字的下降，过度饮酒造成的许多客观负面影响得到了缓解。然而，啤酒消费量从 1840 年的每年人均 2.3 加仑增加到 1910 年的 25.9 加仑，增幅超过 1000%。20 世纪初，美国的人均烈性酒消费量还是与正在工业化的欧洲旗鼓相当的，啤酒的消费量当时是落后于德国和英国的。尽管如此，相对美国本国，啤酒消费呈现出来的几何式增长速度仍然是一种显而易见的、大张旗鼓的现象。对许多美国人来说，这是一个令人担忧的预兆，预示着"美国城市需要进行移民改造"。因为在一定的意义上来说，工人阶级聚集饮酒的地方在那个时代其实是避免文化冲突和缓解阶级焦虑的场所。毕竟，光顾这些场所的人不仅是工人阶级，而且大多是外国人，信奉天主教。移民劳工不仅改变了这个国家的阶级构成，而且也改变了它的宗教和种族认同。在美国，种族和宗教分裂与阶级分裂一直是密切相关的。结果，曾经的种族、宗教和阶级之间的种种紧张关系，反而在酒吧存亡之争中得到锤炼，并最终融合在了一起。[22]

很快，"禁酒十字军"袭击了美国西部小城镇和东部工业城市的酒吧，声称这些酒吧是"溃烂的褥疮"和"社会威胁"，是"工薪阶层的敌人"。在全是男性顾客的酒吧里，不受约束的性行为也增加了各种性病传播的风险。一般情况下，"体面的"妇女，无论是出于禁令还是习惯，都不会出入酒吧。但是，有些酒吧为女人开了隐蔽的侧门和私人小单间，专门为性交易提供隐秘的场所。1905年成立的"纽约14人委员会"（New York's Committee of Fourteen）就是致力于根除这种酒吧卖淫活动的组织。他们深信，酒吧与烈性酒买卖和卖淫活动有着极深的牵连。1912年，进步派杰出人物简·亚当斯宣传了一位科学家的发现，即：酗酒是白人被贩卖为奴的诱因之一。基督教妇女禁酒联盟的领袖艾拉·布尔（Ella Boole）则宣称："没有酒吧的罪恶，就没有社会的罪恶。"这实质是抗议卖淫的委婉言辞。[23]

政治上智慧而精明的改革者，他们对控制酒吧所做的努力是和酒吧、和城市无产者在政治中起的作用直接有关。因此，少数族裔工人阶级的小酒馆和酒吧，通常会是当地城市政党机构的非正式组织所在地，是处于社区中心和城市底层的政党活动的场所。酒吧老板在当地的民主党和共和党中都很活跃——而且在社会主义得到发展的工业城市里，酒吧老板同样在社会党中也很活跃。密尔沃基的"下水道社会主义"（以务实的左派政治品牌命名）组织，集中为工薪阶层社区办实事，他们为社区和城市建造下水道、铺设街道和公园的地面——而这些人的组织所在地就是酒吧，酒吧就是他们政治聚会的重要场所。维克多·伯杰（Victor Berger）1910年担任市议员，一年后以社会主义者身份入选并进入国会。他在约翰·道尔夫勒（John Doerfler）的机构中主导了活跃的讨论，当地的社会主义组织在那里定期举行会议。一名密尔沃基社会主义俱乐部的前老板后来回忆说："那个地方，无论从什么意义上说，都是一个'教育机构'。"[24]

然而，在那些拥有大型民主党和共和党政党机构的城市里，作为地方党派政治上公开活动场所的酒吧发挥了更重要的作用。

通过这些酒吧，少数族裔选区的领导和政党选区的领导同选民们保持着密切的个人联系，为选民们提供急需的服务，如就业、租金支付或派送"感恩节礼物篮"帮助穷人等，以此换取选民在选举日的投票。这种服务"客户"的务实做法，在那个物资供应匮乏、强大的市政政治又普遍腐败的环境里，极为有效地巩固了工人阶级这一部分的投票基础。客户主义，即以服务换取选票、政治支持，是美国和欧洲部分地区以及拉丁美洲社会中政党政治的显著特征。因为在这些社会中，收入差距巨大，各种权力关系极为不对称。"反酒吧情绪"是改革者们希望城市摆脱腐败和"低效"的政治机器愿望的集中体现。[25]

进步党对根除酒吧的支持，实际上始于他们对贫穷的工人阶级罪犯的打击。美国历史学家把19世纪末和20世纪初这段时期称为"进步时代"，就是因为有一群自称为"进步人士"的、精力充沛的新教徒，以及他们发起的改革运动浪潮。这些因共同利益和相同的政治倾向而走到一起的多样化群体，包括商人、社会科学家、宣扬改革的部长、住在安置房的工人以及劳工领袖，他们致力于解决城市工业化带来的各种问题。他们关心居民健康、改善城市环卫，美化城市环境，为移民提供公共服务。这些改革者关注的核心问题是要终结城市层面的市政权力，把它还给国家层面的政府去行使。因为这种市政权力是由贪污、获取回扣和赞助构成的腐败网，是只为少数政治掮客提供向社会上层流动的途径，这种政治形式违背了改革者对公民公共利益的良好认知和向往。[26]

因此，从这种意义上来讲，取缔酒吧也是一个政治问题。对一些进步人士来说，这种改革努力充满了一种深刻的反民主冲动：

基督教妇女禁酒联盟的创始人弗朗西斯·威拉德（Frances Willard）早在1890年就明确指出了这种政治上的联系："今天，无知的外来人统治着我们的城市，酒吧是他们的宫殿，棕榈酒是他们挥舞的权杖。"在近四分之一个世纪后，国会议员里士满·霍布森也用他独特的言论去支持宪法禁酒令："在过去，是'支持饮酒堕落'的投票限制了人们的自由和民主，也是大城市里'支持堕落'的投票对我们的制度构成了威胁。"[27]

拥有选举权的工人阶级男性（许多新移民没有选举权）和作为政治活动基地的酒吧是北方禁酒之战的强有力支持。而对烈性酒的种种忧虑则是南方"禁酒十字军"反对酒精的主要诱因。"禁酒十字军"袭击了名为"无知白人"（Illiterate Whites）的酒吧，但他们最尖锐的敌意集中在"黑人低级娱乐"上。大量新近被剥夺了选举权的非裔美国人聚集在"仅供有色人种"饮酒的酒吧里，远离白人的监视。他们这样的存在，对南方的白人来说，如同幽灵般绕在心头，让人恐惧却又挥之不去。有禁酒斗士警告说，任何有这样的酒吧兴盛的地方，它们都构成了"致命的威胁"：威胁着妇女、儿童和家庭的安全。一名乔治亚州的改革家宣称，舞厅、黑人酒吧是"名副其实的罪恶中心、邪恶学校和犯罪温床"。另一名也是乔治亚州的评论家则断言："酒吧即黑人的劫掠者。"这句话和对这句话的演绎后来传遍了南部各地："酒吧全面地掠夺他们，剥夺他们的工资，并且喂养他们的兽性。"[28]

在19世纪末和20世纪初非裔美国人被剥夺选举权之后，各种社会力量之间在如何对他们进行严格控制的斗争中反而推进了禁酒令的执行。

1908年，亚特兰大浸礼会牧师、禁酒斗士约翰·E. 怀特（John

E. White)指出，由于"醉酒的黑人"四处游荡，南方农村地区的"不安全感"已成为一种"传染病"。"从游荡到流浪，许多有选择的适用于轻微违法行为的法律和条例，已经对非裔美国人的休闲活动进行了监管，将其定为犯罪，并强迫他们劳动。"在这些法令的基础上，南部出现了一波新的、选择性执法的禁酒法令，这是有针对性的和专门约束非裔美国人以及贫穷的白人的休闲活动的又一种手段。南方改革者声称，"无知的白人"随时都可能点燃种族和阶级仇恨的火药桶，进而演变成暴力的"种族骚乱"。事实上"种族骚乱、种族屠杀和私刑威胁"一直是这个国家的种族统治体系的特点。南方的白人改革派把酒吧当作替罪羊，解释说可以通过取缔酒吧对上述暴力加以控制。怀特警告说："在南方社区任何一个存在酒吧的地方，都潜在种族战争的危险，且随时有可能发生。"[29]

南方改革者们一方面担忧酗酒会造成"危险"阶层的不稳定，另一方面对使用其他麻醉品的担忧也像滚雪球一样不断变大。在田纳西（Tennessee）和佐治亚等南部州，1900年至1914年间，州警察当局曾警告说，非裔美国人"因可卡因而疯狂"，他们会进行超乎寻常的暴虐行为。1903年，乔治亚州的J. W. 沃森（J. W. Watson）上校指控说："在南部各州有色人种犯下的许多可怕罪行中，其犯罪源头都可以直接追溯到吸食可卡因。"一些关于可卡因的荒谬说法，包括可卡因可使吸毒者免受枪伤的谣言，推动了州级的反毒品立法的通过，并支持了1914年的第一部联邦反毒品法出台。[30]

在这几十年里，越来越多的科学论述将烈性酒确定为一种危险的麻醉品。1909年在美国"酒与麻醉品研究协会"（Society for the

Study of Alcohol and Other Narcotic Drugs)的学术会议上，美国西北大学(Northwestern University)生理学教授温菲尔德·S. 霍尔(Winfield S. Hall)总结道："酒在其药物作用中是一种麻醉剂。"另一名与会者建议将酒精与吗啡、可卡因和三氯乙醛一起列为"危险药物"。专家们强调，酒具有破坏性的"有毒"生理效应和令人上瘾的特性。这些证词赋予了那些旧的道德反酒论断以新的权威，使其获得了更广泛的支持。美国"酒与麻醉品研究协会"，1906 年成立的"波士顿科学禁酒联合会"(Boston-based Scientific Temperance Federation)，《科学戒酒季刊》(Scientific Temperance Quarterly)，以及美国医学协会(American Medical Association)，它们都煞费苦心地从各方面揭穿传统医学的说教，强调酒精作为一种有价值的药物，会对神经系统造成特殊影响。"禁酒十字军"大力推广并夸大了这些新"科学"发现："原生质毒药。"里士满·霍布森警告说，"即使是最少量的酒"，也会降低大脑的活跃，会对"新近获得的知识"产生最强烈的破坏，以"消灭那些通过教育和经验、自控能力和责任感建立起来的品质"。其中很多类似的、新的科学事实，被提交给了国会，以支持对酒精的战争。[31]

禁酒斗士通过海报、小册子、图表等向公众宣传酒精的危害。玛丽·亨特(Mary Hunt)是"科学禁酒指导"组织的负责人，她在 20 世纪早期时主要致力于实现以国家教科书的形式向全国儿童宣传酒是"诱惑的毒药"，这是极其危险的。并夸张地警告说："即使是最适量的酒精也会导致个人毁灭。"类似的宣传接着在更广泛的改革者圈子里传播开来。伊丽莎白·蒂尔顿(Elizabeth Tilton)是波士顿联合慈善机构的负责人，她于 1912 年在家中开展宣传活动，警告人们注意酒精的危害。另外，不满足于枯燥无味的科学期刊，这场运动还借用了最新的宣传工具——广告，去宣传酒精的危害，并以此去对抗那些成功的酒类广告。海报上警告说，饮酒习惯是现代秩序世界里的祸根，是对健康的威胁，是效率的敌人。一张海报上写道："酒代表浪费。"另一张则宣称，在现代工业化时代取得成功需要"自律、自我控制和体面"。这些世俗的信息不再集中于一个世纪以来对"罪"的关注。[32]

除了担忧酒精在健康和效率上产生的负面影响外，禁酒斗士们还强调了它的社会成本。他们坚持认为，酒精是相当大程度上的"精神错乱""犯罪""贫困""儿童苦难"的罪魁祸首。最糟糕的是，这是"一个惊人的经济负担"。伊丽莎白·蒂尔顿在全国慈善和惩戒大会(National Conference of Charities and Corrections)上发表演讲时，用令人恐惧的数据证明了酒精"直接或间接"地造成的后果：42%的家庭破裂，45%的儿童被遗弃，50%的犯罪，25%的贫困，以及大量的智障和精神错乱症状。[33]

禁酒斗士们散发了内容大胆且画面骇人的海报、图表和小册子，重点将酒精与所有热爱进步的现代人所痛恨的"堕落"联系起来。里士满·霍布森警告说："如果国家也要遵循进化论的话，每一代都必须比上一代有所进步。"随着美国国家蹒跚地走上全球帝国主义舞台，人们关于世界"有色人种"对白人生存造成的威胁感到焦虑，这种焦虑渗透到"纯洁社会"的运动中，社会卫生、优生学中，以及反对酒精的战争中。一位科学家警告说："酒精会导致种族自杀(race suicide)。"另一位禁酒斗士则谴责说："危险的堕落浪潮正在扫荡美国……它的规模如此之大，使人感到震惊，有摧毁这个共和国的危险。""取缔酒馆对打击这种威胁至关重要。"伊利诺斯反酒吧联盟(Illinois Anti-Saloon League)芝加哥区负责人 E. W. 戴维斯(E. W. Davis)警告说,如果他们未能完成这项"使命","盎格鲁-撒克逊文明将最终消失"。[34]

……

这些观点的广泛宣传进一步激发了全美反对酒精的情绪和运动浪潮。随着各种担忧的加剧,
到 1910 年,大约 50%的涉酒群体受到了某种形式的禁酒立法的限制。许多地方通过自己当地的烈性酒管制条例,变成了禁酒区域。此外,1914 年在南方和西部的 12 个州,"禁酒"成功地通过了州立法。这些禁酒条例和法律规定内容各不相同:北卡罗来纳州(North Carolina)1909 年的法律允许销售烈性苹果酒,但限制进口烈性酒的数量;乔治亚州 1907 年颁布的法律允许公民从州外进口酒——由此催生了蓬勃发展的邮购服务。总的来说,这些法律旨在减少和控制酒类消费——尤其是在社会公认的"问题"人群中——但不是完全禁止烈性酒。所以毫不奇怪,这些零零碎碎的禁酒努力当时并没有降低酒的整体消费率。即使是"绝对禁酒"的几个州,禁酒措施对改变这种现状也作用不大,一样无法阻止本州从邻近州购买运输那令人陶醉的酒。更糟糕的是,禁酒主义者没有"占领",也没有触及大城市。正如查尔斯·斯特尔兹(Charles Stelze),一位全美知名的坚定的禁酒倡导者,在 1918 年 28 个州禁酒后所主张的那样:"我们不能被标识'禁酒区域'的地图所蒙蔽,从地图上看似乎这场斗争已经几乎要结束了……我们的目标是人,而不是地理版图。要知道大多数人并不住在禁酒区里。"[35]

面对这些看似宏大实则并不令人满意的胜利成果,禁酒运动的领导人逐渐达成共识:只有国家颁布联邦一级的、宪法规定的

禁酒令，才是唯一真正的解决办法。1913年，反酒吧联盟领导人欧内斯特·切林顿（Ernest Cherrington）宣布了这一大胆的新计划。他用一系列统计数据概述了不断变化的人口结构，以及人口稠密的城市中心的酗酒问题对国家的可怕威胁。并且指出，广大农村地区在国会和州立法机构中所享有的代表权实际上要比人口稠密的城市更多。在酗酒人口统计数据及巨大的政治压力下——1920年重新统计的数据显示，"危险人群"所占的比例逐渐增大的威胁正步步逼近，联邦采取了一种激进的做法，即对那些不愿主动戒酒的人实施强制戒酒管制。所有的这一切大气候都显示，当前的政治形势是禁酒运动的最好时机了；迹象也表明，似乎只有宪法修正案才能保证已经沦为酒精重灾区的城市的未来安全。当然，联邦法案一旦通过，36个州都必须签署废除各州的禁酒法案。[36]

联邦政府采取了这项禁止酒类贸易的措施，并不仅仅是因为担心人口结构的变化。渐进式改革将新的焦点集中在联邦政府身上，认为只有政府才能解决工业资本主义带来的社会问题。虽然许多进步人士关注的是市一级的改革，但也有一些人转向了他们所在的州，呼吁制定工厂检验法、工人补偿法，以及给妇女提供最低工资。还有一些人则致力于建立一个联邦行政机构，来规范那些正在增长的、与国民经济紧密联系在一起的、从金融到铁路的行业。1906年，国会成立了食品药物监督管理局，以控制专利药品，规范药物，保护消费者免受劣质食品的侵害。同年，对患病和腐烂肉类的担忧促成了《肉类检验法》（Meat Inspection Act）的通过。1913年，联邦储备委员会改革了银行体系。《克莱顿法案》（Clayton Act）加强了反垄断法。1913年，联邦贸易委员会承诺对国家经济进行更多的监管。1914年,国会通过《赫本法案》(Hepburn Act),扩大了州一级的商务委员会的权力。最后,也是在1914年,《哈里森麻醉品法》(Harrison Narcotics Act)确立了第一个联邦反毒品立法。这一禁毒法案的火速通过,是地区性恐慌,加上国务院推动国内立法以支持政府建立国际禁毒制度的初步努力,是共同合力产生的结果。[37]

简而言之,在联邦层面打击酒"祸害"的时机似乎已经成熟。反酒吧联盟的韦恩·惠勒认为,推动宪法修正案正是这一更广泛改革运动趋势的一部分。他宣称,这项决议"是时代的必然选择,是出于对人民的保护"。另一位禁酒斗士在呼吁第十八修正案时,同样提到了保护消费者的新监管结构:"政府明智地认为颁布和执行纯净食品法是其职责,以保护其公民……(应该)阻止有史以来最庞大的'毒药'制造工厂诱使公民堕落。"在求助于联邦政府的力量时,禁酒斗士们过于乐观地认为:"当联邦政府凭借其强大的力量摧毁酒类贸易时,有组织的酒类企业也就被一同摧毁了。"[38]

进步主义改革时期也见证了一波自南北战争和国家重建以来从未见过的宪政激进主义浪潮。在经历了近半个世纪的中断之后,美国在1913年至1919年的短短几年时间内通过了四项修正案。第十八修正案就是受益于这一浪潮并成为其中的一部分。它是在各州批准联邦所得税和参议员直选之后推出的。事实上,禁酒令修正案和所得税,有着相同的政治基因——这也许有违人们的政治认知,因为在所得税实施之前,联邦财政收入所依赖的是递减的消费税和保护性关税,这两者在南方都不受欢迎。所得税旨在建立一个更公平的制度,无论贫富,人人都需支付公平份额的税收。它最初只针对最高收入阶层，而不触及绝大多数普通家庭。禁酒斗士们认为，通过这样一种税收法是禁酒战争成功的重要先决条件。因为提供另一种联邦收入将减轻对酒精征税的依赖。虽然联邦政府的大部分收入来自保护性关税，但在1910年，酒税仍然占了相当大的份额，接近30%。反酒吧联盟执行委员会认为，反对禁酒令的主要呼声是"政府必须有收入……"

《联邦宪法》(Federal Constitution)通过所得税修正案，为解决税收问题提供了一个答案，他们现在可以向前推进，迈出他们的最后一步了。[39]

其他社会运动也意识到联邦政府采取行动的时机已经成熟了。1913年，选举权倡导者们(suffrage advocates)也发起了一场运动，要求修改宪法，让妇女赢得投票权。他们在一群观点和思想互有共鸣的决策者中找到了支持。1913年3月，在华盛顿的一次游行中，当妇女权利组织面对一群被警察怂恿的充满敌意的质问者时，国会议员霍布森针对警方的行为展开了调查，此举赢得了全国各地选举组织的赞誉。与霍布森竞争"禁酒之父"称号的得克萨斯州参议员莫里斯·谢泼德(Morris Sheppard)是禁酒决议的共同发起人，他也主张妇女享有选举权，并进一步改革从农村信贷项目到反垄断法等一系列立法。[40]

在更广泛的改革氛围中，禁酒运动得到了越来越多的支持，禁酒组织并没有忽视这一点。反酒吧联盟旗下的《美国问题》(American Issue)撰文，对"许多人坦率地、公开地表示支持禁酒令修正案"感到"相当惊讶和感激"。1913年的《波特兰电报》(俄勒冈州)(Portland Telegram)也提到了一个巨大的转变："几年前，支持禁酒运动被认为是不太体面的……但以当今的观点来看，当时的公众判断几乎是不可理解的……"《纳什维尔的旗帜》(*Nashville Banner*)呼应了这些观点:"世界正迅速觉醒并意识到这样一个事实,即酒精饮料品的大量消费是引起疾病、犯罪和贫穷的原因之一……"因此,现在已经不仅是认定"酗酒是一种罪过"的宗教思想在反对贩酒酗酒,人们的常识和科学"都在向它开战"。[41]

这些新思想新觉醒不仅通过反酒吧联盟在俄亥俄州韦斯特维尔(Westerville)这样的大型出版社出版传播,也通过像《麦克卢尔》这样的改革期刊被广为宣传。从厄普顿·辛克莱(Upton Sinclair)到乔治·基布·特纳(George Kibbe Turner),他们先后揭露黑幕,报道了诸如肉类加工厂等不受行业监管的恶劣环境。他们同时也谴责了酒类饮品行业。特纳则直接抨击那些让酒吧泛滥的芝加哥酿酒厂,认为正是它们助长了酒吧的"野蛮生长"。他甚至将这些酒吧与"外国人的新殖民地"联系起来,并谴责酿酒厂的资本家压榨"数十万粗鲁的、不受约束的男性劳动者……为他们提供饮酒"。他警告说,根据化学实验的结果,饮酒会导致"暴力或犯罪",但"酿造者们出于对利润的追逐,完全不顾及这些'危害'"。进步派人士,如简·亚当斯和耶鲁大学教授、现代数学之父欧文·费雪(Irving Fisher),也支持这种归因分析的说法。《调查》(*The Survey*)杂志上的文章反映出了一些进步人士对激进改革的积极支持。其他改革刊物则同时刊载了支持或反对第十八修正案的双方的一系列文章。波士顿南部社区的领导人罗伯特·伍兹(Robert Woods)公开表明支持立场,宣称这是一个"重要的社会问题"。[42]

进步改革派们一致支持通过联邦政府去纠正社会和经济的不公现象。与许多思想态度相对保守的人相比,他们更支持政府出面解决贩酒酗酒的问题。而保守派一方则不同,即便是那些情绪强烈的保守派人士,也不太情愿借助联邦政府的力量。里士满·霍布森请求哈佛大学校长查尔斯·艾略特(Charles Eliot)倾力支持这项禁酒事业,但查尔斯校长拒绝了,他说:"虽然我也认为酗酒威胁着白人种族的生存……因为它会引起疾病和器官退化……我们可以借助任何能够发挥作用的机构和手段去抵制和减少饮酒……但我还不支持把禁止性立法当作一种可用的手段。"美国前总统、后来的最高法院大法官威廉·霍华德·塔夫脱(William Howard Taft)也反对第十八修正案。他在给波士顿的伊丽莎白·蒂尔顿的信中写道:"这将对地方和州政府以及我们联邦系统的完整性造成直接打击……除了成千上万已经代表美国政府的联邦官员外,要行使禁止酒类交易的管辖权还需要一大批联邦官员。"如此大规模的中央权力扩张是塔夫脱这样的人所痛恨的。[43]

但是伊丽莎白·蒂尔顿对运用政府的力量来禁止酒类贸易这种做法并不感到担心。作为禁酒联盟的指导思想的一个重要组成部分,她的思想融合了进步主义、新教宗教信仰、阶级政治和女权主义。波士顿的蒂尔顿女士在政治选举和禁酒运动中的领导地位也揭穿了历史学家长期持有的政治谣言,即"东北城市(波士顿)进步人士永远不会支持全面禁止酒类贸易"。[44]

蒂尔顿于1869年3月13日出生在马萨诸塞州(Massachusetts)的塞勒姆(Salem),她颇为自己的新英格兰血统感到骄傲。她生活在一个宗教氛围浓烈的家庭里——她的父亲是"一神派"(Unitarian)的牧师。蒂尔顿很享受自己的童年时光:夏天在修建整洁的花园和私家海滨玩耍,或全家人围坐听母亲回忆和讲述家族"激烈反对奴隶制"的故事。为了让儿子们可以接受更好的教育、上哈佛大学,蒂尔顿的母亲曾举家搬到了波士顿。蒂尔顿的性格也是野心勃勃，意志坚定，像19世纪后期越来越多的精英女性一样，渴望接受高等教育。由于被知名男校拒之门外，蒂尔顿后来于1890年从哈佛大学艾尼克斯（Annex）女校的拉德克利夫学院（Radcliffe college）毕业。她后来回忆说，当时作为勇敢追求高等教育的女学生，这一路受到的不公加强了她对妇女权利的强烈支持。然而，她在回忆录提到，1909年的英国之旅才是她勇敢的公民行动的转折点。那时她和一队寻求新思想的男女前往欧洲，并带回来糅合了20世纪早期改革浪潮的思想。她后来回忆说，在参观东伦敦的贫民窟时，她意识到了更公平、更平等的经济条件的重要性。她尤其受到了激进主义代表人物埃米琳·潘克赫斯特（Emmeline Pankhurst）和她的英国妇女参政权运动的启发。[45]

蒂尔顿后来加入妇女工会联盟（Women's Trade Union League），并于1911年在马萨诸塞州支持一项针对女性工薪阶层的最低工资法。此法案通过后，她更加深入地投身"争取妇女选举权"和"禁酒战争"这两项事业中，并自始至终充满热情。蒂尔顿在1917年担任马萨诸塞州妇女选举权协会（Massachusetts Women's Suffrage Association）的主席，同时又积极投身禁酒运动。她并不是唯一一个把争取选举权和支持禁酒运动结合起来的人。其他主要的选举权倡导者，如平等选举权联盟（Equal Suffrage League）和纽约州妇女选举权协会（New York State Woman Suffrage Association）的成员、1918年担任纽约州妇女选民联盟（New York State League of Women Voters）主席的哈里特·伯顿·莱德劳（Harriet Burton Laidlaw）和简·亚当斯，她们都是强烈支持禁酒令的。[46]

虽然全国美国妇女选举权协会（National American Woman Suffrage Association，简称NAWSA）因担心其队伍产生分裂而没有对第十八修正案表明立场，但依然有许多妇女权利倡导者都支持这项禁令就不足为奇了。毕竟，酒类企业及其行会曾是反对妇女选举权的最强大的组织之一，他们担心妇女会投票支持禁酒令。基督教妇女禁酒联合会呼吁为女性投票，以加强"家庭保护"，而酿酒商则警告说，"女性选举权"将会终结"个人自由"。此外，还在许多女性依赖丈夫的工资的时候，一些女性权利倡导者把过度饮酒理解为基于社会现实的性别忧虑。正是这种担忧促成了蒂尔顿的禁酒行动主义。在 1912 这一年里，每每当她从位于剑桥（Cambridge）那古朴安静的、绿树成荫的街道上的家出发，来到查尔斯敦（Charlestown）时，大量爱尔兰移民就挤在一间间公租房的小公寓里，而她自愿成为他们的"友好访客"。在这条处处肮脏又嘈杂的街道上，那些诱人的酒馆处处可见，男人们三三两两地挤在一起，在酒吧里饮酒，这给她留下了难以磨灭的深刻印象。在她眼中，那生意兴旺的酒吧与妇女、儿童的贫困蜗居形成了鲜明的对比。特别是一些凄惨的情景，多年后，她依然清晰记得。有一次，她和一群热心的邻居站在一间公寓外，里面的婴儿"饿得号啕大哭"，而父母则"醉得不省人事"。[47]

蒂尔顿认为，公寓拥挤的环境加剧了男性酗酒的问题。与住在宽敞房子里的富裕人家相比，住在小公寓里的贫穷妇女和儿童几乎无法逃脱喝醉的丈夫和父亲的影响。蒂尔顿的精英社会地位和她年轻时养成的强烈禁酒观念使她认识到，醉人的酒是造成城市贫民困境的关键因素。很快，她就为这项事业公开发声。到 1917 年，她当选为马萨诸塞反酒吧联盟妇女分部的主席。到 1923 年，她已晋升为董事，是"禁酒十字军"队伍中唯一获得这种领导职位的女性。[48]

蒂尔顿的改革方式带有一种家长式的、对移民工人阶级文化不屑一顾的色彩。她蔑视"不思进取"的移民大众的"散漫"习惯，继而愤怒，这是许多20世纪早期的改革者所共有的感受。蒂尔顿声称，这些"不善用脑、行动鲁莽"的移民，"有损美国的形象"。她对什么是公民利益观点强硬，并且希望向移民大众灌输她的价值观。通过消灭酒吧，蒂尔顿寻求大部分盎格鲁-撒克逊新教徒精英的支持，试图去巩固他们以前轻松的统治地位，对抗一个日益多元化、都市化和无产阶级化的国家。[49]

这种新教宗教信仰和改革的融合，使20世纪早期的社会行动主义（social activism）与后来的改革时代大不相同。然后，为了改变这个被"不平等和富人的傲慢"所困扰的国家，"政治和宗教"便结合在了一起。威廉·詹宁斯·布莱恩（William Jennings Bryan）是当时民主改革和福音派宗教信仰的倡导者之一，他就是这种政教合一精神的典型代表。布莱恩的"反酒情结"就是在他家的炉火边培养起来的，那是一个内布拉斯加（Nebraska）的虔诚的长老会乡村家庭。他十二岁时第一次宣誓戒酒。布莱恩后来成为这场禁酒之战的最具魅力和最知名的支持者之一。酒贩子把个人利益置于人类福利之上，以弱者和大众为食。他宣称，消灭它"将为最多的人带来最大的好处，对任何人都没有任何不公，因为拒绝商人这种通过伤害同胞来获取利益的方式，对任何人都是公平的"。这位来自普拉特（Platte）的少年演说家声称，无论是私人酿酒者还是企业生产商，都使"穷人更穷，增加了他们的苦难"。美国禁酒战争的成功应该归功于由城市进步主义者和农业改革者组成的新型联盟，尤其是遍布全美的福音派新教教徒的力量。[50]

此外，该运动还得到了著名资本家的大力支持，他们提供了大量的财政资源。工业巨头约翰·D. 洛克菲勒（John D. Rockefeller）强烈支持禁酒联盟，为禁酒运动捐赠了数百万美元。制造业巨头亨利·福特（Henry Ford）也支持禁酒战争，认为这是提高劳动效率的一种手段。雇主们普遍认为，酗酒是出现情绪低落、星期一高缺勤率的罪魁祸首。酗酒也导致人们没有钱购买其他消费品。因此，刘易斯·埃德温·泰斯（Lewis Edwin Theiss）等制造商称："除非取缔酒类产品，否则我们永远无法拥有真正高效的工人。"我们对这件事的道德方面不太感兴趣，因为这种言论说到底还是钱和利益的问题。记者艾姆斯·布朗（Ames Brown）观察到，"大公司的经理们"反对员工喝酒。一份行业杂志提供的信息证实了这一点："如果像一些行业领袖预测的那样，美国在下一代成为无酒国家，那很可能是因为我们的行业采取了激烈而坚决的改变行动，不能袖手旁观，眼睁睁地看着巨额利润被酗酒吞噬。"[51]

尽管该运动获得了新教徒中产阶级的广泛支持，但重要的是我们要清楚，当时并非所有的商人或改革家都支持第十八修正案。例如，1915 年，当蒂尔顿在芝加哥妇女俱乐部总联合会（General Federation of Women's Clubs of Chicago）会员面前发言时，她受到的反馈褒贬不一：简·亚当斯鼓励她开展禁酒运动，但她后来回忆说，其他女性只是礼貌的旁观，无动于衷。1905 年，由一群有影响力的社会科学家、能影响政策导向的商人和大学领袖组成的五十人委员会撰写了一份关于调查白酒问题的报告，也警告了对酒业的全面禁止将可能引发的后果。该委员会发表了多项研究，证实了酒精的破坏性生理影响及其社会代价。他们发现，在公众强烈支持的地区，各州的禁酒令确实减少了酒的消费，但并不能完全杜绝酒的流通和交易。研究的结论也预示了后来出现的对禁酒战争的批评，他们认为在"公众情绪敌对或观点强烈分歧的地区，禁酒令的立法会助长对法律的蔑视和习惯性违法"。[52]

尽管改革为争取对禁酒战争的支持提供了有利的环境，知名的进步派也签署了支持协议，但事实上，即便没有这些支持，进步派政策改革者们也是能制定出与其他工业化国家的控酒措施基本一致的法律的。瑞典于 1905 年建立了政府对酒类销售的垄断，并于 1917 年实施了布拉特配额制（Bratt System of Rationing）。1914年，作为一项服务于战争的措施，俄罗斯禁止生产和销售伏特加。挪威在 1917 年禁止销售烈性酒，但允许销售啤酒和淡葡萄酒。澳大利亚和新西兰早在 1917 年就通过了关闭酒吧的法律。但是除了冰岛和芬兰（这两个小国的人口在 1920 年加起来还不到马萨诸塞州的人口，且只有临时战备），没有哪个西方工业化国家能像美国这样雄心勃勃地一次性就彻底消除了烈酒、葡萄酒和啤酒的贸易。在美国，福音派新教徒提供了"发酵"酒精之战的"酵母"。他们被道德上的愤怒情绪高度调动起来。基于 20 世纪早期美国的党派政治参与结构，当时福音派新教徒在政治进程中已经有相当的代表力量了。他们努力改革的目标——新移民、被剥夺公民权的非洲裔美国人和贫穷的白人——这几类人是经常被排斥在国家政治进程之外的。此外，国会的席位很大程度上偏向于农村地区，而广大农村地区是新教信仰的大本营。随着进步改革精神所提供的制度上的开放性，禁酒主义者开始寻求建立必要的行动势头，以刺激行动、达到他们的终极目标——使国家完全消除酒的存在。[53]

1914年，里士满·霍布森在众议院提出了"霍布森决议"（Hobson resolution）。该决议的措辞几乎一字不差地被保留了下来，成为后来的第十八修正案。它禁止在美国和所有受其管辖的领土内制造、销售、运输、进口和出口用于饮用的、所有"使人中毒"的酒。它还宣布，国会和各州应该有权力通过立法来执行该法律。禁酒斗士们向国会提交了100多万张粉色明信片表示支持。有了这样广泛而又精心策划的草根群众基础，很快该决议就赢得了众议院的多数选票。然而，也只是以极其微弱的优势获胜：197票赞成，189票反对。虽然这对于如此激进的改革来说是一个巨大的成就，但还是远远低于向各州提交修正案所需的三分之二的票数。[54]

……

因此，即使是在进步主义改革的高潮时期，第十八修正案也绝不是所有人都支持的、必然的结果。这项法案是第一个旨在剥夺而不是保护自由的宪法修正案，它主张将广泛的新权力移交给国家，这也引发了广泛的质疑。是时候有必要采取一些措施来赢得所需的支持，使这场战争超越巅峰了。1914年6月28日，一名塞尔维亚民族主义者在萨拉热窝（Sarajevo）开了致命的一枪，由此引发了第一次世界大战。

世界大战的爆发改变了一切。它激起了美国参战的热情，消除了禁酒令批评者的疑虑，并进一步加强了禁酒派的基础。在欧洲，战争的动员也导致了参战国家之间新颖而多样化的酒规和法律的矛盾和冲突。战争时期国家对粮食谷物实行定量配给，并限制其在酒精生产中的使用。他们还试图限制军队对粮食的过度使用。战争爆发当天，法国禁止喝苦艾酒，俄罗斯禁止零售场所出售伏特加，比利时限制了酒类销售，澳大利亚大多数州缩短了酒吧营业时间。在英国，市政当局也试行了酒吧营业时间限制，并禁止了"以酒宴客"的习俗。英格兰北部的中央控制委员会（Central Control Board）发起了卡莱尔地区禁酒实验，建立了零售和批发贸易的国家管理。从欧洲战争爆发的那一天起，就有铺天盖地的宣传在赞扬这些措施，并为反对酗酒的"英勇攻击"欢呼。《纽约时报》在1915年报道了"禁酒令（运动）浪潮席卷英国"。改革家们夸大了战争国家"禁酒令"所影响的全部范围，为他们呼吁国内立法提供了权威，声称美国当前在禁酒令的推动上是落后于欧洲的。因此，1915年的《大西洋月刊》（*The Atlantic Monthly*）报道称，"第一次世界大战给禁酒运动带来了可能是有史以来最伟大的推动力"。[55]

随着战争在欧洲的肆虐，禁酒主义者们认准时机，耐心动员军队准备进行最后的战斗。1915年，亚拉巴马州的无证联盟（No-license League）主席W. G. 尼斯（W. G. Nice）鼓吹说："我们已经到了这样一个时刻，反对酗酒的军队应该被动员起来，进行训练和指挥，最大范围内组织和团结起来，形成一条统一战线。"早在美国加入战争之前，禁酒立法的势力就像滚雪球一样越滚越大。禁酒主义者反对酒精的"有毒"品质，反对酒精会导致公民堕落和效率低下，这一论点在推动"备战"方面得到了广泛响应与推进。第一次世界大战在欧洲爆发后的三年里，美国先后有14个州通过了禁酒令，在已禁酒州的基础上增加了一倍多。到1917年，48个州中有26个州加入禁酒行列。[56]

1917年4月6日，美国参战，扩大了对改革的支持。由于战争动员，联邦权力急剧扩大。联邦政府控制了包括铁路在内的重要经济部门。禁酒令要求彻底扩大联邦权力以取缔酒类行业,这似乎与战争年代更广泛的国家建设努力方向是一致的。随着国家军队做好战斗准备,关于白酒行业造成浪费和效率低下的争论引起了更广泛的共鸣。甚至有些禁酒措施战时被提倡作为严格遵守战斗部队纪律的手段。当时的海军助理部长富兰克林·D. 罗斯福和海军部长约瑟夫·丹尼尔斯(Josephus Daniels)下令海军军中禁止饮酒。丹尼尔斯还在军营周围建立了"无酒文明区",以保障军人健康,提高效率。这些地区禁止向军人及军队后勤人员出售酒,减少军人接触色情行业的机会。反过来,《义务兵役法》也明令禁止向军人出售酒类。禁酒运动在当时看来,是赢得战争的爱国举动的一部分。[57]

禁酒主义总是与反移民情绪联系在一起。其时,美国的大型酿酒公司绝大多数都掌握在德裔手中,他们被进一步冠以"敌人"和"叛徒"之名。反酒吧联盟"无耻地"迎合那些对德国一切事物的敌意,以此去赢得禁酒修正案的通过。该联盟也将禁酒运动定位成终极爱国行为。一位宣传小册子的作者写道,是时候在"不动脑者、纯粹的爱国者、游手好闲者和同情敌人者"之间进行分裂了。所有立法机构或公民最爱国的行为就是谴责那些"反美、亲德、制造犯罪、浪费食物、腐蚀青年、破坏家庭、卖酒叛国"的行为。[58]

面对这种冲击,酿酒业为了生存铤而走险,却让情况变得更糟了。宪法修正案出台后,酿酒公司开始向全国性的德美联盟(German-American Alliance)捐赠大笔资金。该联盟在20世纪初成立时是一个德美文化组织,但随着1913年后酿酒业的资金流入,它成了反"禁酒"运动的支持者。该组织认为,"禁酒令"是一项打着个人自由的旗帜实则反移民的法令。除此之外，该联盟也涉猎其他社会问题，并于1914年在华盛顿成立言论宣传办公室，它将禁酒运动与战争联系在一起，旨在让美国（政府）严格保持中立。1915年，该联盟俄亥俄州分部的约翰·施瓦布（John Schwaab）强烈谴责道："酒的问题是那些伪善的清教徒强加给我们的，酒本身没有问题。"但是，司法部部长A. 米切尔·帕尔默（A. Mitchell Palmer）谴责酿造行业："因为这个国家的酿造业不爱国，他们的言论和行为亲德，所以他们组织的酒类贩卖是一种邪恶的利益。"参议院对最大的酿造组织德美联盟进行了彻查，并迫使其于1918年解散。[59]

为军队和战时盟国提供食品供应也意味着，甚至早在修正案通过之前，国家就已经很快没有酒了。一旦美国参战，浪费谷物来蒸馏和酿造酒而不是供给军队似乎是不大可能了。在"应该多吃还是少喝？"的口号下，1917年6月23日，众议院以365票对5票通过了《利弗食品和燃料控制法》（Lever Food and Fuel Control Act），禁止使用食品生产蒸馏酒，并征用酿酒厂的酒精用于再蒸馏和制造战时物资。该法令随后在8月参议院以66票对7票通过。1917年12月，总统宣布禁止酿造酒精含量超过2.75%的啤酒饮料，要求将啤酒转化为淡色无酒精饮料。[60]

随着战事的发展和战时爱国主义的情绪高涨，国会多数派在1917年12月22日以远超三分之二的票数要求，向各州提交了第十八修正案。一个月后，也就是1918年1月8日，密西西比州以122票赞成、8票反对的惊人票数成为美国第一个批准该法案的州。弗吉尼亚州、肯塔基州、南卡罗来纳州和北达科他州也纷纷效仿。当许多其他州也正在考虑认可该法令时，1918年9月18日，国会提出战时禁酒令的计划,再次将"对酒精的战争"与世界大战联系起来。到 1919 年 1 月,各州批准工作基本完成(最终,48 个州中有 46 个州同意,只有康涅狄格和罗德岛 2 个州没有同意)。内布拉斯加州成为第 36 个批准的州。该修正案在批准过程中迅速通过,比美国历史上任何其他修正案通过的速度都要快。1918 年 4 月 2 日,当马萨诸塞州议会批准该法案时,伊丽莎白·蒂尔顿"冲出画廊,欣喜若狂"。对这位波士顿改革家来说,修正案的批准也反映出"工人阶级的选票还没有全部投给政府,他们对政府还不是完全信任的"。[61]

第一次世界大战加速了第十八修正案的实现进程,其程度甚至令最热心的支持者都感到意外。当反酒吧联盟首次提出宪法改革的目标时,它的一些最坚定的支持者都承认,这场战斗可能需要整整一代人的时间。多年后,伊丽莎白·蒂尔顿回忆道,修正案最初只是作为一个"试探气球"提出的,禁酒运动在争取修正案时得到的积极响应让他们大吃一惊。禁酒改革派曾担心战争会分散他们的注意力。相反,尽管战争带来了更广泛的改革前景,并遏制了激进政治,但同时它也提供了推动第十八修正案通过的有利"气候"。[62]

这项修正案也不是注定要作为一个宪法理想去斗争的:众议院在 1919 年 7 月 23 日以 287 票对 100 票通过了一项强有力的执行法案。参议院也于 9 月 5 日同样跟进。《禁酒法案》,即《沃尔斯特德法案》(Volstead Act),以其撰写者、明尼苏达州国会议员的名字安德鲁·沃尔斯特德(Andrew Volstead)命名而闻名,该法案包含了 67 个独立的章节。值得注意的是,该法案涉及领域广泛,将醉酒饮料的酒精含量严格定义为 0.05% 以上,它甚至使最淡的啤酒和葡萄酒也成为非法饮品。它允许为船员运送酒类的外国船只通过巴拿马运河，但禁止此类船只停靠美国港口。同时，它规定了"圣礼酒"、工业酒精、苹果酒和果汁的制造以及医生为医疗目的开具的处方的豁免权。此外，它的条款没有将购买酒类、禁酒法令颁布前在家中饮酒定为犯罪行为。在该法律于1920年1月17日颁布之前，实际上允许富人在家中储存大量酒类以供私人消费。[63]

尽管这些豁免确实给后来禁酒令的执行带来了麻烦，但最终"禁酒十字军"是胜利了。1920年1月16日是"禁酒十字军"大解脱的胜利时刻。当午夜的钟声敲响的时候，从东海岸的纽约到西海岸的洛杉矶，成千上万多年来一直致力使国家免于酒精毒害的人们欢呼、庆祝：密歇根州弗林特的莱维特街教堂举行盛大的庆祝活动，亚特兰大燃起了盛大的篝火庆祝，在肯塔基州的路易斯维尔和弗吉尼亚州的诺福克举行了"守灵"活动和"大麦约翰"（制酒原料的拟人化名称）的葬礼。最后，饮酒这"罪恶的行为"将被埋葬，恶魔朗姆酒已经被禁止。著名的牧师比利·桑迪（Billy Sunday）欢呼道："再不会有酒祸造成的人间地狱了。"美国最终制定了从"合法的酒类贸易中'脱胎'出来的'独立宣言'"。[64]

……

在第一次世界大战期间采取某种形式的禁令立法，美国远非唯一的国家。正如我们所看到的，在战争期间，许多国家都颁布了部分酒类控制措施，而且一些酒类管理条例一直持续下来了。但是，在努力彻底根除烈性酒用途方面，美国在主要工业化国家中则是独树一帜的。福音派新教徒的道德热情与进步改革浪潮以及战争提供的制度上的空缺交织在一起，加上政治代表权主要集中在农村地区,使得"禁酒十字军"有机会改写宪法和联邦法律。其结果是美国历史上最大胆、最激进的改变个人行为的社会努力之一,对民族国家的建设和政治产生了意想不到的巨大影响。

第二章　贩卖、假酒和家庭酿造

1919年初，当第十八修正案获得批准时，马萨诸塞州的伊丽莎白·蒂尔顿与禁酒人士一起欢呼雀跃。然而，作为这项新法案的主要针对目标——少数族裔工人阶级群体，他们的心情却截然不同。4月19日，在绿树成荫的、安静的蒂尔顿街道对面，越过查尔斯河（Charles River），近5万人聚集在波士顿广场抗议这项即将执行的新法案。抗议活动的组织者、中央工会（Central Labor Union）主席M. J. 奥唐纳（M. J. O'Donnell）谴责该修正案只是"由少数人领导的政府"的法案，并不能代表最广大的人民的意愿。州参议员约翰·J. 卡尼（John J. Kearney）抨击政府这项关于酒精的改革，实质是个别派系趁国家被战争分散注意力时所制造的"诡计"。集会人群举着横幅，上面写着"美国人民需要民主"和"为全世界的自由而战！为美国的自由而战！"《波士顿环球日报》（*Boston Daily Globe*）称其为"有史以来在波士顿广场举行的最大规模集会之一"。[1]

在巴尔的摩这样一个中型工业城市，人们也见证了类似的集会：1919年6月3日，有一群人，包括身着军装的退伍军人，冒着夏季的酷热抗议这项新法律。马里兰（Maryland）"反禁酒令"联盟分会，连同该市的社交俱乐部、兄弟会和劳工会都参加了游行。游行队伍包含了至少1000辆装饰过的汽车，14支乐队，甚至还有一座自由女神像，他们汇集成的人流在市中心主要区域来回穿梭、游行抗议。后来的媒体报道中说，估计参与该次游行的人数在1万到2.5万之间。而游行沿线街道两边的围观群众，则多达10万人。[2]

新闻媒体特别评论了这些集会和游行队伍中的"大量女性"。仅巴尔的摩就有200辆挤满了女性的汽车参与游行。波士顿市情况相似，许多戴着时髦帽子的女服务员，高举着"劳工抗议禁酒令"的横幅，参加了4月份的抗议活动。后来在华盛顿的一次反对禁酒令的示威中，报纸也评论了"由女性扮演的突出角色"。显然，波士顿和巴尔的摩的这些妇女，她们是拒绝接受伊丽莎白·蒂尔顿和基督教妇女禁酒联盟倡导的家庭保护精神的。[3]

不仅仅限于游行抗议，这些有组织的劳工还派了特使前往华盛顿。美国劳工联合会（American Federation of Labor，简称AFL）在当年6月的大会上通过一项决议，要求将淡葡萄酒和啤酒合法化。其实在此之前的早些时候，该组织的高层领导者们并没有公开明确他们对禁酒令的立场，因为那个时候组织里有三名执行委员支持第十八修正案，而主席塞缪尔·龚帕斯（Samuel Gompers）又明言坚决反对禁酒令的颁布。当美国国会依据《禁酒法案》的规定威胁民众说，不仅要禁止所有含酒精的、可以致人醉酒的饮料——不仅仅是烈性酒，还包括普通工人常喝的啤酒时，美国劳工会这次上上下下的立场出奇得一致了，都反对禁酒令。6月的劳工代表大会结束后，美国劳工联合会的大会代表乘坐火车从大西洋城（Atlantic City）来到华盛顿。在华盛顿，劳工会主要领导人塞缪尔·龚帕斯向人群发表讲话，抨击这个"恶毒"的宪法修正案，并指责它是"强加"给这个国家的人民的。他呼吁人们去关注法案规定中的诸多纰漏：关于禁酒前的酒存储，以及法案导致的不平等——"富人可能一辈子都有酒喝，而工人连喝一杯啤酒的权利都被剥夺了。"4

1919年春天，在有大量移民人口的东北工业城市，一场"禁止啤酒就罢工"的运动席卷了当地工会。在艾塞克斯（Essex）、纽瓦克（Newark）、新泽西州（New Jersey）和纽约市，码头工人、造船工人、钢铁工人和制帽匠都支持这一呼吁。反禁酒令运动在波士顿的工人中也取得了进展：那些戴着"禁止啤酒就罢工"徽章的集会人群的抗议行为引起了波士顿工会组织领导人伊丽莎白·蒂尔顿的关注和评价；第一次世界大战后劳工冲突的加剧无疑助燃了这些抗议活动。然而，当雇主老板们最终试图恢复战前状态时，那些有组织的劳工们面临的斗争就更为严峻了：想要保住他们在一战时所争取的成果——更高的工资和工会的认可。尽管冈帕斯（Gompers）个人反对禁酒令的颁布，但他谴责"禁止啤酒就罢工"运动煽动了中产阶级对"劳工布尔什维克主义"（Labor Bolshevism）的焦虑。后来，这场运动也很快就停止了。5

尽管时间很短，但这种大规模的抗议表明，在《禁酒法案》实施之前，城市工人阶级社区就对《禁酒法案》怀有敌意。在接下来的几年里，随着政府对酒精的战争越来越深入，在这些少数族裔工人阶级的社区，工人们时不时出现的反抗行为越来越具备明显的政治特点了。这些社区开始醒悟,认为这项针对性执行的禁酒法律是对他们这个群体的休闲方式以及个人习惯的攻击,他们抗议执法对社区所造成的破坏性后果。就此而言,禁酒令实质是推动了一场自下而上的美国化进程,尽管这并不是许多精英新教改革者们所理想的美国化。1921年纽约抗议活动的一面横幅上写道:"我们是美国公民,不是被收留者,你们不是一样吗?"改革的激进和深远的本质促使移民工人披上美国式的"爱国主义和个人自由"的外衣,并被动员在选举政治中要求行使自己的权利。"风之城"芝加哥就是这一过程发挥作用的最好例子,其他工业城市也曾发生过类似的工人政治运动。[6]

在20世纪早期,芝加哥是一个典型的移民城市。政治学家和改革家查尔斯·梅里亚姆(Charles Merriam)称之为"世界上最大的人口多样化熔炉"。1920年时,移民人口占了芝加哥总人口的70%。新近抵达的移民——波希米亚的捷克人、波兰人和意大利人,与政治地位更稳固的爱尔兰人和德国人在诸多方面相互竞争。酒精饮料——啤酒、葡萄酒,或者不太常见的威士忌——是移民文化的核心。德国家庭喜欢在当地的花园里举行啤酒聚会;捷克人、波兰人和斯洛伐克人则在他们的酒吧里举办社交舞会;意大利人习惯在玛丽亚节(Festival of Maria)或圣罗科节(Festival of Saint Rocco),以及教堂洗礼或婚礼上大喝葡萄酒。就像一名反对禁酒令的希腊人哀叹的那样:"缺少了那令人陶醉的、清爽的和有生命力的美酒,我们希腊人就无法举办野餐、舞会、婚礼或洗礼,甚至是葬礼,因为这些饮酒习惯是我们的祖先留给我们的传统,没有它们我们就无法生存。"[7]

饮酒也是人们工作日里的习惯。在肉类加工区大而宽敞的牲畜围场里，"啤酒工"挑着一桶桶冰啤酒从附近的酒吧拿给正在这里休息的工人，以两夸脱五美分的价格出售给他们。在"后院"(Back of the Yards)区的威士忌街(Whiskey Row)上，酒吧一家挨着一家，非常密集。1910年时，仅3个街区就有46个酒吧。事实上，只有在午餐时间，在家畜围场附近的酒吧里才有空座位。通常，漫长的一个工作日结束后，工人们会在酒吧挤在一起喝杯啤酒，然后才各自回到自己的公寓或平房——他们住的地方通常都很拥挤简陋。实际在很大程度上，酒吧并非禁酒主义者想象中的"堕落的巢穴"。芝加哥大学移民之家(Settlement House)的一份调查报告指出，酒馆是一个社区中"对非英语国家的人最好客的地方"。有一家斯洛伐克酒吧，里边有所有斯洛伐克的报纸，聪明的酒吧老板既是他们族人的朋友又是大家的顾问。人们在他的酒吧间后面见面，就像在俱乐部一样。对于养家糊口的男性移民来说，酒吧是他们的社交中心，酒吧聚会是社区团结的一种表现。[8]

在芝加哥，和在其他地方一样，移民社区组织起来反对"反酒吧联盟"，并维护他们"工作8小时"的权利。自20世纪初以来，他们一直在与"周日禁酒令"相抗争，因为周日禁酒令不仅让酒吧在这一天关门，还禁止在社交俱乐部、花园音乐会、野餐场地和民族会堂提供酒水。1906年，芝加哥的移民领袖建立了代表835个少数族裔组织的地方自治联合协会(United Societies for Local Self-Government)，这是跨种族的人们团结在一起的一个显著表现。一年后，政府在一项新的城市宪章中扬言，要将对酒类问题的控制权下放给州首府——斯普林菲尔德(Springfield)的立法者。作为回应，联合社团组成了一个"反对合并"的大众统一阵线，与芝加哥劳工联合会(Chicago Federation of Labor)以及担心高税收阻碍改革的当地企业联合起来,共同阻止这一可能的变化和威胁。[9]

1915年,随着欧洲国家反酒运动愈战愈烈,美国"禁酒十字军"赢得了更广泛的支持,于是芝加哥的改革者们又开始执行周日禁酒令了。被针对执法的移民社区再次发动了抗议活动。他们沿着密歇根大街(Michigan Avenue)组织了一场庞大的游行,约有4.4万人参加。《芝加哥论坛报》(Chicago Daily Tribune)报道说,这支由种族人群、慈善团体、乐队和唱诗班组成的游行"盛况空前"。游行队伍举着不同语言的横幅、标语,演奏着不同风格的民族音乐——从爱尔兰曲调,到波兰波尔卡舞曲,再加上斯洛伐克和瑞典的进行曲,这使得现场形成了一种"语言和曲调的混乱"。来自这个城市的贫民区——"后区"(Back of the Yards)的工人们举着标语——"为什么是星期天——工人的假期?"富裕而又博学的波兰商人们"戴着丝绸帽子,穿着阿尔伯特王子外套"也出现在游行队伍里,显示出游行活动的人有着多元文化,游行活动也受到了跨阶层的支持。他们的宣传用语十分讲究,横幅上写着:"劳役者当值得拥有休闲。"一辆旧马车拉着一副棺材,棺材上醒目地写着:"里边安息着我们的自由!"[10]

精力旺盛的反酒斗士里士满·霍布森,游行当天就在芝加哥。他在庄严的第二长老会教堂(Second Presbyterian Church)的讲坛上发表了讲话。该教堂采用了文艺复兴时期流行的哥特式风格,是芝加哥那些最著名的新教家庭的精神家园。教堂正好位于游行路线上。在教堂里,这些有一定社会地位的、"受人尊敬的"新教男女聆听着霍布森呼吁结束酒的"罪恶"的演讲。教堂外,那些刚结束游行回来的吵吵嚷嚷、"缺少教养"的移民们的喧闹声,则在此时提供了一个现实说教;霍布森当即抨击这些"吵闹的堕落者的游行"，并呼吁要敦促国会尽快通过一年前提交的第十八修正案。很明显，除了作为新教教徒的精英们为"禁酒十字军"提供的强有力的支持外，芝加哥这座"风之城"的"禁酒十字军"在人数上本来也是远远超过他们反对者的。在1919年修正案被批准时，大多数参加投票的芝加哥人同时表达了他们对"反酒吧联盟"议程内容的反对。后来在1919年的一次城市公投中有这样一个问题被提出："芝加哥应该成为'反酒吧联盟'的地盘吗？"芝加哥以压倒性多数投了反对票：144032票赞成，391360票反对。[11]

尽管芝加哥的移民集体反对禁酒令，但对酒精的战争并不是芝加哥大多数移民社区所面临的、造成经济拮据的最紧迫问题和挑战。与其他城市的工业中心一样，芝加哥市的大雇主们也有意乘机削减、压缩工人在战争期间获得的多项权利，其中最主要的是针对之前工人们争取到的提高工资和改善工作条件两项权利。1919年，针对雇主们剥削工人的新措施"开放车间"运动——即工厂雇主不要求工人加入工会，而是自行对工人进行管束和监督，以便减少工人团结起来的机会和工人对自己权益的保护，芝加哥的产业工人再次发起了声势浩大的罢工浪潮：关闭了钢铁厂、包装厂、服装厂和农业机械厂。尽管为争取更高的工资和工会的认可做出了动员，但技术熟练工人和非熟练工人之间的分歧、善于操纵的雇主，再加上抗议活动缺乏全国总工会的支持，最终使得工会和移民社区陷入困境之中，反抗并没有取得太大成效。[12]

在巨大的工作压力下，少数族裔工人更需要自己的空间——从酒吧到社交俱乐部——来享受他们所拥有的少量闲暇时间和可自由支配的工资。他们认为对酒精的战争是对应该被看重的个人和社区群体习惯的直接攻击。"禁酒十字军"的领导人,包括他们自己的一些雇主,考虑得更远,宣称禁酒将提高工作效率,杜绝浪费。他们的观点与科学管理的原则相吻合,这些原则在那些急于提高生产率的雇主中颇受欢迎。不久,工人们就面临了加快工作速度、提高工作效率的改革和新措施。而工人们在车间里工作时承受的新纪律也有可能渗透到私人生活和集体休闲的半自治空间。由于这项改革得到了大批新教徒精英的支持,因此在许多移民群体看来,禁酒令似乎是专门针对种族认同的攻击,尤其是对天主教信仰的攻击。反对禁酒令的斗争表面上是为了保护休闲习惯,但在那个阶级分歧与文化、宗教和种族分歧紧密相连的现实世界里,它与战后经济和社会秩序的最深刻问题产生了共鸣。[13]

对禁酒令的共同反对,很快将移民工人阶级和从店主、酒吧老板到当地政客、酿酒商等少数族裔社区的领袖们都团结在了一起。在芝加哥面临的其他严重不平等问题上,选区的负责人和市议员经常与当地的资本家紧密结盟。他们在给社区贫困选民提供政策倡议方面只停留在口头,他们给社区提供的真正服务来自非正式的物质帮助——无论是租金、工作还是所需的许可证。通常,他们的聚集地是当地的某家酒吧。当禁酒令开始威胁到这些社区的所有阶层时,这个群体里那些有潜质向上流动的"富人"就会加入这些工人阶层,试图保护这些工人的移民习俗不受来自新教精英改革者的攻击。但是他们的努力并没有成功。

……

在芝加哥和其他地方的移民工人阶级社区,饮酒的文化根源是如此之深,以至于1920年1月17日《禁酒法案》生效后,这些社区几乎都认为没有理由去遵守这一禁令。移民安置所的工作人员报告说，帕金顿（Packingtown）的工人阶级男女"在禁酒令颁布后似乎对饮酒毫无顾忌"。其他地方的工作人员也认同这一观点。但随着现有库存酒的减少和执法力度的增强，禁酒令慢慢开始发挥作用了，工人阶级的休闲世界和社区也开始慢慢被重塑。改革家们为这些变化欢呼雀跃，但少数族裔工人阶级的男男女女却为新法律给他们的社区、传统舒适生活方式带来的限制和日益增长的成本而倍感沮丧。[14]

在这场对酒精的战争中，第一个也是最明显的受害者是社区酒吧，它曾经无处不在，简直就像是城市人行道的延伸一样。禁酒令的反对者和支持者双方都利用所谓的统计数据一直进行着无休止的辩论，以反对或支持这项新法律。但双方都同意，新法律几乎只手扼杀了酒吧的存在。对全国禁酒令的滚雪球式发展的支持是始于解决酒吧"问题"的需要。多年来，改革家通过推行酒馆执照法、地方法规和州禁酒法，极大地削弱了酒吧的存在，尤其是打击了在小城市和农村城镇的酒吧和小酒馆。到20世纪初，酒吧还面临着来自"五分钱剧院"、舞厅以及职业的或业余的体育运动休闲方式的竞争，它们都在争取工人阶级男女的闲暇时间和消费。这些另类的娱乐活动明显削弱了纯男性酒吧对年轻男女的吸引力。不同的是，尽管如此，在纽约、芝加哥、匹兹堡和其他有着大量移民工人居住的大型城市中心，酒吧仍然繁荣。[15]

禁酒令之后，酒吧业便一蹶不振，急剧衰落，而且再也没有恢复到从前的繁荣景象。在芝加哥，最著名的酒吧是"工友交换站"（Workingmen's Exchange），这个酒吧有一个30英尺长的胡桃木吧台，这里是被人们称为"高坝领主"的市议员迈克·肯纳（Mike Kenna）的地盘。他的这个酒吧提供免费午餐和五美分的便宜啤酒，并给支持者和选民提供优惠。在这里,以及在另一家他经常活动的酒吧里,肯纳都采用了同样的腐败和拉拢手段,去扩大力量和巩固自己的地位,比如用剥削工人的钱发放赞助、为贫困选民提供他们急需的服务等。肯纳坦率地承认,他"照例"给那些正在找工作的贫穷男女提供"小贩许可证",这样他们就可以在街上销售小商品以维持生计,而无须支付执照法里规定的获得经营许可证要缴纳的那些费用。正如酒吧名字"工友交换站"所示那样,肯纳低价售卖给工人们啤酒,工人们则支持他。在这里,利益和需求进行交换。肯纳的酒吧经营非常成功,前后一共供应了175000桶啤酒——截至1920年2月最后一次销售"淡啤酒"后,这家酒吧永久地关闭了。"淡啤酒"是一种用来替代啤酒的饮料,但被嘲笑为是"没有味道的酒"。大城市里的许多酒吧关闭了,并永久性地改变了城市的景观。[16]

对于改革家来说,关闭酒吧是他们的一项伟大成就。的确,禁酒战争切断了酒吧与市政政治之间的紧密联系,酒吧不再是民主党和共和党基层组织活动的中心。但后来取而代之的是那些政治人物与有组织犯罪之间更为恶劣的联系。一名禁酒令支持者认为,尽管饮酒仍在继续,但"每个人都必须承认一个明显的事实,那就是曾经被认为是美国政治、工业和社会生活的万恶之源的酒吧,情况现在已经被打破了"。芝加哥一位移民安置所的工作人员干脆概括说:"非法的酒吧就不是政治中心。"[17]

随着酒吧的消失,其在公共场合标志性的狂饮场景也随之消失了,但这其实极大地冒犯了中产阶级对酒的感情。而工人阶级人群的饮酒行为并没有消失,只是逐渐转移到更隐秘的地方了。芝加哥大学社区之家的创始人玛丽·麦克道尔(Mary McDowell)评论道:"在禁酒之前,周六晚上,小巷里到处都是喧闹的饮酒场景……现在没了。"类似的变化也发生在其他城市。一位波士顿改革家指出:"伦敦西区原本有很多营业的酒吧,但禁酒令一来,街上立刻就没有醉汉了——实际上也没有人了。"即使是承认整个社会犯罪率依然在上升,但那些第十八修正案的支持者们,也依然在庆祝这一修正案使街道变得更加安静了。南达科他州(South Dakota)苏城(Sioux City)的一名社会工作者宣称:"因为其他原因我们现在的犯罪率更高了……但是至少街上和公共场所没有醉酒的人,混乱就少得多。"莉莲·沃尔德(Lillian Wald),纽约亨利街居民楼(Henry Street Settlement House)的创始人,她高兴地说,尽管这座城市有很多地下酒吧,但啤酒商的卡车在周六晚上运送啤酒,工人们花费家里仅有的钱、用支票直接兑现买酒的场景"已经从这个国家全部地消失了"。与此同时,她还补充道:"星期天劳工家庭里因丈夫花钱和醉酒的争吵,以及周一早上哭哭啼啼的妇女们来到工厂车间、乞求预支丈夫工资的悲惨场景也都消失了。"[18]

从对酒吧物业和房产的调查记录里,我们可以了解到这些酒吧后来的走向和命运。改革者报告说,禁酒令甚至改变了芝加哥牲畜围场后面最混乱的威士忌街。其中一个具有象征意义的转变是,在以前七个酒吧的原址上建起了一个大的日间托儿所。有两家酒吧以餐厅的形式重新开业,还有两家变成了杂货店,另外一家酒吧变成了服装店。1923年,一项针对芝加哥中心区(Central District)的研究专门调查了在1917年拥有30家酒吧的四个街区,并进行了评估:"十处酒吧房产没有复活迹象,彻底破产;两个已经被拆除了;六家改行成了大众消费的餐馆;还有三家杂货店、一家药店、一家画室、一家二手店、一家旅馆、一家殡仪馆和一家汽车用品店。"这些结果很难说是多么理想的转变,但禁酒斗士们乐于看到这样的变化。一名在安置房部门工作的职员说,在一个曾经嘈杂的街角关闭了三家"欣欣向荣的酒吧","极大地改观了社区的总体环境与氛围",街区清静多了。与此同时,美国其他城市里的酒吧也在消失:金斯利安置区(Kingsley Settlement House)的主管查尔斯·库珀(Charles Cooper)评论说,匹兹堡的酒吧街也"从原来闹哄哄的遍地酒吧"成了一条"只有一家电影院和一家食品商店的'体面街道'了"。[19]

当许多酒吧老板因为不愿承担非法经营的风险而关门时,还有一些人试图在禁酒令下冒险继续非法营业。一些酒吧通过提供"近啤酒"代替酒饮去合法经营,但都不成功。工人阶级的男人们并没有因为酒吧关门而停止喝酒,但是喝酒的人越来越多地从酒吧转移到家里、私人休闲空间和"体育俱乐部"。许多以前的酒吧重新开张,变成了不加掩饰的软饮料店和迎合工薪阶层客户的"大厅"消费场所。前门挂着"酒吧出租"的标牌,后门则开门迎客做生意。他们起初出售一些酒类替代品,例如"滋补酒"和"比特酒"——改名后的私酿勾兑酒,但后来还是卖啤酒和威士忌了。芝加哥下议院的一份报告指出,附近社区有 25 到 30 家酒吧已经关闭,但是也有其他人用"不雇人照管、故意不清洗的窗户和明显空空如也的店面来伪装酒吧前门",从而混淆视线,后门照常接待顾客营业。[20]

在禁酒法令之下顶风作案继续经营的酒吧是需要新的生存方式和运营策略的。这意味着酒吧不仅要以半秘密的方式向熟悉的保险的客户销售私酒,还得与日益强大的犯罪团伙合作才行。贩卖私酒经常面临着警方的定期打击和被联邦特工封锁可疑场所后频繁搬迁的风险。一旦酒吧被警方关闭，受影响的业主不仅会失去销售收入，还会失去房产。根据联邦法律，卖酒的店一旦被查封，最多可以被锁上一年。1928年，芝加哥的联邦特工封锁了700多处酒吧房产，这些房产被指控"公开"在城市出售酒类。其他地方的非法酒吧也受到禁酒令的执法打击。一些组织，如纽约十四人委员会(New York's Committee of Fourteen)，提交了数百张照片，显示在对酒吧执行突击搜查后，纽约和新泽西的前酒吧里空荡荡的，设备和家具被一扫而空。到1926年，在宾夕法尼亚州(Pennsylvania)，特别法律顾问小威廉·怀特(William Wright Jr.)，他是州长吉福德·平肖(Gifford Pinchot)负责执法的主要副手，已经关闭了被执法官员认为仍在运营的665家最糟糕的酒吧中的404家。在费城(Philadelphia)，托马斯·匹克(Thomas Peak)在禁酒令颁布后的两年中一直在经营他的酒吧，直到警察和联邦特工们采取严厉措施，不顾200人强烈抵制，通过暴力突袭拆除了他的酒吧及其固定设施。[21]

酒吧保持营业不仅意味着要面对突击搜查的威胁，还意味着要应对非法贩酒带来的暴力事件。警方的打击行动经常引发酒馆门口的帮派斗殴。因此，工人阶级的酒吧一步步变成了改革者们的梦魇——一个堕落之地：黑暗、隐秘的空间里隐藏着腐败、犯罪和暴力的网络。在芝加哥的南区，酒吧尤其是一些改造过的"体育俱乐部"，在大型有组织犯罪团伙的指挥下，成为当地黑帮臭名昭著的据点，他们在此随心所欲、无恶不作。[22]

对于工薪阶层的饮酒者来说，对酒吧和酒品制造商的战争所产生的影响远远超出了他们可接受的范围。随着买酒的成本被抬高，社交饮酒的风险变得不那么有吸引力了。在禁酒令颁布之前，酒吧里的啤酒是很便宜的。在底特律(Detroit)和芝加哥这样的城市，第一次世界大战之前，"大杯酒"的价格通常是五美分或十美分。在帕金顿安置区和其他工薪阶层社区，一小桶外带的"咆哮者"牌(Growler)的啤酒只卖五美分。在禁酒令存在期间，当非法市场在工业城市站稳脚跟后，啤酒的价格就翻了五到十倍。烈性酒的价格也随之上涨。一名波希米亚血统的前伊利诺伊州代表抱怨说："这东西简直太贵了！"芝加哥通用电气霍桑厂(Hawthorne Works of General Electric)的工人们作证说，高昂的酒价使得他们的家庭结余下降很多。[23]

因此，毫不奇怪，对酒精的战争确实显著减少了低收入家庭的酒饮消费。虽然很难确切地计算出这个时期人们的饮酒消费，但一项研究表明，工人的饮酒量减少了一半，而社会中上阶层人士的饮酒量保持不变。低收入的男性和女性根本负担不起这种高昂的饮酒费用。一名新泽西船厂工人的妻子注意到了这一变化。"买到非法酒没有问题，"她说，但她的丈夫"可能喝得更少了……因为白酒质量较差，费用又高"。尽管在禁酒令期间对酒类消费的估计差异很大，但随后进行的系统研究证实，酒类消费总体上是下降的。在第二十一修正案颁布后不久，酒精消费量约为1911—1915年水平的一半。直到1970年，人均酒精消费量才赶上20世纪早期的水平。[24]

面对饮酒成本的不断上涨，工人阶级的男男女女们便开始寻找更便宜的酒源了。虽然一些工人在非法营业的私酿酒吧大肆挥霍，但这其实远没有他们从其他渠道购买暗市酒频繁。在芝加哥，药店就是私酒供应商之一。药剂师把"药用"威士忌卖给那些有处方且有钱的人，他们负担得起高昂的价格：一品脱"药用威士忌"

经通胀调整后的价格为 40 美元至 60 美元。而这还只是那些非常富有且持有处方的人才买的上等威士忌，穷人们只能用不那么昂贵的酒类替代饮料来凑活。药店打出"物美价廉"的滋补酒广告，包括"比特斯药酒"和"霍夫曼滋补酒"。这些混合物因其药用特性而被准予上市，其中含有商用乙醚或由其他物质提纯的酒精。正如一名波兰教区牧师所说："湖滨大道上有的是酒，但一般人只喝得起酒精勾兑酒，就是那种含有一定酒精量的麻醉药品。"[25]

酒吧的关闭和药店高价格的"好酒"还推动了另一个变化。"威士忌的价格对劳动人民来说太高了……他们得想办法买到或者商家应该生产便宜的威士忌，或者干脆工人们自己在家酿制威士忌。"一些劳工在软饮料店、裁缝店和提供廉价私酿酒的杂货店买酒，但私人住宅也是非法生产和消费酒的重要场所，尤其是在禁酒令的早期。工人阶级家庭酿造啤酒、自制葡萄酒和蒸馏威士忌，通过小规模经营，供自己消费或出售给邻居，这在一定程度上恢复和扩大了工人阶级家庭酿酒的习俗。芝加哥公共安置所（Chicago Commons Settlement House）的一份报告将家庭酿造的回归比作"伟大的烘焙公司停止烘焙面包……家里的面包回来了……以前在酿酒厂和啤酒厂进行的大工业变得分散、回到了家庭"。[26]

各种各样的原料商店很快就开张了，它们满足了广大家庭啤酒生产的需要。在帕金顿街区的一个角落，有三家不同的商店出售家用酿造和蒸馏用品。五金店也在大肆宣传它们出售用于生产啤酒和威士忌的线圈、铜罐、酒桶、瓶盖和瓶子。具有讽刺意味的是，那些改革家们为之欢呼的"无酒商店"却在大量供应家庭酿酒生产所需的酵母和其他物品。例如，为了迎合不断增长的新需求，一个小杂货店仅酵母的销量就在原来的销量上翻了五倍。这些业余的家庭生产者所使用的配方简单，酿造的烈酒的质量就可想而知了——低劣而粗糙。这些酿造最常用的方法就是简单将酵母与糖混合进行发酵，另一种民间常用酿酒配方则是杏仁、红薯和酵母的简单混合。芝加哥大学社区公寓附近的一个警察分局报告说，这个阶段在自己家里私自酿酒的人数增加了70%。[27]

移民安置所的工作人员一致地认为工人阶级的家庭私酿"首先是家庭饮酒习惯所需，其次是卖给黑市……尤其是那些非法卖酒的'盲猪'（blind pigs）商店"——这个名字源于19世纪的一个传奇故事：在禁酒令广为宣传的社区，卖酒的人分文不取为大家提供酒饮，只是向游客收取参观费用，以此去逃避法律，达到销售的目的。在芝加哥，"盲猪"这种小型饮酒场所，在平民区随处可见：廉租公寓的底层、没有电梯的公寓里以及工人们居住的长排平房里。[28]

因此，工人阶级家庭不仅成为生产酒的小作坊，而且成了销售酒的营业场所。无论是劣质勾兑酒、家酿啤酒，还是发酵葡萄酒，它们都需要生产和存储空间——而对本已是狭小拥挤的平民家庭来说，空间是非常宝贵的。对于那些想喝酒、家里又没条件酿造酒的工人家庭来说，跟居住空间比较大的邻居合作是一个不错的选择：邻居承担协助私酿风险的同时，可以免费喝酒。妇女们经常在家里酿造啤酒，然后卖给那些"盲猪"商店。男人在外工作，女人在家除了做家务还酿酒、贩卖酒。这种小型作业其实也成了一种家庭收入的补充手段。少数族裔的工人阶级妇女及其家庭都是非主流的边缘生产者，即便如此，她们少量生产的酒也为后来日益增长且越来越有组织的非法贩运私酒提供了一个来源。[29]

另一方面，大型的、批量的倒卖私酒利润要比个人家庭买卖大得多，来钱也快得多。因此，随着家庭酿酒商的出现，更大的贩卖商也出现了。简·亚当斯通过观察芝加哥的一个移民社区，见证了这一发展。在禁酒令的头几年、国内生产初步复苏之后，亚当斯观察到，"私酒业进入了一个新的阶段。小型酒厂取代了家庭蒸馏器人工酿造。走私者雇佣大量的工人在他们的工厂里用大型的蒸馏设备去批量生产酒"。"这些工厂企业，"亚当斯报告说，"都是建在旧仓库、地下室、商店大楼不临街的一面等这些隐蔽的地方，它们的生产量和业务规模都相当大"。酿酒过程中的切割作业与生产操作中的噪音和气味比较大，这些作业一般都在位于较贫穷的工业区或偏远的农村地区进行，因为那里远离执法部门，不容易被注意到。例如西麦迪逊街（West Madison Street），它从卢普街（Loop）边缘一直延伸到霍尔斯特德街（Halsted Street），这个破败的社区据说"在整个禁酒时期里都闻起来像个酿酒厂"。[30]

由于需求旺盛、利润丰厚，私酿烈酒和走私贩卖的生意迅速发展。芝加哥公共安置所的一份报告哀叹道："显然，在'保护'走私行业方面，没有哪个城市像芝加哥这样，组织严密而又成功。"小型家庭生产者和非法卖酒的小商店本和大的酒厂没有什么关联，但是利益之下，弱肉强食。据亚当斯报道，那些小型私酿户，要么被并入大的非法厂家，要么就被迫关闭："我们发现这些经营非法活动的企业家、剥削者，他们试图控制同区域里的所有小型私酿户，并强行索要五五分成，而他们则给被控制的生产者们提供保护和销售便利。如果拒绝他们提出的条件，小生产者们或者最终被迫顺从，或者面临人身攻击、最终破产的悲惨结局。"在这种高利润的"新贸易"的"光明前景"吸引下，这些有组织的犯罪分子将控制范围渗透扩大到了几乎所有的贫困社区。[31]

这些大型的有组织犯罪的企业家们之前已经有了组织经营地下赌博和卖淫活动的经验。到1919年时，他们便轻车熟路地瞄准了私酒贩卖行业的巨大利润和机会进行新的投机。贾科莫（Giacomo）社区的"大吉姆"科洛西莫（"Big Jim" Colosimo）是1898年移民到芝加哥的，到1910年的时候他已经建立了一个包含大量酒吧、赌场和妓院的小型犯罪帝国。1915年，当有着绰号"大比尔"（"Big Bill"）之称的威廉·汤普森（William Thompson）上任芝加哥市市长职位后，他又给科洛西莫的不正当性交易和博彩业提供政治保护。同时，科洛西莫自己还从纽约请来了布鲁克林（Brooklyn）黑帮匪首约翰尼·托里奥（Johnny Torrio）来加强他和对手对抗的力量。而托里奥则将阿尔·卡彭也带到了芝加哥，将其作为他在这里的得力助手。1920年3月，科洛西莫在帮派打斗中被杀（有传言说他不愿意从事酒类贸易），那时禁酒令这个"高尚实验"才刚刚执行了几个月。科洛西莫死后托里奥马上接管了他在芝加哥的非法生意，并联手阿尔·卡彭，大肆进行私酒贩卖活动。在禁酒战争的头四年里，这两人和其强劲对手、另一个黑帮匪首迪恩·奥巴尼恩（Dean O'Banion）为争夺这一暴利的非法行业在芝加哥的控制权，进行了血腥的帮派打斗和拼杀，1924年奥巴尼恩被杀。第二年，在一次暗杀中幸存下来的托里奥把非法活动的控制权移交给了阿尔·卡彭，然后永久地离开了芝加哥。[32]

早在禁酒战争之前，芝加哥就因普遍的政治贪污、贿赂和腐败之风而闻名全美。芝加哥市议员迈克·肯纳是众多"灰狼"（政商黑帮相互勾结的别称）中的一员，他和许多政客一样，用自己手中掌控的城市特许经营权，保护该市的赌博和妓院不受警察突袭和管制，以此从黑帮那里换取巨额利润和回扣。这种官商黑帮之间的勾结明目张胆到在黑帮匪首科洛西莫举行的一场宴会上,芝加哥市几乎主要的警长都出席了。总之,对酒精的战争使有组织的犯罪分子和政府官员之间的合作达到了前所未有的紧密水平。随着禁酒令的执行,酒的存在和买卖成为非法行业,酒类的生产、销售被迫转入地下,那些黑帮头目、警察法官、执法人员和政客们因此而看好这个发财机会。芝加哥的政客们承认,他们知道"为了保障非法买卖,黑帮们手头收集和保存了大量政府官员收受贿赂的证据……包括警察、法官、有影响力的州法官及律师",而汤普森市长只是其中最臭名昭著的一个,据《芝加哥论坛报》报道,这座城市因为他而背上了"政府低能而滑稽、流氓嚣张、行贿肆无忌惮、腐败无能的"骂名。[33]

  法治管理、执法以及城市政治的每一个层面,似乎都得跟"酒"扯上关系。那些"名声在外"的政客们毫不掩饰地参加黑帮组织头目的婚礼、洗礼或施礼。"他们并不耻于与罪犯打交道"。《芝加哥论坛报》评论道。事实上,"如果他们想继续成为成功的政治家,他们就不得不同不法分子打交道"。一些例子很能说明问题,例如1925年参议员查尔斯·狄宁(Charles Deneen)就和一些司法官员一起参加了犯罪头目、绰号"钻石乔"埃斯波西托(Diamond Joe)的孩子的洗礼仪式。1928年,库克县的州助理检察官被机关枪扫射,不幸中弹,不是因为他试图打击这个非法行业,而是因为帮派之争——他与一个帮派结盟,而这个帮派受到另一个帮派的攻击。之前,这个检察官经常和犯罪头目们一起喝酒、骑马,一起出入地下酒吧。"这代表了相当长的时间里政府官员与贩毒集团之间的关系。"[34]

  上自美国参议员,下至法官,从小巡逻警察到一地治安官,美国政府的各级政客都沾上了腐败的污点。芝加哥公共安置所报告称,"在警察的庇护下,随时可以买到酒"。一个社区"受益于警察分局的保护",竟有巡警"把它(酒)直接送到购买者的汽车里"。警察护送非法啤酒商队,巡逻人员坐上有组织犯罪团伙的卡车,以保护货物免受可能计划劫持贵重货物的敌对团伙的攻击。这些情况都很常见。不仅如此,警方还以其他方式参与非法交易。一名芝加哥人披露了一个熟人的经历:他的朋友在一个偏僻的地方开了一家私酒店,被警方发现时,警察并没有勒令其停止营业或者关闭,相反,警察公开去拜访了他,并通知他说"警察将会是他的合作伙伴……"朋友的货在这些警察的保护下顺畅运送。他还称,这些警察因此每年从他朋友这里分走至少6万美元的收入,"折合通货膨胀调整后的金额超过80万美元"。[35]

无论是来自警察还是犯罪团伙,抑或两者兼有,高额保护费的成本都只有大型供应商可以负担。正如一名每天只能赚到10美元的波兰酿酒商哀叹的那样:"我家在私酒生意上赚的钱都不够付保护费的,所以我打算改行了。"根据政府的数据,到1924年仲夏,类似托里奥和卡彭这样的知名黑帮,通过向受他们保护的更小的酒贩子收取保护费,每周总计能收到10万美元左右,相当于今天的100多万美元。高额的经营成本和不断上升的谋杀率,使得当时的许多大城市里的家庭酿酒业开始走向衰落。[36]

在这一阶段,花样百出的违反禁酒法令的事件,成了人们茶余饭后津津乐道的内容。从"疤面煞星"阿尔·卡彭的犯罪行径,到富有的大私酒贩子乔治·雷穆斯的骇人谋杀案,故事形形色色,应有尽有。虽然这些描述经常带有浪漫和怀旧色彩,但很少强调有组织犯罪网络对贫困社区的毁灭性影响——在这些社区里,非法酒类企业可以逍遥法外。这个新产业在快速恶化的芝加哥移民社区和以非裔美国人为主的芝加哥南区助长了犯罪网络的扩张。这些社区也因此经常被称为"黑社会"。犯罪团伙还控制着芝加哥西部的工人阶级聚居区西塞罗（Cicero），这个地方很快被称为黑帮"卡彭镇"（Capone Town）。这片被工厂包围的"飞地"——在本国境内的隶属另一国的一块领土，是黑帮活动的基地。卡彭不受警察的限制，在他这片非法帝国的领土里，由于受到他们的暴力、政治关系和芝加哥许多种族政治领袖对酒的钟爱情结的保护，社会矛盾有所缓解。其中最重要的是20世纪20年代中期担任库克县（Cook County）专员的安东·瑟马克（Anton Cermak），他对黑社会势力的解决办法是建议废除禁酒法令，他把有组织犯罪的增长完全归咎于该法案的实施和执行。[37]

普通居民不具备阻止犯罪势力渗透的能力，因此芝加哥的贫困社区遭受了前所未有的非法酒精交易的极大冲击。警方主导并允许的非法活动多发生在城市权贵们几乎看不见的地方。这些社区包括"南部立陶宛（Lithuanian）移民聚集地，西部小皮尔森（Little Pilsen）的部分地区，大峡谷区（The Vally），犹太人区……以及毗邻赫尔大厦（Hull House）地区——小意大利（Little Italy）南部"。那些原本的街头暴力帮派，现在与经营有利可图的私酒交易的大型犯罪企业建立了联盟，帮派成员们在这些底层社区为所欲为，在许多场帮派争夺地盘的打斗中都是主力，发挥了重要作用。芝加哥臭名昭著的"啤酒大战"帮派恶斗就是在这些移民工薪阶层社区发生的。[38]

1923年威廉·德弗（William Dever）担任芝加哥市市长期间严厉打击了这些社区帮派犯罪，缩小了私酒贩卖行业的范围，但帮派控制权争斗也因此变得更加激烈。强买强卖,每个帮派都胁迫当地零售商只出售自己品牌的啤酒。歹徒们扬言威胁要炸掉那些不服从、不配合他们的商贩和私酒作坊,而且说到做到,多次制造爆炸案。1928 年,被戏称为"菠萝初选"的芝加哥市市长初选就因选举期间猖獗的炸弹爆炸、杀戮和绑架事件而臭名昭著。其目的都是恐吓和警告支持敌对帮派的政府人员。一名移民安置所的工作人员哀叹道:"帮派之间为了争夺芝加哥各区域的控制权、抢劫酿酒作坊和酒窖的资产,频繁引发暴力和谋杀。"[39]

虽然贫穷的居民痛恨走私团伙的暴力和犯罪,但他们提供的产品无疑还是为底层的人们创造了一个有利可图的市场。甚至非法活动本身也给一些人带来了直接获利的机会。无论是在公寓的起居室里用蒸馏器酿酒,还是兜售、运送或倒卖私酒,尽管涉及风险,但是底层社区里的贫穷男女们还是都参与了这些非法交易。芝加哥议会下院(Chicago Commons Settlement House)的报告写道:私酒交易给"在禁酒令之前从未发达的穷人"带来了"新的发财机会"。1925 年,联邦教堂理事会(Federal Council of Churches)的一项调查印证了这样的报告:"对许多以前被救济机构记录在案的家庭来说,非法贩酒已经成为一种实现相对富裕的手段。"康涅狄格州(Connecticut)的布里奇波特(Bridgeport)的一位波兰银行家注意到了类似的结果:"那些几年前必须得到福尔肯社团(Falcon Society,一个波兰福利组织)生活帮助的人,现在却开着昂贵的汽车到处跑。"可以理解的是,少数不择手段者的这种牟取暴利的行为引发了邻居们的不满,毕竟他们分担了邻里之间爆发暴力和犯罪的风险。[40]

易受指责的移民社区这些畸形发展,导致人们普遍把"外国人"与犯罪联系在一起——当然,这种带有明显偏见的关联是错误的。20世纪20年代，美国反对移民的情绪高涨，当有违法者或罪犯出现时，移民首当其冲被当作犯罪嫌疑人。这种刻板印象后来在伊迪丝·阿伯特（Edith Abbott）1929年的政府研究《犯罪与外来者》（*Crime and the Foreign Born*）中被揭露出来。该研究发现，移民在罪犯队伍中所占比例实际上并不大。外国人不是非法酒类贸易的源头。相反，在美国出生的第二代移民子女比他们的父母或其他群体更有可能被逮捕并被指控犯罪，包括违反《禁酒法案》。甚至一名原本对贫穷移民持同情态度的安置所观察员也报道了此事："如果制造酒的是外国人，那么购买的就是住在酒店、俱乐部、郊区住宅、湖边公寓的美国人。被警方和官方查访的是外国人，承担风险的是外国人，交罚款的是外国人，进监狱的都是外国人，而不是富有的顾客，不是开着豪车来外国人家里的买家。"这种污名化和嫁祸引发了移民社区的强烈不满。[41]

除了这种不公正对待和偏见，贫困社区还面临着饮用貌似廉价但实际有毒的酒的风险。很多非法威士忌都是用政府许可的酿酒厂生产的工业酒精制成的，这些酒厂生产大量用于油漆和防冻剂等工业产品的酒精。假酒制造者重新蒸馏这种工业酒精，以去除有毒物质，尽量使其适合人类饮用。有些变性剂很容易去除。其他的，如甲醇，通常被称为木醇，是最难去除和最致命的一种有害物质。[42]

肆无忌惮的走私者用浓郁的香精掩盖污染物的气味和味道。粗糙改造过的工业酒精可能还会添加防腐液等物，以增加非法威士忌的刺激性。这些添加剂都可能对人的健康产生巨大的影响，饮用这些毒酒极大可能会导致失明或瘫痪。官方统计的每年死于木醇中毒的人数在1923年达到顶峰，共计321人，但在整个禁酒令存在期间，还有数千人——其中大部分是穷人，直接死于有毒的酒。[43]

南方也经历了大规模的酒品中毒事件，和北方城市一样，那里的贫困社区受到的侵害尤为严重。一种叫"姜杰克"（Jake Ginger）的烈性酒饮，过去是作为治疗胃病的处方药合法出售的。但在禁酒令期间，为了能在不法酒市出售，这种产品被非法市场的走私者掺假，掺假后的姜杰克饮料烈性很强，走私者经常把姜杰克与姜汁啤酒或其他饮料混合，但即使是少量的添加剂也可能导致饮用者神经损伤。饮用这种酒的人通常会失去对腿部肌肉的控制，导致或跛行，或永久瘫痪。禁酒令废除之后，据国家公共卫生官员统计，姜杰克的受害者人数在5万到6万之间。这一事件的影响太大了，以至于受害者们成立了"姜麻痹受害者联合协会"（United Victims of Ginger Paralysis Association），该组织声称拥有3.5万名成员。白人和非洲裔蓝调艺术家们演唱的《杰克腿布鲁斯》（Jake Leg Blues）和《杰克行走爸爸》（Jake Walk Papa），以及其他一些商业发行的歌曲，无一不印证了酒精祸害的普遍性以及人们对它的熟知。[44]

移民团体和他们在美国出生的孩子抱怨私酿酒及其有害影响。一名意大利医生在接受《芝加哥公共服务报》（the Chicago Commons）采访时说，社区居民的健康正受到"令人遗憾的有毒饮料消费"的影响。"社会服务和慈善组织也记录下了劣质酒的有害影响，特别是烈性酒使用量的增加。烈性酒在非法酒类贸易中受到青睐，因为烈性酒的酒精浓度较高，因此价值也高，它更易被运输、储存和躲避当局的检查。一些慈善组织宣称，因为贫穷的男人喝酒少了，他们的家庭更幸福了。而另一些慈善组织则说，有很多妇女来找组织控诉和求助，她们抱怨自己的丈夫被自己喝下的烈性酒"弄疯了",在烈性酒的影响下变得易怒而暴虐。[45]

随着推行禁酒令的"高尚实验"的持续,对该法案的抗拒和敌意在许多社区加剧了。在芝加哥一个以工人阶级为主的教区,一名捷克裔牧师宣称:"禁酒令是人们能想象到的最大罪行。"另一名牧师哀叹道:"他们把好东西给了黑市,把不好的东西给了穷人。"许多人的内心都有这样的愤怒。有一次,联邦特工突袭一家顽固反抗的酒吧时,摧毁了28桶啤酒,后街区(Back of the Yards)"近千人的包括男女老少的愤怒人们"爆发了群体行动。混乱的人群吹着口哨、咒骂着,并向执法人员投掷炸弹。警方用棍棒击退了情绪激动又好战的人群。但在此之前,这群抗议者已经毁坏了联邦执法者的汽车。[46]

这样极端的群体行动很少见,但人们对政府执法官的普遍强烈不满却一直存在。芝加哥公共安置所调查了一个意大利社区的42位居民,其中包括杂货商、党派工作人员和劳工:所有人都"非常情绪化"地一致表示反对这项法律。另一个由90名年轻人组成的团体,他们大多数是"刚到这个国家"的,压倒性地给这项法律贴上"邪恶"的标签。据采访他们的安置所工作人员说,这些年轻人给出了四个理由证明禁酒令的"邪恶":禁酒令干涉了个人自由,促使了有毒、劣质的白酒生产,助长了贪污和腐败,增加了犯罪和暴力——这些问题在他们的社区中都是显而易见。[47]

具有讽刺意味的是,对禁酒令的敌意不断上升并不总是转化为对政府权力的不满或敌意。相反,这些经验常常促使人们思考如何以新的方式引导政府去作为。当然,大多数移民希望对酒精的战争能简单地结束,希望啤酒和淡葡萄酒合法化,杂货店酒类销售合法化,或者酒吧重新开张。但其中一部分人也开始呼吁进行更彻底的变革，比如让联邦政府在重新监管酒类行业方面发挥更大的作用，或者让政府垄断酒类贸易。[48]

因此，许多禁酒令反对者并没有像反对禁酒令修正案协会（AAPA）的保守派人士所呼吁的那样，寻求将联邦权力完全下放到州和地方一级。相反，他们只是呼吁将联邦权力重新定位到更加良性的发展方向。正如芝加哥丹麦人创办的《丹麦时报》(Danish Times)上一位作家对一名坚定的禁酒主义者的回击："马克思博士（Dr. Max），您真地认为政府的职能是规范人们的休闲习惯和胃口欲望，而不是为他们提供工作机会，让他们生产食物、衣服，居有住所，并很好地使用和享受它们吗？"这种观点强调，政府在人们的生活中扮演着重要的角色——但绝不是它目前所扮演的、干扰人们根深蒂固的娱乐习惯的角色。[49]

在一个节衣缩食的保守时代，禁酒令终究还是引发了一场关于联邦权力的新辩论。政府权力或明显成功或明显失败的事实，促使人们对政府职权的广泛理解有了改变。尽管这个国家的监管机构一直存在，但在行使政府权力时一直是相对温和的，如食品药品监督管理局(Food and Drug Administration)、联邦贸易委员会(The Federal Trade Commission)，包括在第一次世界大战期间行使的短暂而又戏剧性扩张的联邦权力，但联邦政府的权力很少像禁酒时期那样在地方层面出现。像从西岸到巴拿马运河的国家疆域，国家权力通常是通过帝国扩张、占领和重组领土来行使的。甚至在战争期间，大多数美国人只有通过访问当地邮局才能体验到联邦政府管辖的存在。1913年制定的联邦所得税只影响到了一小部分美国人——约550万人口。"全国禁酒令"将聚光灯投射在了联邦政府身上，并将无数美国人卷入了关于联邦权力的范围、权限和合法性的辩论中。对许多反对禁酒令的人来说，第十八修正案标志着政府被高度动员起来的少数人占领了。正如一家少数族裔报纸所说的，这是"暴政"。作为回应，反对这项法律的人行动起来了，他们的目标是自己掌握权力，并在这个过程中引导国家向新的方向发展。[50]

······

在芝加哥，这些城市少数族裔在第十八修正案颁布之前就已经在公投活动中彰显了他们的团结和集体的力量。现在他们又动员起来，表达了他们对反酒吧联盟及其议程的反对。在把少数族裔选民拉进政治进程方面，芝加哥的政治领袖中，没有哪个比安东·瑟马克做得更多更好的了。作为捷克裔公民，他脾气暴躁、直言不讳，他对该国的"禁酒十字军"充满了蔑视。1879年，当瑟马克还是个孩子的时候，他就和家人从波希米亚（Bohemia）移民到了美国，在一个贫穷和酗酒都是常态的移民社区环境下长大。他的家庭首先在芝加哥西南部布雷德伍德（Braidwood）的波希米亚"飞地"——黑帮区定居下来，他和父亲在布雷德伍德地区的松软烟煤地里工作。当他还是一个十几岁的少年时，瑟马克就在他工作的、没有工会组织的矿井带头要求提高工资。矿井老板立即以"煽动劳工"的罪名解雇了他。不久之后，他随家人搬到了皮尔森（Pilsen），这是芝加哥一个充满活力的波希米亚社区。在那里，瑟马克在铁路上找到了一份工作，主要处理连接和拆卸火车车厢、设置火车刹车和检查设备等工作。

肩膀粗壮、体格魁梧的瑟马克，其彪悍的形象与强硬的个性使他在少数族裔帮派中地位稳固。这种少数族裔帮派，通常是地方政党组织的最底层组织。作为当地波希米亚黑帮的领导人，瑟马克引起了芝加哥捷克社区里那些效忠于当地民主党的人士的注意。从他的第一份基层党务工作——选区助选员开始，他就一路努力往上爬，成为第一个选区的队长，然后成为选区主席。就像20世纪早期城市政治中的其他政治家一样，他通过为社区提供个人服务，像分发煤炭、服装，有时还给急需用钱的租户提供有偿借贷，建立了一个忠实的选民群体。他还利用自己曾在矿山做骡子剥皮工的经验，投资了一家木材运输公司，这家公司很快就扩大了规模，使他得以在芝加哥西部不断发展的捷克社区朗代尔（Lawndale）买了一套房子。1902年，他赢得了伊利诺伊州议会的选举，在那里他为改善社区条件做了许多工作，如铺设下水道、人行道和路面。[51]

瑟马克以铁腕手段行使权力，当为社区选民提供的服务不足以巩固他的权力时，他便用上了赞助、贪污行贿这些手段。虽然他从未被法律正式起诉过，但在他的职业生涯中，对他的谴责指控从未停止过。禁酒令使瑟马克得以把满腔热情投入当地一个反禁酒令组织的领导之中。在酿酒行业巨大资源的支持下，瑟马克利用地方自治联合协会（United Societies for Local Self-Government）集中反对酒类立法的力量，更重要的是，此举也奠定了他作为芝加哥酒类协会领袖的地位。修正案通过后，瑟马克继续公开反对禁酒令。"在过去，"他宣称，"人们被警告要警惕禁酒令，没有人愿意听从这些警告，每个人都以'这永远不会发生'为借口"。瑟马克无畏地与禁酒令的支持者辩论，挥舞着拳头，熟练地把他主要的酒类协会的听众们的情绪煽动到狂热的程度。有一件事可以证明瑟马克的现场有多活跃：一家原本持同情态度的报纸指责他们的狂热，甚至恳求他们用更文明、更尊重的语言表达他们的异议。[52]

在瑟马克的敦促下，芝加哥市议会在 1920 年通过了一项决议，呼吁州和联邦官员修改禁酒令、州执法部门将淡葡萄酒和啤酒的销售合法化。他讽刺地说"让联邦政府买单"，反对将城市资金用于执法。1920 年，他向民主党全国委员会伊利诺伊州代表团提出了啤酒和葡萄酒修正案的想法。令他失望的是，各州代表团在这个问题上意见分歧太大，无法像国家党那样团结一致。[53]

但瑟马克一如既往地不放弃战斗。1922 年，他发起了一场全民公投，呼吁修改《禁酒法案》，允许生产、销售和运输供家庭消费的啤酒和淡葡萄酒，以此竞选库克县委员会主席——实际意义上的该地的主官。公投相对温和，投票结果显示，即使是坚定的禁酒令反对者也不希望彻底结束禁酒令。在此之前，美国历史上没有一项宪法修正案被废除过。相反，像瑟马克这样务实的政治家，他们专注于修改《禁酒法案》，以减轻法律的执行力度。然而，据一家报纸报道，反酒吧联盟"在他下台后退出"，抓紧时机大加破坏瑟马克的竞选活动和公投努力。[54]

另一方面，许多少数族裔组织动员起来支持瑟马克和他的法案修正运动。德国的总会所、波希米亚的体育运动组织索科尔（Sokols），当地的体操俱乐部、库克县的爱尔兰美国人协会（Irish American Society of Cook County），以及几乎包括所有波兰组织参与在内的伊利诺伊州波兰奖学金联盟（Polish Fellowship League of Illinois）都支持瑟马克。波希米亚妇女联盟和波希米亚天主教妇女联邦联盟承诺通过支持大规模集会来支持公投。少数族裔报纸敦促他们的读者去投票。《阿本德邮报》（AbendPost）宣布举行大规模集会支持啤酒和葡萄酒公投，并敦促选民选举反对禁酒令的国会议员。一份有影响力的捷克日报劝告"新家园的公民们……团结起

来，打击那些狂热势力"。⁵⁵

在芝加哥，一个广泛而统一的民族阵线超越了地方主义者的身份认同，形成了日益扩大的美国人的集体选举权。这个统一民族阵线为了让各个阵营在思想上达到统一，巧妙地借用了新教徒以及他们的对手对"美国主义"(Americanism)的认识，并自下而上地重新定义它。1922年10月，就在全民公投前不久，皮尔森公园(Pilsen Park)举行了一场大规模反禁酒令的集会。集会上的捷克人让人想起了某个时期浪漫化的美国历史，也让人想起了自己是美国式浪漫文化的继承人：捷克妇女打扮成"印度少女"，向前来支持的人提供食物；化身为"自由女神"的女士们向人群出售餐券和饮料票。标语上醒目地写着：秉承"1776年的精神"（倡导民主的精神），以此来反对他们眼中的"少数人的暴政"。⁵⁶

在竞选期间，少数族裔报纸鼓动了大量的选民和受过教育的社区成员参与投票过程。"我们每一个有公民身份的人……应该立即去登记，并有权使用手中的武器——选票，以便加入我们的战斗队伍里来。"一家捷克语报纸为那些不大懂英语的选民提供了一个投票流程说明："我们相信，没有一个捷克斯洛伐克人不希望去改革现有的禁酒令，因此，我们每个人都有必要在选票上的'YES'一词后边划上'同意'的符号。"这样的呼吁促成了修正案的成功：芝加哥选民以81%的高支持率促使这项提案的批准，其中少数族裔工人阶级的投票率尤其高。⁵⁷

事实上，20世纪20年代进入芝加哥投票站的移民比以往任何时候都要多。他们参与投票的部分原因至少是想停止对酒精的战争。虽然越来越多的第一代移民成为公民并因此有了投票权，但实际上他们的投票行为并不是自发形成的，选民必须看到足够的利害关系才会去投票。实际上在选举日,两个主要政党——民主党和共和党,很少提供与这些工人阶级男女生活相关的解决方案。然而,禁酒战争直接影响了这些选民。当禁酒令的废除被列入投票时,许多工薪阶层移民此时就投身政治进程了。这个庞大的群体一旦参与进来,新的政治力量就会促进民主党城市少数族裔群体的成长。[58]

……

城市工薪阶层的少数族裔社区、社区领导人以及他们的劳工同盟,一起痛斥禁酒法令完全是在被战争分散注意力时,这个国家里的小部分人的"诡计"。这样的叙述掩盖了十八修正案通过和批准背后那些现在依然强大的联盟的力量。无论其作为历史解释的缺陷是什么,这种叙述确实准确地指出了 20 世纪早期国家权力的失衡。对酒精的战争之所以成为可能,反对酒精的战争之所以也成为可能,都是全国范围内对各种力量的动员不均衡的结果。新教教会组织严密,在全国范围内具有广泛的影响力,并拥有巨大的资源。相较而言,贫穷的移民社区与政治的关系就要脆弱得多,尤其是在国家层面上,他们几乎不享有同其他阶层一样的政治权利。事实上,移民社区许多非法移民不被承认是美国公民,因此也就没有投票资格;而有资格投票的人弃权的并不多,所以这个贫困群体在公投上总没有优势。他们在政治上的忠诚通常也是地方性的、可调整的,经常由少数族裔社区的区长或投票队伍的队长进行引导和调整。再加上代表大会中设置的各区代表过多,更不用说南部贫穷白人和非裔美国人的选举权被剥夺了,禁酒令的反对者自然连反抗的机会都没有。具有讽刺意味的是,只有这项法律激起的强烈不满才能唤醒沉睡的新族群选民,把他们拉进政治进程,并最终改变了民主党。

第三章　选择性执法

1922年3月7日的晚上,伊西多尔·爱因斯坦(Isidor Einstein)手提小提琴琴盒走进布鲁克林一家卡巴莱歌舞厅(Cabaret)。他坐下后点了一杯酒。服务生谨慎而又将信将疑地问他的老板,是否可以为这个陌生人上酒?"当然,"老板宽慰他说,"那是小提琴手杰克(Jake)……他常在弗拉特布什大街(Flatbush Avenue)上拉小提琴。"于是服务生为这位"音乐家"送上了他点的酒饮,并礼貌征询他可否在这里表演一曲。爱因斯坦同意拉一曲《税官的忧伤》(Revenuer's Blues),并随即打开他的小提琴盒子,把作为证据的酒饮倒进了藏在琴盒里面的一个容器内,随即逮捕了无比愕然的歌舞厅老板和服务生。至此,这个"美国头号"禁酒特工在他辉煌的职业生涯中,又逮捕了两名倒霉的禁酒令违反者。[1]

在禁酒令实行的前四年里,绰号"禁酒猎犬"的伊西多尔·爱因斯坦和他的搭档莫伊·史密斯(Moe Smith)主要采用乔装打扮、突击搜捕来对付纽约市的禁酒令违反者。通过男扮女装、抹黑脸、扮成佛像，或伪装成其他稀奇古怪的模样，联邦调查人员得以进入许多纽约人经常饮酒的场所，进行证据搜集，进而逮捕了数千名毫无戒备的调酒师、地下酒吧老板和私酒贩子。随着他们的"恶名"被周知，这些体型大都很肥胖的侦探——例如侦探伊兹（Izzy），他个头不高，但体重却高达102千克，又拓展了他们乔装打扮的花招。他们时而扮成殡仪员、渔民、棒球手或足球运动员，时而又装作送饮料冰块儿的人，甚至扮成"拉比"（犹太语，有学问的人）。据很多报道描述，伊兹出来执法时有时候甚至连枪都不带，他吹嘘道："说得好听点是让执法变得轻松，说得难听点是'无害执法'。"纽约的新闻界力赞了这些善于表演的禁酒特工，说他们既能精明地选择突袭时机，又能最大限度地吸引媒体注意力。尽管报纸上的报道让人难以全信，但这些特工无疑塑造了纽约执行禁酒令的公务人员的形象。[2]

　　正如纽约一家报纸所标榜的那样，在记者们称之为"没有酒，社会就会和谐"的乌托邦式新闻报道里，关于爱因斯坦的那些花样百出的"侦察手法"和精彩绝伦的故事，堪称是枯燥新闻报道"沙漠里"的一片令人惬意的"绿洲"，让市民和读者们觉得新奇而有趣。各家报纸用或通俗或严肃的语言一遍遍讲述"美国头号禁酒特工"的传奇故事。就连爱因斯坦自己也夸张地声称，在担任联邦特工的四年时间里，他经手逮捕的人已达4932名，并将其中95%的违反禁令者定罪。就算忽略那些用来取悦纽约读者的绘声绘色的新闻描述，美国后来的编年史学家们也习惯把禁酒令这个法案当成一个笑话写进书里。这些史学家有一种说法是："直到30年代初，才有人想起来要认真、严肃地去执行禁酒令，但那时为时已晚。"

这种评价指出了禁酒令执法因群体不同、地方不同，执行时有差距，但却掩盖了在全国范围内针对特定群体执法的严重性、有时甚至是致命性的显著特点。正如一位熟悉禁酒法令完整内容的法律学者所比喻的那样："禁酒法令常被描述为一封无法寄出的死信，但实际上它是一具极其鲜活的尸体——它是如此的荒唐，注定无法执行下去。"[3]

与侦探伊兹和莫伊的执法风格形成鲜明对比的是另一名叫威廉·特纳（William Turner）的联邦探员。特纳对自己的禁酒工作充满热情，执法时残酷无情。他负责一些偏远而贫穷的农牧地区的执法工作，包括肯塔基州（Kentucky）偏远的阿巴拉契亚（Appalachia）山镇哈泽德（Hazard）。特纳曾和他的手下突然袭击一小群喝酒的人，其中有个名叫布拉德利·鲍林（Bradley Bowling）的穷人，特纳发现他时他正躲在后院的一堆石头后面。后来特纳和他的手下说，当时，看到布拉德利正"把手伸进口袋"，于是特纳立刻开枪打死了他。但特纳在布拉德利的尸体上并没有找到武器，只有喝剩下的半罐威士忌酒而已——也就半加仑。[4]

所以，在许多这样的地方，禁酒令的执法绝不是一件用来娱乐大众的故事，它往往性命攸关。正是有像威廉·特纳这些狂热、残暴的执法者的存在，对酒精的战争随之扩大了各级监视部门的规模——从联邦、州到各级地方警察机构。这一时期，警务机构以指数级的速度增长和发展，仅新成立的财政部禁酒组（Prohibition Unit of the Treasury Department）——禁酒局（Prohibition Bureau）的前身，最初就雇用了1550名外勤特工，外加1500名特工助理，这个数字远远超过了当时羽翼未丰的美国联邦调查局的前身——FBI在1924年也只有650名特工和辅助人员。基于全国从下到上的庞大警察机构的支持、海岸警卫队的特别授权，以及海关的协助执法，美国首任联邦禁酒专员约翰·克雷默（John Kramer）在他第一次的新闻发布会上自信地宣布："无论是大城市还是小城镇，或是乡村，都必须遵守这项法律。不遵守它的地方，就会被强制执行……我们最终要看到的是，全国上下，不生产酒、不出售酒、不公开或暗地贩运酒。"到20世纪20年代末的时候，联邦禁酒局已经有4000名员工了。该机构在1930年的预算为1300万美元（相当于现在的1.85亿美元以上），大大超过了当年J. 埃德加·胡佛的调查局（Bureau of Investigation）200万美元的预算。即便是到了1936年，调查局更名成联邦调查局，且其权限大大扩张，远超出禁酒令执行范围时，该组织的年度预算也才不过500万美元。因此，毫不奇怪的是，这个迅速崛起的原本根基薄弱的政府机构，很快就被腐败、暴力和有组织犯罪渗透和困扰。最终，克雷默想要取得彻底胜利的雄心破灭了，但他朝着"彻底禁酒"这一显然不可能实现的目标所做的努力，无疑改写了联邦政府在控制犯罪方面承担的角色。[5]

尽管联邦政府的执法范围很广，但它并不是唯一负责执行第十八修正案的机构，该修正案要求"几个州"和国会"同时有权通过适当的地方立法来执行这一条款"。因此，在第一次世界大战期间，许多州都通过了自己的禁酒令。其中一些法律有很大的漏洞，但后来大多数也都被修正以符合《禁酒法案》的标准。例如，弗吉尼亚和乔治亚州甚至连最少量的烈性酒进口都禁止，而烈性酒销售在早些时候曾使这些州邮购生意异常兴隆。除了马里兰州（Maryland），所有的州都通过了支持《禁酒法案》的法律。有16个州，甚至有更严格的禁酒令和对违反者的惩罚举措。只有少数几个州否认禁酒令在本地执法的有效性。大部分州（共计42个州）沿用了全国禁酒令的执行条例，其中又有34个州在全国禁酒令的基础上补充了执行条款，以便更有效地遏制违规行为。因此，逃避和违反第十八修正案既是联邦层面的罪，也是各州地方层面认定的罪行。1922年，最高法院在美国诉兰扎案（United States v. Lanza）中裁定，由于宪法第十八修正案中的并行执行条款，违反酒类法律的人不受宪法的"双重罪赦免"保护。这意味着一些违规者会因同样的罪行被起诉两次，这更加剧了地区治安和执法的不平衡。[6]

在美国的48个州和其殖民地，禁酒令的执行情况各不相同，但在大多数州，违反禁酒令的人大都会受到严重的惩罚。在马萨诸塞州，违反者可以在法庭的特别"协商日"认罪，从而争取大幅减免罚款和缩短刑期。法官们设立这个可以讨价还价的"协商日"是为了加速处理大量的积压案件。然而在西弗吉尼亚州却没有这样争取减免的机会。在那里，"严格的"州法令规定了"严厉的刑罚"。譬如拥有一台制酒蒸馏器是一项重罪，将被判处1年以上5年以下的监禁。即使是以前的"邦联州"（Confederate states，是自1777年起存在的、一个松散的各州联合体机构，该组织没有立法权。译者注），也不敢去挑战联邦法律。它们只是谨慎地召集了各州的机构代表，通过形成统一决议去执行联邦的禁酒令。1919年，阿肯色州将"拥有和储存酒"定为犯罪，宣布"制造或赠送醉人的酒"为重罪，"可被判在州监狱服刑"。1919年，得克萨斯州的《狄恩法案》（Dean Act）对持有酒精者处以一到五年的有期徒刑，并将制作、传播酒类广告定为重罪。印第安纳州（Indiana）不仅将出售酒饮定为犯罪，而且还将购买酒饮也定为犯罪，从而大幅增加了逮捕人数。科罗拉多州（Colorado）1919年修订的法律宣布"拥有酒或个人饮酒"皆为违法，俄勒冈州的情形也是如此。由于国家禁酒令对禁酒前家庭和酒吧原有的存酒是保护的、免受执法的，那些州法律针对的正是《禁酒法案》的这些漏洞。虽然吝啬的立法机构没有给这些法律提供充足的资金——有时甚至不提供资金，但至少地方和州警察还负责去执行这些法律。而一些新成立的禁酒办公室——比如弗吉尼亚禁酒办公室，加入了执法行列，形成了另一个层面的执行。[7]

尽管有明显的差距和缺陷，许多美国人，尤其是穷人，发现自己陷入了禁酒令的一个或多个执法网络中，被地方、州或联邦机构逮捕、指控、罚款或监禁，而这些执法机构的执法方式很多是不受宪法保护的。禁酒令的执法因地区（农村或城市环境）而异，尤其是因种族、民族和阶级而异。于是，在20世纪20年代蓬勃发展的表象之下，隐藏着一场史无前例的针对选择性执法的反抗运动。那个时候，彬彬有礼的上层社会精英们可以恣意地喝着鸡尾酒而不被追究是否违反规定，因为从纽约的棉花俱乐部（Cotton Club）到芝加哥的种植园俱乐部（Plantation Club）都受到了保护，而经常会有像布拉德利·鲍林（Bradley Bowling）这样的穷人，因半罐威士忌酒而丧命。执法不公平的存在，是那些白人和富裕的中上层阶级得以嘲笑像伊西多尔·爱因斯坦和莫伊·史密斯那样的禁酒侦探的滑稽执法的隐藏原因。而墨西哥人、贫穷的欧洲移民、非裔美国人、南方贫穷的白人，以及其他不幸的人，都经历了禁酒令执行的残酷现实的全面冲击。

究其原因，主要是禁酒主义者历来对少数族裔和工人阶级以及酒吧的反感促成了这场声势浩大的选择性执法。而穷人们新近

72 在黑市私酒贸易中的获利又加深了这种反感和偏见。面对老奸巨猾、顽固不化的大型酒类贸易商，禁酒侦探们的为难和恐惧情绪显而易见。因此，他们把目标都瞄准到那些小的、无足轻重的违反者身上，加大执法力度，并以此充实执法记录案卷。一些受巨额利益驱动而又缺乏公德的贪婪美国人，涉险大胆建立起了专为"想喝酒的人"提供方便的、庞大的"非法酒商业网络"——从酒的生产、贩运、销售到购买和享用，各个环节相互勾结，牟取暴利。在巨额的资金支持下，这样的网络运行毫不费力气，从联邦、各州，到地方官员，酒类制造商和供应商之间的协作、选择性执法都能轻松实现。反之，由于没有钱贿赂或者支付保护费，那些小型的、边缘的禁酒令违反者则构成了这个时期禁酒令法庭审判单上的巨大人数比例。

……

弗吉尼亚曾是南方邦联的首府所在地，是白人实施种族统治的堡垒。这里为禁酒令的选择性执法提供了鲜明的实例。甚至在全国禁酒令出台之前，该州强大的"禁酒十字军"就已经成功地为州禁酒令提前出台争取到了支持。南方邦联的政府官员非常重视禁酒运动的开展，但是他们又把治安打击几乎完全指向了酗酒的穷人和私酒贩卖的边缘供应者群体。弗吉尼亚州的州禁酒令《马普法案》(Mapp Act)于1916年10月31日生效，比全国禁酒令的颁布早了三年。这场运动在该州的胜利很大程度上要归功于新教教会，尤其是该州数量众多的福音派新教教徒。除了几个教堂外，"反酒吧联盟"组织的牧师们几乎占据了该州所有大型的新教教堂的讲坛。其时新教教会有大大小小教堂将近2000座，分布在州联邦的大城市、小城镇和土地广袤的农村地区。自下而上的同仇敌忾，这些牧师们异口同声地痛斥酗酒的罪恶，并呼吁和敦促他们的教会民众加入"反酒吧的事业"中来。[8]

弗吉尼亚州卫理公会派的主教小詹姆斯·坎农（James Cannon Jr.）是该州充满活力的禁酒先锋之一。这位"无酒弥赛亚"（"弥赛亚"在犹太人文化中是"救世主"的意思。译者注）以其政治精明、组织能力强悍和独裁风格而闻名，他坚定的反酒立场对南方邦联州产生了巨大的影响——南方邦联州又称"老自治领州"（The Old Dominion），是对弗吉尼亚诸州的别称（译者注）。在关于《马普法案》执行条款的辩论会中，坎农以政府议员的身份出席了听证会，并占有一个席位。这表明在杰斐逊（Jefferson）的家乡州，政、教之间的界限仍然是很模糊的。在坎农和基层平民禁酒领袖的领导下，新教的福音派运动压倒了《里士满时代快报》（Richmond Times-Dispatch）和当地里士满商人的强烈反对呼声。这些反对者后来联合起来成立了弗吉尼亚的地方自治协会（Association for Local Self-Government）。[9]

弗吉尼亚地方自治协会可能没有新教的卫理公会"十字军"那样拥有强大的有组织的社会基础，但它确实赢得了小部分杰出律师和商人，以及酒业利益相关者的支持。例如，弗吉尼亚律师协会（Virginia Bar Association）前主席乔治·L. 克里斯蒂安（George L. Christian）和美国国税局（United States Internal Revenue）前专员罗亚尔·E. 卡贝尔（Royal E. Cabell）都对地方自治协会表示支持。协会组织设在里士满商会所在地，他们印制宣传海报和小册子，在竞选高潮时还发行过一份周报。他们认为，禁酒法令将耗尽国库，且会不可避免地导致征税。同时认为，禁酒令除了会掏空弗吉尼亚人的"钱袋"外，该法还破坏了各州地方自治的神圣原则。因此，随之一定会滋生伪善、对法律的不尊重，并引起社会动荡。他们的观点后来得到了全国性组织"反对禁酒令修正案协会"（Association Against the Prohibition Amendment）的响应。然而，接下来的弗吉尼亚州全民公投事实上成了一场争夺一小部分民心的较量，且公投明显偏向于支持严格控制社会地位较低的人一方。由于非洲裔美国人和许多贫穷的白人被剥夺了选举权，1903 年弗吉尼亚选民名册上的人数实际上被削减了一半。弗吉尼亚州近 200 万居民中只有 13.69 万选民参加了投票。投票结果显示，选民们坚定地站在了禁酒党这一边。在弗吉尼亚州严格控制的选举过程中，这个结果已经是一个很高的得票率了，几乎和 1912 年总统选举的投票率相当。[10]

其他南方州的宗教改革者和坎农持有相似的论点，扫除了反对者提出的反对意见。由于烈酒是"有毒的物质"，对心灵和精神都有破坏性，因此消除它们是一种无可争议的社会公益：是"有利于宗教、有利于教育、有利于工业、有利于下一代"的政策。然而在南方，关于禁酒令的讨论又出现了一种新观点。一位改革家说：对酒精的战争是一场特别紧迫的"现实需要"——南方拥有 800 万非洲裔美国人，这是有史以来一个最大的社会"不安定因素"。焦虑的白人精英对新近被剥夺选举权的贫穷非洲裔美国人所引发的骚乱感到焦虑。随着南方农场经济状况的恶化，除了黑人，来自贫穷白人的反抗亦是愈演愈烈。现状促使南方打消了一贯对联邦权力的警惕性，进而去支持联邦政府的警察权力扩张。至此，弗吉尼亚等南方州已成为美国禁酒运动的最前沿。[11]

1907 年至 1915 年间，在剥夺公民选举权后不久，九个南方州通过了州禁酒法。酒吧和小酒馆是非洲裔美国人可以聚集休闲的公共场所，没有白人的监视，也没有牧师等"可敬的"黑人精英的监督。因此，酒吧成为南方社会焦虑的中心。禁酒人士这样描述，"滋生犯罪的酒吧……卖给黑人威士忌的酒瓶上贴着裸体白人女性的照片"，"被诱惑的无所事事的黑人罪犯……对毫无还手之力的妇女和女童犯下十恶不赦的罪行"。在精英改革家眼中，同样存在问题的还有那些"目不识丁的白人"穷光蛋，他们也经常光顾这些"低级娱乐场所和下等酒吧"。在贫穷白人居住区，这样低级的狭小的酒馆层出不穷，的确是助长了暴力种族骚乱。

那些有钱的、受人尊敬的南方大佬们对这种扰乱南方社会"平静"的暴乱感到"厌倦"。尤其对于南方的改革者们来说，"禁酒十字军"是他们既可以用来控制"劣等"民众、又可以用来维护社会治安的武装力量和"机会"。他们对"禁酒十字军"公开使用私刑杀害非裔美国人保持沉默，因为禁酒令不仅有望提升南方精英们的道德权威，"禁酒十字军"还向他们承诺将"站在法律的一边，重新调整南方社会的爱国情绪与道德秩序"。最明显的是，拥有最大被剥夺公民权的非裔美国人人口的密西西比州，既是第一个批准第十八修正案的州，也是在 1966 年最后一个废除该法令的州。尽管饮酒的罪恶被猛烈抨击，弗吉尼亚州的法律却隐晦地表明，本州居民从州外进口数量有限的酒是合法的。这明显表明了，所谓的禁酒战争其实是针对社会中那些弱势的、特定的群体开战的。[12]

在弗吉尼亚州组织良好的新教禁酒运动下，全州禁酒法律通过了，但激进分子们并没有回家享受他们的胜利成果。他们想要的不仅仅是纸面上的胜利——立法，他们还想去推动严格的执法。被赋予强大执行权力的坎农主教（Bishop Cannon）确保了有组织的卫理公会和反酒吧联盟能够展开严格执法。该州的第一名禁酒令专员J. 悉尼·彼得斯（J. Sydney Peters）是坎农的亲密盟友，他是在坎农的引荐下由弗吉尼亚州立法机构任命的专员。卫理公会派的牧师彼得斯（Peters）是禁酒运动的忠实战士，从小就有坚定的禁酒情结，他的母亲曾担任过弗吉尼亚基督教妇女禁酒联盟的主席。虽然他身为牧师，但教会甚至免除了彼得斯的布道义务，允许他接受州专员的行政职位。出于对国家执法部门和道德改革者之间的密切关系的考虑，委员会将第一个总部设在了里士满的反酒吧联盟办公室。鉴于教会和政府之间的这种合作，凡申请该委员会职位的人需强调他们"良好的道德立场"和"始终如一的卫理公会教徒身份"。例如，威尔伯·汉密尔顿（Wilbur Hamilton）申请职位时就详细地介绍了他为赢得禁酒令立法所做的工作，以及他在中央卫理公会教堂（Central Methodist Church）圣经班学习的经历。又如，南方卫理公会的牧师H. S. 谢尔曼（H. S. Sherman）直接写信给彼得斯，对委员会聘用人选提出建议。[13]

  同时，由于财政上的限制，委员会选择了依靠组织良好的"禁酒十字军"武装力量去开展执法。彼得斯手下的带薪调查人员，他们依托一个由519名志愿者组成的志愿者团队，密切关注着各种禁酒令违法行为。一次执法中，当委员会的这些业余特工在里士满追上一辆装满酒的汽车并向其开枪、导致两名车内人员死亡时，这一事件使得人们对委员会的越界权力、非专业执法行为的抗议达到了白热化程度。随着国家禁酒法令的颁布并替代了州法而发挥效力，委员会的领导者们又有了新希望，他们认为一个由国家联邦授权的、更有经验的领导人带领着南方，南方禁酒执法未来一定会胜利的。1922年，这项承载着众人希望的工作被交给了州检察官哈里·史密斯（Harry Smith）。到1928年，有近100名外勤特工在里士满专员办公室的工作人员监管下开展工作，他们与联邦外勤特工和当地警长协同行动、共同执法。弗吉尼亚州的禁酒令执行因此从彼得斯牧师手中交接到了联邦检察官史密斯的手中，这也标志着禁酒令执法从以教会为主导的执法组织，转向了一个更加专业化、官僚化的官方执法机构，这个机构与联邦执法机构有着密切的联系，更加官方化。[14]

弗吉尼亚禁酒委员会（Virginia Prohibition Commission）同样面临着这个国家其他州执法组织相同的困难：紧缩的预算、人手不足，以及微薄的工资。尽管如此，委员会还是艰难地开展工作。该组织的领导者先是由彼得斯担任，然后是哈里·史密斯（Harry Smith），最后是史密斯的继任者、司法部长约翰·R. 桑德斯（John R. Saunders）。他们共同致力于完成消除"酒祸害"的艰巨任务。虽然调查人员负责大片地区，工作任务繁重，但在"专款"金钱奖励政策的鼓舞下，他们执法积极，抓捕违规者、收缴蒸馏器。[15]

在一些地区，当政府调查人员面对任何金钱激励措施都无法克服的困境时，尤其是所需金额巨大时，执法者们便被默许通过官商相互勾结从交易中共谋利益。在加州西部的蓝岭山脉（Blue Ridge）情形尤其如此。由于失去了弗吉尼亚东部最重要的农业用地，农民们有很长一段时期是靠贩卖私酒维持生计的。19世纪晚期，农村的私酒贩子与联邦的"税收官"之间进行了激烈的斗争，那些"税收官"试图向整个地区的无证蒸馏酒生产商征税——从另一个层面上来看，这个时期，虽然国家禁酒令将禁酒运动推向了一个新的高度，但它也为私酒的生产开辟了广阔的新市场。曾经是非主流的、个人的私酒生意，现在基于巨大利益驱动变得更加广泛，官商勾结，且组织严密、协调一致。在富兰克林县(Franklin County)等西部农村地区，私酒贩子是当地经济体制的重要组成部分，他们与当地富有的精英阶层勾结。维克山姆委员会(Wickersham Commission)是胡佛为研究全国执法情况而设立的政府委员会，该委员会报告称，每100个县中就有99个县的居民生产非法酒，或与非法酒有某种联系。由于私酒行业的利益相关者如此之多，当地的举报人担心遭到报复，因而不愿提出控诉。"整个山区到处都在搞私酒。"1927年，一名富兰克林县的居民给州政府官员写信投诉说："警官们没有采取任何措施来阻止这里的私酒泛滥。"值得注意的是，他在信中还请求政府对自己的投诉保密，因为"一旦他们知道被投诉就会报复，我的财产可能将因此受到损失"。而由警察、法官、政客和社区成员组成的禁酒武装力量，他们或分散在该地区孤立洼地，或蹲守在崎岖的山路边，成功地抵制和破坏了这个地区私酒的生产和供应网络。[16]

　　控制、打击蓝岭山脉违法现象的任务落到了弗兰克·多布森(Frank Dobson)的肩上。在他的辖区内，私酒无处不在，执法任务艰巨。从后来多布森那些单薄的报告档案和不完整的、经常丢失的工作日志记录里可以了解到他所面临的困难，但同时这也极有可能是因为他想要逃脱各方追责而故意为之的，因为只有这样多布森才可以获取更安全、更有利可图的共谋交易。尽管如此，多布森的上司还是称赞他在"近乎不可能的情况下有着'出色的工作'表现"。多布森的调查经常无果而终，譬如，即便他确实捣毁了某家蒸馏酒厂并逮捕了它的经营者时，而罪犯最终被定罪的可能性往往为零。1923年，调查员给州专员建言："我很遗憾地向你们报告，当此之时，陪审团表现出同情、支持私酒贩子和走私行为，所以任何定罪都是不可能的。"多布森在当时有着"世界私酒之都"恶名的蓝岭山脉地区所做的"堂吉诃德式"的禁酒努力，为世人提供了一个深深扎根于非法酒类贸易地区执法的可悲且失败的例子。在当时的美国，许多藐视法律的人把禁酒令当成一纸空文，这个地区就是其中之一。[17]

然而，在"老自治领州"（the Old Dominion）弗吉尼亚的其他地区，禁酒令的执行却很活跃，而且往往很有成效，以至于引起了人们对政府越权而不是执法无能的警惕。1928年，弗吉尼亚州官员在全州范围内查获了近3000个酿酒蒸馏器和67000加仑烈酒。他们没收了1000多辆与走私、贩运私酒有关的机动车辆。仅在1928年那一年里，因违反禁酒令而被起诉的21706人中绝大多数（共计17127人）被起诉并最终判定有罪，随之收缴的巨额罚款也为州政府带来了丰厚的收入。所以，执法根本没有对该州的财政构成任何威胁，仅在1928年一年，禁酒令给该州就带来了593489美元（相当于今天的800多万美元）的收入。虽然被定罪的违法者通常只会在监狱里待上几个月，但这种执法力度的累积影响是巨大的：联邦法官和州一级的执法部门对酗酒者一年里最高总共判处了合计16376个月的监禁。[18]

这一波活跃的逮捕、定罪、罚款和判刑的浪潮，才是更具有象征意义的"弗吉尼亚式执法"，而不像肯塔基州（Kentucky）哈扎德（Hazard）偏远地区的"猫捉老鼠游戏"。这种执法努力，在接下来的十年里，其程度有增无减。在弗吉尼亚州的禁酒时期，即1916年至1933年间，州和地方特工共逮捕了147683人次。全州法官累计判处了12676年的监禁和超过600万美元（相当于今天的约8000万美元）的罚款。警方查获了3万台蒸馏机器，扣押了1万辆机动车,并没收了价值 800 万美元的其他财产。尽管国家委员会有充分的理由在其年度报告中吹嘘自己的成功,并可能试图夸大数字,但更广泛的证据也证明了这些数据的准确性和真实性。[19]

如此史无前例的逮捕和定罪规模,该州的监狱管理系统不堪重负就毫不奇怪了。当时的监狱比这个国家历史上任何时候都要拥挤不堪。在 1923 年到 1931 年的时间里,短期和长期的监狱服刑人数增加了一倍多:从 26506 人激增到 53758 人。1931 年,从联邦监狱到州立"农场"监狱,有近 7000 名囚犯,这一数字是从 10 年前的 4000 多名一跃而来的。由于监狱人满为患,州政府批准扩建和翻新弗吉尼亚监狱,并在 1929 年短期内匆忙建成了一座新监狱。弗吉尼亚州政府建成了"州农场"(State Farm),用以关押轻罪犯人。监狱管理局 1930 年还购买了一块 170 英亩的土地,建立了"女性国营工业农场"(Women's State Industrial Farm),以体现白人女性参与非法交易的事实和历史。一名观察员评论说,在现有拥挤的监狱中,"很少"有"适当照顾和隔离(白人)女性囚犯的设施"。作为"女性专区"的第一个区营房在投入使用后不久就满员了。而同样的"优待"待遇并没有延伸到非裔美国女性囚犯身上。[20]

拥挤的监狱意味着许多囚犯不得不在服役时间里被派去做该州臭名昭著的"镣铐苦役"——戴着镣铐去修建弗吉尼亚公路委员会(Virginia's Highway Commission)指定要修筑的道路。该州的执法规定,被判入狱的禁酒法律违反者,可以被责令在该州罪犯公路修建队中服刑。无力支付罚款和"起诉与定罪所产生的费用"的罪犯也可能被要求通过做"镣铐苦役"来代替交钱。大量被定罪的违反禁酒法的黑人和白人在该州松散监管的公路修建队里服刑。在那里，罪犯"违抗命令"或者"试图逃跑"都会受到体罚，包括鞭笞。[21]

特工詹姆斯·T. 克鲁特（James T. Crute）的大量书面日常记录反映出，该州囚犯人数庞大的主要原因是基层执法人员的"执法努力"。克鲁特负责的是人口相对稠密的小城市和城镇，包括州半岛地区的巴哈姆斯维尔（Barhamsville）、格洛斯特（Gloucester）、威廉斯堡（Williamsburg）等地方。他曾经是一个伐木场的经营者，也是一名积极的卫理公会派教徒，是禁酒事业的真正信徒。克鲁特对他的使命充满热情，他经常整天（夜以继日也是常见的）在这一带的土路上蹲守、搜索和抓捕罪犯。有些路甚至在雨中无法通行。当地警长、志愿"民兵"和联邦探员也参加了许多像这样艰苦的、冒险的执法行动。[22]

克鲁特的调查有时会发现私酒商的一些极其复杂而又隐蔽的操作。在圣诞节前的一次突袭中，他在格洛斯特（Gloucester）法院附近发现了一处酒厂。"这是我见过的设备最完善的一个酒厂，"他说，"外边房屋的混凝土地板和墙壁都是特意建造的，上面都装有管道，管道从酒厂一直通到房子里，连接的水泵将水通过管道推到地下室的水箱里。"在这次搜查中，克鲁特没收了一个 75 加仑的蒸汽机和 700 磅的碎酒醪，并逮捕了正在这里工作的两个白人，R. L. 蒂普顿（R. L. Tipton）和 J. J. 汉森（J. J. Hanson）。在另一个案例中，克鲁特发现了一个完全建在地下的酒厂："酒厂建在一个大约 16 英尺长的地下空间里，在地下挖出洞，然后上边用木板盖住……土是从树林里拖出来的……无声无息的地下房子上面有土堆，土堆上种满了绿植鲜花。……地下酒厂一端的出口建在地面上……（并且）耙去泥土之后……人们发现了一扇活板门，从地面上小屋的一段台阶通向地下蒸馏室。小屋的屋顶平台上挂着许多烟熏肉。"克鲁特报告说,私酒商"会在蒸馏器运转酿酒时同时熏肉",以掩盖蒸馏酒的浓烈气味。[23]

然而,对这样大规模的隐蔽的蒸馏酒厂的突袭搜捕并不多见。虽然企业家和白人新富们可能主导了更大规模的酒类批发和零售贸易,但像克鲁特这样的特工,他们把大部分时间只花在逮捕那些小的违法者身上,其中很多是非裔美国人,而不会去"打扰"那些有实力的大型违法者。与土生土长的贫穷白人、芝加哥的城市移民和西南部的拉丁美洲人一样,非裔美国人也酿造私酒或参与贩卖——他们或在蒸馏室替人工作,或偷偷在家酿造,或者协助经营类似"盲虎"(Blind Tigers)这样的零售小酒坊。地下酒坊虽然不够安全稳定,但对于那些想找工作或想办法弥补微薄收入的穷人来说是个机会。禁酒令颠覆了正常的经营模式,将资本雄厚的大生产商排除在酒类行业之外,反而使得即便是规模最小、效率最低的生产商也能获利。[24]

在实行种族隔离制度的南方,私酒交易将那些处于经济链底端的人吸引到非法活动中来,无意间模糊了种族隔离的界限。联邦特工在突击搜查蒸馏厂时,经常注意到白人和黑人都在一起工作,执法人员不分青红皂白,经常使用致命的武力,抓捕非裔美国人和贫穷的白人。美国黑人报纸《匹兹堡信使报》(*The Pittsburgh Courier*)用冷幽默的口吻报道北卡(North Carolina)"不法经济学"里的"混合种族结构":"如果白人和黑人牧师能像白人和黑人走私犯那样,相互理解,通力合作,我们很大一部分跨种族问题就会很快得到解决。"[25]

然而,在这种"种族和谐"的表象之下,根深蒂固的权力不平衡使白人和贫穷的非裔美国人在次等经济中扮演着截然不同的角色。贫穷的非裔美国人和白人都在酒业里找到工作，但工作机会和待遇却很难平等。一项关于弗吉尼亚执法情况的联邦研究结果承认，黑人经常是白人所有者的雇员，他们从事着"制造业中的体力劳动"。和其他经济领域中一样，白人相较于黑人有更多的机会获得开办此类企业所需的资本，也有更好的机会接触到"友好的"、可以提供帮助的执法官员。[26]

作为大酒厂的雇工，非裔美国人比他们的白人雇主面临更大的被捕风险。黑人约翰·沃克在一次突袭中被捕时，他告诉警察自己"只是一个拿钱干活儿的雇员，不是承担主要责任的老板"。在亚拉巴马州的蒙哥马利（Montgomery），一个大陪审团评论说，所有提交给他们的案件都只涉及黑人，而证据显示这些黑人都是替白人在工作。一家非裔美国人报纸评论说："毫无疑问，被指控的大部分有色人种的罪行都与为白人走私有关。"南方的执法官员既没有线索也没有意愿去追捕那些大的走私犯，所以那些被当场抓住的黑人雇工受害最深。[27]

詹姆斯·克鲁特1922年至1923年的日志中赤裸裸地记录了这种情况：被他指控制造和拥有蒸馏器的人中，非裔美国人占了一半以上。在克鲁特解散格洛斯特（Gloucester）的地下蒸馏厂的同一天，他突袭了非裔美国人W. B. 特纳（W. B. Turner）的家，拿走了一个只有15加仑的蒸馏器，并逮捕了几个人。当特工到达时，他们试图逃跑，但均被抓获，随即被监禁，而且不得保释。后来他们都被定罪。然而，经营高档格洛斯特蒸馏厂的白人走私贩子，被查获后却能很快被无罪释放。[28]

类似"每日报告"等执法书面记录里，在被指控者的名字旁边标注上"黑人"或"有色人种"的做法的特工并非克鲁特一人。朴次茅斯(Portsmouth)总部的探员 A. S. 蔡斯(A. S. Chase)负责调查诺福克县(Norfolk County)的违规者,从 1924 年 6 月到 12 月,蔡斯先后一共进行了 100 多次突袭。同样,非裔美国人占了他逮捕和指控有违法行为的人的一半以上。37 岁的亚瑟·福克纳(Arthur Faulkner)就是其中之一。福克纳被控持有大约两夸脱酒,可能是个人使用,他因此被判处两个月监禁,并被罚款 225 美元。1928 年,弗吉尼亚州没有专业技能的非裔工薪族的平均日收入不到 3 美元、平均年收入总计不到 800 美元,因此对福克纳这个数额的罚款是相当重的了。由于弗吉尼亚州的执法条文规定,那些无法支付法律费用或罚金的人可以被判处去"罪犯公路修建队"服苦役,可以推断福克纳私藏酒的量足以让他被判去做几个月的苦力了。[29]

面对巨额的罚款和监禁、服苦役的严重性,走私犯有时会采取极端措施来逃避判决、潜逃或销毁证据。当尤拉·安德烈斯(Eula Andres)和沃恩·芬维尔(Vaughn Finville)察觉到克鲁特和当地警察将突袭他们家时,他们打碎酒瓶,倒掉存酒,结果警察闯入时,家里只剩下三夸脱威士忌了。严重的时候,突袭警察和违规者之间的冲突会导致人员伤亡。非裔美国人约翰·诺姆利(John Normeley)在里士满城外自家后院建了一家小蒸馏室。得到消息后四名州探员突袭了诺姆利的家,命令他到外面去。诺姆利拒绝离开家,随后双方发生了激烈的对抗,一名警察用手枪的沉重枪托击中了诺姆利的头部。而诺姆利在自卫时枪走火,子弹击中了一名特工。这个时候诺姆利试图逃跑,警察朝他背后开了几枪,他应声倒下,他手无寸铁的妻子也头部中枪身亡。这场导致两人死亡严重后果的突击搜查行动,最终也只是在现场发现了一夸脱威士忌和一个十加仑的铜蒸馏器。[30]

对非裔美国人，包括白人私酒酿造者使用这种致命武力的情况在当时并不少见。1922年11月，在里士满郊区一片树林里进行的一次缉私突袭行动中，克鲁特偷偷靠近了两名白人。他命令这些人举起手来不要抵抗，但这些罪犯向密林里逃去："我给了他们一枪……有个人背后中枪了。"几周后，克鲁特又一次把枪上了膛，这次射杀的是一名黑人："他在跑进灌木丛逃走时中了两枪……他肯定中枪了，但是我们没有抓到他。"克鲁特没有提到在此之前黑人罪犯是否袭击过他，只是强调两人试图逃跑时他才从背后开枪。[31]

克鲁特的日志显示，执法人员使用武力是经官方批准的。在整个禁酒时期，这种"无法无天"的猖獗暴力执法引发了反对者的抨击。但狂热的禁酒主义者谴责这些批评者是"不法分子的辩护者"，说他们在"诋毁、诽谤、攻击和迫害勇敢的执法绅士"。弗吉尼亚州的詹姆斯·坎农认为，"不惜任何人力和财力的代价"的强制执法必须进行下去。但是即使是政府最激进的发言人、助理司法部部长梅布尔·沃克·维勒布兰德（Mabel Walker Willebrandt），在为警察"使用武力"进行辩护时，也谴责其中一些杀戮是"残暴的、完全没有根据的、可避免的"，并呼吁对执法人员进行更专业的警务培训。反对禁酒令修正案协会通过书面报告质疑"约有200名市民被禁酒特工枪杀"这一官方给出的数据，认为实际情况比这一数字要高得多，至少超过了1000人，"如果彻底进行调查，数字不仅包括被联邦特工杀害的人，还应包括各种类型的'禁酒十字军'所造成的死亡人数"。[32]

然而，事实证明，官方逮捕和起诉罪犯是有极强的选择性的。

在里士满，当地警察公开承认违法者会因其种族、阶级或"道德立场"而受到不同的对待和执法。一名里士满的警察法庭的法官说："在谁的房子里找到的酒"会使得"谁会被起诉和逮捕"有很大区别。里士满的"清理队"打击目标直指首府城市里的工薪阶层和非裔美国黑人。1930年，里士满还是一个人口很少的小城市，非裔美国人只占该市人口的三分之一。然而仅在1928年，因违反禁酒法令而被逮捕的人中超过一半是黑人。[33]

在里士满，警察对贫困社区的私人住宅和公寓进行了粗暴的侵入式突袭搜查。据警方记录显示，当地因违反禁酒法而被捕的人"不计其数"。仅1923年4月，警方就进行了131次搜查，一些搜查的目标是挂着"待售"的房屋，但主要搜查对象是私人住所。从1925年到1926年，执法者们逐渐加大了禁酒令执行力度。《里士满时代快报》报道了1925年1月"清理队"的一次"旋风式"搜捕行动，共搜查到53夸脱威士忌，抓捕的囚犯"全是黑人"。又如，仅1925年2月，警方就进行了171次搜查，同样，突袭搜捕主要是针对私人住所。其中一半的搜查"一无所获"。针对居民住宅而不是营业场所或地下酒吧的搜查，以及警察空手而归的频率，都导致里士满的贫民和少数族裔居民认为这些是粗暴"入侵"。如果不是实际上的恐怖统治，那也是对国家权力的滥用。[34]

1925年，弗吉尼亚州立法机关通过了新的禁酒法律执行条款，规定对查获小酒坊、并成功抓获违禁者的地方和州特工直接给予高额"特别费用赞助"。重赏之下必有勇夫，里士满的警察们受此诱惑，更加频繁卖力地闯入私人住地，破门而入逮捕违规者。对于签发搜查令的理由，警方有着广泛而自由的解读，可以基于"可靠信息"甚至是"意向"签发搜查令。抓捕罪犯的原因往往是"持有和储存"少量的酒,这些酒很可能是供个人使用或在地下酒吧非法销售。非裔美国人丽齐·怀特(Lizzie White)和菲茨休·怀特(Fitzhugh White)是这次选择性执法打击的对象。1923 年,警察搜查了怀特位于里士满北区 17 街 411 号的家,找到了一个 2 夸脱的"半罐子玉米威士忌",1.5 品脱的"烈酒",以及一篮子空瓶子。怀特夫妇被拖到警察局,被控"存贮待售烈性酒"。警方在搜查罗伯特·莫斯利(Robert Moseley)位于西摩尔街(West Moore Street)1410 号的家中时发现了更多的藏匿物。显然,莫斯利是在通过给一家地下酒吧做私酒交易"助手"来赚取费用,提高家庭收入。警方搜获了一个"异乎寻常大"的罪证——48 只"容量为半加仑规格的装满烈性酒的罐子",并逮捕了莫斯利以及海蒂·拉潘西亚(Hattie Laventia)和露西·普莱森特(Lucy Pleasants)。突袭发生时他们都在公寓里。1925 年 2 月 2 日,当警察闯入一对非裔美国夫妇——木匠爱德华·阿莫斯(Edward Amos)和他的妻子克拉拉·阿莫斯(Clara Amos)的家中时,发现了一瓶两夸脱的威士忌和一瓶一品脱的玉米酒,这很可能是供个人消费用的。阿莫斯是两个年幼孩子的父亲,他被逮捕并被控"持有、保管和存储酒"。[35]

事实上,通过慷慨地签发搜查令、给特工们支付成功搜查的佣金,弗吉尼亚州的执法机关在介入权力和侵权方面的性质发生了质的变化。意料之中的是,里士满市的警察通过禁酒战争获得了新的权威。该市警察部队在 1911 年成立了一个新的总部,到 1914 年,警局的巡逻人员已增至 125 名。但到了 1929 年,它的警力翻了一番:在这个人口约 20 万的城市里,有 252 名警察执行巡逻任务,且都配备了新型巡逻车。城市的贫困社区明显感受到了警方在社区执法方面的变化和随之带给他们的压力。[36]

在纽波特纽斯(Newport News),该市警方在这些新的措施激励下,把目标对准了穷人和工薪阶层的违法者,其中许多人是非裔美国人。埃塔·达文波特(Etta Davenport)是一名非裔美国家庭佣工,她参与地下私酒交易很明显是为了补充自己微薄的收入。她因藏有蒸馏器而被捕,被判罚款102.50美元及入狱一个半月的刑期;劳工詹姆斯·麦考伊(James McCoy)因运输私酒支付了75美元罚金并且入狱一个月;威利·查维斯(Willie Chavis)曾是一名电梯员,1921年他"生产制造酒"的罪名成立后,被判处68美元的罚款、入狱服刑一个月。对于那些每天只能挣几美元的穷人来说,这样的罚款是一个沉重的负担。这些案件和许多类似案件中涉及的酒的量都很少,通常只有一两品脱。除了几个台球厅的小老板之外,大多数被捕者都是劳工:无论是木匠还是船舶修理工、有技术的还是无技术的、黑人或者白人,那些因"拥有、制造、运输和销售"而被逮捕的人都不成比例的几乎全部是穷人或工薪阶层。弗吉尼亚州的穷人们有充分的理由害怕哪怕拥有极少量的私用或出售酒而被逮捕、罚款和监禁,而与此同时白人中产阶级饮酒者却可以相对安全地购买、存储或饮用酒。地方、州和联邦警察几乎都可以轻易获得搜查令、不平等地运用法律或者使用致命武力而不必担心受惩罚。[37]

贫穷的非裔弗吉尼亚人无论是作为私酒酿造者、消费者,还是地下烈酒买卖或者运输者,整个过程他们都在参与。尽管这在里士满和纽波特纽斯等城市被捕和惩罚的可能性极高,但对他们来说,好处仍然大于风险,值得冒险。在弗吉尼亚州的吉姆·克劳(Jim Crow),不受管制的走私市场为底层人增加收入提供了一个机会。除了歧视性执法,黑人还经常性被各种残暴方式对待。就在2月突袭案——黑人爱德华·阿莫斯夫妇被枪杀后的几周,威弗利(Waverly)附近的500名白人暴民又将22岁的木材加工厂黑人工人詹姆斯·乔丹(James Jordon)从牢房里拖到一块空地上折磨他,事后将他烧焦的、布满子弹孔的尸体吊在树上。同月,三K党(Ku Klux Klan)以几乎同样残暴的方式鞭打了另一名非裔美国人,几天后,又威胁要对用猎枪击退执法者的非裔美国夫妇施以类似的惩罚。[38]

事实上,第十八修正案的"独特"之处在于,贫穷的白人——木匠、农民和其他小酒贩子——在很大限度上与非裔美国人一起成为南方执法机构的目标。除去弗吉尼亚城市针对非裔黑人大面积的抓捕,探员蔡斯(Chase)和克鲁特也抓捕了大量贫穷的白人罪犯——白人也不能幸免于法律的制裁。1930年,这些白人占该州犯罪人口的70%,即使在富兰克林县(Franklin County)等这样执法不严的地区,中下层白人仍然是因违反禁酒令而被捕的大多数人。在一个白人至上的社会里——无论在弗吉尼亚州、肯塔基州(Kentucky)还是阿肯色州的农村地区,勉强维持生计的贫穷白人,他们也会冒着被捕和坐牢的风险从事非法私酒贩卖活动。例如,在贫穷白人聚居的欧扎克(Ozarks)地区,普通的私酒贩子经常会被逮捕很多次,经常在监狱里服刑。州首府城市的黑人报纸《里士满星球》(*The Richmond Planet*)讽刺地评论道:"十多年来在宪法权利和特权方面给予黑人公民的不公平对待,现在也被强加给白人公民了,这对于那些长时间观察和思考这一现象的有色人种美国公民来说是一种心里满足。"在禁酒时期,南方农村贫穷白人"被法律胁迫的经历",无疑助长了自由论者对"别践踏我"思想的呼吁。白人承受的与黑人相当,这有助于解释为什么人们普遍反对禁酒令。

第十八修正案将宪法权利，特别是防止无正当理由的搜查和扣押，置于全国公众讨论的风口浪尖，大幅扩大了非裔美国领导人及其盟友以外的公众对维护这种保护的重要性的讨论。[39]

虽然一些人因为禁酒令的执行而举起了反对州政府的旗帜，但这并不足以为怪。其他一些人，包括自己的宪法权利长期以来被公然侵犯的非裔美国人，则呼吁采取更多行动，以消除长期存在的诸多社会弊病。例如，面对赫伯特·胡佛变本加厉地不断要求禁酒令的"执行"和"遵守"，爱德华·B. 伦伯特（Edward B. Rembert）则直接写信给总统，揭露州联邦政府长期的不作为，同时抗议广泛存在的私刑恐怖。他提醒胡佛说，执行法律是总统的责任："要合理执行的法律不仅仅是第十八修正案，还有第十四修正案等其他法律。"联邦权力范围的扩大为联邦权力的扩张和重新定位提供了基础，甚至禁酒令的反对者也利用了这一基础——无论在纠正社会和经济不公方面，还是在保护公民免受残酷的私刑上。[40]

但这些抗议行为并没有让非裔美国人对第十八修正案的实施给他们社区造成的可怕后果保持警惕。广为流传的《匹兹堡信使报》抱怨道："多年来，这里的有色人种遭受了警察和调查人员的侮辱和侵权，执法人员以平息混乱为借口，非法闯入私人住宅，进行搜查、逮捕和财产扣押。"他们指控，违反宪法第四修正案保障条款的禁酒令特工应被判重罪。《信使报》公开支持一项限制联邦特工和当地警察执法活动的法律提案。换句话说，联邦政府的强制力是一把双刃剑：它会而且确实已经侵犯了"个人自由"，滋生了新的冤情，但它也激发越来越多的人接受用联邦的方法去解决其他社会问题和经济不公。[41]

......

禁酒令的执法思路首先是向"家庭私酒"开刀，这就将私人住宅置于特殊的风险之中。本来国家禁酒法令和地方州一级的禁酒法律已经把酒的生产从大型、公开的工业工厂推向了小而隐蔽的蒸馏室和小作坊——如当时广泛存在的小型夫妻酿酒坊，结果就导致出现了在美国之前的历史上从未有过的情况：政府从未像现在这样广泛地、有组织地、强制性地侵入私人住宅——主要是穷人的住所。但大多数情况下，那些富裕公民的住宅可以享受警方搜查豁免权。在极少数情况下，当"禁酒十字军"的行动过猛、执法过头、涉及有钱有势人的私人住宅和活动领域时，这些富人则会在法庭和报纸上大肆制造舆论，强烈抗议他们的隐私权受到执法人员的侵犯。例如，在俄勒冈州的波特兰市（Portland），执法人员多年来经常搜查该市穷人和少数族裔社区的私人住宅，该市的舆论人士几乎没有提出过什么抗议。然而，1924年，在未经主人允许的情况下，警察突然闯入了颇有社会地位和享有较高声誉的受人尊敬的大公司经理E. J. 拉贝（E. J. Labbe）的家，当时他和妻子正在自家的大房子里举办一场精心安排的新年前夜舞会。州探员在众目睽睽之下，不顾愤怒的客人们的抗议，把主人连同他们用来招待客人的两瓶威士忌酒一起带走了，还把拉贝送进了监狱。于是突然之间，就连一贯支持禁酒令的波特兰报纸也开始质疑政府的执法策略了。艺术家们用一幅幅形象的漫画生动地还原和描绘执法场景：漫画中有一群警方偷窥者，他们有的从这幢独栋住宅的窗户向里窥视，有的爬上屋顶，从烟囱潜入地下室。另一幅漫画则描绘了一对正躺在床上的夫妇被突然进入他们家的两名武装男子发出的声音吓了一跳。丈夫转向妻子说："亲爱的，不要惊慌，只是几个侦探在搜查我们的地下室。"面对来自社会上层的激烈抗议，官员们迅速释放了拉贝、撤销了指控。虽然拉贝的情况只是一个例外，但人们对入侵私人住宅执法的激烈反应显示出，大家普遍担心过度的执法行为会危及家庭隐私、侵犯"神圣的私人领域"。[42]

然而，在绝大多数情况下，反对酒精的战争针对的主要还是贫困社区，这种针对性行为给社区带来了新的剥削形式，尤其是那些大城市中的贫困社区。在19世纪末20世纪初，除了酗酒，这个国家大城市的许多其他形式的社会犯罪和恶习也都被认为来自贫困社区。当改革者们努力美化他们的城市时，那些对消除社会恶习感到绝望的政策制定者们把从地理区域上隔离"特殊社区"列为首要任务。例如，《匹兹堡信使报》就抱怨说："几乎每一个美国大城市的黑人居住区里，各种恶习都在肆无忌惮地蔓延。"在私人住宅比以往任何时候都不受保护的时期，禁酒令也加深了有组织犯罪团伙和腐败官员对美国许多城市的贫穷少数族裔社区的控制。[43]

结果，到了90年代末，许多早先支持禁酒战争的非裔美国人，特别是其中的许多具有舆论影响力的人士，都公开声明反对禁酒令了。一些黑人精英在第十八修正案通过前就表示过反对。1912年，布克·T. 华盛顿（Booker T. Washington）给禁酒斗士里士满·霍布森的部门写信，表达了他的态度和信念，他认为该法律"会激起全国各地有色人种的反对，因为这是一项有阶级或种族色彩的立法"。随着禁酒战争的胜利，此类批评也在不断升级。《匹兹堡信使报》公开宣布反对禁酒令，因为"在禁酒问题上，广大人民从来没有被宪法赋予发表看法的权力"。直言不讳的黑人报纸《里士满星球》的编辑约翰·米切尔（John Mitchell）从一开始就对这项立法表现出蔑视："过去家是人们栖身之地，现在成了联邦政府想进就进的地方了，公民权利皆公然被侵犯和剥夺。"米切尔还呼吁人们要警惕因饮用有毒木醇酒精而导致的死亡和失明问题。广泛的社会忧虑，加之长期存在的种族仇恨，促使全国有色人种促进协会认可了克拉伦斯·丹诺（Clarence Darrow）——这位著名的禁酒令直言批评者及公民自由的积极倡导者。该协会希望为丹诺在胡佛的全国法律遵守和执行委员会（National Commission on Law Observance and Enforcement）中争取到席位，以便丹诺能够负责调查 1929 年的执法危机。马库斯·加维（Marcus Garvey）领导下的"全国黑人改善协会"（Universal Negro Improvement Association）及其大批非裔工人阶级，此时也再度强烈反对这项修正案。另外，那些曾经支持禁酒令、认为它可能给黑人社区带来好处的媒体舆论，如《阿姆斯特丹新闻》（Amsterdam News），现在也放弃了先前的立场，转而支持废除禁酒令。[44]

  当然，非裔美国人从过去到现在，事实上长期以来一直都遭受政府当局选择性地运用法律法规去控制他们的社区和强迫他们劳动。自"重建时期"（Reconstruction Era，即 1865 年至 1877 年，亦称南方重建时期，这段时间的社会运动主要致力于争取黑人权力与平等。译者注）以来，在南方各州，反对流浪、赌博、枪击或滋扰等恶劣社会问题，实际上等同于用地方和州法律将非裔美国人的行为定罪。在弗吉尼亚州，和其他南方州一样，执法收费制度加剧了这些社会问题。警长们的工资和津贴部分依赖于每日逮捕和拘留的人数，所以他们很大程度上是由经济利益趋使而去逮捕更多人并将其关进监狱的。由于早期"囚犯租赁制"的存在，很多的收监罪犯都沦为私人劳动力，租赁制度消亡后，由于公共建设项目的需要，大批因犯又沦为公共劳动力。在广泛的地方法令之外，禁酒令增加了一项适用于州一级和全国的法律条款，大幅增加执法资金、扩大定罪范围。结果，不出意料，被逮捕、起诉和监禁的穷人以及工人阶级男女的人数一时激增。[45]

针对非裔美国人的滥用法律和定罪的传统在美国历史上由来已久，针对性的禁酒执法只是一个新篇章而已。同时，这些法律也为其他社会群体的刑事定罪提供了依据。在东洛杉矶（East Los Angeles），墨西哥族裔社区的大部分人都在这场禁酒战争中遭受了巨大的损失和伤害。尽管墨西哥裔美国人只占该州人口的 10%，但在 1924 年因违反酒类相关法律而被起诉的人中，墨西哥裔美国人却占到了 25%。也就在这一年，洛杉矶市的管理者们从伯克利请来了著名的警务改革家奥古斯特·沃尔默（August Vollmer），去对臭名昭著的腐败的洛杉矶警察局（Los Angeles police Department）进行改革，建立起了朝气蓬勃而又专业化的警察队伍。改革后的警务执行更有力了，针对有选择性的目标群体的执法也更加活跃了。警察们总是特别关注墨西哥裔美国人社区，针对酗酒行为和流浪者展开了广泛执法。禁酒令成了警方打击城市中最脆弱的居民的新手段和理由。1924 年被逮捕的墨西哥少数族裔中，有三分之二的人是因违反禁酒令而被捕的。和他们在弗吉尼亚的同事一样，洛杉矶警方也有金钱奖励，以鼓励他们尽可能多地逮捕罪犯。罚款和没收机动车辆为该市带来了新收入。仅 1924 年，洛杉矶警局缉捕组就通过执行禁酒令收缴了 118929 美元的罚款（相当于现在的 100 多万美元）。1930 年，南加州（Southern California）禁酒局收缴了1029560美元的罚款。在洛杉矶因违反禁酒令而被逮捕的墨西哥裔通常都是携带极少量酒的轻度违反者。在南加州联邦地区法院审理的449起涉及墨西哥裔美国人案卷中,绝大多数被指控的违反者其实只销售了不到四品脱的酒。[46]

与其他边缘社会群体一样,墨西哥裔美国人在看到非法市场获利机会的同时也看到了与之相伴的危险。然而,与那些受到良好保护、极其富有的走私同行相比,小规模的墨西哥裔美国生产者缺乏经济资源和社会关系网络的保护。例如,约翰·罗德里格斯(John Rodriguez)、佩德罗·桑多瓦尔(Pedro Sandoval)和玛丽·桑多瓦尔(Marie Sandoval)以及他的另一名家庭成员,他们从墨西哥走私了四加仑一夸脱威士忌。被执法人员截获后,由于交不起高额的保释金,他们随之被起诉并被送进了监狱。几个月后他们的案件才被审理,法官判定这三人都犯有进口私酒罪,并对他们处以2500美元的罚款——这一数额远超过了三名普通墨西哥劳工的年收入总和。除了巨额罚款,墨西哥移民也面临被驱逐出境的危险。1922年,南加州地区法院下令驱逐五名墨西哥裔美国人:莱安德罗·雷沃斯(Leandro Leyvas)、安东尼奥·纳瓦(Antonio Nava)、曼努埃尔·赫尔南-丢(Manuel Hernán-dez)、瓜达卢佩韦尔塔(Guadalupe Huerta)和佩德罗·莱昂(Pedro Sánchez)。因为他们每个人都被指控走私一品脱左右的酒。这样的执法例子屡见不鲜,因此对墨西哥裔美国人和非裔美国人来说,禁酒令执法无非就是警察当局对他们虐待行为的扩大和加剧而已。[47]

白人执法官已经习惯将"犯罪"与少数族裔美国人和有色人种联系在一起。禁酒战争中滥用法律去制裁、欺压少数族裔群体和贫困社区的现象是如此普遍以至于已经习惯性被忽视。但有几起事件，尽管短暂，却引起了媒体的注意。例如，1931年在俄克拉何马城(Oklahoma City)，治安官的副手开枪打死了两名墨西哥人，他们称这两名墨西哥人是贩卖私酒的"匪徒"。后来发现受害者是学生，其中一人还是后来的墨西哥总统奥尔蒂斯·卢比奥(Ortiz Rubio)的亲戚。射杀学生的副手虽然很快就被无罪释放了，但这是在墨西哥驻伊利诺伊州的代理领事 H. 瓦尔迪兹(H. Valdez)来到俄克拉何马州监督调查之前的事情了。瓦尔迪兹领事对执法的调查和监督显然触犯了执法者的利益，很快他发现他被警方设计陷害、抓捕，警方声称在他的车里发现了私酒。虽然后来在联邦当局和墨西哥官员的双重压力下，俄克拉何马州的法官最终撤销了对瓦尔迪兹的指控，但这种特殊处理也只能算是禁酒令下选择性执法现象的例外情况而已。[48]

在东海岸和中西部城市，如纽约、芝加哥和匹兹堡，少数族裔工薪阶层的男性和女性都受到了断断续续的打击镇压。1923年，芝加哥市市长威廉·德弗宣布了一项"零容忍"政策，使得地方法院受理的案件数量从1922年的3642件增加到1924年的8837件，数量翻了一倍多。正如一项研究指出的那样，警察破门而入执法的主要是工薪阶层的居所，"只是为了寻找烈酒、啤酒和无处不在的家庭酿造坊"。在纽约，一份针对大量联邦案件的审查发现，执法"很少偏离工薪阶层"。大多数因违规或持有少量酒精而被起诉的罪犯的名字都可能来自"埃利斯岛(Ellis Island)入境记录"——埃利斯岛是纽约湾上游的一个岛屿，靠近哈德逊河口。这座岛的历史用途多种多样，但最让人印象深刻的是它在1892年至1954年期间作为移民处理中心的作用。据估计，有超过1200万移民通过埃利斯岛来到美国，其中40%的美国人的祖先可以追溯到这个岛。[49]

在与芝加哥和纽约争夺全美"酒都"城市称号的工业巨头匹兹堡市,大型生产商和供应商在政府官员和警察的默许与勾结下运作。这种庇护下的生产经营并没有惠及贫穷家庭和小型家庭生产者,因为他们有可能会威胁到有组织犯罪对贸易的控制。对于大部分生于欧洲的美国产业工人来说,在工会成立之前,禁酒令是除了"受公司控制的公民生活和恶劣工作条件"之外的又一种侮辱。他们的主要活动场所——家、俱乐部、少数族裔集会厅和酒吧总是面临着没完没了的突击搜查。一名匹兹堡居民在给政府"酒业管理部门"的一封信中抱怨执法不公平:"华盛顿政府偏袒富人","为什么穷人的俱乐部被洗劫了,而富人的却不去过问?"在禁酒战争结束多年后,匹兹堡的一名钢铁工人伯特雅克布奇(Bert Iacobucci)回忆到,当地警察有选择地允许一些社区居民出售私酿酒,而他们执法的目标却是其他人:"意大利人很少有机会制造私酿酒,……某个团伙可以,团伙中的大人物和警方有很好的关系。被抓的总是小人物……如果他们看到这样的小人物,就会立刻把他们抓进去。"他回忆说,警察每天都会去那些不受保护的私人住所搜查被视为"不法"用途的私酒。[50]

类似情况也发生在钢铁工人身上。对钢铁工人来说,针对他们的选择性执法实质是公司老板们独裁管理的一部分而已——像琼斯-劳克林(Jones & Laughlin)这样的钢铁公司巨头,一贯地对工人们实施专制管理。意大利出生的钢铁工人奥蒙德·蒙蒂尼(Ormond Montini)说:"与公司领导阶层关系密切的工人能够出售私酿烈酒……因为警局和'琼斯-劳克林公司'有合作,他们和警察是一伙的。但如果你和警察不是一伙的,他们就会搜查你的家。"

在国家禁酒的时期,就像许多意大利人一样,蒙蒂尼的父亲保持民族的传统习惯,每年都酿造葡萄酒以供家庭消费。他的邻居也在家里酿造酒,在花园里挖了大地窖以便将五加仑大的酒罐子存放进去。但是警方突袭了邻居的家,用"大锤"捣毁了地窖里的酒罐。多年后蒙蒂尼回忆道:"警察会突然破门而入,他们根本不需要搜查令……我们十分惊恐,根本不知道该怎么办。"[51]

在匹兹堡城外的阿利基帕镇(Aliquippa),许多工人都非常肯定地说,"阿利基帕的老板"琼斯(Jones)和劳克林(Laughlin)已经与警察沆瀣一气,共同对付钢铁工人。另一名钢铁工人卢·塔多拉(Lou Tadora)回忆说,在整个禁酒时期,警察曾两次搜查他的家,目的就是"来找酒"。当塔多拉的哥哥要求他们出示搜查令时,"他们让他闭嘴"。长期以来,警察一直监视着工人的各种聚会,有时候会驱散人群。工厂主和公司老板们也担心这种聚会可能会变成有组织的工人活动,例如后来的工会组织。1919年的钢铁工人大罢工促使这种监视被进一步加强了。禁酒法令成了没有任何限制的借口,执法者可以借此入侵工人的家、俱乐部、集会和公寓宿舍等。[52]

……

在第一次世界大战后的几年里,随着国家各行各业不断的发展,从业的单身女性数量急剧上升,这是一个显著的社会变革。禁酒令为工薪阶层的妻子和母亲开辟了一个虽不那么公开但同样具有创新性的生存策略。长期以来,工人阶级妇女以家庭主妇的角色承担着全部家务,同时抚养孩子,以此为家庭经济做出贡献。兴建家庭酿酒坊或为家庭酿制葡萄酒,或出售酒,都为愿意承担风险的贫穷妇女提供了一种补贴家庭收入的方式。那时的阿利基帕和匹兹堡的工人阶级妇女，她们满怀热情和决心生产酒，有时也销售酒。伯特·雅科布奇（Bert Iacobucci）的妻子回忆她母亲在家里酿造葡萄酒的情景：有一次，母亲让女儿送一壶酒给一个熟人。当警察发现她带着酒时，巡逻车把她带到了警察局。她"吓坏了"，后来父母缴纳了罚款，女儿才被释放。在阿肯色州，负责禁酒工作的副州长宣称："售出的全部酒中，75%是经由女性之手进行交易的。"尽管这一数字可能略有夸大，却反映了女性广泛参与私酒交易的事实。[53]

报纸上常常有一些耸人听闻的故事，比如格特鲁德·利斯戈（Gertrude Lythgoe），一名俄亥俄州本地人，被誉为私酒"皇后"，在加勒比海周边经营着数额巨大的朗姆酒生意。还有得克萨斯州吉南（Texas Guinan），号称纽约地下酒吧"女王"。在蒙大拿州（Montana）的比尤特（Butte），家庭主妇和单身女人们通常在自家厨房炉灶上煮酒，然后将其出售以维持生计。家中有两个孩子的迈克尔·默里夫人在家担任酿酒师，而她的丈夫和一个朋友则负责推销她酿造的酒。一个名叫诺拉·加拉格尔（Nora Gallagher）的寡妇告诉警方，她在厨房的炉子上安放了简易的蒸馏器，酿酒换钱只是为了给她的五个孩子准备复活节的服装而已。在新奥尔良联邦法院的记录中，有173名妇女曾贩卖酒。这些女性酒贩子大多丧偶、离婚或已与当"装卸工、劳工或杂货商"的丈夫分居。而且"许多女性罪犯都是有好几个孩子的母亲，还有一些是单身母亲。与其他社会边缘执法目标一样，他们拥有很少量的酒也会被警察逮捕。安·福斯特（Ann Foster）因出售一品脱啤酒而被捕。波林·米斯蒂奇（Pauline Mistich）卖了两瓶啤酒给一个特工，并因此坐了60天牢。除了作为生产者的角色，妇女们也作为软饮料经营者和街头摊贩从事酒饮类销售。那些经营小餐馆和杂货店的女性则设法为更大的批发商零售烈酒。[54]

许多女性违法者缺乏社会资源，无法获得像新奥尔良组织严密的违禁酒行业所提供的那种保护。大型犯罪团伙通过贿赂去获得警察和法官的保护，主要供应商甚至可以向当地的有组织犯罪保险公司购买保险，以支付债券、诉讼费和一旦被抓获的一半罚款，为因违规入狱而失去收入的成员提供经济援助。

但从事实来看，妇女们是得不到这种保护的，女性违法者的子女在她们服刑期间往往被送进寄养家庭或慈善机构。[55]

对女性走私犯的逮捕和起诉涉及一个明显的问题：无依无靠的孩子们将何去何从？女性违反者以"绝望的母亲"和"称职的妻子"的身份请求宽大处理，她们因为"丈夫生病、丈夫丧失行为能力或丈夫不在身边"而卖酒供养孩子，或者她们只是配偶的贩酒"帮凶"。如新奥尔良的玛丽·法泽尔（Mary Fatzer），1930 年 7 月她的女儿因违反《禁酒法案》被判刑 90 天，因此她不得不照看女儿的两个幼小孩子。当一名法官得知这位年长的妇女要照顾两个外孙后，他把孩子母亲的刑期减少到一个月，并将两个孩子安置在"沃尔多伯顿之家"（Waldo Burton Home），直到她服完刑。在新奥尔良的另一个案件中，当有个叫宝林（Pauline）的妇女被判有罪时，防止虐待儿童协会（Society for the Prevention of Cruelty to Children）便介入其中，表示如果她被监禁，他们会照顾她的孩子。虽然基于性别的原因和需要抚养的孩子让法官减轻了对初犯的判决，但重犯——即便是母亲或老年妇女——是很少能得到这样宽大的处理的。玛丽·特里亚（Marie Tria），是六个孩子的母亲，也是一个惯犯，1932 年在新月城（Crescent City）被捕，法官判处她在联邦监狱服刑一年,并罚款500美元。已经80多岁的罗丝·丰塔纳(Rose Fontana),第三次被指控售卖含有兴奋剂的酒,被判处了15个月监禁。在蒙大拿州的比尤特,一名声称他"不喜欢把女人关进监狱"的法官,在第二次抓到凯特·法兰(Kate Farlan)时,把她关了6个月监禁。[56]

在比尤特和新奥尔良,女性酒贩子大多数是白人。一项对新奥尔良法庭记录的研究发现,在私酒交易中被捕的非裔美国妇女只有6名。对不同种族和不同民族进行区别管理,这在各州是因地而异的。与里士满不同,新奥尔良对非裔美国人实施种族隔离管理,禁止他们参与私酒贸易,黑人区免受执法监视——这看上去像是对他们的保护,但实质并非如此。在组织有序、臭名昭著的"酒城",联邦探员承担了最多的禁酒令执法任务。在这个城市里,联邦探员的执法目标并非黑人社区或者社会地位同样底下的克里奥尔人(Creole)社区,这主要是因为组织严密的白人犯罪集团将黑人和其他少数族裔排除在了私酒贸易之外。另一方面,在阿肯色州,黑人女性也因参与贩酒而面临逮捕。在一群因参与私酒交易而被捕的16名女性中,绝大多数都是家中有孩子的母亲,其中有一半是非裔女性。[57]

芝加哥市的情况也一样,工人阶级家庭主妇或女性普遍都在自家厨房里煮酒、经营"家庭酒吧",或者在黑市售卖自酿酒以补贴家用。德弗市长的线人报告说:"这些家庭主妇就是家酿和黑市私酒业务的主角。"一名署名为"酒鬼暴徒的贤妻良母"的女作家抱怨她丈夫把钱都投资到黑市私酒业务上了:"他把所有的钱都花在酿酒、贩酒上了……顶风冒险,黑市兜售。"另一封信举报了一家"家庭酒吧",举报人是一名妻子,她抱怨丈夫把工资都花在了这个私家酒吧里,要求该酒吧的女性经营者不要给她丈夫再提供酒和服务——当然,她的要求被拒绝了。[58]

从事或参与家庭酿造和私酒交易的女性人数如此之多,以至于助理司法部部长维勒·勃兰特(Wille Brandt)请求国会紧急提供资金,用以建造一座新的女子监狱,以应对快速增长的因违反《禁酒法案》和《哈里森麻醉品法案》(Harrison Narcotics Act violations)而被捕的女性。国会很重视她的建议,很快批准了她的请求,于1929年在西弗吉尼亚州的奥尔德森(Alderson)开设了第一所专门针对女性的联邦监狱。越来越多的参与地下私酒交易的工人阶级女性日渐刷新了入狱率,她们与那些出现在都市里充满现代感的爵士俱乐部里的光鲜亮丽的女性形成了鲜明的对比。[59]

……

来自全国各地的警察日常案卷记录、法庭记录、调查人员的日志以及监狱统计数据等,共同证明了国家的禁酒之战对于贫穷的美国人真正意义所在。家庭作坊和私家酒吧之类的小规模违规最终都被绳之以法了,而大的供应商则往往不可撼动,甚至还受人敬重。当然,逮捕那些无足轻重的小规模私酒经营者和在自家厨房酿酒的单身母亲,对于浩瀚庞大的私酒供应市场来说其实是毫无影响的。被改变了用途的工业酒精、从政府保税仓库流落出来的高档酒、大型黑市私酒交易,以及黑帮有组织的大型啤酒厂和酿酒厂,它们都在毫不费力地给这个国家庞大的利润丰厚的非法酒市提供货源。

这样不受管制的、持续供应非法市场的结果是,愤怒的禁酒人士强烈呼吁更强有力和更严格的禁酒执法。一些非禁酒州,比如纽约,面对烦琐的庭审记录和广泛的公然违法行为时,最终放弃了执行禁酒法律的努力。其他许多州则怀着在本州全面禁酒的热望，加大了对违反者的惩罚力度，并扩大了警察的权力。1925年，印第安纳州通过了《赖特禁酒法案》（Wright Bone Dry Law），开始强行全面禁酒。该法案规定：任何忽略执行禁酒令的州级、县级或市级官员将被免职；如果检察官成功将罪犯定罪，将会获得奖励；对于违反者，将处以更严厉的罚款和刑法；对拥有蒸馏器者最高可判2到5年监禁。1925年弗吉尼亚州也颁布了《莱曼法案》（Layman's Act），加大了对地方和州法官对于逮捕和起诉罪犯的奖励，提高了违规者的罚款和赎金，并放宽了搜查和扣押的限制。密歇根州（Michigan）为了配合加强禁酒执法，前后至少七次修改本州的禁酒法律，并结束了底特律河（Detroit River）沿岸猖獗的贩酒贸易，将制造、销售甚至拥有酒定为重罪。该州还规定，任何公民只要有"充分理由"相信法律被违反了，并提供"公民宣誓书"，政府就可以为他们签发搜查令。[60]

凡事过犹不及，严苛的法律虽然会带来更好的执行结果，但它们也可能产生相反的效果。据一份官方报告称，1919年得克萨斯州颁布的《狄恩法案》由于过于严厉、极端，迄今仍无法有效执行。"我们不愿意、也不能够把仅仅拥有一品脱酒的人打上'重犯'的烙印"的一致想法，促使陪审团对这样的案件做出了无罪判决，而根据该州禁酒法这原本是要判处一到五年刑期的。即便如此，得州监狱的犯人人数在20世纪20年代还是激增了，其中很大一部分都是违反禁酒令的罪犯。很显然，全是白人的得州法庭陪审团，不是把所有违法者都视为"同胞"而一视同仁的，他们给非裔美国人定罪的比例还是要比白人高很多。[61]

国家层面，在颁布禁酒法令后的第一个十年结束时，全国范围内那些明显的失败执法也导致了接下来对违反者采取更严厉的惩罚措施。1929年,美国国会通过了《琼斯法案》(Jones Act),将首犯的最高刑罚从6个月监禁和1000美元罚金提高到5年和1万美元。通过将首次违规定为重罪,该法律还规定一般消费者要承担重罪指控,因为根据联邦刑法,不举报或包庇重罪的人已经犯下了重罪。这就意味着,那些即使只购买了一瓶酒或光顾地下酒吧的人,根据联邦法律现在可能会以重罪被起诉。

正如越来越多的社会批评人士所预测的那样,禁酒令最终不可能阻止太多诸如此类明目张胆的违法行为。除了将阿尔·卡彭这样臭名昭著的社会"公敌"投入监狱的高调行动,以及底特律几次打击犯罪团伙的著名联邦行动以外,官方的执法大多时候都是以逮捕和起诉一些对整个行业无足轻重的小规模违法者而草草了事。那些收入一般或者很低的人——无论是白人、黑人或者拉丁裔,在农村或城市的男性或女性,他们不仅得接受价格高昂、质量低劣甚至有毒的酒、社区里日益嚣张的黑社会暴力与罪恶,而且还得遭受那些反复无常、带有恐吓性质的禁酒执法。

在众多社会问题中,虽然禁酒令不一定是工人阶级关注的核心问题,但是选择性的强制执行却严重冒犯和冲击了他们对保留自己的休闲方式、文化和社区仪式独立性的努力。1929年,胡佛总统创建了全国法律遵守和执行委员会,即维克山姆委员会,去研究全国范围内的执法模式。委员会聘请了自称是"绝对忌酒者"的詹姆斯·弗雷斯特(James Forrester)做了关于工人和工会对宪法第十八修正案的态度的报告。弗雷斯特是一位勤奋的研究员,他在宾夕法尼亚州、新泽西州和印第安纳州对各级劳工领袖都进行了大量的采访。他进到社区，走进普通工人的家庭，不仅和养家糊口的男人交谈，还与"妻子、母亲和各个家庭成员"交谈。他发现大家一致反对现有的联邦禁酒政策，人们对禁酒执法充满"紧张、强烈而痛苦的情绪"。弗雷斯特不管走到哪里、和谁交谈，这些人表现出的情绪几乎都一样——怨恨、恐惧。作为一个纯粹的禁酒主义者，弗雷斯特对自己的这些发现深感失望。他悲叹道："调查中的所见所闻，以及各种各样的禁酒令执法故事，它们合起来在给我灌输一种新的思想——在很大程度上，人们对禁酒令的态度和我的意愿是背道而驰的。"通过广泛而详尽的调查，弗雷斯特最终得出这样的结论："工薪阶层……百分之九十九的人反对禁酒令。"他说他的调查结果"代表了全国各地的情况，尤其是反映了所有城市工业中心的现状"。[62]

工人们反对禁酒的理由，与全国禁酒改革妇女组织和"反禁酒修正案协会"的精英们的论据有很大不同。禁酒法律既不是国家权力，也不是危及公民财产的手段，更不是用来为其他形式法律的诞生探路的牺牲品。相反，工人们认为禁酒令是对工人阶级男女的攻击。弗雷斯特总结了他们的观点：工人们认为这些禁酒法律"对他们充满歧视和不公正"。的确，"绝大多数人，包括家庭中的女性成员，都认为禁酒令……影响了劳动人民及其家庭和社会生活"。他们中的许多人认为——即使是禁酒令的支持者，也这样认为，禁酒令及其执行法案从来都没有认真地打算使其适用于"除了工人以外的任何人……"。他们抱怨说富人和有社会地位的人可以得到他们想要的任何酒，从这个意义上来讲，富人没有被剥夺任何东西，他们甚至"可以在违反了禁酒令时也不用受惩罚"。而那些劳动人民，因为他们买不起现在的"高价酒"，也就喝不到好酒，

102 他们如果想喝酒,就只能冒着危险,选择当地小酒贩子们贩卖的不卫生的、甚至是有毒的酒饮。他们还得满于此,不能抱怨。谈到选择性执法的现实,弗雷斯特指出:工人们是极其憎恨被划归为"违反禁酒令的罪犯"之列的。[63]

……

选择性执法没能阻止酒的流通,也没能阻止随之而来的犯罪浪潮。如果说一直以来的执法努力取得了什么成效的话,那就是承受执法冲击最严重的贫穷社区的人们普遍不满的情绪。不仅是以移民为主的工人阶级对这项法律充满敌意,新教教徒的先辈们也反对禁酒令。"如果那些外国出生的工人真的因为禁酒令而反抗这个国家,"禁酒令与公共道德委员会(Board of Temperance, Prohibition and Public Morals)的委员说,"那他们应该清楚,这个国家不是为了他们工人阶级的利益而运作的。"很显然,委员会为自己的观点自鸣得意,但他们没有认识到,这些工人现在获得了越来越多的权利,正在形成一股新的政治力量,并有能力将国家引向新的方向。1928年,纽约州州长阿尔弗雷德·E. 史密斯(Alfred E. Smith)竞选总统,这是一个重要的机会,尤其是对大城市的产业移民工人,以及非裔美国工人阶级而言。他讲出了工人们的不满,把移民工人引入民主党,并开始将非裔美国人从共和党中分离出来,也引入民主党。在这场关键的选举中,移民工人作为一个稳固而有影响力的选民群体登上国家政治舞台。这就是在20世纪存在了很长时间的、1932年和1936年之前富兰克林·D. 罗斯福一直在巩固的"新政"政治联盟。[64]

第四章　勇敢的抗争

1925年11月27日,著名的杂志《纽约客》刊登了一期关于"都市新貌与智慧生活"的主题报道。当时知名的社会名媛、22岁的埃琳·麦凯(Ellin Mackay)在接受采访时以兴奋的口吻描述了充满活力的纽约夜生活的种种迷人之处。夜总会为那些富裕的经常光顾俱乐部的年轻人提供了一处"隐秘之地"———一处既可以免受长辈的"严密监视",又能和"有趣的人"进行互动的场所。在禁酒令颁布之前,主要是卡巴莱歌舞(Cabaret)等娱乐节目在吸引着这些年轻群体,但是人们对这种"伤风败俗"的表演提出了警告。然而,禁酒令之下的酒吧关闭,使这些外出酗酒的行为成为一种文化反抗的更深层次的表达,成为前卫的"现代城市新身份"的标志,也成为更宽松的社会规范、性规范的体现。[1]

宪法第十八修正案的核心是努力使这个国家摆脱酒吧的困扰、保护"脆弱的"公民不受酒精的毒害。然而,这项法律所产生的广泛影响，不仅仅是在一个时期里关闭了酒吧，它还深刻地改变了美国人的休闲生活。一群不受禁酒执法影响、又有能力购买昂贵酒的年轻人，自诩他们是这个城市里最前卫的人士，他们藐视法律，在公共场所饮酒。实际上，禁酒令在这些富裕的"夜猫子"年轻人当中，催生了文化实验的时代精神，即年轻人通过饮酒等休闲活动，摆脱那些约束他们的社会规范的压力。这是个半神秘的"休闲新世界"——它处在政府监视的范围之外，也不在有组织的犯罪分子的控制之下，更不再受传统礼仪规则的束缚——而就在几年前，礼仪规则还限制着精英们在社交场合饮酒。

禁酒令实质上加剧了资本主义两种观念之间的裂痕：前者有一套严格的规范，即节俭、纪律和延迟满足；后者是与消费资本主义兴起相一致的、新的、更宽松的规范，重视个人享乐。从根本上说，这种转变受到了长期趋势和全球事件的缓慢影响：城市化、教育世俗化（教育和宗教分离）、第一次世界大战的巨大影响，以及大众消费和大众文化的兴起。然而，禁酒令长达十多年的风暴——也是在一个有限的时期里，重塑了几乎所有美国人日常休闲娱乐的方式和界限。面对具有强制力的法律，在引领潮流的知识分子中出现了一种自觉的文化反叛。有人甚至宣称，禁酒令助长了文化意义上的"内战状态"。这场文化实验和亚文化最活跃的夜生活中心是纽约市。但这种影响也可以在其他地方的小城市和城镇感受得到。这个允许男女混杂的、充满夜生活娱乐的新世界，是禁酒令的一个意外后果、一个在今天被视为理所当然的后果——然而关于它的这种起源，在后来人们批判第十八修正案时被噤声了，只字不提它和禁酒令有关。[2]

......

尽管富人拥有社会资本，但禁酒令只保留了部分贵族饮酒的习俗和一些更古老的祭酒仪式。在关闭酒吧的同时，也关闭了富人和中产阶级饮酒的"体面"场所：豪华酒店酒吧、高档餐厅和"龙虾卷"餐馆(可以吃龙虾卷、喝酒的餐馆)。在租金上涨和经营场所空间受限的压力下，许多这样的餐馆宁愿关门，也不愿意在利润率下滑的情况下继续经营。在禁酒令推行的第一年，从荷兰之家(Holland House)到尼克博克(Knickerbocker)的一些著名酒店纷纷关门，改造成了办公大楼。位于麦迪逊大道(Madison Avenue)和42街的曼哈顿酒店(Manhattan Hotel)于1921年关闭。在伊迪丝·华顿(Edith Wharton)的《纯真年代》(Age of Innocence)中塑造了不朽地标形象的白金汉宫(Buckingham)，也在一年后结束了运营。接着在1925年，萨沃伊(Savoy)酒店歇业了。一些著名的餐厅也倒闭了：曾被纽约几代最富有的人光顾的德尔莫尼科餐厅(Delmonico's)于1924年关门大吉。纽约一家老式龙虾卷餐厅的老板解释了他关店的决定："我们不能继续在软饮料(酒)上盈利了。我们遵守法律但得赔钱，我们负担不起了。"[3]

仍在营业的纽约大酒店——既然不想关门大吉，就得以半秘密的方式给顾客继续提供酒水，还得设法避免被罚款。很多酒店可能效仿了波士顿高端的丽嘉酒店(Ritz-Carlton)的经营策略。在丽嘉酒店，服务员的口袋里随时藏着小酒瓶。当信得过的顾客点酒时，他们会为顾客倒酒，并给顾客放哨，时刻提防调查人员的突袭。为了满足客户需求，而又避免被罚款或被关店，酒店需要非常谨慎的运作。通常一个私酒贩子一次给丽嘉酒店只能送四到五瓶酒，一天要去送好几趟。这种方式满足了酒店管理层的愿望：既可以用利润丰厚的酒不断招待客人，又不用冒着保持大量库存的风险。另外一些酒店将非法饮品藏在屋顶或其他偏僻的地方。还有一些公司为顾客提供昂贵的开瓶器和冰块，这种间接的服务为酒店规避了直接供应非法烈酒的风险，改由顾客自己承担。一些在酒店过夜的客人可以从礼宾部得到当地私酒贩子的联系号码。然而，那些想在房间里喝点酒的人却不得不自己点酒，而且价格非常昂贵。在丽嘉酒店，一品脱的价格（经通胀因素调整后）超过80美元。个别酒店更是公开供应酒——诺曼底（Normandie）酒店在地下室经营一个小型地下酒吧。但是1927年它也关门大吉了。[4]

除了大酒店，中小餐馆也在偷偷地供应酒。布鲁克林的弗兰克·格里索利（Frank Grisoli）餐厅为"知名派对"提供酒水，但他们非常小心，一般不招待陌生人。位于市中心的"尼克餐吧"（Nick's），想喝酒的顾客在工作人员的护送下，穿过地下室和一扇狭窄的门进入一个小房间喝酒。对违规行为视而不见的巡警会从经营者那里得到现金回报。一些餐馆从有权有势的顾客那里获利：莫斯科维茨（Moskowitz）和鲁珀维茨（Lupowitz）为前来造访此地的政客和警察提供"烈酒和各种葡萄酒"，而他们会"对一切都保密"。精英阶层和中产阶级的公共休闲饮酒，可能会在一些政府允许的场所继续保留，但是在禁酒令实施的早期，这样的饮酒场所也是有诸多限定约束的。[5]

老酒吧的关闭，夜场供酒的忌惮，为犯罪企业家们创造了巨大的市场机会，他们提供了更多酒类娱乐的选择。当餐馆和龙虾馆的橱窗贴上歇业告示，阴暗的后巷酒吧和夜总会却如雨后春笋般涌现出来。据一个纽约警察委员会的调查估计，1927年仅曼哈顿（Manhattan）就有5000家地下酒吧。1928年，反犯罪组织"十四人委员会"对该市的地下酒吧进行了调查，发现每个街区至少存在

一家酒吧或者夜总会。⁶

这些夜总会的范围很广，从"S&E's"这样的高端晚餐俱乐部，到低俗的吉普车酒吧和哈莱姆(Harlem)公寓自助餐厅。汽车推销员 L. R. 贝斯特(L. R. Best)和他的室友们在西 76 街他们"装潢富丽"的褐色石头屋里开了一家小型地下酒吧。在乔伊斯(Joyce)助理律师和奎因(Quinn)议员的帮助下，它受到了很好的保护。贝斯特告诉这些因为邻居的噪音投诉而前来查访的警察，"没人需要担心这里发生了什么"。因为光顾过这里的有权有势的官员会"在出现任何问题时出面解决"。西 52 街的一家晚餐俱乐部也为"高端人士"提供服务。这家俱乐部以美食著称，出入的都是穿着华丽晚礼服的有钱人。俱乐部在警察的暗地保护下，尽量设法保持自由开放，但也是极为谨慎的，尤其是要注意避开一些不容易打交道的联邦官员。当地警方对这些非法场所和店铺的经营几乎没有任何刁难，但这些夜生活场所仍有受到"狂热"的联邦官员零星搜查的风险，比如美国检察官埃默里·巴克纳(Emory Buckner)的"挂锁运动"(Padlocking Campaign)。⁷

结果，在禁酒令时期，曼哈顿的夜生活在城市阴影里蓬勃发展——地下室、后巷、阁楼、二层办公室以及锁上的门后。地下酒吧因其安静、半隐秘的特点而得名，它们通过多种手段逃避了侦查。一些酒吧规定，老顾客们用卡才能进入酒吧。还有一些则由看门人通过窥视孔检查顾客，然后再决定是否开门。地下酒吧的老板有时会雇佣"舵手"去寻找想喝酒的潜在安全顾客。一旦弄清楚了潜在客户不是特工，他们就把客户领到一个俱乐部，提供一张入会卡。一名调查员就是用这种方法进入了一家暗吧，它位于 34 街和第七大道之间的阁楼。他描述了酒吧主人用来逃避侦察的预防措施:"一个瞭望员问询过我,查看卡片,然后按了一个按钮,让我跟着他来到一扇铁门……接下来按下另一个按钮,里面的另一个人开了门。瞭望的人离开了,我跟着另一个人下楼,来到一扇没有上锁的门前,我被带进了一个房间,三个年轻女子坐在钢琴旁的一张桌子边,她们或唱歌,或招待男顾客。"[8]

这三位女招待其实代表了禁酒令下夜生活的另一种趋势。女性参与了休闲消费和提供娱乐服务两方面。早在20世纪初,工人阶级的男女和一小群前卫的都市人士就已经开创了新的休闲形式,他们走出家门,进入舞厅、龙虾馆和卡巴莱歌舞表演场所。但是酒吧的消失切断了社交饮酒与喧闹的工人阶级男性饮酒之间的联系,同时也让进入这些场所的任何阶层的女性染上了卖淫的污名。具有讽刺意味的是,虽然迫使饮酒转入地下,但男女混杂的夜生活在中上阶层女性中蓬勃发展,从那时起,他们就开始引领美国人熟悉的休闲世界的生活方式了。[9]

可以肯定的是,妇女在休闲新世界的参与也建立在诸如努力实现经济独立等长期趋势的基础上。在第一次世界大战之前和一战期间,一批新的单身女性离开家庭外出工作。战后,她们加入新一代独立女性工薪族的行列。当然,也有一些妇女走进了黑市的各种非法场所,这也不足为怪。不止一名调查员提及禁酒令下的夜总会里有大量单身女性从业者。凤凰餐厅(Phoenix Restaurant)吸引的顾客都是受人尊敬和"上流社会"的男女。在市中心和上东区(Upper East Side),在酒吧里上班的女人随处可见,例如洛利(Loloy's)酒吧、迈克地下酒吧(Mike's Speakeasy)、"敞开的门"(The Open Door)、大西洋歌舞厅(The Atlantic Cabaret)和"红月亮"酒吧(Red Moon)等。一个特别受欢迎的酒吧拒绝介绍单身男性给女顾客尤其是经常光顾这家酒吧的女顾客，这一做法反而赢得了只是单纯和女友来开心聚会的女顾客的好感。斯坦利·沃克（Stanley Walker）的纽约夜生活记录，直击禁酒令时期饮酒群体性别的变化："1920年后不久，成群叽叽喳喳的女人开始从她们少受人尊敬的姐妹那里发现，她们早些年就知道了——喝酒真的让人很开心，如果愿意，还可以喝得酩酊大醉，忘记烦恼。在整个纽约，这些多次光顾酒吧的女人从她们的藏身之处蜂拥而出，按响了地下酒吧的门铃，连哄带骗让药店卖给她们松子酒或者黑麦酒，甚至在那些看起来高雅文明的大酒吧里，女人们也央求陪侍者让她们喝口他们藏在罐子里的酒。"[10]

当许多富有的女性热情地参与到社交饮酒的新世界、光顾非法的亚文化夜店时，她们那些不那么富有的姐妹们却像雇员一样也出现在这些新夜总会里。夜总会的老板们招募了一些年轻女性，她们受到比在办公室或工厂工作更高的薪水的吸引，在繁荣、不受管制的夜生活环境中充当女招待、女服务员和"卖香烟的姑娘"。女招待用昂贵的酒水招待男顾客，有时还提供性服务。[11]

那些在纽约地下夜总会工作、兴致勃勃地喝酒、与各种人混在一起的女人通常都很年轻。第一次世界大战之后，社会中两代人之间的鸿沟加深了，在举国反酒的大环境下年轻人的这种饮酒行为填补了他们的生活空白，形成了一种与他们父辈严格的价值观截然相反的新身份，而他们的父母的辉煌成就随着第一次世界大战和世界各国均推行类似的禁酒法令而告终。那些通常随身携带一小瓶白酒的年轻人，频繁出入爵士俱乐部、酒吧，将自己视为一群有头脑的、现代的、不同于其他年代的人。正如一位社会观察家所言，女性和年轻人饮酒成为"一种冒险，一种大胆姿态，和桀骜不驯的标志"。越是禁止,越是有吸引力。这种禁酒状态对人们尤其是年轻人更具深意,且充满冒险的诱惑力。如同一位反对禁酒令的作家写道:"'改革者'们忽略了一件事,他们忘记了,得不到的永远在骚动——这是世界上最迷人的游戏。"[12]

在非法企业家经营的娱乐场所饮酒不仅意味着明知故犯、游戏法律,同时年轻人也避开了父母的监视、政府的监控。这种叛逆和反抗促使了当时社会中的各种各样的文化实验的兴起。禁酒令之下的社交饮酒体验是极具诱惑力的,不仅仅是因为出现了对年轻女性的性宽容的新社会风气。走出家门去"斯莫尔天堂"(Small's Paradise)、"拉菲"(La Fey)或"红月亮"酒吧的纽约都市世俗新人们,可能会穿着新式的时髦连衣裙——上身暴露低领、下身短到膝盖的裙子,这象征着他们对与禁酒有关的严格的性观念的拒绝与反抗。在没有宵禁和监护的情况下,禁酒令时代的夜生活冒险者们,寻求从快节奏音乐到同性恋讽刺剧等令人兴奋的娱乐。以前一直被边缘化的娱乐形式,此时已登上了禁酒令之下的非法场所的中心舞台。那些曾经只在阴暗的"背街"、贫穷的后区里演出的变装剧,现在却在时代广场上找到了炫目的新舞台,并有了来自不同阶层的观众,这都"多亏了"有组织的犯罪团伙,是他们将这些后街的娱乐表演引入到了更广泛的社会生活里。因此,"帕齐"秀("Panzy" Shows)、酷儿评论(Queer Reviews)和"美人假面舞会"("Beauty and Masquerade Balls")等大众通俗娱乐表演节目摆脱了被认为"不够体面"的认知,无拘无束地蓬勃发展。"帐篷"——这是一个位于大西洋城小镇后部的前卫娱乐场所,在这里,年轻的有色人种社会青年头戴假发,穿着"色彩艳丽、款式新奇"的女性服装,为前来光顾的来自不同社会阶层的顾客们提供服务。很多有钱的又乐于冒险的人参加这样的表演聚会，他们标榜自己的价值观与"禁酒十字军"、"清教徒式"信仰、"社会纯洁性"的思想意识(指古老的宗教思想，以禁欲、禁酒以及保守行为、遵循传统为主的清教徒思想)截然不同，同时他们也很强调自身的修养与老练，以及他们对老思想、旧观念的包容。[13]

这些"挺身而出"敢为先的人，不仅藐视法律和性别规范，而且还藐视种族界限。有组织犯罪头目的夜总会都集中分布在那些大城市的一些区域里。在这些区域，警方或公开支持、或默许非法酒类交易繁荣发展，而社区的邻居们对这些猖獗的违法现象也没有胆量投诉甚至抱怨，因为他们得不到政府或者警局保护。哈莱姆区成了白人休闲娱乐的中心。白人"穷鬼"大量涌进非裔美国人社区，尽情喝酒跳舞。在这些社区里，受保护的黑市为所欲为。大量散发的"消费指南"小册子和像《综艺》(*Variety*)这样的娱乐媒体，为消费者详细介绍哈莱姆的夜生活场所，使它们变得更加流行。根据"十四人委员会"的报告，哈莱姆区已成为"某些白人阶层寻求刺激的贫民场所"。芝加哥市情况也是如此，有组织的犯罪团伙在以非裔美国人为主的南区开设了非常活跃的夜总会。[14]

白人和黑人进入同一个娱乐场所，虽然跨越了种族的界限，但在许多俱乐部内部，黑人和白人之间的文化界限依然十分明显。随着夜总会进入哈莱姆区，其股东特别在夜总会内部创建了一个基本上全是白人的休闲区。非裔美国人在哈莱姆充满活力的夜总会里从事招待和服务富有白人的工作，但很少能以顾客的身份在夜总会里消费。例如，棉花俱乐部和康妮夜总会(Connie's)，都是由有组织的白人投资者所有和经营的，这些夜总会里雇佣大量的黑人工作。和其他一些大型高档的夜总会一样，这里都实行种族隔离营业模式。这样有组织的非法经营场所还包括许多小型的酒吧和夜总会。类似有色人种小酒馆和简陋的自助公寓夜总会，其中一些提供迎合白人男性寻求刺激的跨种族色情表演。一项对哈莱姆区 85 家夜总会的调查发现，其中绝大多数（90%）是白人所有的。但黑人所有的斯莫尔天堂夜总会是个例外，斯莫尔与许多白人夜店老板相反，他们鼓励黑人来消费。1926 年，杰·法根（Jae Faggen）和莫伊·盖尔（Moe Gale）利用了"黑人不准进入市中心大型夜总会舞厅"的规定，充分挖掘了背后潜在的黑人消费者市场，在第 140 街开了一家叫"萨沃伊"的综合夜总会，专门迎合这些黑人消费者。许多黑人夜游者蜂拥而入，尽情歌舞，并且引领了当时社会最创新、最流行的舞蹈形式——林迪舞（Lindy Hop）。[15]

尽管许多俱乐部对黑人——也包括一些社会地位高的黑人和棕色人种，实行种族隔离政策，但在许多较小、更边缘的俱乐部、"租赁派对"和哈莱姆的自助公寓里，黑人和白人确实可以自由交往，混在一起。这些互动不可避免地受到了来自社会更广泛的各种歧视的限制。也就是说，并非所有的黑人都欢迎这种网开一面、鼓励黑人消费娱乐的支持。黑人爵士乐钢琴家李尔·哈丁·阿姆斯特朗（Lil Hardin Armstrong）就曾经举例说过，当他被白人音乐家盯着看的时候，他觉得"浑身不自在"，心里嘀咕："这些白人在看什么？他们为什么来我们的地盘？"阿姆斯特朗怀疑白人音乐家参加黑人的音乐节，部分原因是为了来学习黑人的爵士音乐风格，以便于他们在市中心的演出时吸引更多黑人观众，从而增加演出收入。年轻的班尼·古德曼（Benny Goodman）只是芝加哥那一代白人音乐家中的一员，他被布朗兹维尔（Bronzeville's）爵士酒吧和后来的哈莱姆充满活力的音乐场景所吸引并备受启发,在担任20世纪30年代爵士"大乐队"的领袖时,他出色地利用了自己从黑人酒吧所学到的音乐知识。[16]

禁酒令带来的文化剧变促成了爵士乐的广泛流行,这种先锋音乐诞生于大迁移(The Great Migration)后的第一波非裔美国人城市生活的肥沃土壤之中。在第一次世界大战期间和整个20世纪20年代,有100万非裔美国人从南方迁移到北方城市。新的跨种族融合和娱乐场合更自由的社交规范,进一步扩大了自由的定义。这些结果和影响都远远超出了由禁酒法令引发的争论。爵士乐的日益流行为非裔美国人带来了新的唱片合同,这些唱片被称为"种族唱片"。爵士乐俱乐部在大中小城市都得到了蓬勃发展,无论是在像纽约、芝加哥这样的大都市,还是在一些较小的城市——东圣路易斯(East St. Louis)、费城、匹兹堡、克利夫兰和底特律,那些来自南方腹地的移民在这些城市定居下来。这些都表明,禁酒令时期的夜生活扩大了非裔美国人文化创新的范围。[17]

禁酒令对纽约夜生活的重塑,以及在这些场所发生的种族融合,都为"哈莱姆文艺复兴"(Harlem Renaissance,又称"新黑人文艺复兴")奠定了基础。纽约的社会名流和文学精英们在上城区(Uptown)的社交场合中扩大了他们的朋友圈和熟人圈。记者和文化评论家卡尔·范·维什顿(Carl Van Vechten)、出版商阿尔弗雷德(Alfred)和布兰奇·克诺夫(Blanche Knopf),以及华尔街的银行家、乡村的艺术家们经常光顾哈莱姆的"有色人种"(Black & Tans)俱乐部。与新黑人文艺复兴(New Negro Renaissance)关系最为密切的白人赞助者范·维什滕(Van Vechten)则邀请著名的非裔美国文化制作人在他位于西55街的豪华居所举办派对。商业企业家C. J.

沃克（C. J. Walker）女士主持的哈莱姆区的租客聚会也促进了不同种族间的社交活动。[18]

哈莱姆文化的知识分子阶层，他们利用了由禁酒令引发的社会动荡所建立起来的新型人际关系、结交的新朋友，达成新书交易、出版了大量图书，并吸引了更多的读者。兰斯顿·休斯（Langston Hughes）和内拉·拉森（Nella Larsen）在范的支持下为他们的作品找到了新的读者群体。新出版的非裔美国作家的这些作品形成了那个时代的主流文学作品和重要文化遗产。富裕的现代人追求自由，渴望从束缚天性的传统社会约束中解放出来，于是迎合他们这种口味的夜总会老板，便举办庆祝活动，推崇这种带有"自然性"的黑人文化。但是，庆祝活动却举办得刻板无趣。范·维什滕1926年出版的备受争议的畅销小说《黑鬼天堂》（*Nigger Heaven*）向更广泛的白人读者介绍了哈莱姆的城市文化——那里充斥着对非裔美国人肤浅、蔑视和一成不变的刻板印象。黑人作家克劳德·麦凯（Claude McKay）的小说《哈莱姆的家》（*Home to Harlem*）也同样描绘了哈莱姆夜总会里的夜生活，包括性文化，由于书中迎合了白人读者对"黄色内容"（性的描写）的阅读取向而遭到著名作家W. E. B. 杜布瓦（W. E. B. Dubois）激烈的抨击。[19]

......

年轻、富裕的"现代冒险家们"——无论白人还是黑人——所经历的"解放"，在那个时期的编年史和文学作品中都有详尽的描述。另一方面，新生的非法市场对广大工人阶级居民社区的残酷剥削与恶劣影响却鲜有记载。由于工薪阶层的非裔美国人很少去豪华的夜总会，毫无疑问，他们经历的"贫民窟生活"与涌向上城区的富裕白人的生活感受是不同的。禁酒令服务俱乐部（Prohibition

Clubs）为一些人提供了受欢迎的工作机会，但新的工作机会却是伴随着个人风险或要付出沉重代价的。对此，那些有影响力的非裔美国人便站出来，持续抗议这种负面影响。一份哈莱姆本地报纸抱怨说："市政当局似乎已经放弃了这个城市的贫民区，任它被恶意剥削、利用，而没有做出丝毫的努力去限制抑或去要求不要太明目张胆。"芝加哥南区的一家非裔美国人报纸谴责这种剥削情况是对黑人选民的"迎面一记耳光"。整个20世纪20年代，非裔美国人的报纸都在抗议白人犯罪团伙主导的非法酒类市场、卖淫活动和赌博市场。1928年一篇纽约社论抱怨道："纽约白人……把夜晚的哈莱姆区变成了'咆哮的地狱'。在哈莱姆区，每七家烟草店、快餐厅和美容院中就有五家是非法酒的'代销商'……这样的店在主干道上每个街区里都有两三家。哈莱姆已经变成了一个现代白人寻求刺激的地方了。"[20]

面对来自黑市的猖獗的犯罪暴力活动，哈莱姆区的居民几乎得不到任何保护。在"黑人文化时尚"的鼎盛时期，哈莱姆32街区的犯罪总登记人数位居纽约历史上的第二位，尽管警方也承认，"黑人中严重犯罪的相对较少"，大部分是轻犯。有组织的犯罪分子还把暴力带到贫困社区。1931年7月一个温暖的日子里，在下哈莱姆区（Lower Harlem）的一个移民社区里，哈莱姆区帮派和北边的布朗克斯区帮派因互相争夺啤酒生意而在东107街展开枪战，当时在外面玩耍的一名儿童被机枪打死，另外四人受伤。接着，1926年，芝加哥南区的普兰太申咖啡店（Plantation Café）发生爆炸事件。一年后，另一家南区酒庄发生爆炸，爆炸威力之大，震碎了半径内几个街区的窗户。雪上加霜的是，尽管暴力活动有增无减，但当警察迫于压力予以镇压时，他们往往会把执法目标对准没有后台关系保护的非裔美国人营业场所。哈莱姆区两家最大的新闻媒体都公开批评了警方在哈莱姆社区有针对性的、不公平的执法。[21]

禁酒令的阴影让另一个行业在哈莱姆扎根：非法毒品交易。联邦政府根除酒类的努力与政府不断扩大的打击毒品的运动几乎是齐头并进的，并催生了一个同样繁荣且有利可图的毒品黑市交易。经营赌场的巨头阿诺德·罗斯坦（Arnold Rothstein），在非法酒交易中建立了一个令人生畏的强大的新帝国，他将业务扩展到毒品，并在纽约设立了全球毒品业务总部。这种毒品贸易的供应与非法酒类贸易几乎同时渗透进了贫穷的社区。20 世纪 20 年代末，纽约第 132 街和 138 街之间的第五大道一带，成为鸦片、大麻和可卡因的交易中心。据一家娱乐周刊报道，在哈莱姆区的一个社区，毒品随处可见，这为它赢得了一个让人怀疑的绰号"毒社区"。源源不断地在哈莱姆爵士俱乐部里消费的富裕白人是俱乐部的财源，并不断地吸引着新的消费者。就在这些年里，芝加哥的南区成为这座"风城"中繁荣的黑市毒品交易中心。[22]

发生在哈莱姆区和芝加哥非裔美国人聚居区（Chicago's African Side）的毒品交易，其运作方式与酒市非法贸易相同。城市当局重点管制那些没有重要政治保护的区域的"黑市交易"。在居民缺乏政治保护或经济资源的社区，非法贸易的供应商明目张胆地运作。在 20 世纪 20 年代的大部分时间里，非裔美国人批评哈莱姆居民区和商业区的烈酒、赌博、毒品和卖淫生意兴隆，但市政官员对此置若罔闻。在"黑人时尚"的引领下，无人反对恣意发展的犯罪和社会衰落，任其蓬勃发展。[23]

如果说"咆哮的 20 年代"只是相对一小部分富裕的前卫城市人而言，那么这个新的知识分子群体的文化反抗精神则产生了更广泛的影响。外出喝酒的人、爵士乐场景、自我表达的精神、过度和放纵的性规范，这些在大都市中心以外的地方也得到了发展。大众流行文化的新渠道，如好莱坞电影、充满刺激感的特色爵士乐俱乐部，使得城市里的音乐和舞蹈风格更加广为人知。小报的新闻报道连载了一起起耸人听闻的出轨、犯罪事件。当代文学也来帮腔、推波助澜。当代文学代表斯科特·菲茨杰拉德（F. Scott Fitzgerald），记载了那些富裕的"时髦人"快节奏的生活方式、酗酒行为。那些纽约和芝加哥的小电台广播听众，他们经常会把收音机调到频率 WMAQ，收听和欣赏由路易斯·阿姆斯特朗（Louis Armstrong）领衔的伊迪克森（Dickerson）管弦乐队的夜间萨沃伊表演，或者收听由纽约"WHW"在棉花俱乐部演奏的充满活力和节奏感的埃林顿公爵（Duke Ellington）"丛林音乐"（Jungle Music）。感谢哥伦比亚广播公司（Columbia Broadcasting System）庞大的广播网络，很快，全国的听众都收听到这样的节目了。[24]

因此，把纽约和芝加哥这样的城市中心搞得天翻地覆的文化地震，开始向各地辐射开来，并可能对美国的小城镇和城市的浅层文化（非主流的、地方的文化）造成更大的影响。从表面上看，就像菲茨杰拉德的文学作品《了不起的盖茨比》（*The Great Gatsby*）里的故事一样，禁酒令时代可能被讽刺成是都市一小撮前卫人士的一次疯狂旅行而已。但对细心的菲茨杰拉德读者来说，异常活跃的禁酒令亚文化反抗，可以被视为是一个文化转折点，是对可接受的资产阶级礼仪的界限和规范模式的破坏和重新谈判。在经历了几十年的城市工业文化的兴起和世界大战的大灾难之后，禁酒令的文化风暴，把整个国家都带进了越来越多的人追求的"自我实现、快乐和在某些休闲领域的解放"的理想——而这些理想其实是和新现代消费资本主义的政治经济特点非常契合的。禁酒令最终被证明是文化革命的助燃剂,这一点让促成这场改革的人们感叹不已。

例如,在大都市中心以外的更多年轻人,外出饮酒是他们认同这个富裕的现代都市世界的一种方式。越来越多的中产阶级年轻人在大学校园里喝酒,这是禁酒战争的意外后果,也是让公众感到绝望的根源。卡内基理工学院(Carnegie Institute of Technology)校长塞缪尔·哈登·丘奇(Samuel Harden Church)在1926年评论道:"在以前,当男孩和女孩们举办派对和舞会时,喝酒的行为一点也不引人注目……现在,屁兜里随时塞瓶酒什么的,已经成为匹兹堡所有学生的一种固定习惯了——至少或多或少情况是这样的。"学生报《威斯康星每日要闻》(Wisconsin Daily Cardinal)诙谐地评论道:"毫无疑问,禁酒令反而激励了年轻人学习饮酒。"[25]

在全国越来越多的大学青年中,喝酒与新的服装风格和性规范紧密相连,并且这些都是成熟的现代都市世界的标志。在远离或者除了大都市夜生活中心之外的地方,那些穿着时髦衣服的青年还敢公然地在公共场合抽烟喝酒,这才是一种自信的、由内到外的个人解放。俄亥俄中西部校园报纸《灯笼报》(Lantern)上写道:"我们做了所有那些长辈们不允许我们做的事情,而且我们在知情的情况下明目张胆地做。我们'玩游戏'……抽烟、像巫毒信徒一样跳舞、穿低胸衣裙、做'挑逗爱抚'动作……当然,还喝酒。"这些都表明,俄亥俄的年轻人是在藐视老一套成规旧习,他们接受了纽约等地富有的、引领潮流的现代文化年轻人的规范。[26]

……

一直到禁酒令这场"高尚实验"结束时,即使是最坚定的禁酒令倡导者也发现，他们试图改变国家"更好的公民"的饮酒休闲习惯的尝试，结果却适得其反。他们最大的成就最终变成了一座"墓碑"，墓碑下埋葬的是"可敬的"资产阶级公共规范的仲裁者们——即倡导社会道德"纯洁性"的改革者们。这些改革者早期的社会道德"纯洁性"运动，包括反社会罪恶和根除"贩卖白奴"运动，都只是约束了小部分的边缘人群的休闲活动。禁酒令限制了精英们的休闲方式，但其严厉程度远不及对穷人们的打击沉重。可是这样做，在精英阶层中引发了一种文化反抗，这种反抗将永久地削弱"社会纯洁性"改革者们的权威，并对可接受的资产阶级娱乐的界限重新进行了界定。酒精走出了十年的"恶劣阴影"，最终在资产阶级的休闲、文学以及制度体系中获得了巩固性的地位。

成立于1905年的纽约最重要的反犯罪组织"十四人委员会"的行动理念代表着资产阶级的礼仪规范。该组织的活动宗旨是清除该市商业化的恶习、犯罪和"破坏人格"的影响，他们的行动曾一度获得了广泛认可。该委员会的支持者包括纽约各个阶层的精英，从银行家、大企业利益集团、律师、医生，到安置所的工作人员。20世纪20年代，它继续调查"滋生犯罪"的地下酒吧，并提示出现的新风险——非法夜总会从附近的工厂城镇招募年轻女性。然而，这样的披露在新闻界，包括在城市里的一些妇女俱乐部中激起了广泛的敌意。根除"对青少年有不良影响"的恶习与场所的运动——包括反对"不规范的公共舞厅、秘密夜总会和滋生恶习与犯罪的地下酒吧——游手好闲者和准罪犯的巢穴与聚集地"，对于那些刚刚经历过世俗都市资产阶级生活的男女，以及那些被禁酒令带来的休闲新世界迷住了的内地电影院的老主顾们来说，这样的呼吁是一种很刺耳的声音。到了1930年，由于委员会面临着领导层的背叛和预算不足的双重危机,他们开始把重点放在了"预防犯罪"上,放弃了早先强调的"镇压"。委员会的高级职员在一份机密报告中承认,"压制"的做法引起人们的反感,并导致"对十四人委员会的工作产生误解,或者缺乏兴趣"。因此,委员会争取资金的最后努力也随之失败了。实质上十四人委员会与"声名狼藉"的"禁酒十字军"的强制性道德计划密切相关,这直接导致它失去了纽约精英阶层的支持,并于1932年解散。[27]

在国家层面上也是如此,在国家禁酒令这项"高尚实验"结束时,严格的道德规范已经逐渐被抛弃了,取而代之的是更加强调个人权利的新的社会规范。1930年,最高法院依据《康斯托克法》(Comstock Law,1873年的一项法案,原本该法案规定通过邮件发送性教育小册子是非法的)做出了大逆转式判决:推翻了玛丽·韦尔·丹尼特(Mary Ware Dennett)通过邮件发送性教育小册子是违法的判决,宣判她无罪。这证明了那种通过严格道德规范压制的策略的吸引力正在减弱。对与禁酒令相一致的强制性道德和价值观的广泛反抗,最终不仅葬送了十四人委员会和《康斯托克法》,也掘开了早期改革思潮的坟墓。进步的改革者把重塑经济秩序的呼吁与强调社会凝聚力以及重塑道德规范联系在一起。20世纪30年代,新近受到广泛谴责的"改革自由主义"(Reform Liberalism),在某种程度上是因为它更关注个人权利和多元主义。[28]

对禁酒令的文化反抗,实质是对新教福音派强制计划的更广泛而有力的反抗的一部分。讽刺记者先驱 H. L. 门肯(H. L. Menken)对"愚蠢的美国人"、墨守成规、"低能的"、"农民式的"、原教旨主义的中产阶级大众充满了蔑视。从纽约到巴黎,那些文雅知识分子和作家一致愤怒于早先的战时镇压和后来的"红色恐慌"

(Red Scare，即反社会主义运动），以及最后的禁酒法令。文人们痛斥装腔作势的传教士、战时的镇压者和"高尚实验"的愚蠢思想。[29]

因此，禁酒令时期形成了一种更加一致的公民自由观念。在1917年，在反对《外国人及惩治暴动法案》(Alien and Sedition Act)以及红色恐慌期间对言论自由压制时，人们对"个人权利与自由"的关注度提高了。但在20世纪20年代，更多的美国人表达了对公民自由权利的担忧。《权利法案》曾经是一套抽象的原则，现在却具有了更实质性的意义。尽管精英男女在很大程度上受到法律的保护，但这也引发了这群人新的重大担忧——例如，在火车站搜查手提箱、闯入富人的家或他们的聚会、以逮捕违规者为由进行的汽车搜查、对所谓普遍违反宪法第四和第五修正案的保护，以及政府的无法无天的行为等。无论是福音派新教徒通过州立法来实施他们的意愿的广泛努力，还是通过要求所有儿童上公立学校、强制阅读圣经、禁止讲授进化论等，这些努力都使人们更加关注个人权利了。后来，越来越多的知识分子和改革者加入了克拉伦斯·达罗(Clarence Darrow)等知名律师以及费利克斯·弗兰克福特(Felix Frankfurter)和罗杰·鲍德温(Roger Baldwin)等知名人士的行列，将至高无上的人权作为一种更为核心的精神支柱。[30]

鲍德温是战时的和平主义者，因自己的信仰而被监禁。1920年，他在纽约开设了美国公民自由联盟(American Civil Liberties Union)的办事处。在随后的十年里，美国公民自由联盟将其工作范围从保护政治言论和异议自由扩大到保护个人自由，反对新教福音派通过法律确认其信仰的做法。这种努力在1925年斯科普斯(Scopes)反进化论审判中达到顶峰。这场被高度宣传的法庭斗争并没有废除田纳西州（Tennessee）禁止给人们教授进化论的法律，但它确实提高了人们的意识，即那些与禁酒令的专治计划有关的坚定的宗教人士对个人自由受到威胁的认识。随着美国日益接受多元主义思潮，以及对个人权利和自由的新强调，从大都市中心向外扩散的强制性新教宗教思想的反抗，最终扩大了所有美国人对自由的定义。[31]

如果说纽约和芝加哥等大都市的城市中心带领美国走出了禁酒令时代，那么最坚定的"禁酒十字军"是不会不战而退的。威廉·詹宁斯·布莱恩对古老宗教坚定指引的呼吁，十四人委员会对根除"不良影响"的呼吁，都反映了他们对自我表达和过度行为的焦虑——不守法、异族通婚和更加宽松的性规范。毫不奇怪，这些狂热的追随者并没有将这些结果归咎于他们大胆而雄心勃勃的改革。相反，"禁酒十字军"呼吁更好、更严格的执法，并要求对违规者进行惩罚。由于政府官员无法或不愿遏制违法行为，他们就动员了一支公民执法者队伍，由他们自己来维护法律。

"妇女祈祷十字军"(1873年)。该组织从俄亥俄州的希尔斯伯勒向外迅速发展,很快促成了基督教妇女禁酒联盟的形成。

——俄亥俄州图书馆

图为1903年孩子们在芝加哥一家波兰社区酒吧外玩耍。酒吧在当时通常是地方政治最底层的活动中心。

——芝加哥历史博物馆

"禁酒令之父"里士满·P.霍布森。1914年霍布森向众议院书面提交了禁酒令修正案。
——国会图书馆

"新道德剧"——这幅漫画反映了人们对毒品大量出现的担忧(1919年)。
——国会图书馆

1920年12月20日，执法人员在布朗斯维尔海关的门前集中销毁缴获的酒。
——鲁尼恩收藏馆

1914年1月，"弗吉尼亚反酒吧联盟"年会参会人员合影。弗吉尼亚州是当时教会力量反对酒吧的大本营。

——国会图书馆

禁酒令的执行主要针对少数边缘化的、贫穷的违法者。比如图中这个在执法突袭中被搜捕的穷人家庭,它位于纽约桑树街。
——盖蒂图片社

在芝加哥工人阶级聚居区缴获的酿酒蒸馏器,销毁前集中展示。
——芝加哥历史博物馆

这幅名为"欢迎回家"的漫画，讽刺的是1924年波特兰一位知名的公司经理因在新年前夜的家庭庆祝活动上用酒招待客人而被狂热的州特工逮捕的情景，俄勒冈州一家报纸以此画批评禁酒令对资产阶级个人隐私造成的侵犯和威胁。
——俄勒冈晨报

1925年伊利诺斯州威廉姆森县的禁酒冲突导致近20人死亡。图为三K党支持者拍摄的S.格伦·杨的葬礼场面。
——威廉姆森县历史学会

1931年10月31日,新泽西州纽瓦克市的工会成员举行游行活动,反对禁酒令。
——国会图书馆

哈里·安斯林格，一位有影响力的禁酒斗士，他在打击毒品的战争中也找到了新的使命。1930年，赫伯特·胡佛任命安斯林格为美国第一位反毒品都督。

——国会图书馆

波士顿的支持者热烈欢迎阿尔·史密斯的盛大广场集会。史密斯在竞选活动中尤其受到移民和少数族裔工人的支持。

——波士顿公共图书馆

"艾拉·布尔夫人与姬兰小姐的较量。"这幅画1933年发表于《名利场》，艺术家米格尔·科瓦鲁比亚斯意在讽刺WCTU的主席和具有传奇色彩的地下酒吧老板之间的"战争"，标志着女性以消费者和供应商的双重身份参与了私酒交易。
——《名利场》

这幅名为"禁酒令障眼法"的漫画由威尔伯特·霍拉韦创作于20世纪30年代初，他评论道："禁酒令的废除和经济大萧条是罗斯福竞选取得压倒性胜利的基础，共和党的白人利益至上策略则侵蚀了非裔美国人对该党历来的忠诚。"
——匹兹堡信使报

第五章　公民勇士

在负责执行禁酒法令的一小撮人身后,一股新生的支持力量正在形成……这是一支响应良知召唤而被动员起来的、坚定的公民力量,这股力量正在日益壮大。

——罗伊·海恩斯(Roy Haynes),国家禁酒法令专员[1]

1923年冬天的一个寒冷夜晚,受人尊敬的牧师菲利普·R. 格洛特费尔蒂(Philip R. Glotfelty)和威廉姆森县(Williamson County)监事委员会主席萨姆·斯特恩斯(Sam Stearns)在伊利诺伊州马里恩(Marion)镇当地的卫理公会教堂会面。他们二人认为,"恶魔朗姆酒"似河水般"流经"矿区,毒害着这一地区的人们。因此二人组织了一队有良知的"更好的公民"(Better Citizens)来阻止非法酒在该地区的泛滥。之前的禁酒主义者的伟大胜利在于他们关闭了酒吧,结束了酒的公开贩卖。但是很快,新出现的劣质私酿酒填补了空白,并在饮料商店、破旧酒吧或者新开的酒馆里高价出售。敢于公开卖酒的酒吧现在只剩"杰克家"(Jake's)和"托诺·莫洛尼家"(Tono Moloni's)两家酒馆,那些馋酒的酒鬼还能在这里买到酒。这两家酒吧交通便利,都位于公路主干道的路边,所以生意兴隆。酒馆的停车场总是停满了车,酒馆里挤满了人,星期五和星期六晚上尤为甚之。在偏远的矿区,穷困潦倒的顾客也能在遍布威廉姆森县境内的那些公然无视法律而提供私酒售卖的简易棚板屋酒馆里,随时买到酒,以解酒馋。对此人们抱怨说,对于各种私酒贩子和罪犯来说,威廉姆森县已经成为他们名副其实的"朝圣之地"了,这里的私酒业务异常猖獗。那些反对饮酒和犯罪的、所谓的"更好的公民"们呼吁,他们希望加强执法。他们警告说:"如果政府官员不履行职责、不作为,那我们自己必会行动起来,采取一切可能的措施,以达到我们想要禁酒的目的。"言出即行,接下来他们很快成立了马里恩执法联盟(Marion Law Enforcement League)。在全国禁酒法令推行三年之后,第十八修正案仍未能结束"酒的罪恶"。现在,现实终于迫使平民反酒勇士们自己采取行动了。[2]

在该联盟的领导下,一支由几百人组成的队伍——包括该地区的许多新教牧师和小商店店主——计划进行一次大规模的突袭。联邦禁酒局承认了其合法性,并代为管理这支市民志愿军队伍。1923年12月22日晚上,这支队伍聚集在卡本代尔(Carbondale)的"怪家伙"礼堂(Odd Fellows Hall),然后很快分散到全县各个地方实施突袭。那天晚上,他们逮捕了100多名私酒酿造商和走私犯。在接下来的几周里,这支队伍先后又发动了四次袭击,一次比一次猛烈。在最后一次突袭中,一支千人组成的志愿军队伍——他们大部分是当地三 K 党的成员，在全县境内各处展开了行动。他们袭击小客栈和私人住宅，并纵火焚烧了其中一些酒吧和房子。在随后愈演愈烈的暴力冲突中，甚至有超过 20 名当地居民被杀害。[3]

威廉姆森县发生的这种极端事件——它的范围、持续时间和暴力程度——并不是全国范围内禁酒令执行的典型，但这些暴力突袭事件却是非常惹眼的，它反映了美国各地方小规模禁酒运动的发展状况。从科罗拉多州的丹佛（Denver）到印第安纳州的费耶特维尔（Fayetteville），各地的平民都在支持该州的禁酒"志愿军"。他们打着"法律与秩序"的旗帜游行，支持地方、州和联邦付诸努力去将违规者绳之以法。他们不仅有时充当警察的耳目，而且大部分时间里还为官方的突袭和抓捕行动出人出力。很显然，这样的行为模糊了公民的社会行为与国家的执法力量之间的界限。这种社会秩序与法律的新融合催生了一支新的广泛的公民力量，即由外来移民、天主教徒、宗教现代主义者、"新女性"和城市非裔美国人一起形成的力量——这支队伍也是后来美国历史上强大的二十世纪"基层宗教权力"的第一个化身，这种力量对白人至上的纯"美国主义"形成了威胁。

……

接下来，联邦禁酒局面临着一个几乎不可能的挑战，即如何管理庞大而复杂的禁酒队伍。这支队伍从最初的 1550 名特工迅速扩大，他们管辖着广袤的区域和超过一亿的美国人。要对这些不断增加的特工进行管理，即使有官方的海关总署、海岸警卫队、州执法官员和当地警察的支持，以及从 1924 年开始存在的边境巡逻队的支持，对禁酒局来说这项管理任务仍然是艰巨而庞杂的。

管理者们很清楚，真正有效的禁酒执法不仅需要联邦和地方执法人员的合作，还需要社会中那些自发形成的"道德机构"和市民们的支持。政府的禁酒战争领导人现在鼓励这样一种观点，即积极的公民参与是禁酒战争成功的关键因素。早在第一次世界大战时，政府就有过发动积极的公民力量去管理战争后方的有效经验。[4]

这些领导人中最重要的人物是联邦禁酒专员罗伊·A. 海恩斯(Roy A. Haynes)。海恩斯出生在俄亥俄州的希尔斯伯勒，那里是反酒吧"祈祷运动"(Prayer Crusades)的发源地，曾促成了基督教妇女禁酒联盟的成立。深受反酒思想的影响和环境的熏陶，海恩斯成长为一名坚定的禁酒事业的信徒。因此，经当时威信极高的反酒吧联盟领导人韦恩·惠勒举荐，他在新机构里担任最高职位。海恩斯则承诺"将把自己的每一分精力都投入这项事业中"，后来他践行了自己的诺言。在全国各地的群众面前演讲时，海恩斯强调"公民警惕性"对禁酒令实施成功的重要意义。他宣称，"每个公民都必须为保卫国家而战"，"执法协助是公民对国家的义务"。"公民必须捍卫法律，因为法律关系重大。"[5]

"放任不管，"他大声疾呼，"将威胁国家的存亡。"对美国传统、美国标准、法律和法规"不屑一顾的轻视态度……以及在'现代主义'的外衣下伪装和培育起来的宗教教义——它们都是'邪恶的影响'"。如果"警觉"的公民能够识别出它们的真实面目，并把它们的伪装撕掉，潜藏的"邪恶"就能被摧毁。为了同这些危及"共和国核心"的邪恶斗争，国家要求动员那些具备"警惕性"的积极公民。甚至在1925年海恩斯离任他一直领导的禁酒局后，该局在后来的很长一段时间里，对"公民积极组织起来"和"支持执法"的行为都是秉承鼓励和支持的态度的。他们称赞地方执法委员会（Local Law Enforcement Committees）的良好公共服务行为，并鼓励地方"群众会议"（Mass Meetings）组织去加强执法。[5]

为响应这一使命而号召联合起来的志愿执法队伍，成为一场更广泛运动的激进的核心力量，其目的是支持白人新教民族主义。曾在《禁酒法案》最初通过时起了至关重要作用的温和的"禁酒十字军"，这次却没有出现在这支先锋队伍里。"十字军"中的一些人退出了公众视野，称他们的"使命已经完成"。其他一些人，包括进步派杰出人物简·亚当斯，则利用他们的公众权威，建议人们要有耐心、多去进行说服教育，以赢得遵从。亚当斯还乐观地断言："让禁酒令延续三代人，它就会完全改变人们的饮酒习惯。"全国安居联合会（National Federation of Settlements）和国家社会工作者组织（National Organization of Social Workers）则通过列举社区逐渐改善的一些"可喜变化"，支持这种温和的观点，譬如社区逐渐改善的衣食条件、家庭环境、夫妻关系等。[6]

然而，这支激进的禁酒队伍并不认可这种温和的"渐进主义"。他们我行我素，宣称法律的神圣性已经岌岌可危，主张立即将"不法分子"绳之以法。反酒吧联盟领导人珀利·贝克（Purley Baker）宣称，违反禁酒令的人是"罪犯"，应该"被逮捕、罚款、送进监狱，并受到公正的惩罚"。在社会中，法律和秩序的普适性赢得了广泛认同和支持，人们普遍认为，法律规定以外的任何行为，都可被视为是对法律的不尊重或违反法律的行为，甚至在许多曾反对通过第十八修正案的人当中，这种观点也得到了支持。曾经强烈反对第十八修正案的首席大法官威廉·霍华德·塔夫脱现在公开宣称："不遵守宪法即不爱国。"一位费城立法者也宣称："只要法律存在，对公民来说就只有一条路是开放的，即，尊重法律就是法律。除此之外，其他信条都是颠覆法律的。"就连信奉自由主义的哈佛大学法学教授费利克斯·法兰克福也在1923年呼吁："诚实有效的执法"而不是"温和的说服教育"。[7]

各地公然违反禁酒令的现象有增无减，沃伦·哈丁（Warren Harding）总统甚至宣布不遵守法律的行为属于"国家丑行"，那些强大的反酒斗士团体甚至担心，是不是存在一种力量，企图通过违法或不执行禁酒法令去抹黑并最终推翻这个禁令？数以百万计的"十字军"战士认为，他们的责任不仅是遵守禁酒法令，而且要确保其他人也遵守。"每个公民都是执法者"，这是一名"禁酒十字军"斗士的口号。富有且具有影响力的禁酒令组织基督教妇女禁酒联盟和"反酒吧联盟"承诺，他们将为确保该法令得到遵守而不懈努力，他们将成为强大的禁酒公民大军方队的主力。[8]

……

20世纪20年代，基督教妇女禁酒联盟仍然是美国最大的妇女组织之一。该组织于1873年起源于俄亥俄州的希尔斯伯勒市，很快发展成为一个在美国44个州都有分会的庞大的大众会员组织。在早期，该组织将反酒吧运动与其他保护家庭的运动联系在一起，以争取儿童福利、监狱改革和妇女选举权为主要工作内容。但随着20世纪初的发展，反对酒精的战争成为它的主要关注点。1924年，该组织还宣布反对酒吧是其"多年来的中心目标"。在20世纪的头20年里，该组织的成员人数稳步增长。尤其在"十字军"东征胜利后，它招募到了更多的新成员——仅从1919年到1921年间其组织成员就增加了6万名，在接下来的两年里，即1922年和1923年，又增加了2.5万名新成员。会员人数在1923年年末达到了

35.5万人的顶峰。如果算上组织里的青年助理员，该组织称他们实际拥有成员已经近50万人。20世纪30年代，随着其组织推行的改革前景逐渐黯淡，组织成员的数量也开始随之减少。但即便处在发展低谷时期，组织领导人也发现了新的运动目标，即将他们的使命扩展到酒之外的其他娱乐性麻醉物质——向毒品宣战。[9]

"四十年'和平'反酗酒战争"的成功给该组织注入了承担新使命的信心。在美国国内，该组织的领导人开展运动以确保禁酒令的顺利实施。而在国际方面，一些领导人则响应该组织的旗舰报纸《联合信号报》(*Union Signal*)的号召，声称应该"加快我们的全球禁毒工作"。还有一些人主张开展新的国际"和平"和"纯洁"运动。组织主席安娜·戈登(Anna Gordon)则在1921年的全国大会人群面前宣布"参与执法是我们新的改革运动"。她警告说："我们的敌人是活生生的违法者和啤酒布尔什维克主义者（激进主义者），""每个守法公民都有责任勇敢地与联邦和地方官员合作。让我们展现基督徒最大的勇气，为正义执法而战"。该组织通过了支持执法的决议，并推出了自己的执法计划。它宣布酒类商品的买家和卖家都是违法者，消除了《禁酒法案》为保护买家不受刑事起诉而划定的界限。[10]

该组织向各阶层的人们传达其执法理念。组织早期的座右铭"节制教育"演变成了"执法教育"，通过各种形式的宣传向社会普及，鼓励成员采取行动。例如内容丰富的"执法指南"宣传海报，以及小册子等，甚至连该组织保留剧目中的所有歌曲都是执法的战斗口号。位于密歇根州的弗林特分会，就是组织的这种理念在地方层面得以执行的一个例子。该分会成员以鼓舞人心的歌曲《在你所在的地方为执法服务》(*Work for Enforcement Where You Are*)拉开了会议序幕。为当地学校和年轻人编写的禁酒剧也同样向人们宣传了实行全国禁酒的好处。[11]

早些时候，请愿书曾是为禁酒令的颁布赢得支持的重要武器。现在，该组织在地方基层又发起了新的请愿活动，目的是改变城镇和社区里"麻风病"般的酗酒现状。各地分会组织也向政府官员施压，要求他们加强执法。这些组织的领导人和普通成员都参加了各种"执法"群众集会，支持公民执法联盟，并游说要求在州和国家层面上加强立法。组织成员们同时致力于让禁酒运动的支持者在联邦担任公职，这一努力在1928年达到了顶峰——他们放弃无党派立场，为共和党人赫伯特·胡佛的总统大选助选。[12]

但该组织的活动并不局限于向政府官员施压和教化市民。他们还直接与执法官员合作，共同起诉违法者。政府官员渴望得到"积极公民"的支持，地方分会和州分会与专业执法部门建立了密切的关系。政府官员在各分会和全州会议上发言，共同分析违法者逃避法律的各种手段，以及成员们"可以帮助执法的工作方式"。州级官员建议"十字军"要重点"监视"药剂师、医生和出售"香精"的商店。《联邦信号报》发表了政府官员的讲话，以表彰和鼓励其成员协助履行捍卫法律的行为。[13]

基督教妇女禁酒联盟充满活力的基层成员在承担执法这一责任上没有丝毫踌躇拖延。例如，库克县工会主席伊娃·伍登（Iva Wooden）即使是面对卡彭地区的黑帮暴力和腐败，她也勇于和联邦官员一起，共同遏制违法者。该组织的成员们将矛头指向了那些马路酒馆——这些酒馆指使"十几岁的女孩"向"各种各样的男人"出售啤酒。这恰好触及了公众对那些年轻女性违规的、不受管制的参与买卖现象的愤慨和担忧。伊娃·伍登鼓励组织成员们站出来，调查并报告他们所在社区的类似违法行为。橡树河公园森林联盟（Oak Park-River Forest Union）即响应了伊娃·伍登的号召，合力关闭了一家酒馆。在弗林特的基督教妇女禁酒联盟成员也同样警惕而有执行力，他们自豪地报告了自己在1926年查处两家私酒酿造坊时所发挥的作用。尽管他们的实力和人数远超违法者，但他们的一举一动依然需要保持高度警惕。据报道，伊利诺伊州基督教妇女禁酒联盟主席海伦·胡德（Helen Hood）就曾收到一封死亡威胁邮件："你就是我们刺杀名单上的下一个目标。"[14]

基督教妇女禁酒联盟组织从上层领导人到地方成员都沉迷于他们自己描绘的战斗精神和勇气之中。该组织主席安娜·戈登支持她的成员和青年"军团"的执法努力。戈登自豪地说："禁酒国民警卫队他们已经证明自己是有价值的侦探……他们通过拍摄的现场照片分享了多次协助捣毁酿酒蒸馏室、销毁和没收各种违法酒的有趣经历。"芝加哥附近的西区联盟（West Side Union）主席伊内兹·迪奇（Inez Deach）说，她"很高兴能帮忙打垮一个私酒窝点"。不同于20世纪初期成为全国头条新闻的那个挥舞着斧头反酒吧的"十字军战士"卡通形象，该组织明确而犀利地宣称，它是通过适当的立法、政治和执法渠道开展工作的。[15]

随着禁酒令执法危机持续了数月直至几年，基督教妇女禁酒联盟对那些有违法行为的人采取了更为尖锐的态度。在20世纪初，该组织对移民是表现出一种"友好的"家长式的态度的。《信号报》鼓励其成员"和移民打成一片，一起工作"；"让移民和本土美国人邻居聚在一起，共度愉快的社交时光"；至少读一本"关于他们移民邻居国家的书"，并"和他们一起去图书馆"。但随着美国对酒精的战争停滞不前并遭遇逆转，这种温和的同化主义做法后来也逐渐消失了。1923年，基督教妇女禁酒联盟支持立法，要求"驱逐被判违反禁令的外国人"，至此，彻底的高压政治取代了道德劝说。正如在一个有"大问题"的班级里要想和顺统一，那就需要通过教育来教化——法官将充当"教师"，把"外国人带向美国理想"。在公共话语中，"外国人"一词总是与违反酒类法律的"外国人"一词关联在一起，这使得那种对外来移民的尖锐的高压政治氛围达到了高潮。印第安纳州的基督教妇女禁酒联盟声称"75%的酒类违法者是外国人"。于是，基督教妇女禁酒联盟对移民（其中很多人是天主教徒）的防范意识越来越强，并在20世纪20年代时采取了新的教化举措。基督教妇女禁酒联盟加入到在公立学校（有移民和新教教徒的学校）强制要求阅读圣经的行动中，而且它的成员在各州倡导该行动的学校中都冲在了最前沿。这一现象实质表明了在20世纪20年代激进的新教宗教信仰越来越多了。[16]

基督教妇女禁酒联盟组织在当时只是庞大的禁酒军团的方阵之一，同时存在的还有其他社会力量。基督教妇女禁酒联盟在历史上虽然一直用多方面的"纯净"改革来平衡其禁酒运动的重要性，但其主要目标一直是根除酒类贸易。反酒吧联盟对执法手段也并不陌生。他们通过法律来禁止酒的买卖，也是一种强制手段。事实上，反酒吧联盟的执法部门只是该组织的四个部门之一，另外三个部门承担着宣传、立法和筹款的职能。尽管如此，该组织主要领导人依然一直强调教育工作是首要的。欧内斯特·切林顿的观点与简·亚当斯的观点一致，他认为"依靠立法和执行……不能解决饮酒问题……禁酒改革的最终实现主要靠的不是立法而是教育"。为赢得这场改革而组建的"联合政府"掩盖了各种组织之间的这些方法和理念上的分歧。因此，在普遍无视法律的情况下，各组织之间表面团结的薄纱被撕裂了。《禁酒法案》颁布后，欧内斯特·切林顿强调教育尝试宣告失败，于是该组织的领导权强硬地转向了支持法律和秩序的领导者手中——当然，这种做法也让组织失去了许多早期的盟友。尽管在《禁酒法案》通过后，该组织的支持资金减少，但反酒吧联盟中激进的新教福音派的核心领导层仍在竭尽全力从会员中召集忠诚的力量，推行禁酒执法。[17]

"聚焦目标。"反酒吧联盟的首席说客韦恩·惠勒宣称，这是顺利实施第十八修正案的关键，就像该法令的通过一样——现在唯一的目的应该是"执法"。"我们的目标简单而直接，但我们的策略是多管齐下的——涉及政治、立法和团结具备警惕性的公民。"反酒吧联盟的《全国禁酒令执行手册》(*National Prohibition Enforcement Manual*)对支持者如何助力这项事业给出了具体的建议。它起草了一个组织蓝图，呼吁"公民联盟"来支持这个国家各个州的每一个县的执法。这些县联盟反过来又鼓励更小的地方联盟采取行动。公民联盟，有时也被称为"执法联盟"，通常是在当地新教牧师的帮助下组织起来的。他们教导市民要在地方层面把握执法问题，并作为私酒贩子的天敌来遏制广泛存在的非法私酒贩运。这些联盟努力通过联合地方官员来确保执法，并为不饮酒的候选人助选。如果这些方法被证明还是不够有力度的话，反酒吧联盟还呼吁"动用公众的全部力量去促成行动"。[18]

至此，反酒吧联盟在这场禁酒运动中已处于有利地位了，已具备组建执法机构的能力。州联盟的领导人、地区官员和地方联盟下属的牧师，以及他们数以百万计的新教徒会众，这些人共同组成了一个多层次的力量组合，用以引导和确保禁酒令执法的成功。州联盟的领导人努力巩固该组织与执法人员之间的关系，去促成州和联邦执法工作。在得克萨斯州，州警长阿提库斯·W. 韦伯（Atticus W. Webb）举行了执法"群众大会"，并声称自己在联邦官员和得州游骑兵（Texas Rangers）之间达成了"合作协议"。他宣称，两级执法部门之间的"密切合作"是他努力的结果。反酒吧联盟和政府执法者之间的密切关系，是通过联盟对禁酒特工行使的人事权和雇用权而建立起来的。社会评论家抱怨说，政府执法者和"正在行动的新教教会"之间的界线很模糊，他们呼吁人们关注政府官员行为，并建议申请禁酒令驻外办事机构的人应该去寻求他们所在地区的反酒吧联盟的支持。[19]

这种漏洞百出的执法形式和模糊的权力界限还延伸到了其他领域。和基督教妇女禁酒联盟一样，反酒吧联盟在 1920 年也宣称："法律只能通过定期设立的官方机构来执行，而不是通过非官方或私人侦探、抑或私立检查机构去实施。"协助所有负有执行职责的公职人员是"确保执行的最佳途径"。换句话说，这个全国性组织否认了义务警员和协警的行为。然而，这些反酒斗士们在什么可以构成适当的执法"援助"问题上并没有达成一致看法。间接支持和积极参与之间的界限很模糊，而且界限经常被打破。[20]

比如，俄亥俄州的联盟领导人鼓励公民积极参与执法工作。该联盟担任州警长的成员詹姆斯·怀特（James White）甚至向本地区工作人员分发了空白搜查令，这种官方支持很可能是由富有同情心的治安法官授权并指示他们按照州执法的搜查和扣押条款开展行动。他在结束指示"禁酒十字军"行动的讲话时甚至说"祝大家圆满完成执法任务"。在这样的鼓励下，基层禁酒主义者非常乐意行使他们维护法律的"权力"。1923 年，俄亥俄州马霍宁县（Mahoning County）的当地"禁酒十字军"中组织了一个县级的禁酒联盟。

当时的扬斯敦(Youngstown)违法行为很普遍,那里的移民社区以工业为主,工人阶级居多。据一家报纸报道,在许多私人住宅里,"人们可以在白天或晚上的任何时候方便地买到酒"。这种公然违反法令的行为促使坚定的禁酒主义者采取行动。他们中约有五百人聚集在卫理公会三一教堂(Trinity Methodist Church),动员去镇压。根据联盟的行动方针,他们首先观察到违规行为,并在第一时间呼吁当地警方采取行动。当他们的这种请求和努力遭到拒绝时,县禁酒联盟就寻求其他渠道,与"非官方执法队"联合开展行动。接着当地的联盟雇佣私人侦探,领导公民志愿者突袭逮捕了那些违规者。[21]

俄亥俄州的法律实际上是鼓励了这种强有力的公民执法行为的。国家法律规定在城镇和乡村设立专门的"酒类法庭",这些法庭由管辖全县的地方治安法官主持。该法律还对那些能严格执法的行为提供金钱激励,这些措施都有效地激活了执法市场的繁荣。当那些违反禁酒法令的人被成功地起诉定罪后,镇法官从那些被定罪的人支付的费用和罚金中获得额外收入。大量来自附近地区城市的少数族裔和工薪阶层移民被拖到当地城镇法官面前,被迫接受巨额罚款。这些法庭判处的刑期也长得荒唐。据一家报纸报道,在一起因持有少量酒而被判入狱的案件中,违反者被判入狱竟长达11年之久。在私酒泛滥的辛辛那提附近城镇,违法者缴纳的罚款为清理犯罪工作组提供了大量资金。在北科里奇山(North College Hill),一项当地法令规定,禁酒法庭获取的费用的一半将存入"秘密服务基金",以确保犯罪清理行动的进一步开展。这些自给自足的清剿小分队,以辛辛那提移民密集地区的私人住宅为暴力袭击目标,如火如荼地开展了行动。《克利夫兰诚报》(*Cleve-*

land Plain Dealer)的一篇社论描述了由此产生的"恐怖统治"和"令人遗憾的司法扭曲"的状况。[22]

尽管采取了这种有力的执法措施,但违反禁酒令的行为仍有增无减。随着执法失败次数的增加,反酒吧联盟和基督教妇女禁酒联盟的领导人通过"定期设立权威机构"去开展工作的承诺也被削弱了。由于其秘密行动和反移民的白人至上主义,时值蓬勃发展的三K党非常适合成为酒类"志愿"执法队中的一员。蒙面骑士团(The Hooded Order)组成了庞大的禁酒军团中最强大的方阵。不断壮大的地方反酒吧执法联盟和三K党并不是一个整体,而是隶属于公民执法联盟的地方部长们,但其经常与三K党结盟。联盟和三K党共享关键的地方领导人、人员和行动目标。[23]

······

在19世纪的社会"重建时期",三K党曾蓬勃发展。它的白人至上恐怖主义在D. W. 格里菲斯(D. W. Griffith)的电影《一个国家的诞生》(Birth of a Nation)中被铭记。1915年,威廉·约瑟夫·西蒙斯(William Joseph Simmons)在亚特兰大复兴了三K党,目的是捍卫土生土长的白人新教徒至高无上的地位。西蒙斯曾是南方卫理公会的巡回骑士(负责管理一个地区内的宗教事务),后来成为"世界伐木人"(Woodmen of the World)兄弟会的组织者。直到1920年三K党才有了几千名会员加入。之后则是滚雪球式增长。战后的社会冲突,包括劳工组织和非裔美国人之间新出现的好战情绪,以及更宽容的性别规范,都加剧了白人新教徒的民族主义焦虑,并为动员三K党提供了肥沃的土壤。精明的推动者促成了三K党成员数量迅速增长。1920年,约瑟夫·西蒙斯与南方宣传协会的公关人员伊丽莎白·泰勒(Elizabeth Tyler)、爱德华·杨·

克拉克(Edward Young Clarke)签订了一份合同。他们之所以名声大噪，在很大程度上要归功于早些时候他们为反酒吧联盟和救世军组织(the Salvation Army)成功筹集了资金。泰勒和克拉克通过建立一支积极的推销队伍来宣传三K党的蒙面骑士军团。被称为"克雷格尔斯"(Kleagles)的三K党老会员，他们每"归化"一名新成员，就可以把一部分入会费收入囊中。他们承诺在公共生活中恢复白人新教徒的父权文化价值观，从而吸引了大批新成员加入。[24]

然而，没有什么比对酒精的战争提供的新机会更能帮助三K党的发展转变为一场充满活力的社会运动了。三K党利用禁酒法令影响广泛的特点来推行其反天主教、反移民、反犹太和白人至上主义的宗旨，到1925年的时候已经为其赢得了从200万升至500万美国人的支持。早在1920年，三K党组织者就号召完成一项任务，即通过取缔私酒贩子、非法酿酒商和"卖淫者"来"净化"社区环境。三K党凭借"揪出私酒贩子"的行动旗号，在社区和新成员中站稳脚跟。它在加利福尼亚州的奥兰治县(Orange County)、阿纳海姆的三K党组织引起了公众的注意，因为它警告当地的酒店老板J. H. 克拉克(J. H. Clark)"在十天内离开小镇，否则后果自负"。克拉克被指控向客户兜售私酒。此后不久，三K党在该市和县里都成为一支强大的力量。西南部的三K党通过提倡"严肃经商"和"无情执法——尤其是禁酒执法"，其组织也繁荣发展起来了。在科罗拉多州的弗里蒙特(Fremont)——另一个三K党的大本营，一名三K党全国发言人也支持类似的主张："必须停止金钱和政治在我们的法庭上产生的影响……特别是在禁酒令的执行方面。"在乔治亚州的雅典(Athens)，当地的三K党也通过承诺清理猖獗的酒类违法行为而获得了早期的新成员加入。[25]

三 K 党通过承诺采取激进行动以"维护法律和秩序"助力反酒吧联盟和基督教妇女禁酒联盟的激进禁酒情绪。在俄勒冈州的杰克逊市(Jackson City),当地的三 K 党承诺"帮助执法人员"。在科罗拉多州的丹佛市,三 K 党领导人痛斥当地的"罪恶"和"犯罪"状况,宣称:"在任何时候,当每个社区的管理者在维护法律时,我们将全力协助……当地方官员没有做好他们的工作时,三 K 党承诺会采取行动。"一名丹佛三 K 党领袖、卫理公会牧师抱怨道:"如果我们的官员不能执行法律,我们应该教他们如何去做……我不尊重对法律睁一只眼闭一只眼的官员。"三 K 党的行为引发了争议,但也受到了赞扬。一名曾主持审判一个违反禁酒法令的人的芝加哥法官,称赞三 K 党"能在警察无能的时候介入并处理案件"。[26]

在治安官、当地警察或州当局抵制三 K 党激进主义的地区——从加利福尼亚州的英格伍德(Inglewood)、洛杉矶到俄亥俄州的奈尔斯(Niles)——治安维持演变成了枪战,有时甚至是公开的"战争"。这种"暴力竞赛"引发了争议,最终也削弱了当地对三 K 党活动的支持。但在许多地方,在公众要求关闭烈酒供应源的压力下,强有力的清理行动赢得了地方和州执法人员的支持。从俄勒冈州的杰克逊市到阿拉巴马州的伯明翰,三 K 党与当地警方密切合作。事实上,三 K 党就是地方官员,以政府官员的身份行使权力。三 K 党处于鼎盛时期时,在加州的阿纳海姆,街道上巡逻的当地警察都是三 K 党。在亚拉巴马州的伯明翰,三 K 党成员兼警察局长 J. J. 雪莉(Shirley)建议田纳西州纳什村(Nash Ville)的一名同事组织自己的三 K 党,以协助警方执法,公共安全专员欢迎三 K 党协助对反禁酒令人员的突袭。这些地区的治安官、警察和法官任命三 K 党成员,为扫荡争取更多的人手。在得克萨斯州,三K党分会强调他们逮捕违法者的功劳,赢得了政府执法人员的感激。在俄亥俄州、得克萨斯州、印第安纳州、科罗拉多州和俄勒冈州,三K党逮捕了数千名违反禁酒令的人,他们在法庭上被传讯并经常被定罪。[27]

这些清理行动将三K党塑造成在禁酒活动中好战的新教战士——一支维护盎格鲁-撒克逊民族白人新教民族主义的"军队"。这个使命与它的反天主教、反移民、反犹太主义和白人至上主义宗旨完美地交织在一起。当俄勒冈州的拉格朗德(La Grande)警方对违反禁酒令的人进行打击时,三K党却把矛头对准了意大利人、非裔美国人和墨西哥人社区。在丹佛的"小意大利"(Little Italy),三K党为警察突袭提供人力——在禁酒突袭行动中挨家挨户搜查,主要是针对意大利裔美国人。在加利福尼亚州的英格伍德,当地的三K党突袭了一个"疑似酿酒厂"的墨西哥裔牧场家庭。三K党成员组成了义务警员突击队,在俄亥俄州扬斯敦和奈尔斯进行大规模突袭,并实施"恐怖统治",这些行动都以少数族裔工薪阶层为目标。强有力的清理行动赢得了地方和州执法人员的支持,但在许多地方,值得赞扬的是在威斯康星州的麦迪逊市(Madison),警察局长和戴德县(Dade County)的联邦禁酒局官员拒绝了三K党在"小西西里岛"(Little Sicily)进行禁酒执法的要求,市长毫不犹豫地代替三K党组织了1925年的禁酒突袭行动。[28]

1922年,当哈丁总统痛斥不服从法令的"国家丑行"时,三K党为新教福音派提供了一个解决方案。三K党对普遍存在的违法行为感到愤愤不平,并对与其相关的社会改革感到不满。三K党决定以公民执法部队的身份,拥护激进的"禁酒十字军"的价值观,为"新教美国主义"而战。禁酒令的存在有效地解释了为什么三K

党第二次出现时其规模就像滚雪球一样越滚越大。对酒类法律的普遍蔑视和反抗，事实上是对白人新教民族主义存在的挑战和威胁——无论是性别规范的转变，还是天主教移民和宗教现代主义力量的增强。第十八修正案和《禁酒法案》，以及许多州的法律，为这支蒙面党以及更广泛的白人新教民族主义者提供了一个空前的机会，即可以发动一场更广泛的战争，以维护白人新教原住民的霸权。

数百万草根男性和女性加入三K党队伍，他们并不是简单地发现它有多大吸引力，或者认为这是一个"社会和公民组织"，它是美国白人新教徒的组织——如"狮子俱乐部"（Lion's Clubs）或国家禁酒组织。更多成员加入是因为三K党承诺了更多：它愿意采取官方禁酒机构和白人新教徒公民组织不愿采取的行动——暴力治安行动，去打击白人新教民族主义的敌人。"控制烈性酒"——尤其是当它被其他群体生产或者消费时，它被证明是三K党最强有力的武器，这也是其行动的最佳授权理由。印第安纳州三K党报纸《永安十字报》（The Fiery Cross）阐述了这一使命："三K党将把私酒走私永远赶出这片土地。它将给这个国家带来干净的电影，干净的文学。它将破坏那些路边的饮酒聚会，并确保让那些引诱女孩喝醉的男人们承担责任。"[29]

恶毒的反犹太主义和反天主教主义为三K党枯燥的使命提供了切实可行的方向和重点。三K党内部和外部的旧右派都认为，犹太人是使整个国家陷入道德沦丧的直接原因，是社会中那些公然酗酒行为的思想根源。1922年，一篇反犹太主义的文章痛骂道："这种喝酒的观念将通过犹太戏剧、犹太爵士乐和犹太画册得以长期存在和延续，必须有人站出来严厉抨击它，指出它是违背宪法的诱因。"白人新教民族主义的"敌人"出于宗教目的而使用圣餐酒，这使他们很容易成为走私酒的替罪羊。亨利·福特或许是当时最著名的反犹太分子，他帮助传播了这些思想。他的报纸《迪尔伯恩独立报》（*Dearborn Independent*）甚至宣称："私酒走私是一个百分之九十五由犹太人控制的行业。"达拉斯（Dallas）的三K党报纸《梅菲尔德上校周刊》（*Colonel Mayfield Weekly*）宣称："我们现在的斗争，是反对私酿酒和希伯来人。"[30]

三K党阴谋论的世界观也将天主教堂列为"反基督者"。三K党再一次利用对酒精的战争来对抗天主教堂对他们的威胁。伊利诺伊州的三K党报纸《黎明报》（*The Dawn*）在其中一期刊登了三篇报道，标题分别是："天主教神父因酒后驾车入狱""神父因造假酒被捕"和"醉酒神父杀死神职人员"。这种关联性极强的报道导致三K党袭击者不仅针对信奉天主教的移民，还针对他们的教区和一切宗教象征。一名天主教神父回忆说，在接下来的1923年一系列禁酒袭击中，袭击者从天主教移民住宅的墙壁上撕下十字架，并对它们踩踏、吐唾沫。三K党也把矛头对准了神父的教堂，砸碎了教区的圣餐酒。[31]

违反三K党"道德"的土著新教徒，也未能免于三K党的"正义"审判。那些偏离了三K党道德观念的新教徒行为——通奸、制造假酒或背弃家庭行为——都将面临三K党的惩罚。但是三K党的清理宗旨更主要的是针对他人的饮酒行为，而不是他们自己的饮酒行为。有很多关于掠夺者没收酒后自己喝的故事。一个科罗拉多的三K党分会甚至是由当地的一个"私酒贩子"管理的，地方会议上他明目张胆提供酒水。他在三K党的地位可能支持了他控制酒水供应和打败竞争对手所需的权力。尽管三K党公开宣称他们的使命,但他们并不是完全的禁欲主义者。俄勒冈州勒格兰德(Le Grande)的三K党秘书回忆说,在一次社交活动中,三K党骑士们似乎忘记了"打击私酒的初衷",大肆饮酒并且狼吞虎咽地吃着"热狗和三K党蛋糕"。当这些事件进入公众视野时,三K党领导人的醉酒越界行为——从大龙特区(Grand Dragon D. C.)的斯蒂芬森(Stephenson)到公关人员泰勒和克拉克,极大地损害了三K党的形象和声望。[32]

这些事件并不意味着三K党的反酒行动只是为了掩饰其恐吓移民、天主教徒和其他少数族裔的目的——尽管它很好地达到了这个目的。遍布中西部、南部和西部的许多激进的福音派新教牧师,"他们和他们的教会"一起拥护该秩序,他们立场分明,把酒判定为"邪恶的"和"魔鬼的"饮料。在科罗拉多州,地方分会努力禁止"臭名昭著的私酿烈酒饮用者成为会员"。然而,如果他们想要成功地维护他们的白人至上主义的新教愿景,那么控制那些被认为对新教民族主义构成重大威胁的违反禁酒法令的行为是至关重要的——即使是"正义军队"的成员有时也会犯下饮酒的"罪恶"行径。[33]

在一些州,三K党组织者精明地通过恢复仍然存在的旧法律,并将其作为法律武器,去为他们的执法活动辩护。印第安纳的大龙斯蒂芬森依托19世纪的法规《盗马贼法案》,建立了一个强大的三K党的执法部门,授权"基于共同保护的目的,公民可以……不少于十人'组队',以侦测偷马贼及其他重犯"。1924年,盗马贼侦探协会(the Horse Thief Detective Association)的2.5万名成员中,约有2.2万人是三K党成员。在富有同情心的县专员的授权下,这些"侦探"携带武器,进行逮捕行动,并在没有逮捕令的情况下拘留人员。在印第安纳波利斯（Indianapolis）一系列轰动的突袭行动中，该协会先后逮捕了125人，罪名是经营地下酒吧、赌博场所和购买酒饮——这是印第安纳州法律界定的犯罪行为。随后的大规模定罪清楚地表明了其中存在的维护禁酒法令的司法官员的配合。三K党领导人声称，从1922年6月到1923年10月，印第安纳州法院审理了超过3000起违反禁酒令的案件，主要是通过盗马贼侦探协会的协助。[34]

三K党在组织上独立于印第安纳州的执法机构，以及该党公开但隐晦地强调这一性质，这都很好地保护了三K党免受类似早先国会对三K党制度进行的系列调查的干扰。《烈焰十字》(*The Fiery Cross*)一书中提到"一些组织"和"公民党派"在突袭中协助警长。在三K党盛行的地方，无论袭击者是否戴着白色面具，三K党支持者都清楚该感谢谁，而反对者也清楚谁在负责行动。[35]

治安维持会执行暴力突击搜查已经是禁酒工作的临界了——这是项包含政治改革策略的更为广泛意义上的工作。无论三K党在哪里取得相当大的政治权力，监督执行禁酒法令都是其首要任务。当三K党成员在加利福尼亚州阿纳海姆市议会赢得4个席位时，他们通过了一项严格的执法条例。该条例规定严厉惩罚违规者、取缔赌博老虎机，并完善交通法规。1924年，在科罗拉多州，三K党支持的候选人以提高政府效率、削减开支和更好地执行禁酒令为竞选纲领，赢得了州长、参议院两个席位和在州检察长办公室工作的机会。同年，在印第安纳州，三K党主导的共和党赢得了立法机构的控制权，"教皇与恶魔朗姆酒"是其竞选活动的主要议题。第二年，即1925年，立法机关通过了反天主教的措施和一个新的"彻底禁酒"法案，以此加强和编纂一个包罗万象的、严酷的州法案。该法案由印第安纳州反酒吧联盟主管舒梅克（Shumaker）起草，法案明确规定即使首次持有少量烈性酒也要入狱服刑。[36]

三K党对酒精的战争为其在组织良好的强大的运动团体中找到了两个新盟友——基督教妇女禁酒联盟和反酒吧联盟。这三个组织共同组成了一支公民执法者大军，促成了20世纪基督教右翼首次大规模进入公众视野和国家政治的事实。作为一个各种目的交织在一起的社会运动，这些组织有许多共同之处。这些也都是新教福音派为实现美国作为一个基督教国家存在所做的努力，而且都采用了强制和惩戒的手段来实现这一目标。在国家层面上，反酒吧联盟和基督教妇女禁酒联盟对三K党推行的暴力禁酒和不宽容态度显示了默认的态度，而这种沉默的态度恰好说明了盟军各成员都是"共犯"。州一级的反酒吧联盟和基督教妇女禁酒联盟领导人分别在中西部、南部和西部与三K党联手。他们在公开的政治平台上明目张胆地合作，在竞选活动中为白人、新教徒和反酒领导者政治候选人发表支持演说。[37]

这些组织也以其他方式进行合作。虽然妇女不能加入蒙面三K党，但许多基督教妇女禁酒联盟成员找到了其他加入三K党的途径。在印第安纳州，认同"禁酒第一"理念的人会被认为是加入三K党最基本的条件。基督教妇女禁酒联盟无视全国范围内对三K党种族主义和义务警员粗暴行为的争议和批评，继续侧面宣传当地"公民"的努力、相互之间联合进行的调查，以及被派去参加突袭行动的"公民"的形象。基督教妇女禁酒联盟思想意识上支持盟军成员三K党，所以有意回避三K党的恶毒种族主义、可能的阴谋论目标或者义务警员的粗暴行动。[38]

地方反酒吧联盟领导人与三K党的"白衣骑士"的合作甚至更加密切。印第安纳州联盟负责人舒梅克说："三K党正在做的很多是我们愿意做的事情。"圣约瑟夫县（Saint Joseph County）三K党的休·帕特·埃蒙斯（Hugh Pat Emmons）声称，舒梅克与他会面是为了鼓励三K党、反酒吧联盟和盗马贼侦探协会之间进行合作。在另外一些地方，反酒吧联盟领导人同样也是三K党的重要领导人。南卡罗来纳的反酒吧联盟主管 E. M. 莱特福特（E. M. Lightfoot）既是浸礼会牧师，也是三K党成员，并且积极为该教团招募成员。在亚拉巴马州，反酒吧联盟的全国主席 J.L. 默斯格罗夫（J. L. Musgrove）也是三K党引以为豪的成员、总部财政的重要支持者。当自由主义者克拉伦斯·达罗宣称"反酒吧联盟是三K党之父母"时，这表明，和其他盟友一样，现在他们是一条战线上的合作者了。虽然来自华盛顿联盟的说客维恩·惠勒担心，各种团体和三K党的这种联盟关系可能会损害联盟在全国的声誉和筹款能力。他试图疏远三K党，但许多州和地方的联盟成员依然与三K党密切开展合作。[39]

显然，许多通过反酒吧联盟或基督教妇女禁酒联盟参与禁酒运动的草根男女在更激进的三K党中找到了新的领头羊。虔诚的牧师、卫理公会教徒、浸信会的教徒以及基督门徒，一起共同建立了执法联盟，经常支持在地方一级成立三K党组织。禁酒执法为他们提供了一种切实可行的方式，去保护激进的基督教新教免受"现代主义者"和"非美式"传统（例如黑人文化和移民文化。译者注）的威胁。县级的"反酒联盟"和地方"公民联盟"常常与三K党联合起来，为扫清一方土地上的酒类违法而斗争。[40]

美国对酒精的战争催生了一支强大的公民军队。基督教妇女禁酒联盟、反酒吧联盟和三K党都清楚地知道,战争的成功取决于公民的支持。为联邦、州和地方禁酒令执法机构,海关官员,海岸警卫队和边境巡逻队等执法组织提供人员和资金支持的,正是这支庞大的公民队伍。早就不堪重负的执法官员自然很欢迎这个充满活力的草根运动的各种援助。然而,事实证明,一旦开始行动,这些禁酒勇士们的行为就很难控制。他们的行动方式引发了社会争议,敲响了非规范执法的警钟,并遭到了受害者的反对。当他们再次引发社会暴力冲突、并成为全国的头条新闻时,全国范围内越来越多的人对这场禁酒战争的价值产生了怀疑,开始了热烈的讨论。

反对者早已声称过,第十八修正案颁布之前,这项立法的内容就是危及个人自由的。公民战士的行动证明了这种危害远超出了他们自己当时的最坏预期。下文将通过一个地方的公民执法状况发展趋势的详尽描述,让人们清楚地看到这场战争和执法主要是针对底层群体的,而且执法方式也充满争议。这一详尽的描述也揭示了对酒精的战争如何、以及为何成为一个需要迫切关注的问题,特别是为什么执法者对于移民、天主教徒和少数族裔执法是如此的严苛,这也揭示了为什么三K党的迅速崛起最终被证明是短暂的。对这支"公民军队"的争议也引发了一场反动员,三K党的权力被成功限制,对三K党蒙面成员的支持也逐渐被削弱。[41]

……

伊利诺伊州的威廉姆森县,坐落在被称为"小埃及"的该州南部毗邻地区,与密苏里州、印第安纳州和肯塔基三个州的边界距离都差不多。该地区与南部农村邻州的接壤面积要比与北部300英里处的大都市芝加哥大得多。它的居民大多是来自肯塔基州、弗吉尼亚州和卡罗来纳州的早先定居者的后代，他们深受卫理公会和浸信会牧师的影响，宣扬复兴主义和"火与天谴"（Fire-and-Damnation）的布道。众多的采煤山口点缀着整个地区，富饶的烟煤矿脉为该地区带来了经济发展。赫林是这里的经济中心，是一个人口约1.2万的繁华社区。临近的马里恩是该县的首府，人口与赫林相当，但却更加安静，有绿树成荫的街道和一个中心广场。赫林和马里恩的漂亮砖房、铺砌整齐的街道，与许多偏远矿区的凌乱凄惨景象形成了鲜明对比。那些矿区的棚屋摇摇欲倒，没有柏油路街道，贫困不堪。[42]

南伊利诺伊州的矿工是美国矿工联合会（United Mine Workers of America，以下简称UMWA）引以为傲的成员。他们的家人赞扬工会，在没有工会组织的煤矿里，普遍存在着工资低和工作环境恶劣的状况。许多当地矿工取得了一定的安全保障，有的工人甚至在私有资本家公司中获得了一小部分股份；该县1.3万名矿工中，超过一半拥有自己的住房。在很大程度上土生土长的新教矿工的世界观是好战的，但并不激进。它深深植根于爱国主义和宗教信仰。矿工坚定的地方主义使地区领导人在整个20世纪20年代经常与全国工会发生冲突。工人阶级建立的经济安全体系的控制力很弱。紧张的阶级关系在看似平静的社会表面之下酝酿着，20世纪20年代时便加剧了。由于采矿业日益机械化，矿工的工作机会越来越少。与农业和纺织业一样，在20世纪20年代其他行业经历的经济增长中，采矿业是被忽略的"病态"行业之一。[43]

在那些没有工会的煤田里，赤贫仍然是常态，而威廉姆森的矿工和他们的家人都警惕着任何对他们工会和来之不易的安全的威胁。1921年，南伊利诺伊煤炭公司（Southern Illinois Coal Company)幕后老板威廉·J. 莱斯特（William J. Lester）在他的露天煤矿罢工期间，为了削弱煤矿工会的权力与其发生了对峙，他从芝加哥请来罢工工人来为他的煤矿装运煤炭，而不用工会矿工。莱斯特瓦解了工会之前努力赢得的权力，最终导致双方爆发了一段更长时间的斗争——一场关于矿业公司的原始势力和它对当地资源施加的难以控制的经济力量之间的冲突。当该公司关闭了穿过矿区的一条主要道路时，这些冲突引发了社区工人们的广泛愤怒。当该公司傲慢的警卫炫耀他们的武器，对那些绕道经过矿区的人进行辱骂时，双方的敌意进一步加深了。⁴⁴

1922年，南伊利诺伊煤炭公司与矿工之间的冲突升级为"公开战争"。当时，两名工会工人在罢工期间试图阻止煤矿装载煤炭，而手持机关枪的煤矿警卫杀死了他们。然后一大群美国矿工联合会成员包围了矿山，逮捕了大约50人，包括矿山经理、警卫和罢工破坏者。一些被捕的非工会矿工和矿主被当场杀害；其他人逃跑了，随后被追捕。有6名被捕的罢工破坏者被绑在一起，被工会人员带到当地的赫林公墓。一群人，包括矿工的妻子，他们残忍地折磨并杀害了警卫和被捕工人，并用子弹打穿了他们的身体。⁴⁵

"赫林大屠杀"（Herrin Massacre）成了全国的头条新闻。哈丁总统宣称这是"令人震惊的野蛮、屠杀和疯狂罪行"。但当地社区团结在矿工周围，尽管大陪审团提交了44份谋杀指控，宣称这些行为"残酷无情"，"几乎令人难以置信"，但当地陪审员最终还是宣告5名被控谋杀的男子无罪。至此，老派而笨拙的资本家势力与当地矿工工会之间的斗争已升级为激烈而残酷的阶级斗争。当地矿工势力的杀戮行为以及杀人凶手逃脱司法制裁、被"同行陪审团"释放，这在赫林"更好的公民"中引发了极大的焦虑。赫林县的惨案同情者谴责赫林的名字在全世界眼中所"赢得"的坏名声。赫林惨案揭露了伊利诺伊州南部根深蒂固的阶级分裂和人们生活中的不满。[46]

矿工们的野蛮行为实际上反映了赫林底层工人们对微薄的经济来源的不安全感和担忧。那些在分布于赫林县各处的教堂里看护他们信众的新教牧师，他们把居民引向了另一个可能会破坏赫林生活方式的危险：在镇子及其周围，公开的犯罪活动到处可见，有酒吧、赌博窝点，还有用"涂了脂粉的女人"吸引顾客的"腐败"酒店。赫林浸透着深厚的福音主义传统，但许多居民无视传教士的严厉，在酒吧的饮酒娱乐中找到了慰藉。伊利诺伊州的改革者们努力工作，但却在争取州禁酒法令的斗争中失败了。1905年，他们赢得了一项拥有"地方选择权"的法案，但该法案缺乏消除该地区恶习的有效手段。当煤矿开足马力忙碌开采时，赫林的许多工人在小镇或赫林的酒吧里饮酒以此犒劳自己在煤矿工作的辛苦。[47]

赫林的牧师和改革者，和其他许多地方一样，对第十八修正案和《禁酒法案》抱有很高的期望，希望它能终结"饮酒的罪恶"，但大量的酒仍然源源不断地涌来。私酒贩子组织了有利可图的供应团伙。威廉姆森协会的一名部长后来形容这种情况"令人难以忍受"——当地治安官"允许私酒贩子、赌徒和恶名昭著的赌场公开营业"，而州检察官却几乎没有做出任何努力"遏制这种大规模的违法行为"。不过县议会通过决议，要求严格执行州和全国的禁酒令法律。他们宣称，这些法律正在"持续不断地遭到违反"。一名支持清理这些社会劣迹的人士警告说，赫林已经成为名副其实的贩毒者的"圣地"，妇女和男子都从事着当下最流行的"贩卖"行当。

赫林不仅以有组织犯罪企业的活动基地而臭名昭著,这个县还是绑匪查尔斯·比尔格(Charles Birger)和谢尔顿(Shelton)兄弟的家乡——这使本已糟糕的情况更加恶化。[48]

1922年春天,就在劳工冲突达到高潮之前不久,商人和新教牧师联合起来建立了一个新的法律组织——马里恩执法联盟。这种清理犯罪的工作实质上是长期阶级不满的体现和延续。随着工人阶级沿着种族、宗教和种族界线分化,几个月前还以公开的阶级斗争针对矿业公司的冲突,现在又转向了针对外来移民对赫林生活方式的威胁上。新教福音派牧师、赫林的商人、小店主和县政府官员把"外国"酒文化作为斗争目标,吸引了一部分以白人新教徒为主的本地工会矿工加入三K党的清理队伍。[49]

新近在赫林定居下来的意大利移民就成为针对外来移民斗争的一个"方便"的替罪羊。20世纪初,富饶的煤炭矿脉和就业前景吸引了许多新移民来到伊利诺伊州南部谋生计。1920年的时候,赫林的移民以及他们在美国出生的后代占到了总人口的15%。在威廉姆森县,这一人口比例接近20%,而在邻近的富兰克林县,则达到了约35%。移民扩大了该地区以福音派新教徒为主的宗教环境,繁荣的天主教教区、罗马俱乐部(一个意大利的兄弟组织)和建造第二座天主教教堂的计划都证明了这一点。意大利移民社区规模虽小,但主要信奉天主教,大部分成员由包括煤矿工人在内的非技术工人组成,其工人阶层按种族和宗教划分。由于移民群体的饮酒文化不同,且他们不受新教牧师的道德影响,新教牧师便利用这种分歧开展针对移民的反对酒精的运动,并使其更深地渗透到社会结构中去。[50]

执法联盟于1923年1月16日在第一卫理公会举行第一次会

议。马里恩长老会牧师、联盟副主席戈夫牧师主持会议。第一浸礼会教堂的 A. E. 普林斯(A. E. Prince)牧师和卫理公会教堂的格洛特费尔蒂(Glotfelty)牧师——多年后当地的天主教牧师说格洛特费尔蒂就是一个"披着人皮的恶魔"——在执法委员会任职。执法联盟很快发现三 K 党是一个强大的盟友。一名当地的牧师和清理运动的领导承认，虽然他"已经习惯通过反酒吧联盟工作"，但现在三 K 党组织提供了一个"更具战斗性的方式"去开展禁酒运动。另一名赫林观察员断言："实际上……三 K 党无形中取代了联盟。"[51]

1921 年，三 K 党在伊利诺伊州芝加哥以"南方宣传局"(Southern Publicity Bureau)的名义成立，这是先驱泰勒和克拉克努力的结果，他们两个是反酒吧联盟的发起人和前资金筹集人。到 1922 年夏天，该组织的分部在伊利诺伊州南部遍地开花，蓬勃发展。一年后，三 K 党就开始大批招募成员。在 1922 年 5 月和 6 月间，三 K 党的集会覆盖了整个县，这证明了三 K 党不断壮大的势头和力量。在卡特维尔(Carterville)城外的一个农场上举行的大型夜间集会只是众多这样壮观的集会之一。那年 6 月，有四千到五千名蒙面三 K 党成员参加了入会仪式。三 K 党成员驱车来到入会仪式现场，约 800 辆汽车声势浩大地围成一圈。前车灯照亮了圈子内的入会仪式场面，三 K 党成员自豪地炫耀他们的白袍徽章，组织新成员"入籍"，向他们介绍三 K 党的秘密规则、标志和语言。当一个巨大的木制十字架被点燃时，蒙面勇士们高声合唱《基督士兵向前冲》，火焰冲天，一片光明。在接下来的一年里，三 K 党在威廉姆森县得到快速发展。有一次，在县露天游乐场举行了社交野餐会，三 K 党成员的家人都出来一起参与了一天的娱乐比赛、竞技和野餐晚餐。这些家庭社交活动是三 K 党活动的一部分。另一边是焚烧十字架和治安维持。当地教区牧师证实,三K党统治期间,赫林天主教堂附近的夜晚曾被十七个不同仪式的燃烧十字架照亮。52

热情拥护三K党的新教牧师成为推动三K党的力量。1923年5月20日,在马里恩的第一基督教教堂前面,戴着面具的三K党成员走上前,顿时"一种无声的恐惧"在教堂前的人群中扩散。三K蒙面党向来访的福音传道者表示感谢,感谢他们为社区所做的"良好努力"。主持牧师莱尔德(Laird)赞扬了三K党,宣称该组织"代表着一些好的东西"。几周后,三K党成员出现在另一个教堂——格洛特费尔蒂牧师的卫理公会教堂,提供捐赠并宣称他们代表着"人类的福祉"。53

随着三K党队伍的蓬勃发展,一直在酝酿中的"清理行动"的时机似乎已经成熟。1923年夏天,马里恩执法联盟、三K党和当地的新教牧师联合起来,动员公众发动一场对酒精的地方战争。8月19日,当地部长协会的所有成员向集结的人群宣讲"执法"。在马里恩和赫林两地主要的新教教会,牧师们用布道的方式让他们的会众了解执法的重要性。在附近的卡特维尔,雷莱拉(Lyerla)牧师也在布道有关执法的问题。这些人是三K党最好的盟友,他们对三K党给予了热情的宣传支持,并召集他们的会众在第二天举行了一场关于法律和秩序的群众大会。54

1500名居民响应牧师的号召,聚集在了马里恩法院大楼前。当地的牧师们轮流站在临时搭建的演讲台上演讲。"要么清理,要么除掉。"他们呼吁县官员说。格洛特费尔蒂牧师说:"在威廉姆森县,无论我们走到哪里,都能看到明目张胆的违法行为。"由于执法官员不愿或无法履行职责,所以他宣布支持公民行动:"如果我们必须行动的话……我们建议履行我们的职责。"他们将天主教徒和移民作为问题的根源:"那些应该受到最多指责的人……是从大洋彼岸移民来的。"格洛特费尔蒂牧师甚至宣称当地天主教教区的所有成员都是"私酒走私犯",并保证"在新教堂建设落成之前",他们都会被关进监狱。[55]

这种交织着反移民和维护法律与秩序的动员,为新教传教士和县里的支持者们提供了一种手段,试图掩盖先前他们因赫林大屠杀而获得的暴力阶级仇恨的不良名声。县议会官员成为清理运动中最早、最著名的成员之一就不足为怪了。他们宣称,是时候"将威廉姆森县的坏名声消除了"。他们希望以此"赢得世界为之骄傲的名声"。执法联盟的领导人试图从懒散不作为的州当局那里争取行动权。他们来到了斯普林菲尔德,向伊利诺伊州州长莱恩·斯莫尔(Len Small)请愿但没有被理睬。于是威廉姆森县监事委员会主席萨姆·斯特恩斯,同时也是三K党"至尊独眼巨人"(Exalted Cyclops),带领一个当地委员前往华盛顿,在那里他们受到了国家禁酒令专员罗伊·海恩斯的接见。听取威廉姆森的情况报告后,海恩斯非常支持,当即表示如果他手下有人,他将立刻开展清理行动,可惜他没有。但是这些人提供了一个解决办法:他们有群众支持,他们只希望政府能支持和授权。海恩斯表示同意。一旦这些人收集到威廉姆森县的证据,他就会派联邦探员来领导突袭行动,并准备起诉抓捕来的罪犯。[56]

威廉姆森县清理行动委员会聘请了赛斯·格伦·杨(Seth Glenn Young)去搜集证据,他是堪萨斯(Kansas)大草原的人,出生在草泥墙的房子里,在一个条件中等的商人与农民家庭长大。他的母亲过去"因堪萨斯州禁酒令已经出名了",当28岁的杨来到威廉姆森时,他已经作为一名"著名侦探"在当地赢得了声誉。禁酒法令通过后，杨在南伊利诺斯地区担任禁酒法令执行特工，负责侦探私酒制造者。在东圣路易斯的卢克·武科维奇（Luke Vukovic）家中，杨在执法时枪杀了手无寸铁的卢克，这为他招致了麻烦。虽然对他的指控最终被撤销了，但这一事件导致杨被解雇。杨渴望有一个新的差事，所以整个秋天他都在各种"饮料店"和酒吧里搜集证据。后来，他和当地委员会拿着搜集来的违法证据前往华盛顿，向海恩斯请求之前承诺的支持。海恩斯从匹兹堡派出禁酒法令部门的主管古斯·西蒙斯（Gus Simons），从芝加哥派出维克托·阿米蒂奇（Victor Armitage）和J. F. 莱弗勒（J. F. Loeffler），以支持他们采取行动。[57]

1923年12月22日晚，在当地武装袭击者（绝大多数是三K党成员）的支持下，特工们在赫林南部和西部的卡本代尔镇的"怪家伙"礼堂集合。政府派来特工代表杨和其他五百人。西蒙斯代表联邦宣誓，呼吁人们要"不畏死亡"。这些人分成小队，手持枪支和搜查令，在全县分散。他们总共搜查了100多个地方，逮捕了75名据称违反禁酒令的人，并将他们送往本顿（Benton）接受审讯。而且第一次突袭就捕获了一个大猎物——查尔斯·比尔格——该地区最大的非法走私团伙之一的头目。[58]

两周后，以受联邦政府委派的身份，特工阿米蒂奇和杨又领导了第二次突袭行动。袭击目标是赫林所在的意大利社区几十座私人住宅，据推测那里是当地私酒的来源。出生于意大利的面包师亚历克斯·鲁杰里（Alex Ruggeri）回忆了他的家被入侵的情景：一帮三K党破门而入，洗劫了他储存的奶酪和酒，逮捕了他，把他拖进了监狱。无奈之下，被围困在赫林的意大利居民只能向他们的领事馆寻求帮助。副领事乔瓦尼·皮科（Giovanni Picco）从斯普林菲尔德赶到赫林的意大利社区，他接收到数百份来自意大利移民的证词，证词集中描述了一个真实的"恐怖统治"：移民被粗暴地对待，袭击者则盗窃、伪造证据等。基于调查和证据，皮科向美国国务院抗议"对赫林的外国居民实施恐怖主义"。于是国民警卫队被调来平息当地动乱。由于没有进一步的突袭了，一周后警卫队宣布当地治安恢复正常，离开威廉姆森县，留下移民们独自面对三K党"恐怖分子"。[59]

尽管如此，袭击者的暴力和引发的混乱、国民警卫队以及外国政府对本国公民在美的不公对待的抗议，都引发了诸多争议，迫使联邦特工放弃了清理赫林的承诺。伊利诺伊州联邦禁酒部门负责人威廉·W. 安德森（William W. Anderson）宣布，"在目前情况下"不会进行"进一步的突袭"行动了，联邦政府对威廉姆森县"志愿军"的授权行为已经结束。联邦政府官员宣布，后期凡是联邦授权的行动都会是明朗的、公开的，"将不再接受三K党或任何其他志愿者组织的增援一起开展行动"。这种承诺确实在更多的地方获得了公民越来越多的支持，以至于后来该局还发布了几条官方禁令。联邦禁酒局发现有必要在1927年和1929年反复提醒其所有雇员："在重大紧急情况下，联邦禁酒局人员可能需要某些自愿援助"，但"任何武装志愿者都必须与联邦人员一同行动，不得私自采取行动"。[60]

然而，在威廉姆森县，曾经被动员起来的禁酒志愿军并没有因为联邦收回他们的授权而轻易放弃行动。1924年1月18日，在杨的指挥下，当地治安法官签发了第三次行动的逮捕令，逮捕了66名嫌犯。萨姆·斯特恩斯开玩笑地宣布："我们已经将私酒走私犯们缉拿归案。但我们想把他们的帽子还给他们，这样他们就能继续逃之夭夭了。"三 K 党继续他们的袭击——而且他们最大的一次袭击在这个时候发生了。2 月 2 日,杨在赫林以北六英里的约翰逊(Johnson)市红人厅(Redmen Hall)集结、率领 1000 多人突袭。突袭行动从约翰斯顿市开始,穿过斯普勒镇(Spiller)和卡特维尔等较小的矿区城镇,一直延伸到赫林。他们抓捕了 138 人,带着罪犯在街道两旁站满了三 K 党支持者的街道上游行,然后将罪犯送往本顿接受审讯。一次又一次,袭击变得越来越肆无忌惮。袭击者闯入私人住宅纵火。报纸报道称,在"据称从事私酒交易的人的家中"发生了"起因不明的火灾","杰克家"和"托诺·莫洛尼家"两个"软饮料"店都被付之一炬。这一次,要求赔偿的不仅仅是意大利公民,约翰逊市的法国公民也向他们的领事馆寻求援助,法国政府向伊利诺伊州官员抗议恐怖统治,但州检察长声称"这是禁酒令的问题",因此他无能为力。无奈,领事随后继续向华盛顿政府投诉。[61]

在三 K 党反对者的动员下,三 K 党肆无忌惮的突击行动引发了赫林移民和他们的正面冲突。留着一头火红的头发、曾被控走私贩卖私酒的 32 岁矿工奥拉·托马斯(Ora Thomas)和当地的警长是三 K 党最激烈的反对者。托马斯和 E. E. 博万(E. E. Bowan)呼吁当地牧师加入他们的行列,一起成立一个反三 K 党组织——"火焰圈骑士"(Knights of the Flaming Circle)。牧师表示反对,但他同意在三 K 党计划烧毁教堂的谣言传开后,教区居民应该建立武装警卫。当酒类非法贸易中的利益相关者用武装力量支持反三 K 党时,双方的冲突最终演变成当地一家医院里的一场骚乱和枪战。医院走廊上到处是碎玻璃,最高行政官谴责这是一群"疯狂的暴民",并要求国会进行严查。因此,三 K 党和政府之间形成的临时合作瓦解了：杨竟然把市长和治安官扔进了监狱，然后自己接管了他们的权力，他的三K党副手们接管了治安，戴着粗糙的徽章开始在街上巡逻。[62]

在三K党和反三K党势力交战的状况下，斯莫尔州长再次下令对该县实行戒严令，并命令伊利诺伊州的国民警卫队的五个连前往赫林，在接下来的几周内，他们重申了公共权力，释放了市长和治安官，宣布只有经过授权的人才能携带枪支。州官员与当地的美国退伍军人协会(American Legion)、扶轮社(Rotary Club)和狮子社(Lion's Club)召开会议，请战加入，协同结束双方这种"暴力的狂欢"。斯莫尔州长呼吁成立一个地方"公民委员会"，重建法律和秩序。杨现在还面临受害者提出的攻击、殴打和盗窃的指控。[63]

反三K党和三K党分子之间的战斗持续到了第二年即1925年，但此时三K党的大规模袭击已经结束了。当联邦政府和州政府不再支持威廉姆森县的禁酒"志愿军"时，禁酒与反禁酒的武装暴力冲突却花了更长的时间才平息下来。威廉姆森的新教牧师们依然称赞杨是一位"拯救者"，但由于对他的指控和戒严令的实施，当地三K党组织也不再给杨的服务支付报酬。杨搬到东圣路易斯，继续组织当地三K党。同年晚些时候，他回到了威廉姆森，与"火焰圈骑士"的领袖奥拉·托马斯发生了武装冲突。1925年1月，杨和托马斯在一场枪战中丧生。来自许多州的数千名三K党成员涌向赫林，参加杨的葬礼，葬礼在新落成的砖砌的第一浸礼会教堂举行。[64]

杨的死标志着当地三K党势力的衰落。实际上在更早的时候，民众对三K党的支持率也已经下降了。即便如此，三K党在1924

年的春季选举中仍全面胜出。但一年后，当地三 K 党的报纸破产了，而且曾是三 K 党成员的市长却以反三 K 党为纲领又上台了。事实证明，即便是对威廉姆森县那些态度最强硬的市民来说，枪战、14 人死亡的惨重代价和城市戒严的结果，也使得这场清理行动代价太高了。三 K 党和反三 K 党之间大屠杀和枪战的噩梦终归还是结束了。市长一方面劝诫阻止三 K 党不要上街游行，另一方面向反三 K 党的人承诺州法律将禁止三 K 党的蒙面成员游行。[65]

但在其权力崩溃之前，当地的三 K 党还是成功地（至少部分地）实现了其目标。他们突击检查并成功关闭了大约 50 家销售酒的"软饮料店"。但更重要的是针对威廉姆森移民的恐怖主义导致许多移民离开这个县。1920 年，威廉姆森县的外国出生人口或父母是移民的居民人数为 11460 人。10 年后，这一数字降至 8174 人。超过 3000 名移民及其子女被驱逐出境离开威廉姆森县。威廉姆森县所谓的"更好的公民"成功地调动了那些不富有的新教福音派教徒们的不满，他们的不满在阶级冲突中表现出来，并逐渐形成了白人新教民族主义的主要内容。这种激进的民族主义将其怨恨集中在来自不同种族和宗教的更脆弱的工人阶级男女身上。[66]

……

支持与反对酒精的相互斗争给赫林打下了深深的创伤烙印。到 1925 年时，一些有领导地位的公民开始致力于寻求和促成社区内的和解。当地报纸编辑哈尔·特维里安（Hal Trovillion）和赫林长老会（Herrin Presbyterian）牧师约翰·米克尔（John Meeker）利用该地区强烈的福音派倾向来治愈小镇的创伤。米克尔是一个反对暴力清理运动的牧师。特维里安召集牧师霍华德·S. 威廉姆斯（Howard S. Williams）主持复兴会议，并鼓励他的同胞们"放下为福音而战的枪"。在中午的会议期间，商店关门，数百人来到艾尼克斯(Annex)大剧院。最终，当地除了一个牧师外，其余新教牧师都加入了这个复兴的行列。[67]

一个由该县激进的新教传教士支持的福音传道者运动，试图放弃使用执法作为解决酒祸害的方法。威廉姆斯这位魅力非凡的传教士挥舞着拳头，言辞中充满了挑战国家禁酒令逻辑的意味："改革，"他宣称，"绝不能先于复兴，一定有比人类法律更深层的戒酒动机。如果美国政府愿意把现在资金的十分之一花在搭建福音帐篷和派遣福音传道者上，不出一年他们就能解决酒的问题。"即使是在极端的新教亚文化中，禁酒运动中所使用的暴力还是明显削弱了人们对"执法"的支持。[68]

虽然赫林在这场依靠教会力量去终结冲突的斗争中表现得与众不同，但同样重要的教训是，依靠执法来解决酗酒问题的做法在全国范围内越来越多了。全国性的报纸以生动的细节报道了"血腥的赫林事件"，记录了不断升级的暴力、谋杀、种族和宗教偏见，所有这些都是为了鼓励继续进行对酒精的战争。反对禁酒令修正案协会公布了禁酒官员的违法行为，包括格斯·西蒙斯，他曾帮助组织了威廉姆森的突袭行动。联邦官员的勾结、州禁酒官员的鲁莽行动和三K党的暴力，都加剧了全国范围对禁酒令导致的无法无天的执法的抗议和反对呼声。

威廉姆森以一种放大的形式，在全国范围内发起了组建"公民执法"突击部队的号召。正如《纽约时报》所宣称的那样，"那里发生的事情对这个国家的其他地方具有一定的启发"。对于越来越多的社会批评人士来说，禁酒执法者的行为凸显了第十八修正案对个人自由和宪法保障的严重威胁。克拉伦斯·达罗的批评准确鲜明地体现了这支禁酒"志愿军"不断膨胀的现状。他谴责说:"仇恨和痛苦的心理……这使得他们任何残忍的行为都能做得出来……一个星期过去了,并没有新的证据出现,这些狂热而残暴的男男女女,他们似乎受某种宗教热情,继续在执行禁酒法案。"他抨击他们的"狂热行动"和"执迷执法",宣称他们的行动等于"暴政和专制"。因为贫穷的移民民族社区经常成为袭击的目标,这严重侵犯了他们的宪法权利。于是他们被迫动员起来,大声反对《禁酒法案》的存在。他们越来越多地寻求在政治进程中发出自己的声音,以使国家摆脱"禁酒暴政"。[69]

第六章　新崛起的政治力量

1928年,从伊利诺伊州的赫林到弗吉尼亚州的里士满,从宾夕法尼亚州的匹兹堡到俄勒冈州的波特兰,各种围绕禁酒运动的斗争力量最终在总统竞选中汇聚在一起。夏末,在距离总统大选还剩几个月的时候,共和党和民主党的幕僚军师们各自纷纷派出说客,四处演讲鼓动,为各自的候选人赢得大选进行造势、拉票活动。于是争取选民参加投票便成了禁酒运动在这一时期最显著的特点。共和党方面,禁酒先锋领头人物是美国助理司法部长梅布尔·沃克·维勒布兰德,她聪明利落,精力充沛,执法果敢,社会评论家称她为"禁令鲍西娅"(Prohibition Portia)。在司法部长办公室,维勒布兰德声色俱厉地抨击由政府高层腐败官员参与的私酒供应网络,她的前任禁酒司法部部长哈利·多尔蒂(Harry Daugherty)就曾深受腐败侵蚀,进而被拉下水。维勒布兰德极为擅长发起公诉,通过进行公诉,她一举抓获了臭名昭著的走私头目、辛辛那提的乔治·雷穆斯，将他绳之以法。即便如此，她还经常抱怨说，由于官员的不称职和腐败、公众的冷漠，使得她面对的这场禁酒战争显得无比艰苦卓绝。同时，虽然公众对维勒布兰德的批评声音也一直不绝于耳，但是她旺盛的精力和坚定的决心还是帮助她成为那个时代最著名的女性之一，尤其在支持禁酒令的队伍里她备受欢迎。[1]

共和党全国委员会（Republican Party National Committee）的外交发言部门委派维勒布兰德走访全国，在支持禁酒令的群众里为胡佛竞选总统拉选票。9月7日，在俄亥俄州斯普林菲尔德举行的卫理公会年会上，维勒布兰德站在2500名牧师的人群前演讲，强调禁酒令关乎岌岌可危的"道德"问题，认为教会直接介入党派政治是合理、正当的。在赞扬了卫理公会教徒对第十八修正案的通过所做的贡献后，维勒布兰德对民主党总统候选人阿尔弗雷德·E. 史密斯进行了抨击。维勒布兰德宣称，史密斯以纽约州州长的身份废除了该州的禁酒法令，这种行为实际上是挑战了国家宪法的权威性。维勒布兰德在她演讲的最后吹响了总攻的号角，她号召说："在这里，有超过2000名的牧师；在俄亥俄州你们的教堂里，有超过60万的卫理公会教徒——而这60万人在其他州还有亲戚、朋友……所有这些人一起，足以改变这次总统选举结果！所以，每一天的每一分每一秒，都需要你们去唤醒和鼓励那些支持禁酒令的人们，去各个投票站登记、投票。"[2]

维勒布兰德这种对有组织的新教成员的直接呼吁与拉拢做法，得到了共和党全国委员会高层的认可和支持。高层委员们打赌说，维勒布兰德这种将宗教和政治混为一体的做法必将迎来社会评论家和公众对她新一波的抨击。围绕她这次演讲的争议，不仅显示了禁酒战争作为动员工具的力量，也显示了在宗教、阶级和文化中存在的分歧由来已久，且根深蒂固。也正是在这一年，这些长期存在的分歧第一次以不同党派的形式出现了。在酒精战争的熔炉之中，一系列更广泛的冲突使得新的政治忠诚逐渐形成，随之而来的政治取向明朗化，旧的政党制度平衡被打破。[3]

尽管党内确实有些战略家对禁酒问题煽风点火，但客观上禁酒问题变成了竞选中最迫切、最突出问题的现状，使两党主要的领导人都感到沮丧。在早些时候的选举宣传活动中，两位候选人都回避了这一热点话题，因为他们意识到，强调这一话题，会在极端的左翼政党中造成分裂。1928年，富兰克林·D. 罗斯福竞选纽约州州长，将接替阿尔·史密斯。他支持史密斯作为民主党的总统候选人，但私下罗斯福对一位不饮酒的民主党支持者表达了他的担忧："就我个人而言，我希望这次总统大选不要演变成了关于禁酒令的公投。"共和党的高级战略家们也希望扑灭禁酒令问题对群众引发的煽动性火焰。在竞选初期，该党主席休伯特·沃克（Hubert Work）甚至宣称："总统大选不是讨论禁酒令问题的时机……候选人也不会被允许以禁酒令的名义参加竞选。"芝加哥一份代表少数族裔立场的报纸则公开无视沃克的这种呼吁，宣称竞选的核心问题就是："执行禁酒令，或者不执行！"[4]

关于禁酒战争的争论一直无法平息。在近十年的时间里，第十八修正案和《禁酒法案》几乎已经触及了这个国家的每一个角落，激起了社会中或支持或反对的强烈情绪。所以，客观上来看，没有人能把它排除在这次的总统竞选活动之外。那些坚定的反酒斗士，如马萨诸塞反酒吧联盟领袖伊丽莎白·蒂尔顿，她选择了站在有组织的新教教会，特别是福音派教会的一边，以支持禁酒令。

对蒂尔顿来说，第十八修正案是他们所谓"盎格鲁-撒克逊"精英阶层和中产阶级的社会主导地位以及文化主导地位的支柱和保障。用蒂尔顿的原话来讲，修正案和禁酒令是"道德和公共利益的仲裁者"，是"制止那些落后的外国人对大城市入侵的保障"。很明显，少数族裔的工人阶级是反对她的这种观点的，他们中的许多人是新移民。移民们聚集在匹兹堡的波兰山（Polish Hill）和芝加哥的牲畜围场等贫穷落后社区，谴责《禁酒法案》是"这个世界颁布的最恶毒、最残暴的立法"。他们在阿尔·史密斯身上找到了相同观点，并把他尊为领袖。史密斯作为纽约州州长，也表达了他对禁酒战争的不满，指责这场战争所折射出来的实质是对更广泛世界观的不宽容性。与此同时，底层的工人阶级男女也在表达他们对禁酒运动的反对。然而，1928年，这些底层阶级的人们被彻底卷入国家政治中，他们寄希望于史密斯能够改变法律，保护他们的自由和社区。[5]

工人阶级面临着工作不稳定、季节性裁员、工作场所保护措施少、福利保障体系薄弱等问题，针对他们的酒精战争并不是他们唯一的或者说最重要的不满。1924年，罗伯特·拉·福莱特（Robert La Follette）及其进步党人士推行一项主张劳工保护和反对禁酒令的项目计划，因此赢得了工业城市和城镇中少数族裔工人阶级的支持。相比之下，两个主要的全国性政党，在与工人阶级经济问题直接相关的政策上并不存在明显的分歧。通过有意识地扩大政治思想涵盖范围，他们不仅争取到了富有资产阶级的力量，也赢得了普选所需的广泛的普通选民支持。工人阶级的关注点和利益只受到了这些政党的轻微关注，这样做可以避免商业精英和农业利益派投奔到对手政党。两党在谈到促进经济增长和繁荣时，

都使用了能够吸引广泛选民群体的措辞，但实际上他们都没有关注以移民为主的工业工人阶级所关注的具体问题。⁶

对禁酒令的反对成为瓦解早期政治忠诚并形成新忠诚的武器。与1924年的竞选不同，在1928年城市少数族裔工人阶级反对这项法律的人中，又加入了一小群富有的资本家。这些资本家倾向于支持民主党，以保障和促进他们的商业利益与监管权力，而他们最重要的目标是遏制联邦权力的增长。例如，通用汽车公司（General Motors）的巨头约翰·J. 拉斯科布（John J. Raskob）将第十八修正案和《禁酒法案》视为一个插入庞大联邦权力体系的楔子，以削弱其影响力。在禁酒令的激励下，他们投入资金和信誉重建了自1916年以来从未赢得过全国总统大选的民主党，并将其转变为一个新的商业政党。这一小群企业和金融大亨此时并未意识到，他们正在动员的城市工薪阶层选民群体，将成为这个国家新的核心政治力量之一。这些人从禁酒令中汲取了相反的教训，强烈支持联邦政府采取有力行动，能够在大萧条时期保护他们。

……

在1928年以前，城市工人与民主党之间并没有什么紧密的联系。而共和党是美国内战以来的多数党，一直受到大公司和制造业利益集团的支持，作为促进工业增长和经济民族主义（Economic Nationalism）的政党，共和党曾广泛地吸引了城市选民和城市产业工人。在1896年到1932年之间，美国一直是共和党执政。"在过去发展缓慢的十几年里，民主党人不是在闹分离，就是在搞腐败，或是'偶尔被一两个当选的民主党总统在任期内关照一下'。"一位研究政治的学者这样评价民主党的存在状态。事实上，直到1928年，在总统选举中，即使是东北部的工业城市也被认为是共和党的据点和天下。民主党的势力存在于以农业为主的南部和西部各州。自从1896年威廉·詹宁斯·布莱恩参加总统竞选以来,民主党才有了进步的优势。民主党的主张集中在对商业的监管上,但依然未能对城市少数族裔工人阶级产生强烈的吸引力。[7]

可以肯定的是,一些移民团体,尤其是爱尔兰人,已经在纽约和波士顿等城市建立了强大的民主组织。与之相反,其他移民群体,如德国人,则强烈倾向于支持共和党。来自南欧和东欧的新移民工人缺乏坚定的党派忠诚和政治方向,他们的忠诚是通过两党的少数族裔选区政客,以及当地选区的领导人代表集体去体现和达成的。在资源有限、普遍贫困问题无法解决的城市,党派的领导人和社区的领导人都是通过去给工人阶级社区提供急需的社区服务,从而通过形成强大的忠诚的追随者而实现组织发展的。[8]

在20世纪初,少数族裔工人阶级选民,尤其是新移民,他们对一个或另一个政党的忠诚,主要取决于当地的环境。例如在芝加哥,德国人和非裔美国人就选择支持该市强大的共和党政治组织,他们在1915年通过投票帮助共和党人威廉·汤普森当选为该市的市长。此后接下来的13年里,共和党人一直牢牢控制着芝加哥和伊利诺斯州的政治。而芝加哥的民主党则拥有爱尔兰和捷克选民的忠诚,民主党控制了许多市议会席位和其他职位。芝加哥的波兰选民在两党中各占一半。在纽约和波士顿,爱尔兰人建立了强大的民主党组织,而意大利人支持共和党人。在匹兹堡和费城,产业工人——不管是斯洛伐克人、捷克人、俄罗斯人、意大利人还是波兰人,他们都压倒性地把票投给了共和党。这一时期共和党对这些北方城市的政治控制如此之强,恰好从另一个侧面反映了"后重建时期"(Post-Reconstruction)民主党在南方一党独大

的情况。⁹

不仅如此,在那个时期共和党人还主导了国家政治。1912年总统大选中,伍德罗·威尔逊(Woodrow Wilson)利用西奥多·罗斯福和威廉·塔夫脱的竞争分散了共和党选票,组建了联合政府,以民主党人的身份当选总统,这一结果暂时性地打破了共和党在国内一直占优势的状况。1916年,威尔逊承诺不让美国卷入第一次世界大战,仅以微弱优势赢得连任。一战结束后,威尔逊主导的国际联盟(League of Nations)遭到参议院否决,民主党也随之受到重创,势力遭到了极大的削弱。到1920年,它不再受益于共和党内部的分裂,甚至还被那些签署了"威尔逊联盟"(阻止美国参战)的团体(如德国人)所抛弃。1920年,共和党人沃伦·哈丁轻松击败了民主党对手詹姆斯·考克斯(James Cox),在总统大选中获胜。¹⁰

事实证明,在长达八年的时间里,民主党无法将自己与共和党完全区分开来。它早期的发展主要是依赖以农业为导向的主张——以威廉·詹宁斯·布莱恩的"草原激进主义"(Prairie Radical)最为典型。但1920年的民主党纲领不比共和党进步多少,而且在某些重要方面甚至还不如共和党纲领进步。例如,民主党人承认工人有"调整工作时间和工作条件",以及"合理补偿"的权利,而共和党人则承认劳工有"集体谈判的权利"。共和党的政纲呼吁政府为劳资纠纷的仲裁提供便利,支持保护妇女的劳动法,支持政府部门的同工同酬,反对各州之间的非法产品贸易,并呼吁国会采取行动结束私刑。¹¹

那些支持社会公平性的改革领袖们很容易在共和党和民主党中找到相同政见。简·亚当斯和哈罗德·伊克斯(Harold Ickes)等改革家都先后成为了共和党人，尽管改变党派使他们有时候在这个组织里感到不那么自然。1924 年以进步党领袖的身份参加总统竞选的罗伯特·拉·福莱特就是从共和党分裂出来的。国会中一些有影响力的议员也大都是共和党人，比如内布拉斯加州的弗兰克·诺里斯（Frank Norris），他倡导"公共事业和设施应由公共来控制"。威斯康辛州的小罗伯特·拉·福莱特也是劳工组织的拥护者。因此，客观上讲，民主党本不是注定会成为城市少数族裔工薪阶层选民的家园，也绝不是注定会成为自由派和劳工联盟的家园，是历史使然。[12]

但 1928 年的选举是一个突破性的时刻。城市的少数族裔工人阶级决定性地转向了民主党派，这重塑了富兰克林·罗斯福在 1932 年大选中获胜的政治格局——当时的状况是，城市和整个国家中主要的力量都大规模地转向了民主党阵营。尽管 1932 年民主党以压倒性优势赢得的选举通常被认为是这种政治力量重新组合的结果，但这说明城市工薪阶层选民向民主党的靠拢在早期已经发生。对酒精的战争巩固了移民少数族裔工人之间更广泛的认同感，扫除了过去几十年来分散了城市和种族党派忠诚的狭隘的"内向认同"（Inward-Looking Identities）——局限于本民族或种族的身份认同。这为新的政治忠诚的形成奠定了基础。[13]

在这些城市中，少数族裔社区的精英们带头反对《禁酒法案》，他们对这项法律充满了蔑视。这些精英，即"更好的人"——包括当地的商业领袖和主持洗礼、圣餐仪式以及婚礼的牧师们，他们为这场运动带来了大量资源。天主教徒、思想自由的捷克人和自由的德国新教路德教徒，他们都认为，禁酒令是新教徒精英阶层对移民社区敌意的典型象征。"最重要的不是'喝不喝酒'的问题。"

芝加哥一家民族报公开讨论说，如同反对禁酒令的人并不会把啤酒杯印在他们的旗帜上一样。结束对酒精的战争的承诺意味着要推翻支持执行禁酒令的代表性领导人物比利·森德（Billy Sundays），以及推翻"他们寻求建立的独裁政权"。波兰语、捷克语、德语、意大利语等少数族裔语言的报纸都动员他们的社区反对禁酒令，并将他们对法律的敌意引导进政治进程——当时的全国民主党派也正在积极争取这些潜在的力量、少数族裔社区的支持。[14]

……

传奇式移民城市"大熔炉"芝加哥，为平民男女在如何建立新的党派忠诚方面提供了一个十分典型的例子。正如我们之前所看到的，芝加哥的少数族裔社区甚至早在第一次世界大战之前，就已经组织了大规模的游行去反对禁酒令执法。战后，芝加哥民主党领袖安东·瑟马克想尽办法将反对禁酒令的声音和力量更有效地引入政治进程里。在他的领导下，库克县的民主党人于1920年成功地通过了一项决议，要求第十八修正案允许低度葡萄酒和啤酒的生产合法。在州一级，瑟马克敦促民主党人支持修改《禁酒法案》，但没有成功。尽管遇到了各种阻挠与挫折，瑟马克还是在1922年借助他作为城市领袖的身份和有利条件赢得了库克县专员的职位。与此同时，他成功地在全市范围内发起了一场修改《禁酒法案》的投票活动，成功地将芝加哥移民大众的选举参与度提升到更高的水平。[15]

酒精战争让瑟马克和其他城市老板把持续存在的对官员腐败的指控转移到他们的对手身上。瑟马克猛烈抨击第十八修正案和《禁酒法案》，认为它们是警察、联邦官员贪污分子和黑帮之间形成的广泛勾结的罪魁祸首。但他没有采取任何直接行动来削弱他所在县的这些罪恶关系,其中包括20世纪20年代末的黑帮阿尔·卡彭的大本营西塞罗。相反,他试图通过争取酒精再次合法的地位来削弱有组织犯罪的力量。瑟马克认为,兴隆猖獗的黑市是禁酒法律立法的必然结果——不能公开买卖酒,黑市交易就必然存在。人们对这样一幅芝加哥城市情景的描述再熟悉不过了:日夜运转的蒸馏器,随处可见的地下酒吧,频繁发生的恶劣帮派打斗等。他将这一切归咎于禁酒的"愚蠢":"破坏、凶杀、死亡,以及需要更多的监狱和惩戒,这就是禁酒的结果。"芝加哥的捷克社区和自由主义者都对瑟马克的立场表示赞赏,该市许多捷克人的新闻媒体称他是"人权捍卫者"。芝加哥最著名的律师克拉伦斯·达罗在1924年公开宣布支持瑟马克:"我喜欢托尼·瑟马克,因为他不掩饰自己喜欢喝酒。"[16]

1922年和1926年,瑟马克利用全民公决,在地方一级调动和激发了公众对禁酒战争的广泛敌意。在两次投票中,绝大多数选民都表达出对《禁酒法案》的不满。表面上看,投票结果似乎支持了这样一种观点:反酒运动是沿着城乡轴线进行的,是普通劳动人民在反对饮酒。然而,仔细观察基层数据就会发现,"新教徒、本地白人、有固定工作的人、支付最高租金的人、有房者和受教育程度较高的人"往往是最支持《禁酒法案》的人。相反,"天主教徒、在外国出生的人、失业者、支付最低租金的人,以及无房者"是对禁酒执法最强烈反对的人。社会阶层将反对或支持禁酒令的群体区分开,因为社会阶层不仅仅是城市和农村的区别,它与宗教信仰和种族身份两者也密切相关。[17]

许多曾在1922年和1926年被吸引到投票站为德弗当选市长投票的少数族裔选民,在1927年重新投票时推翻了他。四年前,德弗因承诺遏制腐败和执行禁酒令而当选。《新共和》(*New Republic*)杂志的一篇文章哀叹道:"显然,德弗最大的错误是他在执行禁酒令时表现出的不必要的热情。"他的清理运动一直是联合警察、联邦司法、贪污官员,以及与有组织的帮派勾结去开展的。这只会助长贫困社区人们对法律的更大敌意。德弗的执法并没有把目光集中在内部的腐败上,而是严厉打击了那些边缘的,但数量众多的小规模违反者。德弗的禁酒运动还致使敌对的黑帮帮派在移民社区为争夺控制权频繁爆发打斗。老比尔·汤普森(Big Bill Thompson),曾因贪污和腐败丑闻而辞任市长,1927年,他利用人们对德弗政策的不满,重新上台掌权,担任市长,他宣称"绝不反对饮酒"。[18]

《新共和》杂志的一名记者将汤普森的胜利归因于美国城市中"一个阶级意识较强的次级社会群体意识的觉醒"。这些选民通过参加有组织的体育、休闲和娱乐活动来补偿"他们从事的艰苦、机械、单调的工作和应该享有的一些权力"。他们"喝得很多、热衷跳舞"。这位记者似乎有先见之明地报道说,少数族裔社区对老芝加哥人所谓的"体面、道德自负和排外"的敌意,促成了"一个更广泛的阶层和群体认同感的形成"。结果,"即使曾经是敌对的种族,现在都集体在争取自己在这个国家的社会和经济地位"。这位记者还准确地预测了1928年的发展,他说:"同样一批人,这次选举中热情地把票投给汤普森或海兰(Hylan)这样的人,下一次选举中可能会更高兴地投票给阿尔·史密斯。"[19]

1922年,史密斯在芝加哥举行的一场大型集会上发表讲话,表示支持淡葡萄酒和啤酒的合法化。当时,芝加哥广大的少数族裔选民已经非常熟知这位纽约州州长了。当史密斯抵达芝加哥时,他受到了芝加哥人的热烈欢迎。和瑟马克一样，史密斯反对第十八修正案和《禁酒法案》，他认为这种法律是行不通的、虚伪的，是少数人控制他人个人习惯的专横做法。考虑到南部和西部民主党对禁酒令的态度，在1928年的总统竞选中，史密斯缓和了他早期对禁酒令直言不讳的敌意，提出了更温和的方案，但他作为一个明目张胆的反对者的名声已然形成。[20]

瑟马克和史密斯都代表了当时社会一种新型的政治家，他们的职业生涯建立在美国工业城市中日益重要的少数族裔移民选民忠诚的基础上。他们都雄心勃勃、精明能干。在20世纪早期，他们先是进入地方政坛，然后进入城市政界，把政治作为向社会上层流动的垫脚石。他们的职业发展是依靠纽约和芝加哥以工人阶级为主的多元化移民的选票支持建立起来的。汤普森当选一年后，史密斯的竞选活动又将这些选民吸引到全国政治领域。[21]

史密斯成功的政治生涯得益于他和蔼可亲的性格、对政治舞台的热爱，更重要的是，在爱尔兰人主导的城市政治中，他拥有爱尔兰天主教徒渊源。但瑟马克的升迁受到他捷克血统的限制，这要归咎于芝加哥以爱尔兰为主导的民主党政治环境。1918年，史密斯当选纽约州州长，一方面是因为在他的核心社交圈子里一直有一些有影响力的商人支持他，同时史密斯还有"远见卓识"的好声誉。他支持有利于工人阶级选民的立法，支持行政改革，并让两位著名的进步人士贝尔·莫斯科维茨（Belle Moskowitz）和弗朗西丝·帕金斯（Frances Perkins）担任自己的贴身顾问。他支持通过"公共努力"去缓解第一次世界大战结束后存在的住房短缺问题，呼吁对城市公用事业进行公共监管，并否决了在"红色恐慌"（Red Scare）时期通过的压制性州法律。这些主张赢得了自由派的支持。

然而，史密斯赢得全国的认可其实是因为他对禁酒令的反对主张。1923 年，他签署了纽约州的《穆兰-盖奇法案》(Mullan-Gage Act)，废除了该州的禁酒法令，尽管顾问们警告他不要这样做。这一大胆的举动为他招来美国反酒十字军的持久敌意，并使他跃升为美国禁酒运动的主要反对者。[22]

经历了 1924 年与威廉·吉布斯·麦卡杜 (William Gibbs McAdoo) 之间激烈的州长竞选的斗争考验，到 1928 年时，史密斯已经成长为一位经验丰富的政治家了。麦卡杜也是该党农业派的领导人，他同时还是三 K 党的亲信。1924 年在纽约举行的民主党全国代表大会上，"朗姆酒即浪漫主义"的押韵调侃口号一直困扰着史密斯，使他失去了许多南部和西部民主党人的支持。但另一方面，又有来自芝加哥和纽约的代表热烈支持史密斯。他们一边严厉谴责三 K 党的不宽容，一边进行了一场象征性的但毫无结果的斗争，目的是让本党谴责三 K 党。当此之时，威廉·詹宁斯·布莱恩站了出来，极力压制这种谴责性提议的决议，呼吁要避免这种党派分裂的做法。

尽管采取了这样的缓和措施，1924 年的民主党全国代表大会还是变成了一个激烈的争论场，这次会议可能是该党历史上最具争议的会议之一——直到 1968 年芝加哥另一个同样喧闹的大会出现。记者亚瑟·克罗克 (Arthur Krock) 将这次大会总结为"咆哮、咒骂、乏味、脆弱、自杀和杀人的大吵大闹"的大会。纽约市是大量移民的家园，他们挤满了大会的会场，表达他们对三 K 党和禁酒令的敌意，会议的整个过程是闹哄哄的。布莱恩设法把大会迁到其他城市——华盛顿特区、圣路易斯 (St. Louis)——除了纽约的任何一个地方似乎都可以。麦卡杜和他的支持者们对人群的反应——如果说有什么不同的话，就是故意夸大了他们的反城市言论。这个伟大的大都会是"反动的、邪恶的、不择手段的、缺乏民族理想的……是根植于腐败、被贪婪和自私所支配的"。麦卡杜来自南方，但不是一个没见过世面的"土包子"，他在纽约是位高权重的律师，他抓住这个"反城市"的措辞，并把它当作一个契机去处理更深层的世界观之间冲突的问题，即占主导地位的古老新教盎格鲁-撒克逊精英阶层，和崛起的中产阶级移民工人及其多元的盟友之间的矛盾。[23]

反天主教在反对史密斯的过程中不可避免地起到了推波助澜的作用。但由于史密斯的禁酒令立场，反天主教运动呈现出一种尖锐、恐慌的基调。接着卫理公会禁酒委员会（Methodist Board of Temperance）和禁酒令公共道德委员会（Prohibition and Public Morals）宣布支持托马斯·沃尔什（Thomas Walsh），一位来自蒙大拿州的天主教徒。托马斯·沃尔什支持第十八修正案，反对史密斯。由于沃尔什无法在大型工业城市获得支持，他的同党、反酒十字军，便放弃了"多元化"的借口，把史密斯的天主教信仰、坦慕尼（Tammany）民主党组织和反禁酒令主张妖魔化为一个"三头怪物"。[24]

南卡罗来纳州参议员纳撒尼尔·B. 戴尔（Nathaniel B. Dial）总结了这种多方力量并存的混乱局势："民主党不能含糊其辞，必须清楚宣布其立场——它是要为高尚、直言不讳的，或者蹒跚的、鱼龙混杂且无耻的所谓美国民主服务，还是给外来的布尔什维克主义、社会主义服务？亦或是要给这所有搅在一起的一锅烂汤般的不同信仰服务？"经过数天的争论和无果投票后，史密斯建议他和麦卡杜两人都退出州长竞选。最后，在第103轮投票中，代表们提名了西弗吉尼亚州的约翰·W. 戴维斯(John W. Davis)。戴维斯是一名杰出的律师,他宣称自己支持执行禁酒令,但麦卡杜谴责他的不冷不热的"虚伪支持",攻击戴维斯实质是和史密斯一样,偏袒"个人自由"。因此,这对支持史密斯的人是些许宽慰,提名戴维斯实则是支持史密斯,是胜利。1924年的大会拉开了四年后史密斯在休斯顿获得提名的序幕。[25]

尽管民主党在时任总统卡尔文·柯立芝(Calvin Coolidge)的手下遭遇惨败,但这场激烈的党代表大会争论显示出了该党在城市少数族裔和以少数族裔为主的工人阶级中拥有的新力量。四年后,民主党在此基础上提名了阿尔·史密斯,史密斯也轻而易举地赢得了提名,并选择了阿肯色州参议员约瑟夫·T. 罗宾逊(Joseph T. Robinson)作为他的竞选伙伴,以安抚共和党的南部和西部势力。禁酒令反对者在呼吁改革《禁酒法案》的提案中失败了,该党只是要求诚实地执行第十八修正案。

一旦脱离了党代表政治,史密斯就削弱了民主党在禁酒令问题上的温和立场。他给所有与会代表发了一封电报,声明他支持对《禁酒法案》进行"彻底改革",并宣布他计划领导这场改革。"我深信,"史密斯说,"指明道路、找到理性而全面的办法解决广大人民群众不满意的现状,正是由人民选举的领导人的职责所在。"史密斯的立场是真诚的。四年前,他曾写信给罗斯福,称《禁酒法案》就是"一个彻底的失败,它使我们成为一个伪君子国家,成为世界上其他国家的笑柄"。他保证,如果当选,"只要我的说服力还在,代表大会将立即关注这个问题"。但在1924年,作为国家政治的新人,他在公开场合变得更加谨慎,一方面担心时局还不成熟,另一方面也顾虑党内禁酒十字军的报复。1928年,随着禁酒令引发的广泛争议和城市少数族裔社区的强烈反对，史密斯有了信心，变得大胆了，他使得这种公众争议和反对成为竞选中的关键问题。史密斯的密友、汽车业高管约翰·拉斯科布同样强烈反对宪法第十八修正案，并为史密斯和他的竞选资金提供了支持，从而将矛盾争议提升到了新高度。[26]

和史密斯一样，拉斯科布也是草根出身、白手起家的天主教徒。作为企业大亨皮埃尔·杜邦的门徒，他是当时美国经济界的精英人物。史密斯和拉斯科布通过朋友引荐相识，自此建立了深厚的、持久的友谊。两人都认为禁酒法令不可行、太不切实际，是对天主教移民文化欲盖弥彰的赤裸裸攻击。但拉斯科布对第十八修正案的直接反对则来自于他的个人信念，即他认为第十八修正案威胁到了私有财产和经济自由。一小群富有的社会精英阶层人士也有同样的担忧，其中包括企业大亨皮埃尔·杜邦、伊雷内·杜邦（Irénée du Pont）和律师兼商人威廉·斯泰顿（William Stayton）。1918年，他们成立了反对禁酒令修正案协会，称第十八修正案对政府权力的急剧扩张开创了一个危险的先例，可能导致下一步对经济自由的侵蚀。拉斯科布于1922年加入协会，并于1928年进入该组织董事会。[27]

约翰·拉斯科布习惯上被称之为共和党人，但是作为主要致力于商务活动的商人，他在政治上其实没有花费多少时间。拉斯科布追求政界新冒险的欲望，以及身为商人对禁酒令的警惕，他把自己经商的才能和手段运用到民主党的政治斗争中，支持了1928年史密斯的初选活动并获得成功。作为对朋友和支持者的回报，史密斯推荐拉斯科布出任他梦寐以求的职位——民主党全国委员会主席，尽管史密斯的顾问们认为拉斯科布或许不胜任这个职位——他的政治立场还不够坚定,他信仰天主教,还缺乏领导经验。[28]

尽管经验不足,但拉斯科布很快在民主党内部确立了主导地位,带头抨击禁酒法律。他认为这是阻止联邦权力扩张的第一步,也是很重要的一步。在拉斯科布的主导下,以史密斯为主的进步派在公众视野中逐渐消失了。史密斯确实再次呼吁公共部门管控公用事业,但民主党全国委员会在很大程度上淡化了该党的这种改革精神,因为这一立场与胡佛的立场形成了鲜明对比。而拉斯科布向商人们保证,民主党的胜利没有什么可担心的。他评价史密斯的主张是"减少政府对企业的干预,鼓励企业进入政府进行合作……"他坚信诚实经商是不会受干扰的,因为他作为商人的职业生涯证明了他理解劳动的公平性。社会党总统候选人诺曼·托马斯(Norman Thomas)声称:"在史密斯州长领导下的民主党……已经公开通告了,它首先是为大企业服务。"他接着指责说,史密斯和民主党全国委员会的做法,相当于试图"在工人们面前悬吊一个难以捉摸的啤酒瓶,以此来吊着工人们的胃口、抓住他们,让工人们把自己的身体和灵魂交给华尔街的拉斯科布"。[29]

尽管希望民主党成为一个服务于商业和他们自己政府的政党只是拉斯科布等金融巨头的愿景,但普通城市选民被该党吸引的原因却各不相同。史密斯的纽约选民们已经很了解他过去的进步主张了。因此在芝加哥这样的工业城市,史密斯将他的演讲调整为政府的"积极功能"和前瞻性精神。"我们不会成为过去的政府,"他宣称,"我认为政府应该是建设性的,而不是破坏性的;是积极进取的而不是守旧的。我完全不会把旧制度和秩序看作是最好的——除非我们觉得我们做不到更好。"他坚称,政府"应该有所作为"。但他没有详细说明政府应该做什么,除了修改《禁酒法案》——这一呼吁在他的经济支持者和城市工薪阶层选民中引起了强烈共鸣。[30]

拉斯科布和反对禁酒令修正案协会担心"联邦权力的暴政",特别是对商业和经济的监管权力过大。而城市的少数族裔选民则担心反酒吧联盟的文化暴政及其对政策制定者的控制。面对禁酒战争在他们社区的负面影响,他们寻求掌握联邦权力,并以新的方式引导这场运动。当维克山姆委员会问约翰·P. 弗雷(John P. Frey)——美国劳工联合会金属贸易部财务处长——他对禁酒令的看法时,弗雷回答说:"我最常听到的一种说法是,第十八修正案和《禁酒法案》的通过是针对穷人的,它们允许富人可以得到他们想要的任何东西。"精英对手们注意到了这一批评。拉斯科布以一种轻松玩笑的口吻指责了汽车业巨头阿尔弗雷德·斯隆(Alfred Sloan)和沃尔特·克莱斯勒(Walter Chrysler),嘲笑他们貌似公开支持《禁酒法案》,私下里却沉溺于酗酒。"你们的酒柜里摆满了上年份的香槟、稀有的陈年老酒和精选的老牌威士忌酒,而你们甚至连一杯啤酒都不卖给工人们,还公开力挺《禁酒法案》。每每看到此情景,我都觉得太滑稽可笑了。"这样的玩笑掩盖了禁酒战争对贫困社区严重的负面影响,但却揭示了几类目的不同的反对《禁酒法案》的人形成的奇怪联盟。[31]

然而,也正是这些"同床异梦"的人,他们一起重塑了民主党。拉斯科布给民主党注入了大量资金,帮助该党建立了坚实的基础组织。弗朗西丝·帕金斯,拉斯科布的批评者,也曾直言:"据我所知,这是唯一一次民主党看起来很有钱的时候。"当时拉斯科布一个人就筹集到了 600 万美元,相当于现在的 8000 万美元左右。

一位现代传记作者称他是"民主党有史以来最伟大的竞选筹款人之一"。在拉斯科布执掌民主党全国委员会的情况下，该党把改革重点放在了对禁酒令反对最强烈的地区，特别是在大城市的中心地带。另一方面，在南部和西部，史密斯的竞选策略则集中在农业救济和繁荣社会上。然而，这些地区试图通过淡化禁酒令的执行来保持传统民主党人的忠诚的努力，却遭到了对手共和党的反对。共和党大肆宣扬史密斯的天主教信仰，以及他与坦慕尼机构的联系和对禁酒十字军的敌意。[32]

于是，反天主教、倡导禁酒和反移民情结让史密斯在 1924 年失去了总统提名，直到 1928 年的大选才再次崛起。罗斯福写信给民主党工作人员，要求他们提供一份关于地区情况的报告，并建立有利于后期为他服务的双方关系时，南方的民主党人报告说，他们之间难以建立合作，因为反对天主教是他们之间合作的一个重大的障碍。一位萨凡纳(Savannah)市的民主党人断言："国内很多人真的认为，投票给史密斯就是投给教皇。"西弗吉尼亚的 H. M. 安德森(H. M. Anderson)也同样宣称："宗教偏见会让我们失去相当多的民主党选票，特别是农村地区的卫理公会和浸信会的选票。"卫理公会教徒和浸信会教徒也是禁酒运动中最热心的支持者。一些人坚持，他们反对史密斯是因为他关于《禁酒法案》的立场，而不是因为他的宗教信仰。但是也有很多反对者认为"朗姆酒和天主教义"是密切关联的。[33]

新教教会，尤其是卫理公会和浸信会，领导了反对史密斯的运动。南卫理公会主教小詹姆斯·坎农和南浸信会社会服务委员会主席亚瑟·J. 巴顿博士(Dr. Arthur J. Barton)在北卡罗来纳州的阿什维尔(Ashheville)会面，组织反对活动。他们对整个南方发动了毁灭性的攻击。美国长老会的道德福利部（Moral Welfare Department）也加入了这场论战，并通过了一项决议，谴责任何反对国家禁酒令的候选人。新教牧师通过媒体和教堂讲坛发布言论，公开反对史密斯。宾夕法尼亚州的一位民主党高层领导人艾玛·格非·米勒（Emma Guffey-Miller）指责"新教教会不是宗教团体，而是作为政治组织存在的"，指责新教教会"在全国范围内反对民主党"的行为。[34]

一度极为稳固的民主党组织现在党内面临了重大倒戈。一拨人支持胡佛，"胡佛民主党人"俱乐部如雨后春笋般在全国各地的民主党大本营地兴起。俄克拉何马州民主党委员会成员斯科特·费里斯（Scott Ferris）给民主党领袖罗斯福写了一封信，报告了西部的严峻形势："布莱恩博士（威廉·詹宁斯·布莱恩）25年来不懈的禁酒教育、我们的宪法禁令，以及我们的信仰和我们的组织，例如坦慕尼协会（纽约市最大的民主党组织），都面临被分裂的危险……"他警告说："一场将冲击整个得州的政治风暴正在酝酿……因为这个州的每一位新教传教士不仅是胡佛的竞选活动组织者，他们还是胡佛竞选政策的宣讲者。三K党、天主教工会、极端禁酒主义者和反酒吧联盟的每一个成员，他们都正在警惕地四处活动，传播针对我们的恶毒宣传。"但费里斯在信里也给罗斯福提供了解决这些问题和危机的具体措施——"有一个解决办法，那就是我们必须找出谁支持我们，谁反对我们，要利用支持我们的人，去把反对我们的人拉进阵营。如果做不到这一点，我们就必须得找到新的选民去代替他们投票——即让那些第一次投票的和那些迄今为止没有投票的'被动选民'来取代他们的位置，去为我们投票。这些都可以通过大量严密的组织调查去实现。"[35]

罗斯福对费里斯的信印象非常深刻，他在两页长的信中多处做了重点标记，在空白处用铅笔写了注释，并起草了一份备忘录，其中包括费里斯的分析、判断，以及提出了分派给民主党关键领导人的补救方案，这些领导人包括拉斯科布、罗得岛州（Rhode Island）的参议员彼得·G. 格里（Peter G. Gerry）和埃莉诺·罗斯福（Eleanor Roosevelt）。随着竞选活动的展开，民主党官员采纳了费里斯的建议，即在全国、州和地方各级加强组织，吸引新的选民。不知道这一策略是否是费里斯分析的直接结果，但罗斯福的书面备忘录表明，党内高层战略家们正敏锐地关注此前未开发的"被动选民"对民主党实力扩充的重要性。[36]

为了寻找这些"被动选民"，民主党官员把目标对准了芝加哥这样的工业城市，他们在那里集中组织，让新的选民前来投票，并把过去给共和党投票的选民也争取过来了。在芝加哥，国会议员安东·萨博斯（Anton Sabbath）在民主党全国委员会的支持下，成立了史密斯总统竞选多语种服务处（Al Smith for President Foreign Language Bureau）。波兰、捷克、意大利和德国的独立团体也被动员起来支持史密斯。该党领导人在选区内和区级层面上进行宣传，并组织了100多次"群众大会"，敦促选民及时登记投票。同年9月，民主党州和县一级的领导人宣布要为史密斯竞选造势，邀请更多的党内领袖参加竞选宣传，人数之多将会是伊利诺伊州有史以来规模最大的。[37]

芝加哥的多家主要民族报对史密斯进行了大量有利的报道，为竞选提供支持。他们提前宣布召开民主党会议，并敦促选民登记投票。一份很受欢迎的捷克日报标题醒目："您的投票事关禁酒令和阿尔·史密斯州长。"它报道了史密斯从波士顿到巴尔的摩的集会，宣传这位候选人在全国的号召力。波兰主要民族报也支持史密斯，宣称这次选举是"在这个国家历史上……最重要的"。这些报纸主要为三大舆论造势，即"宗教宽容性的胜利、个人自由的胜利和美国宪法所保证的所有伟大原则的胜利"。[38]

发行量约为5万份的，芝加哥最大的德语报纸《阿本德邮报》也支持史密斯。这家报纸早些时候倾向于支持共和党的进步派，但现在它认定废除禁酒令是"最重要的"事情。"如果共和党获胜，"编辑们预测，"要等到几年以后才会有机会……推翻美国反酒吧联盟及其盟友的'简单暴政'。但如果阿尔·史密斯当选就意味着这种暴政的'立即崩溃'。"这家日报刊登了一篇关于这位贫民出身，即"来自纽约大马路上的"史密斯市长的长篇个人传记，宣布举行竞选集会，并呼吁两党志愿者加入"德国人支持阿尔·史密斯总统竞选俱乐部"（German for Al Smith Club）。目标很简单，就是"废除全国禁酒令"。[39]

《阿本德邮报》公开鼓动和要求符合条件的选民在芝加哥公投截止之前登记投票："不满意禁酒令的公民们，现在是时候通过你们手中的投票来表达反对态度了。这对每个公民都一样，如果抓不住眼前投票的机会……你就会失去抗议禁酒暴政的权利……哪怕你必须得旷工半天来投票，哪怕你体弱多病，你也必须得来投票……谁不利用自己的投票权，就等于情愿被贴上二等公民的标签。"这种对芝加哥城市外国移民和工人阶层民众的鼓动言论，极大地促进了民主党力量的增长。[40]

另一家通常支持共和党的意大利报纸，用最精炼的措辞概括了这场较量："支持或反对禁酒令！"报刊编辑们提醒广大工人阶层读者，仅总统一个人是无法改变第十八修正案的，他们力劝选民们也把选票投给支持废除修正案的领袖,像安东·瑟马克这样的小众候选人。该报的编辑宣称:"我非常喜欢胡佛,但我会投票给史密斯。""独立的美国人……会投票给史密斯,以表明在美国没有宗教偏见。"这位编辑和芝加哥其他移民多语种报纸的编辑一样,在支持史密斯的时候率先反对禁酒令,并将其与呼吁宗教宽容性相联系起来。[41]

8月的时候,正在倡导一场全国范围的斗争去促使修改《禁酒法案》的史密斯,已经在有"风城"之称的芝加哥市赢得了公众的广泛拥戴。在整个秋季的竞选活动中,少数族裔领导人的大力支持和强有力的政党动员,转化成少数族裔选民明显的投票热情。在10月的一次竞选集会上,当支持史密斯的演讲者呼吁改革《禁酒法案》并谴责"不宽容和偏执"时,在场的男男女女情绪高昂,他们掀翻椅子,起立鼓掌。10月17日史密斯到达芝加哥,支持者们几乎倾城而出,近4万人聚集在芝加哥最大的车站——联合车站(Union Station)。第二天,尽管下着倾盆大雨,依然有约10万人在竞技场聆听"快乐勇士"的演讲。民主党工作人员在所有居民住宅区都安装了无线广播,以便家里没有收音机的居民都可以听到广播里的演讲。宗教宽容和反对禁酒令是在史密斯的支持者中获得最高关注的两个共生主题。当史密斯在一次演讲中宣布支持修改《禁酒法案》时,人群爆发出疯狂的欢呼。从波士顿到纽约、辛辛那提和密尔沃基,史密斯的演讲都取得了同样的成功。他身穿棕色德比鞋,站在美国各大工业中心的人群面前,激昂地发表关于修改禁酒令的演讲。一位禁酒斗士说,这是"群众最喜欢的话题",史密斯"把人群煽动到了狂热的极点"。[42]

当时看来,没有哪个城市比美国第十大城市匹兹堡更倾向于支持共和党。匹兹堡位于俄亥俄河(Ohio)、莫农加希拉河(Monongahela)和阿勒格尼河(Allegheny)的交汇处,是当时世界的工业巨头城市,吸引着来自巴尔干半岛(Balkans)、克罗地亚(Croatia)、斯洛伐克和波兰的移民。他们挤在波兰山、南奥克兰(South Oakland)和北区(North Side)等社区,或者住在钢铁制造商琼斯-劳克林在匹兹堡城外沿着俄亥俄河修建的公司集体公寓房里。每个少数族裔团体都有自己的教堂、酒吧和集会大厅,不同移民团体之间的敌对情绪日益高涨。然而共同对禁酒令的反对帮助他们克服了分隔不同种族群体的一些障碍,为移民和大量信奉天主教的工薪阶层美国人提供了一个共同的政治追求。各少数族裔开始在更大的国家政治背景下审视自我。因此,在20世纪30年代,一个无处不在的"民族阶层意识"形成了。[43]

匹兹堡的政治被强大的共和党组织所控制,这个城市是共和党的天下,当地民主党组织只是个规模很小且没有实力的空壳。自1856年以来,还没有哪位民主党候选人在匹兹堡赢得市议员或任何其他市级职位的选举,更别说总统候选人了。而且从那以后,匹兹堡和费城一样,共和党选区的政客们通过为选民提供社区服务去换取选票。这些"交易"有时甚至包括直接购买选票——按20世纪早期费城的汇率,当时购买选票的行情是每票一美元。为了让他们的选民参加投票,共和党领导人有时也要为每个选民支付50美分的人头税。在匹兹堡城外的阿利基帕,钢铁制造商琼斯-劳克林利用其对员工的控制来确保共和党的选票。说白了,实际上就是支持共和党是工人们能够进入钢铁公司就业的一个前提条件。工人们记得他们被卡车从工作地点拉到投票站,并被告知如何投票的情形。一名工人后来坦言:"你是共和党是因为钢铁公司大老板想要你成为共和党人——我甚至都没有公民身份,但我也投票,因为他们让我去投票。"然而,共和党对匹兹堡及其周边地区的这种牢牢掌控,在20世纪20年代末和30年代初面临着新的挑战。[44]

1928年的总统选举给了匹兹堡民主党人一个破土而出的发展机会,为在该地区建立更有活力的政治组织埋下了种子。匹兹堡的少数族裔产业工人第一次寄希望于民主党来表达他们的利益。民主党利用禁酒战争的跳板——以及在禁酒战争过程中凝结起来的种族、宗教和阶级仇恨——以此引导建立新的党派忠诚。之后不到十年,匹兹堡就成长为民主党的坚实大本营了。当地初具规模的民主党组织甚至安排招募了一些大胆的工人去挑战共和党在阿利基帕的琼斯-劳克林对工厂的专制统治。这些民主党的新成员为民主党组织的蓬勃发展播下了种子,并在20世纪30年代蓬勃发展起来。迈克·扎霍斯基(Mike Zahorsky)从13岁起就在琼斯-劳克林公司工作,他在1928年史密斯竞选期间加入了民主党。他支持史密斯,因为史密斯也是天主教徒。彼得·穆斯林(Peter Muselin)是20世纪20年代加入民主党的少数工人之一。多年后,他回忆说,他之所以加入民主党,是因为他相信该党派倡导的"政治平等"理念。1918年定居阿利基帕、为琼斯-劳克林公司工作的奥蒙德·蒙蒂尼(Ormond Montini)后来这样公开评价史密斯运动的重要性:"就是那个时候……他们开始在波兰山创办民主党……那是他们开始鼓动工人们签约入党……也是他们开始推动民主党蓬勃发展的时候。"[45]

共和党人掌控的钢铁公司所在地阿利基帕被证明是民主党最难突破和争取的地方。在那里为史密斯团队工作,或者为任何共和党人的对手工作都有极大风险。民主党成员蒙蒂尼回忆说,有个工人因为在家里挂了一张史密斯的竞选海报而被钢铁公司解雇。因为一名共和党竞选工作人员看到了海报,很显然,他向公司报告了此事。公司用来确保政治控制的专制方法意味着很少有人敢公开宣布或改变他们的政治忠诚。直到1936年,当民主党的各方力量变得逐渐强大、有了同共和党对抗的实力时,阿利基帕的势力才开始向民主党倾斜。那时,随着罗斯福寻求连任的努力,新政政治甚至在阿利基帕也开始起效了,工人阶级的男男女女们开始坚定地转向民主党阵营。[46]

匹兹堡为民主党提供了更多在该市的发展空间。诚然,共和党人控制了该市的政治,但类似阿利基帕的高压手段并没有使他们的统治地位得以继续维持。尽管匹兹堡的四家主要报纸重点是对胡佛的集会和共和党的事件进行深度报道,只是零星报道一些民主党的竞选活动,但是民众对史密斯的支持率还是上升了。随着选举季活动推展开来,该市的主流媒体报道再也不能忽视规模越来越大的民主党集会,比如在卡内基音乐厅(Carnegie Music Hall)的民主党集会,人多得"只能站着"。1928年11月2日,《城市新闻》的一篇报道深刻揭露了当地共和党阵营中日益加深的焦虑。意向性投票结果显示共和党的地位岌岌可危,其一贯掌控的优势面临着危险。《匹兹堡邮报》(*Post-Gazette*)评论说:"数量惊人的新加入的民主党合格选民,他们的出现对共和党一贯的主导地位构成了巨大的威胁。"[47]

工人阶级对史密斯的热情鼓舞了匹兹堡及其周边地区的民主党人士:阿勒格尼县(Allegheny County)成立了17个"史密斯总统竞选俱乐部"(Smith for President Clubs),克罗地亚、意大利和希腊的工人阶级社区成立了独立的"史密斯民主党组织"。当地民主党领袖大卫·劳伦斯（David Lawrence）自诩"这是该党多年来最活跃的民主党组织"。"在记忆中，这是第一次，民主党有了足够多的热心志愿者，使得民主党在全国1400个选区中每个区都有了选举监票员。"宾夕法尼亚州民主党委员会成员约瑟夫·古菲（Joseph Guffey）自信而又有预见性地宣称："史密斯反对禁酒令的立场……会使这些大城市中成千上万的共和党人转而支持民主党候选人。"拉斯科布也肯定了"费城和匹兹堡的州长掀起的支持民主党的浪潮"。《纽约时报》报道说，史密斯的禁酒令立场"模糊了政治分界线，并使得成千上万的共和党人归于史密斯的麾下"。[48]

史密斯建立的联盟不仅是多民族的，而且是多种族的。美国最大、最有影响力的非裔美国人报纸《匹兹堡信使报》报道说："黑人对民主党总统候选人表现出如此友好的支持情绪，这在历史上是前所未有的。"精明的民主党人努力利用这种支持来削弱共和党对非裔美国人选票的控制。民主党人成立了一个名为"史密斯总统竞选有色人种联盟"（Smith for President Colored League）的组织，最初的预算是12.5万美元，相当于现在的150多万美元。超过69名杰出的黑人精英加入了该联盟，在伊利诺伊州、得克萨斯州、密苏里州、加利福尼亚州、堪萨斯州、新泽西州和俄亥俄州都组织了全国范围的联盟。其中，组织最好的州是密苏里州——非裔美国人在当地成立了29个"史密斯总统竞选俱乐部"。

黑人兄弟会（Black Elks）的大首领J. 芬利·威尔逊（J. Finley Wilson）、非洲卫理公会的主教里弗迪·兰森（Reverdy Ransom）和约翰·赫斯特（John Hurst），以及全国有色人种协进会在华盛顿特区的分支领导人内瓦尔·H. 托马斯（Neval H. Thomas），他们全部都支持史密斯。新泽西州有色人种共和党州委员会情况也是如此。

《匹兹堡信使报》的编辑罗伯特·L. 范恩（Robert L. Vann）则致力于为史密斯团队撰写有利的新闻文章和社论，以确保源源不断的舆论支持。49

1928年的这种具有显著种族政治特点的社会大逆转，无论它多么偏颇，都是社会的一个显著发展。民主党似乎与南方"白人至上"的政治有着密不可分的联系。他们对恐怖私刑的话题保持沉默，这更是把1928年在休斯顿大会上的少数非裔美国人代表和白人代表无形地分开了。史密斯仍然能够设法吸引北方社区的大量非裔美国选民，这表明了他们对共和党在南方的"纯白人"政策（Lily-White Strategy）以及三K党的愤怒之深。作为候选人，史密斯继续忽视非裔美国人的重大不满——从被奴役到私刑——但表面上史密斯确实谴责了三K党，并倡导执法时广泛的宽容精神。在他"更具包容性"的观点的鼓舞下，一些有影响力的非裔美国领导人现在辩称，"非裔美国人欠'林肯'的债务已经全部偿还"，他们无愧于共和党。50

支持史密斯的情绪在北方城市非裔美国人社区里蔓延开来，例如著名的芝加哥非裔美国人社区南区。史密斯总统竞选有色人种联盟在特伦托酒店（Trentor Hotel）设立了总部，黑人共和党人阿尔·史密斯总统竞选俱乐部也成立了。不知疲倦的民主党领袖瑟马克在南区为民主党赢得了非裔美国人的选票，也包括他自己竞选参议员的选票。甚至在一次集会上，一名黑人改善协会的发言人和瑟马克一起站在讲台上演讲。这些南区集会谴责了共和党与南部三K党之间的勾结，以及他们企图从民主党手中夺取南部而主张"白人至上"的策略。瑟马克宣布他支持修改《禁酒法案》，但他机智地明确表示反对选择性执行第十八修正案。"所有修正案，包括第十四和第十五修正案,"他宣布,"都应该得到执行。"《芝加哥论坛报》报道称,在芝加哥南部的一场集会上,当提及阿尔·史密斯时,伴着一轮又一轮的掌声,人们的热情"近乎歇斯底里"。芝加哥的非裔美国人报纸《芝加哥捍卫者》(The Chicago Defender)也提供了支持,报道了一些有影响力的非裔美国人"大力支持史密斯"的行为。其中一个标题是"阿尔·史密斯公开抨击三K党"。另一篇文章称,史密斯在母亲的膝下学会了"这个国家最伟大的事情就是《独立宣言》中的'人人生而平等'的崇高理念"。[51]

阿尔·史密斯不仅是民主党"宽容之风"思想的代表,也标志着历史上"白人和农村利益至上"的政党在向"城市化"特色的政党转变。史密斯痛斥三K党和禁酒十字军的暴行,并因此改变了该党第一批非裔美国人选民——他们和史密斯一样反对第十八修正案。在芝加哥,非裔美国人是"最渴望废除该法案的社会群体"。史密斯在贫穷的非裔美国人中获得了最强烈的支持,他们中的许多人经历了《禁酒法案》执法的冲击,在一战期间和之后搬到了北方。这些人对选择性执法、任意执法——动辄抓捕、监禁的执法有颇多痛苦经历和感受;这些人也不同程度地曾受害于低劣假酒,因为他们买不起好酒。遭受非法劣质酒的毒害只是《禁酒法案》对这个城市里弱势群体的侵害之一。而位于黑人社区之外的富人区,那些为了寻求刺激和娱乐的有钱人,他们是受保护的群体,不在禁酒执法的范围。

结果,在芝加哥非裔美国人聚集的南区,反对禁酒令的人成了受欢迎的演讲者。一位民主党发言人对南区的群众声称,他支持废除禁酒令,因为"禁酒令是这世界上任何时候对任何人来说都最具欺骗性的法律……他们任何一次强制执行,都是侵犯了宪法保障我们的权利"。他的话赢得了热烈的掌声。这种反抗情绪让全国妇女共和党学习俱乐部(National Women's Republican Study Club)的领导人珍妮特·卡特(Jeanette Carter)感到震惊,她认为史密斯之所以受到广泛支持,是因为贫穷的非裔美国人政治立场的改变——因为"他们想要喝一杯"。卡特的言论掩盖了1928年当时一些非裔美国人转向支持史密斯的复杂原因,但它正确地将这种支持与工人阶级反对禁酒令联系起来。[52]

马库斯·加维领导的泛非洲主义的全国黑人改善协会拥有大量的工人阶级追随者,他们坚定地支持史密斯。全国黑人改善协会首先支持加维抗议胡佛,因为胡佛支持美国公司在利比里亚(Liberia)的橡胶利益。加维指责说,胡佛领导的资本主义集团在与世界上被压迫的弱势群体打交道时"毫无精神高度站位,缺乏同情心"。相比之下,史密斯是一个"具有广泛的人文精神和同情心的人,他博爱人类,不受肤色影响,而是因为他们都是上帝的孩子"。全国黑人改善协会也支持史密斯反对禁酒的立场:"史密斯州长说,他希望看到禁酒令改变,我们全心全意地支持他","纽约的黑人世界哈莱姆就像这个国家无数的社区一样,深受禁酒令执法的侵害……任何一个将这个国家从禁酒令这种'癌症'中解脱出来的人,他都将赢得今世后代的永远感激"。全国黑人改善协会努力为史密斯的大选做积极准备,知名黑人组织"黑人世界"(Negro World)宣称要组织民主党的大规模会议,他们力赞大量新近登记投票的选民,"……这表明有成千上万的选民正准备第一次使用公民投票权"。报纸上不仅有详细介绍投票的"投票指南",还会提示选民们第一次投票可能遇到的问题,并且指导读者如何正确地在选票上填写信息,甚至强调要写清楚"为史密斯投票"的

字样。⁵³

对史密斯如此狂热的拥戴、支持，无形中影响了相当多的非裔美国选民在11月6日投票给民主党候选人，极大地削弱了非裔美国人历来对共和党的忠诚。在全国范围内，非裔美国人牢牢地坚守着他们传统的政治家园，但在从匹兹堡到纽约的东北部工业城市，统计数字显示出投票明显转向民主党的大趋势。1924年，在匹兹堡，民主党总统候选人约翰·戴维斯在以非裔美国人为主的第五选区只赢得了5%的黑人选票。1928年，史密斯获得了不到40%的非裔美国人的选票。1932年，罗斯福在这次政治忠诚倒戈基础上，却赢得了将近一半的非裔美国人的选票。到1936年，匹兹堡和其他工业城市的大多数非裔美国人都站在了民主党这边。在纽约，1920年的总统大选中，94%的非裔美国人投了共和党的票，只有3%的人投了民主党的票。1928年，对选民投票结果的不同研究显示，史密斯在纽约的黑人选民中占三分之一选票，最高的时候占41%。1932年，罗斯福巩固了这一转变，获得了58%的非裔美国人选票。到1936年，非裔美国人已经在民主党内部站稳了脚跟。芝加哥和克利夫兰的变化较小，但仍然引人注目，在这儿史密斯赢得了非裔美国人27%的选票。在非裔美国人社区中，贫穷的选民最有可能把选票投给史密斯。1928年之后，芝加哥的非裔美国人再也没有以历史上的优势支持过共和党人。⁵⁴

在非裔美国人社区的投票趋势刚刚开始转变时，早在1928年，一些北方城市白人工薪阶层就已经开始给民主党投票了。芝加哥的投票率很高，有76%的选民去投票，其中很多人投了民主党的票。和其他地方一样，社会经济等级较低的选民更有可能投票给史密斯，这种模式在未来几十年里将保持不变。根据对芝加哥平民住宅区居民投票数据的详细研究,民主党当时的胜利使 1928 年成为"这一时期最重要的选举"。史密斯在全市 50 个选区中的 26 个占有优势,其中一些选区"获得了非常可观的多数票"。在第二次移民大潮中来到这里的意大利人、波兰人、斯洛伐克人、捷克人,大多从事非技术性或半技术性工作,绝大多数人都把选票投给了史密斯。1928 年之前,芝加哥的波兰人社区在民主党和共和党总统候选人之间的选票分配相当平均。四年后,该市近 80% 的波兰选民投票给了民主党。芝加哥的德裔社区传统上是共和党人,但在 1928 年也转向了民主党,45% 的德裔选民支持民主党史密斯。到 1932 年,他们中的大多数人都转向了民主党。1928 年大选前,约翰·奥尔斯旺(John Allswang)发现:"曾经,很难对种族投票的影响力进行评价……而从这次选举开始,这个概念就清楚而有意义了。"[55]

1928 年,安东·瑟马克在南部州共和党的反对下未能赢得参议院席位;到 1930 年,在民主党的大本营芝加哥,他以压倒性的多数票赢得了芝加哥市长的竞选。许多民主党候选人也是如此。瑟马克在大获全胜的鼓舞下,为该党未来的胜利制定了路线:"我们将从党内清除掉任何想要禁酒的竞选候选人。"对瑟马克和他的支持者来说,对酒精的战争被证明是他们用来建立一个强大的城市民主党的动员工具。[56]

即使是在曾经坚不可摧的共和党统治的堡垒城市匹兹堡,倒戈的共和党人也越来越多。胡佛仅以 8000 票险胜,史密斯赢得了令人震惊的 48% 的选票,这是自 1856 年以来民主党在大选中取得的最好成绩。史密斯赢得了越来越多的少数族裔的支持,他一共赢得了 14 个选区的支持,包括来自希尔区(Hill District)的南欧和东欧移民工人选民、第六区的波兰裔社区、东欧南区以及北区的德国裔和爱尔兰裔移民选民的支持。在匹兹堡"外国人口最多、租金最便宜"的社区，比如以工人阶级为主的一、二工业区，史密斯分别以77%、75%的惊人得票率赢得了选票。这些社区后来成为美国最强大的工业组织和政治上的"阶级意识群体"代表。史密斯还赢得了该市以外的矿业选区和工业县选区的选票，这些县有大量的少数族裔移民，如埃尔克县（Elk）、卢泽恩县（Luzerne）和拉克万纳县（Lackawanna），这些县自19世纪以来就没有给民主党投过票，直到这次大选。[57]

波士顿也发生了类似的转变。此前在种族选区、移民工人阶层选区投票支持共和党的选民，现在也纷纷转而支持民主党。1924年的总统大选，意大利裔选民在共和党和民主党之间平分了选票。然而到了1928年，民主党则赢得意大利裔95%的选票。纽约也有类似的情况。1920年，意大利裔占多数的选区只给了共和党微弱的优势。到1928年，这些选区77%的选票都投给了民主党史密斯。这一优势的延续，为1932年罗斯福赢得79%的意大利选票打下坚实的基础。[58]

曾经是传统的共和党大本营的马萨诸塞州，该州的其他工业城市和城镇在1928年也都被引入了民主党阵营，并一直保持到现在。那些强烈支持史密斯的地区同时也支持1930年的一项提案——结束各州强制执行《禁酒法案》。在新英格兰（New England），整个法裔加拿大人或意裔美国人社区几乎都从共和党中退出了，但他们依然留在当地，成为了接下来的新政少数族裔工人阶级基地。史密斯在全国12个最大的城市中以多数票获胜。这一切结果表明，1928年的确是一场"关键的选举"。[59]

支持史密斯的人来自少数族裔选民，他们只是把之前对共和党的忠诚转移了过来，支持民主党。在匹兹堡和费城，数以千计曾经支持共和党的选民动员组织了"支持史密斯的共和党人"俱乐部。另外，首次参加总统竞选的新选民人数又有了显著增长。从1928年到1936年，民主党的选票在大幅增加的时候，共和党的选票却没有相应的下降太多，这表明争取首次投票的选民的支持对史密斯很重要。在史密斯赢得更多票数支持的城市，少数族裔选民的数量毫不意外地一直在明显增加。[60]

民主党委员会成员斯科特·费里斯指出，这是一个尚未开发的潜在新选民储备资源。在这些精明的政党战略家的鼓励下，少数族裔报纸、地方政客，甚至全国黑人改善协会都努力将这些新来者引入政治进程。在纽约，选举委员正承受着有近50万新选民需要登记的工作压力。在芝加哥，登记人数也创下了历史新高，尤其是在少数族裔居住区。令人吃惊的是，给史密斯投票的选民中，有61%竟是以前从未参加过总统选举的新选民。高举反禁酒令旗帜，民主党把这些从未参与过政治的群体拉进了政治进程。随着大萧条的到来，支持民主党的人数持续在膨胀，这进一步加深了工薪阶层与民主党的联盟，为新政奠定了社会基础。[61]

……

尽管美国选民发生了这些结构性的变化，但史密斯还是在全国选举中遭遇了惨败。最终结果，胡佛赢得了58.2%的选票，而史密斯只获得了40.8%的选票，仅八个州支持史密斯。原因是在南部和西部，大量的传统民主党人临时倒戈，又转而支持了共和党的胡佛。在前邦联的南部各州，胡佛赢得了几乎一半的选票，这与史密斯在共和党地盘上获得的选票形成了惊人的抗衡。南方腹地以外的几个州传统上一直支持民主党，包括俄克拉何马州、肯塔基州和西弗吉尼亚州，但此次大选胡佛在这些地方的得票率甚至比民主党更高，他赢得了60%的选票，而民主党只有40%。这些"临时倒戈"和"叛变"无形中抹杀了民主党正在恢复但尚未完全恢复的活力。民主党的权力基础不得不从南部和西部转移到新的重心——这个国家新兴的北方中心城市。[62]

1928年的选举结束了一个政治时代，又开启了另一个政治时代。以城市少数族裔工薪阶层的选票为基础成为民主党的新特点。然而，对民主党的新忠诚并不是一个自发的过程。是民主党领导人利用反对酒精战争的力量，把这些人拉进了政治进程。反对禁酒令的精英人士希望废除第十八修正案，以加强"地方自治"。少数工薪阶层的男女加入了他们，但这并不意味着他们被"骗"去支持华尔街的银行家们的政治观点，因为在贫困社区，人们确实对禁酒令普遍不满。阿尔·史密斯、约翰·拉斯科布等人通过让民主党成为废除该法案的工具，由此给了城市少数族裔选民和他们的领导人一个具体目标——虽然这远不是他们想要的全部。在新政之前，两党都没有解决工人阶级选民对经济安全和劳工权利的具体关切与诉求。1928年，对禁酒令的反对为这些选民提供了一个与他们生活相关的政治选择，也为未来以阶级为导向的政治打开了一个新的党派渠道——民主党从此崛起。到1932年，随着国家和全球经济危机的爆发，民主党倡议经济安全和劳工权利，在党内，这超出了他们一些领导人愿意解决的问题的范围。此时富兰克林·D.罗斯福临危受命，带来了新政的重大政策突破，并将约翰·拉斯科布和他的助手们留下，帮助他建立了新的联盟。[63]

联盟内的分歧是在罗斯福当选总统之后才出现的。1928年大选惨败之后，拉斯科布继而开始为下次选举做准备。他为民主党建立了永久性的工作组织，包括在华盛顿设立了一个常年工作的办公室和一个新的宣传委员会。这场运动还聚集了一批坚定的民主党积极分子。其中一位，厄尔·珀迪（Earl Purdy），他在给罗斯福的信中很有"预见性"地说：史密斯的领导"为我们的政党注入了新鲜的血液，使这个组织从上到下重新焕发了活力……那些新加入的、誓与我们一起并肩永久作战的民主党人，使我们队伍的人数大大增加了……这股联合起来的力量，四年后一定会带着我们走向胜利"。[64]

在华盛顿，共和党人赫伯特·胡佛宣誓就任美国总统，此时的社会环境是犯罪和违法依然普遍存在，甚至猖獗。他开始大力推行关于禁酒法律的"高尚实验"。这一努力引发了关于第十八修正案的新一轮辩论，并帮助扭转了全国反对禁酒令的潮流，也为民主党在1932年赢得大选做了很好的铺垫。当全球经济走向衰退，资本主义社会的未来发展走向依然不确定的时候，美国人对禁酒令的持续关注热度，让全世界都感到困惑，虽然禁酒令在当时确实是一个突出的问题。

第七章　联邦刑法国家的建立

赫伯特·胡佛在1928年的选举中获胜。尽管阿尔·史密斯为民主党召集了一批新的选民，但全国绝大多数选民还是选择了共和党，而不是民主党。《禁酒法案》"打败了"自己的第一个国家级对手——民主党，幸存下来了。于是，非法私酒在全国到处泛滥，刑事司法系统不堪重负，明目张胆的违法行为引发了人们对无法无天、私酒恣意流通状况的担忧。在总统竞选期间，强烈不满的共和党人要求胡佛解决这些问题，他承诺会采取行动。在离胡佛就职总统一职只有三周的时候，人们终于意识到这个问题的紧迫性。因为当时黑帮首领"机关枪"杰克·麦古恩（Jack McGurn）的亲信在芝加哥的一个车库里枪杀了七个人，反应迅速的媒体将这次屠杀称为"情人节大屠杀"。和死亡人数之多一样令人震惊的是，这些谋杀犯在行凶当天竟然是厚颜无耻地穿着警服、佩戴官方徽章，冒充执法人员行凶的。[1]

1929年3月4日，胡佛站在国会大厦前，对着顶着严寒、冒着冷雨前来祝贺他总统就职的人群发表了演说。更多数以百万计的人们在干爽、舒适的家中，通过收音机收听了胡佛总统的就职演说。这是当时美国刚刚起步的广播网络首次对这样重大的国家事件进行现场直播。演讲中，胡佛果断地将美国首要的紧迫的问题确定为"我们刑事司法体系的失败"。他断言，这个国家面临的最"邪恶的危险"是"无视和不服从法律"。这种"令人震惊的不服从""有组织犯罪的增长"和"执法中的滥用"——所有禁酒令无法预见的后果，都是对美国政府合法性的挑战。他呼吁对"整个联邦司法机构"进行彻底改革，以"重建执法的活力和效率"。为了启动这一改革程序，胡佛呼吁成立一个联邦委员会，对刑事司法体系进行研究，以提出补救措施。"改革、整顿和加强我们整个司法和执行体系……"他呼吁全国听众，"朝着这个目标迈出的第一步，不应该再被拖延了！"[2]

这位前工程师以建立一个"更有效的刑事司法组织"为演说开场辞，这正是基于他坚信社会科学专业知识应该指导政府政策的理念。1922年，本着进步主义精神，当时作为联邦商务部长的胡佛就开展过一系列前所未有的、雄心勃勃的，针对包括农业、工业和社会趋势在内的研究，这为后来国家政策制定打下了良好的科学的基础。胡佛的这一系列调查研究，后来形成了两卷本的书面研究报告——《近期社会趋势》(*Recent Social Trends*，1928年)。书中有数千页内容详细描述了社会和经济生活的诸多方面。不出所料，胡佛总统应对和解决禁酒令执行危机的措施也是成立一个酝酿已久的研究委员会。国会随之撤销了一项他们成立国会委员会的旧决议，并通过了一项慷慨的拨款提案去支持总统的倡议——成立国家执法委员会（National commission on Law and Enforcement），俗称"维克山姆委员会"，以其主席乔治·维克山姆（George Wickersham）的名字命名。[3]

胡佛演讲中首先明确的，也是人们不容易认识到的一点——国家的犯罪问题，这种观点具有"分水岭"般的意义。因为在此之前的美国历史上从未有过任何一位这样的总统，在就职演说中将犯罪定为需要全国关注的重大问题。直到20世纪20年代，"犯罪"依然被认为是一个社区、一个地方，以及国家政治的主要内容和问题。美国复兴时期（Reconstruction Period）通过的旨在结束第一个三K党种族恐怖主义的法案《强制法案》（Enforcement Act），就是这一思想的重大产物，这种短暂的反禁酒法令的努力最终还是以失败告终。1925年，卡尔文·柯立芝打破了联邦的传统，建立了第一个联邦犯罪委员会。"蓝丝带"组织（Blue-Ribbon）的出现，在很大程度上代表了这种努力，随之柯立芝宣称"宗教是解决无法无天的唯一办法"。以胡佛为首的更为强势和积极的政府，使联邦的新角色发挥的影响成倍地扩大了。[4]

胡佛告诉美国人，犯罪是美国面临的最大威胁，其深度和广度已经超过了地方和州的控制能力，需要国家层面的联邦政府大力关注并介入。在总统就职演说后的第一次公开演讲中，胡佛继续强调要重点打击犯罪。演讲中，他紧握双拳，宣称打击无法无天的行为"比任何其他问题对维护美国制度都更为重要"。胡佛将犯罪定义为真正的全国性问题，需由国家政府出面解决，以此来强调和强化联邦政府在解决重大社会问题中的作用和延续这种作用的重要性。也因此胡佛经常被讽刺为坚定的"个人主义者"，他反对罗斯福新政时代对联邦权力的广泛分散，强调集权，他是名副其实的现代联邦刑事国家的缔造者和先驱之一。[5]

禁酒战争创造了一个被忽视但至关重要的国家发展历史篇章。在美国历史上相对保守的时期，第十八修正案和《禁酒法案》戏剧性地扩大了联邦权力的范围，为1932年之后的新政制度化的"公民—国家"关系的革命打开了大门。美国后来很多历史书中关于美国国家发展的记录通常聚焦于进步时代和新政时期监管型国家的扩张，甚至有时跳过禁酒令时期的这段历史，即有意忽略从1919年到1933年联邦国家和地方州的强制权力高涨的这段历史——这一"高涨"导致了自美国"重建时期"以来，战争时期以外的最大规模的国家建设扩张，帮助塑造了禁酒令被废除之后兴起的新政秩序。在艺术、文学、公共事业机构，以及从社会保障到劳工权利等的蓬勃发展影响下，联邦政府的执法和惩罚能力与力度也空前发展起来，为20世纪美国的发展奠定了坚实的基础。在20世纪上半叶，没有什么比美国的禁酒战争更能推动不曾被重视的国家建设。联邦政府摧垮这个国家的酒业贸易体系的极端努力，正是进步时代和一战时期国家建设与新政之间缺失的那一环。[6]

首先，胡佛呼吁对"联邦法律体系的整体结构"进行全国性的"彻底"调查，包括"执行第十八修正案的方法"。鉴于禁酒令引发的争议，大多数观察人士认为，委员会只会把重点放在对禁酒令的执行上。费利克斯·法兰克福后来解释说，美国人把胡佛对执法的强调错当成了对禁酒令的执行。那些承认胡佛赋予委员会广泛职责的大多数人认为，这种"误解"只是一种"修辞策略"，目的是"转移人们对执行禁酒令所带来的尴尬的注意力"。宝琳·萨宾（Pauline Sabin）对委员会的做法感到非常愤怒，她从共和党全国委员会辞职以示对他们的抗议："我原以为……胡佛先生想把重点放在禁酒令的结果上……我被愚弄了。"相反,萨宾建立了全国禁酒令改革妇女会(Women's Organization for National Prohibition Reform),目的直指废除第十八修正案。[7]

事实上,胡佛全面"插手"执法的过程充分体现了他意在改革禁酒令执行的愿望,这也得到了许多禁酒十字军的认同,即通过"更有效地组织我们的调查和起诉机构,改善第十八修正案的执行"。胡佛毫不畏惧对第十八修正案的支持,因为他认为,那种无法无天的违反酒类法律的行为是使美国的生命和财产"比世界上任何其他国家都更不安全"的严重侵犯。在他看来,国家的犯罪问题不能归结为在联邦、州和地方各级执行禁酒令的失败,而是美国人的生活中出现了一些更深层次的问题。胡佛利用了公众广泛而深刻的焦虑情绪。第一次世界大战之后的美国处在一个充满社会冲突的焦虑时期,公众对犯罪行为的广泛关注使其首次上升至国家层面。从开始的几声呐喊,到后来公众要求打击犯罪的呼声已经达到了狂热的程度,尤其是因公然的暴力和无法无天的酗酒者而引发的愤怒呼声。[8]

具有讽刺意味的是,在禁酒令时期,许多美国人认为,从"恶魔朗姆酒"和烧毁的酒吧灰烬中又升起了一个新的犯罪幽灵,一场规模巨大的"犯罪狂欢"正在席卷全国。副检察长詹姆斯·M. 贝克(James M. Beck)早在 1921 年就断言,"目前的犯罪浪潮"是"自 18 世纪以来最巨大的一次"。在禁酒令存在的整个时期,美国的报刊充斥着关于报道犯罪的文章。《麦克卢尔报》(McClure's)的《美国,违法者之地》(America, Land of the Lawbreaker)一文是众多对"美国最大的犯罪浪潮"发出警告的典型文章之一。作为证据,他们列举了警察使用的军事级别的武器,包括"催泪瓦斯、机关枪和装甲车"。犯罪学家哈利·埃尔默·巴恩斯(Harry Elmer Barnes)在那个世纪的中叶写道:"在当代文学中,很少有其他题材能比刻画犯罪的题材占有更多的篇幅——关于描写和分析犯罪浪潮、犯罪范围和成因,以及可能的补救措施等的文学作品。"[9]

但是在一战后接下来的几年中,违反禁酒令的讨论并不是犯罪讨论的核心话题。由劳工罢工、种族骚乱和无政府主义者的炸弹袭击等犯罪引发的人们对法律和秩序的呼吁,要早于对禁酒令的缺陷和严酷执法的呼吁。汽车使用量的增加,也造成了公众对更加猖獗的犯罪的担忧,例如大量汽车盗窃和机动车违法案件成为两种新的犯罪类型。此外,还有武装歹徒利用汽车快速逃跑、创造了轰动一时的"高速抢劫"案。仅在1926年一年里,《纽约时报》就报道了43起重大银行抢劫案,这些均发生在美国大陆腹地的五个州:俄克拉何马州、堪萨斯州、阿肯色州、密苏里州和印第安纳州。新出现的持枪抢劫,匪徒行动效率要比当地执法部门快得多,他们作案后携带着赃物,利用汽车迅速越过州界逃走。新出现的小报则迅速迎合读者对这种所谓的犯罪"狂欢"报道的胃口。各地暴力犯罪报道成了当地新闻头条,使公众普遍认为这个国家已经被一场犯罪狂欢吞噬了。城市小报刊登了在帮派争夺地盘打斗中被残忍杀害的罪犯的血腥尸体图片;黑帮们五花八门的奢靡生活方式也成了夺人眼球的新闻报道精彩素材;一些经验丰富的城市记者甚至开始为一系列好莱坞匪徒电影撰写剧本了。[10]

虽然新闻媒体是出于提高阅读量和销量的目的夸大报道,并煽动了公众对犯罪浪潮的讨论,但用短猎枪杀人和无比奢华的黑帮葬礼场景并不是小报杜撰的故事。一个新的犯罪阶层涌现了出来,他们依赖于对酒精的战争所产生的附带暴力和犯罪而生存。

20世纪20年代，当犯罪统计还处于起步阶段时，即使是来自最谨慎保守的报告的统计数据也表明，对某些类型的犯罪的起诉在激增，当然，这不一定能证明总体上的犯罪在增加。从全国范围来看，过去十年中暴力犯罪仍然呈上升趋势。被起诉的谋杀和袭击案件从1920年的占比十万分之十二上升到1933年的十万分之十六。禁酒令废除后，这一数字急剧下降到十万分之十。对犯罪起诉或监禁的统计方法是捕捉不到由于禁酒令而导致的暴力上升的真实状况的，因为总有很多的犯罪没有被报告或记录，或者没有受到惩罚。例如，纽约市在1928年被曝共计有337起谋杀案，但其中115起案件中没有人被逮捕。芝加哥的情况更糟，该市恶名昭彰的"啤酒战"（Beer Wars）导致当地的谋杀率从1918年到1927年翻了一番。一项关于1926年至1927年间芝加哥及其周边库克县的凶杀案的研究显示，在130起与黑帮有关的谋杀案中，只有26起上了法庭，相关人员被起诉。尽管如此，在禁酒令期间，芝加哥的各类起诉案件总数量还是急剧上升的，远远超过了人口的增长率。1920年到1930年的几年时间，市法院的案件数量增加了2倍，从1920年的10万件激增到1929年的35万件。在另一个大的州伊利诺伊州，被判重罪的人数从1918年的1.2万人上升到1927年的两倍。但并非只有大城市的犯罪率出现了飙升，以中等城市里士满为例，1920年到1925年的几年间，该市谋杀率增加了2倍。到1935年，这个数字上升到37倍。[11]

和芝加哥一样，波士顿因谋杀、过失杀人和抢劫而被起诉的案件也在激增。但因非法闯入、盗窃和袭击而被起诉的案件却在减少。一位波士顿的观察家试图通过引用这些相反的趋势来平息对犯罪的愤怒。作者指出，起诉率的上升不一定与整体犯罪率的上升直接相关。然而,每天打开报纸的普通市民,仍然对政府仓库失窃案、银行抢劫案、嚣张黑社会乱杀无辜案的报道而感到担忧,逮捕和监禁人数也一直在增加。[12]

公众对城市犯罪的日益关注现在变成了对国家酒精战争的全民困扰。禁酒令无形中创造了一个更广泛的新罪犯阶层,并使得被起诉的犯罪数量显著提高了。随着1919年《戴尔法案》(Dyer Act)的通过,与机动车犯罪相关的逮捕和起诉的数量增加了,该法案将州际间贩卖被盗车辆定为联邦犯罪。同时,在酒精战争期间,对吸毒者的起诉次数也迅速增加。这些都进一步激起了公众对犯罪的恐慌。然而,在许多城市和州,逮捕人数激增的主要原因还是《禁酒法案》和各州的类似法案。俄亥俄州的哥伦布市(Columbus),仅在1929年就有近2000人因为违反《禁酒法案》被捕,这一数字是汽车盗窃案的10倍,是抢劫案的20倍。在弗吉尼亚,酒精重罪比例远高于其他类型重罪的比例。1917年,弗吉尼亚每10万人中就有1.8%以重罪被起诉;到1928年,这一数字增加到68.7%,违反禁酒令的囚犯仅占所有囚犯的四分之一。[13]

然而,比犯罪率快速上升更令人不安的是其犯罪性质也在不断变化。有组织犯罪并不新鲜,但是酒精战争无形中将整个行业都交给了犯罪企业家。因此,他们的财富增长之快、之多,兴旺发达程度之高并不令人意外。原本通过垄断繁华城市中心的赌博行业和色情行业,有组织犯罪企业已经颇有影响力了,现在他们的权力、知名度和影响力更是飙升到一个全新的高度。犯罪头目从黑市上获取暴利,然后利用自己掌控的这些财富,同政客、城市法官和警察勾结在一起,形成便利的犯罪网络。这种状况加剧了公众对国家刑事司法系统的信心丧失。"密苏里犯罪调查"(Missouri Crime Survey)警告说,"严重犯罪"的惊人"增长"中"一个严重的因素"是"有组织犯罪的数量似乎比以往任何时候都要多"。当代专家指出,出现这种状况,禁酒令的高尚实验是"功不可没"的。伊利诺伊州犯罪调查检察官E. W. 伯吉斯(E. W. Burgess)也警告说:"邪恶之王……正在禁酒令的阴影下形成。"美国刑法和犯罪学研究所的研究主任约翰·兰德斯科(John Landesco)对此表示赞同:"禁酒极大地增加了有组织犯罪人员的数量和力量。"第十八条修正案的批评者认为应该将"犯罪浪潮"作为一个整体看待,而不仅仅是有组织的犯罪,或归咎于《禁酒法案》:"愚蠢的立法带来了太多的相关法律。"《纽约时报》的一名撰稿人轻蔑地写道:"禁酒令的追随者许诺给我们一个太平盛世,但是……实际上我们拥有的不过是一个乌托邦式的撒哈拉——一片充斥着犯罪与暴力行为的土地。"[14]

虽然对一些人来说,犯罪浪潮和《禁酒法案》之间的关联似乎很明显很紧密,但也有人指出,针对财产犯罪的起诉也在不断上升,他们认为还有其他因素在起作用。于是,联邦关于了解和解决"犯罪问题"的调查开始进行。洛杉矶、波士顿、纽约、克利夫兰、芝加哥在内的一些大城市,纽约、密苏里、加利福尼亚等几个大州,都分别成立了犯罪调查委员会,并在1919年至1925年期间发表了九项大规模的书面调查报告。在接下来的五年时间里,调查的步伐加快了,有26份报告计划出版。一些忧国忧民的个人和企业资助了其中一些调查研究,另一些调研则由州立法机构给予资助。所有这些调查都是在"好政府"改革支持者长期的协助下进行的——参与其中的包括以"好公民"为导向的商人、法官、律师,和以政策为导向的社会科学家们。[15]

尽管表面上有科学客观的调研支撑，但一些调查研究，甚至更多的立法结果，显然都是由要求打击犯罪的呼声而刻意为之的。这些呼声偏向强调迅速惩罚和构建高压刑事司法系统来遏制犯罪。纽约州臭名昭著的《鲍姆斯法》（Baumes Law，指 1926 年通过的《纽约州刑法典》中的强制法规，规定对惯犯处以较重的刑罚。译者注），无视犯罪调查委员会提供的更多细节证据，跳过罪犯拥有的程序性保护权利，直接采取"严厉打击犯罪"的方法，执行州刑法第四项重罪——重罪应强制实施终身监禁。他们还废除了为服刑表现良好的罪犯减刑的"最佳表现激励体制"。其他州也紧随其后，效仿纽约州的这种做法，广泛采用重罪量刑法。这种状况，用一位刑法学家的话来说，是这个国家的一场"高压刑罚立法的狂欢"。在过去的十年里，禁酒令的违反者和越来越多的毒品罪犯遭受到极端禁酒者给他们强加的最严厉的惩罚。国会也不甘落后，于 1929 年通过了《琼斯法案》，将首次违反禁酒令的人定为重罪，并将最高刑罚的惩罚提高到 5 年监禁和 1 万美元罚款。[16]

这种"严厉打击犯罪"的做法虽然普遍，但这只是 20 世纪 20 年代为解决犯罪问题所做的突出努力的一个方面。真正的进步改革者强调犯罪行为背后的社会原因，并试图对刑法制度的低效和不公正进行改革。许多社会科学家认为，犯罪领域新的管理模式建构是有效改革这种状况的一个先决条件。在"新政"制度和行政改革的预演中，他们提出了具体解决方案：更专业的行政管理；通过系统科学的犯罪调查去更好地了解犯罪模式；进行法院行政改革等。罗斯福总统未来智囊团的两名成员，哈佛大学法学教授费利克斯·法兰克福和哥伦比亚大学教授雷蒙德·莫雷（Raymond Moley），二人在 20 世纪 20 年代和 30 年代早期就在市政和州犯罪研究中崭露头角，积累了政策制定方面的经验。哈佛大学法学院的波士顿犯罪调查呼吁人们关注犯罪萌芽期的有关知识，了解危害财产的犯罪和就业波动之间的相关性，以及量刑范围和量刑变化的困难把控。这些报告呼吁有必要首先改革司法系统的整体结构。[17]

正如早期围绕禁酒令的社会力量被吸引去解决整个国家的酒吧问题一样，在地方和州犯罪状况调查开始后，很快紧随其后的就是对全国持续上升的犯罪调查研究。先是卡尔文·柯立芝草率的、象征性的全国调查，接着是和赫伯特·胡佛维克山姆委员会积极的合作。全国法律遵守和执行委员会召集了社会科学和法学领域的一些最优秀的人才，研究执行禁酒和改革刑事司法的问题。罗斯科·庞德（Roscoe Pound）是委员会中最杰出的法律学者，他是起草委员会的核心人物，报告中的很多章节都是由他撰写的。庞德在哈佛大学的同事兼竞争对手费利克斯·法兰克福的协助下，利用自己在市政调查方面的经验，帮助起草了该委员会工作的初步计划。接着前往华盛顿与委员会成员分享他的专业知识，并在整个过程中给予两名委员会成员许多具体的建议。委员会认为，犯罪不能仅仅是基金会、定居点、市政当局或州的职权管理范围。华盛顿官员依靠美国顶尖大学和非营利基金会的社会科学专家力量去制定政策，这种做法是新近诞生的国家公共政策制定方法的创新和典型案例，这种合作将是新政期间一直采取的形式。[18]

该委员会的 11 名成员大多是从事法律职业的男性，许多人已经在地方或者州的犯罪调查方面有了较多的经验积累。委员会成员中，还有一位著名的大学领导。他们历时两年，共同起草了数万页的文件。委员会请来了该领域的专家指导报告，另外还有 25

名研究人员一起工作。尽管该研究委员会内部派系林立，且暂时无法消除关于禁酒令报告中的一些重大矛盾，但委员会的工作仍然具有里程碑意义和历史意义。最终他们完成并提交了总计超过3000页的14份报告，外加5卷记录案卷。这些报告成果代表了在政府支持下进行的前所未有的国家自我审视。尽管发起人是保守派，但报告里的发现，包括对美国社会的有力控诉，其中许多甚至与胡佛政府的政策和观点相左。但是，这些报告的作者一次又一次播下的种子，最终在新政时期发芽开花。该委员会的工作指出，胡佛的倡议和后来联邦能力扩张之间存在重要关联性，尽管目前仅限于"控制犯罪"的准军事领域。

全国法律遵守和执行委员会只是第十八修正案推动重整刑事司法系统努力的途径之一。公众对控制犯罪的呼声为华盛顿政府了解犯罪知识和开发新的监视技术提供了机会。1924年，在与国际警察局长协会(International Association of Police Chiefs)的合作下，中央鉴定局(Bureau of Identification)开始在华盛顿收集犯罪者的指纹。这种对罪犯进行科学识别和分类的系统胜过了其他识别形式，例如贝迪隆人体测量系统(Bertillon System)。此外，禁酒特工热衷于利用窃听手段来抓捕行踪不定的团伙违规者。特工们窃听那些由于地方当局和州当局勾结而逃过侦查的私酒贩子的电话交谈。窃听使他们能够在重大交易现场抓住罪犯，并获得非法现金交易的起诉证据，否则这些证据很难追查。这种监视手段标志着早期邮件审查手段的发展和扩大，尤其是在抓捕那些黑帮头目的行动中发挥了巨大作用，包括抓捕纽约的荷兰佬舒尔茨(Dutch Schultz)、芝加哥的阿尔·卡彭和西雅图的罗伊·奥姆斯特德(Roy Olmstead)。1927年最高法院在"奥姆斯特德诉美国"一案中，其裁决为这种侦查手段开了绿灯，允许政府接受和采纳通过窃听获得的证据。[19]

维克山姆委员会为联邦犯罪报告的系统化奠定了基础。"就国家对实际犯罪的了解、犯罪的上升和波动而言，"该委员会宣称，"最突出的问题就是如何科学地收集犯罪证据。"究竟应该如何收集国家犯罪统计数据成为一个被激烈辩论的话题。委员会研究员、受人尊敬的犯罪统计专家萨姆·B. 沃纳（Sam B. Warner）指出，像调查局一直在做的那样，依赖警方的报告会带来多重问题。许多犯罪没有被报告，警察的逮捕和报告也不一定准确或公正。他主张从犯罪的受害者开始，由人口普查局的统计员来确定。警察普遍缺乏提供专业犯罪报告的能力，他们的统计数字容易被操纵，警察聚集出现还容易导致某些类型的犯罪少报、漏报。将国家刑事犯罪数据统计工作的控制权下放给警务人员，应该优先考虑这些人员是否具备某些重要的或者专业的犯罪知识，其他的知识则可以暂且忽略。另一份基于受害者的报告统计数据，则更好地捕捉到警方统计数据中未曾涉及或者未能充分体现的犯罪类别，包括警察暴行的实例。委员会成员马克斯·洛温塔尔（Max Lowenthal）和乔治·维克山姆被沃纳的观点说服了，他们也倾向于支持由人口普查局收集数据。[20]

另一方面，国际警察局长协会主席、委员会顾问奥古斯特·沃尔默（August Vollmer）则支持基于警方报告去集中收集犯罪统计数据。在国际警察局长协会和调查局的大力支持下，政府最终还是决定选择由警方收集数据证据。由此产生的《统一犯罪报告》（*Uniform Crime Reports*），自1930年以来由美国调查局（1935年更名为联邦调查局）出版发行，成为了当时和后来美国关于犯罪研究的主要参考文献。关于控制国家犯罪数据统计权的激烈竞争，揭示了一项看似平凡的任务所涉及的深层利害关系。警察和社会科学家都心知肚明，这些统计数据是谁去收集的，如何收集的，以及如何利用这些数据的，数据将影响对犯罪行为的最初认识和后来的政策制定。但客观情况是，从那以后，这个在酒精战争期间做出的关于数据来源的模糊决定，塑造了并一直影响着美国国民对犯罪的理解。[21]

在更具体的层面上，罪犯人数开始出乎意料地飙升，美国各地监狱人满为患的现状使得犯罪状况统计工作迫在眉睫，一天也不容懈怠了。在禁酒令颁布之前，联邦政府在国家刑事司法中只是一个微不足道的角色。1890年联邦监狱的非军事囚犯不到2000人，1915年有3000人。到1930年，这个数字增加了四倍。进入20世纪20年代，特别是由于违反禁酒令这种新的犯罪类型的出现，致使全国的监狱在押人口数量急剧上升。1920年在押人口达到3720人；到1933年，该法案废除时，人数激增到13352人。1930年，监狱中长期关押的违规者中禁酒令违反者占比最高——五个最大的联邦监狱中，违反《禁酒法案》的人占了三分之一。过度拥挤的监狱使得国家不得不动用军事设施来管理临时关押犯。负责监管集中营的乔尔·E. 摩尔（Joel E. Moore）少校称："很大程度上，监狱的拥挤状况是禁酒令违反者造成的。"当时，人数上能与之媲美的是日益增多的毒品罪犯。到1930年，这两类罪犯加起来占了所有被监禁者的50%以上。[22]

联邦和州一级的监狱状况亦是如此，同样拥挤不堪，在世纪之交甚至达到了"危机"程度。1891年到1907年间连续建造了三所联邦监狱：堪萨斯州的利文沃斯堡监狱（Fort Leavenworth）、亚特兰大监狱（Atlanta penitentiary），以及普吉特湾（Puget Sound）的麦克尼尔岛监狱（McNeil Island）。但是一波又一波禁酒法令的违反者，以及大批新近受到惩罚的毒品犯罪者迅速填满了这些监狱。麦克尼尔岛监狱的容量为3738人，1928年实际在那里关押了7598名囚犯。利文沃斯堡监狱原计划关押约2000名囚犯，但在1929年却关押了3770名囚犯，结果导致了因糟糕的食物和严厉的纪律而引发的监狱骚乱。1929年，利文沃斯堡监狱这场严重骚乱导致监狱主要设施被破坏、一名囚犯死亡和许多人受伤。两年后，在另一次监狱暴动中，囚犯们用枪、棍棒和炸药威胁看守警卫。一群人绑架了典狱长，并征用了两辆公车逃跑了，而紧随其后的是一场全国通缉和抓捕行动。这场暴动最终以三名逃犯被抓获，四人被击毙告终。[23]

州立监狱也人满为患。1922年，在宾夕法尼亚州的东部监狱，1700名囚犯或3个人或4个人被挤在一个单人牢房里关押着。"某些牢房里，一个囚犯的空间比一个死人在棺材里的空间还要小。"一位观察员说。拥挤的环境导致纽约州的丹尼莫拉（Dannemora）监狱和奥伯恩（Auburn）监狱频繁发生暴乱。在得克萨斯州，20世纪20年代，禁酒令的执行导致监狱过于拥挤，以至于州监狱委员会干脆拒绝接收任何新犯人，以此向州立法机关施压，要求进行监狱改革。1923年到1931年期间，弗吉尼亚州的罪犯数量翻了一番。在乔治亚州，1921年该州的监狱里挤满了重罪和轻罪囚犯，而县监狱里的带锁链的罪犯早已人满为患。这其中特别值得注意的现象是，白人囚犯人数也是大幅增加。禁酒令时代的惩罚浪潮导致北卡罗来纳州的监禁率增加了两倍。加州的圣昆廷（San Quentin）监狱是美国最大的监狱，到1933年为止共关押了6062名囚犯，几乎是现有监狱容量的两倍。1929 年，加州假释委员会的一名成员报告说，各地监狱里"所有阁楼、地下室和牢房里都塞满了囚犯"。[24]

在联邦政府层面，监狱恶劣的条件、过度拥挤的环境和内部紧张局势，导致了在 20 世纪 20 年代末和新政时期监狱建设的数量迅速增加。总统胡佛敦促国会建设监狱，他强调说："我们的联邦惩教机构人满为患，而且这种糟糕状况每天都在加剧。"他同时警告说，过度拥挤是"疾病爆发和社会动荡的直接原因"。他向国会提交了一份为期五年，耗资 650 万美元（经通货膨胀调整后约超过 9200 万美元）的监狱建设计划。为了解决过度拥挤的问题，和避免施工期间产生动乱，他安排了 1650 多名囚犯去联邦监狱恶魔岛、布莱克威尔岛和利文沃斯堡的军事监狱中关押和服刑。1932 年，宾西法尼亚州的路易斯堡（Lewisberg）一座新建成监狱投入使用。恶魔岛以前是用来关押军事囚犯的，现在被改造成安全级别最高的监狱岛，用于关押惯犯。当它在 1934 年重新开放时，这所监狱欢迎的正是禁酒令的头号敌人、黑帮头子阿尔·卡彭——胡佛曾不遗余力地将他抓捕、定罪。新的联邦监狱包括伊利诺斯州的奇利科西监狱，俄克拉何马州的埃尔里诺监狱，密歇根州的米兰监狱。新奥尔良和得克萨斯州的埃尔帕索则被建成了专门关押审前被告的联邦监狱。监狱里大多数新设施都是针对男性囚犯设计的，但一些联邦监狱的建筑中也有一些女性专用设施，比如 1927 年在西弗吉尼亚州奥尔德森开设所谓的"联邦女性工业研究所"（Federal Industrial Institution for Women，实际上是关押女犯人的监狱）。到 1930 年底，联邦监狱的数量增加到 14 所；十年后，联邦监狱和监禁所的数量达到了 24 所。[25]

1930 年，胡佛总统还敦促国会为扩大监狱规模和提升联邦监狱管理提供资金，由此诞生了新联邦监狱管理局，它隶属于司法部，由监狱学家、加州监狱系统前局长桑福德·贝茨（Sanford Bates）主管。随着这次改组，监狱管理成为一项正式的政府职能，其地位与联邦调查局相当。在禁酒令存在期间还建立了新的犯罪记录保存形式，以跟踪不断增加的因犯人数。自 19 世纪以来，人口普查局就一直在统计联邦和州监狱的因犯数量。在 20 世纪 20 年代，这个发展中的联邦刑法国家，进一步将其统计报告系统化。1926 年，一份名为《州与联邦教化院里的囚犯》（*Prisoners in State and Federal Prisons and Reformatories*）的年度报告首次出版。它最初的统计纪实和数据分析都比较单一、简单，后来发展成越来越复杂的、永久性的年度书面报告，并被后来新成立的联邦监狱局接管。[26]

1933 年 12 月禁酒令执法的结束并没有使监狱监禁人数立即下降。1920 年到 1940 年，美国监狱的人数一直在上升。1920 年到 1930 年期间，各联邦监狱犯人的平均人数增加了两倍，从 3720 人增加到 11400 人。1930 年到 1940 年之间，这个数字继续攀升，几乎再翻了一番。那些因违反《禁酒法案》而服刑的人、因未缴纳新制定的联邦酒税而被定罪的人、吸毒的人，以及与飞涨的失业率相关的财产犯罪罪犯，继续使这些数字不断攀升。得克萨斯州和加利福尼亚州的州立监狱在 20 世纪 20 年代就已经人满为患，到了 30 年代，这两个州的监狱人数依然在不断攀升。总的来说，20 世纪 20 年代到 40 年代，联邦和州一级的监狱里关押的人数几乎比过去翻了一番。相比之下，在第二次世界大战开始后的三十年里，联邦监狱的人数几乎没有再增长。与同期急剧增长的人口率相比，当时美国的在押犯人数增长率除了维持不变，而且后期还从禁酒令时期的峰值急剧降下来了。各州的监狱情况类似，在1920年至1940年州监狱人口激增之后，监禁率也随之下降。这段时间里，虽然州立监狱的犯人数量是波动的，但是像伊利诺伊州、印第安纳州、俄亥俄州、肯塔基州和田纳西州等州——这些州都是见证了禁酒令违法人数激增最厉害和禁酒情绪最强烈的州——他们的监狱犯人数量在1940年之后才出现了下降。结果，到1940年，各州每10万人中有125名囚犯，1970年这一数字下降为98名，犯罪率大幅度下降。20世纪最后的三分之一时间里，监禁率下降状况又急剧逆转——从20世纪70年代开始，州监狱人数开始了第二阶段的指数型增长。特别是1980年后，联邦监狱监禁率大幅上升，这都与禁酒战争之后的毒品战争直接相关。[27]

联邦监狱规模的扩张和新的罪犯管理机构的出现，是禁酒令给历史留下的永久遗产。执行禁酒令的要求也催生了替代监禁的各种新方法，其中最主要的就是假释法。该法案始于19世纪末，到1925年，除了两个州以外，其他州都有了假释法。在宾夕法尼亚州的一份报告中，对于那些谴责"假释有纵容罪犯的嫌疑"的批评者，改革者们的回应是："假释不是宽大处理……相反，假释实际上拉长了国家对罪犯的控制期限。"以前，刑满出狱的罪犯在社会中无人监管，而假释罪犯出狱后面临着继续被监管和行动受限制的情况。在庞大的犯人数量压力下，联邦政府也扩大了假释制度。1930年，胡佛成立了联邦假释委员会（Federal Board of Parole）。他还将执行假释的联邦缓刑监督官的人数增加了十倍，以用于监督已定罪的违法者，而不是把所有的罪犯全部统统送到人满为患的监狱里去。结果，1930年至1931年，12300名被定罪的违反者被判缓刑，1932 年又有 15700 人被判缓刑。[28]

禁酒令的另一个结果就是重塑美国刑事司法的另一个核心机构——法院——变得更加紧迫。《禁酒法案》的存在与执行也凸显出美国法院的极度低效问题，并且引起人们对要加强法院的行政重组的呼吁。联邦法院首席检察官的助理维勒布兰德在 1924 年报告说，该法院被大量积压的案件逼到了几乎崩溃的边缘：截至 1924 年年底，足足有 2.2 万件案件悬而未决、等待处理。值得赞扬的是，法院最终完成了对大量违反禁令的人的处理，并判了许多人有罪。1928 年，在截至 6 月 30 日的财政年度里，联邦法院法官共计判定 44022 人触犯了禁酒令。如此数量巨大的案件，为后来发起法院改革提供了"弹药"。美国前总统威廉·霍华德·塔夫脱早在 1914 年就呼吁建立一个由中央协调的司法体系，但提议遭到了当时国会的抵制。后来迫于禁酒令案件日益增多的压力，国会于 1922 年付诸行动，进行联邦法院程序改革，与此同时赋予首席大法官新的权力，可以根据需要向全国任何地方法院指派法官，并成立司法委员会，集中改革法院程序。年度的司法会议——一个由巡回法院高级法官组成的会议，其任务是收集统计数据，并通过制定新规则来提高法院效率。早期法院改革者的努力首先集中在市级，然后是州级。禁酒令执行的危机促成了对各级管理现状的改革，也包括改革联邦司法行政部门。[29]

……

国家的禁酒战争也改变了这个国家的刑法学说。到 21 世纪初，辩诉交易（为避免受重罚而在法庭上进行的认罪协商辩诉。译者注），已经成为下级州和地方法院的普遍做法，不堪重负的联邦法院也很快采纳了这种做法。海量的案件导致了量刑时的减刑普遍存在。例如广被人们嘲笑、讽刺的法庭"协商日"（Bargain Days）——在指定的日子里，违法者挤满法庭，通过认罪的方式换取较轻的罚款和处罚。雷蒙德·莫雷对"消失的陪审团"、非正规的法庭审判感到遗憾，因为辩诉交易占据了整个国家的法院。他强调了一个惊人的事实，即1926年芝加哥的13117起重罪起诉中，只有209起最终由陪审团定罪。关于禁酒案的报道和不断上升的刑事起诉迫使联邦刑事司法系统更广泛地接受了新做法、新规范。国家禁酒令也巩固了诱捕原则（Entrapment Doctrine）——在法庭上，根据《禁酒法案》，诱捕案件和第四修正案的辩护案件数量激增。即使最高法院的判决支持执行策略，并戳穿了现有宪法保护中针对无正当理由搜查和扣押的漏洞，以诱捕法为理由的法律辩护现在已经成为美国律师辩护的标准武器。总之，宪法禁止的那些年，现代刑法的一些突出方面和程序被引入到了联邦一级的法院。[30]

在塔夫脱1921年至1930年担任首席大法官期间，最高法院通过的"支持积极执法"的决定扩大了联邦警察的权力范围。出人意料的是，塔夫脱和自由派助理大法官路易斯·布兰代斯（Louis Brandeis）联络其他法官共同组成了一个联盟，在一系列维护这一前所未有的权力的裁决中他们找到了共同点。在1922年的"美国诉兰扎案"中，法院富有成效地支持通过了征用国家公共资源来支持第十八修正案的提案，并将修正案的"并行执行"条款解释为各州和联邦政府有义务执行的法律。法官们创造了一个"双重主权"新学说，并把它作为宪法保护的"双重罪赦免"（旨在确保刑事被告不会因同一罪行在州和联邦两级受到重复起诉与惩罚的一个例外）。1928年，塔夫特法院就"窃听问题"做出了"奥姆斯特德诉美国"的裁决，判决结果事实上支持了联邦扩大监听权力的行为。这种决定显然是侵犯了宪法里的隐私保护权，也挑战了传统的地方自治法律。法学者罗伯特·波斯特（Robert Post）写道："一些新决定，读起来就像后新政时期（Post-New Deal）的决定，实际上是把不受约束的权力拱手让给了国会行使。"[31]

尽管法庭上大多数法官对后来关于经济调控和规划的新政立法持反对态度，但在刑事司法领域，最高法院在禁酒令期间出台的决定急剧地扩大了联邦政府的权力。随着《禁酒法案》似乎成为宪法的永久组成部分，法官们被迫在某种程度上接受了行政国家，并相应地重构其司法学说——在禁酒令之外诞生了一种新的"司法保守主义学说"。而传统上，保守的司法学说支持有限的联邦权力、州权力和地方习俗影响力。但现在，像塔夫脱这样渴望维护法治本身的法官，都一致决定支持扩大联邦权力。随着第十八修正案的废除及其对法治的侵蚀，新保守主义的融合从保守的司法学说中消失了一段时间。直到几十年后，首席大法官威廉·伦奎斯特（William Rehnquist）出于保守目的支持联邦权力和法律实证主义，新保守主义才又重新出现。通过对法律和秩序机构施加如此极端的压力，禁令催生了一种司法视角的短暂繁荣，但也一直持续到了 20 世纪后期。[32]

由于塔夫脱法院支持联邦政府在警务中发挥作用，国会也因此获得许可启用政府公共资金来为扩大后的新权力提供资助。尽管这种巨额资助与该法案服务的宗旨目标完全不相符，但国会为赋予联邦治安权力而破例，这是共和党十年来议程里未有过的情况。虽然哈丁总统为了寻求社会"恢复正常"而大幅削减了开支，但国会未能将联邦开支恢复到战前水平，这主要是因为在过去的十年里，用于执法的开支每年都净增长近 20%，这是此项开支过大的主因。仅是禁酒局在1929年就有超过1500万美元的拨款,这个数字是九年前拨款的三倍,相当于今天的两亿多美元。这只是执法开支的一个方面,1930年的此项开支几乎是1920年的五倍。[33]

但是,这一政府支出造就了美国第一支重要的国家警察部队。这支禁酒部队的人数规模,是J. 埃德加·胡佛领导的联邦调查局前身的规模的四倍多。1924年胡佛接管联邦调查局时,手下只有不到450名特工。新成立的边境巡逻队也只有450名特工,他们则要管理墨西哥和加拿大总长度接近7500英里的边境。相比之下,到1930年,由禁酒局雇佣的特工有2278名,除此之外还有将近2000名辅助执法人员。[34]

从一开始,新成立的禁酒局就遇到了与其规模同样庞大的棘手问题。由于缺乏经验和训练,这支部队特别容易受到贿赂、贪污和腐败的影响,黑市白酒的巨额利润更是助长了这一现象。仅在1921年到1928年间,队伍里就有近十分之一的服役人员因受贿、勒索、盗窃、伪造记录等犯罪行为而被开除。只有41%的公务员通过了1927年引入的新公务员考核,仅这一举就把该局给毁了。于是一批通过公务员考试合格的,但缺乏实践经验的新招募进来的特工,替代了那些被开除的人。[35]

禁酒战争使这些缺乏经验的联邦官员——海关官员、边境巡逻人员、禁酒局官员——频繁地与平民发生暴力冲突。联邦政府自己都承认,由于禁酒局官员缺乏专业培训、暴力执法,从而导致约260人在他们执法过程中死亡。《华盛顿先驱报》(*The Washington Herald*)认为实际死亡人数更有可能超过了1000人,但是它没有提及禁酒队伍的整体情况。例如,据一名被称为"冷血杀手"的边境巡逻特工估计,在1924年至1934年期间,仅巡逻特工就杀死了近500名"走私犯"——来自墨西哥的跨境酒类走私者。打击违规者并不是这个刚刚成立的巡逻队的主要职责，但尽管如此，它还是在执法中发挥了该项工作的核心作用：每个夜晚，埃尔帕索小队都会悄悄地沿着里约热内卢的格兰德河（Grande）巡逻，等待伏击携带大罐烈酒或瓶装酒的走私者。一名前特工回忆说，在他所在的辖区街道上，平均每17天就会发生一次枪战。据另一名前特工回忆说，在边境沿线，对酒精的战争为一些臭名昭著的"枪手"提供了机会，使得他们有机会从事所谓"狩猎"人类罪犯的活动。另外，政府人员普遍的违法行为也是胡佛在就职演说中提出的话题之一，也是维克山姆委员会调查的主要内容。禁酒局特工们的杀戮，再加上"无罪释放"的宽松审判模式，为《禁酒法案》的反对者提供了反击他们的"弹药"。然而，胡佛总统指责的不是法律，而是它的行政管理，他认为如果政府建立了更高效、更专业的警务体系，公民就会遵守法律。[36]

美国的另一个胡佛——J. 埃德加·胡佛领导下组建的联邦调查局，则完美定位于服务于总统呼吁的更高效、更专业的治安，以及公众呼吁的遏制犯罪的需求，这支队伍比禁酒局规模要小，但更有纪律，更令人尊重。胡佛以公众对犯罪的密切关注和禁酒局自身显而易见的问题为出发点，为他新组建的、名义上更专业的联邦调查局撰写了一份宣传简报。尽管缺少资金和国会的关注，胡佛还是花了整整十年时间，致力于建设一个不受联邦禁酒局丑闻影响的执法机构。他要求他的特工保持高专业水准，实施人事岗位轮换制度，以防止特工与地方和州政客形成易导致腐败的密切关系。胡佛公开把自己的调查局和联邦的禁酒局的专业水平做了比较。当旧的调查局垮台时，他的专业能力和社会地位正好适合领导、组建新的联邦调查局。到1940年时,联邦调查局的规模已经扩大了一倍。[37]

当J. 埃德加·胡佛致力于建设一个更专业、更官方的打击犯罪的国家机构时,总统赫伯特·胡佛也没闲着,他重新启动了全国性打击日益壮大的有组织犯罪势力的行动。由于对猖獗的黑市私酒交易感到无能为力和沮丧,胡佛甚至问他的司法部长威廉·米切尔(William Mitchell),作为总统的他是否有权召集军队来打击走私行为和平息底特律河沿岸敌对帮派之间争夺地盘的暴力冲突。于是后来就有了总统直接参与抓捕"头号公敌"阿尔·卡彭的行动——抓捕行动很成功,卡彭很快就成了联邦监狱恶魔岛"最著名的岛民"。由于卡彭的亲信为他的谋杀罪顶包,地方和州警察一直未能成功起诉他。这次胡佛要求他的司法部长兼财政部长安德鲁·梅隆(Andrew Mellon)确保卡彭被定罪。在政府最高层的支持和授意下,审判团队想出了一个不同寻常的审判策略。此次审判团利用联邦权力,控诉卡彭通过非法交易获得未报告利润,违反了所得税法,从而使他被成功定罪。卡彭被定罪后,芝加哥犯罪研究专员弗兰克·罗奇(Frank Loesch)在感谢胡佛总统此次所做的幕后努力时说:"我希望有一天你会允许我告诉公众,你对这件事有多大的贡献,你给了我多大的动力。"[38]

胡佛总统个人主义者的名声一定程度上掩盖了他在打击犯罪的战争中对联邦权力使用的事实。他建立了强大有力的联邦监狱系统;他支持扩大联邦调查局的职权范围,包括对1933年林德伯格婴儿绑架谋杀案的调查和宣判(罪犯拒不认罪,但依然被调查局控诉罪名成立,执行了电椅死刑。译者注);他还呼吁国会扩大联邦权力打击纽约帮派纵凶杀人的犯罪活动。他致力于统一、扩大和专业化边境巡逻队,使其规模在成立的头五年里扩大了一倍。他还支持联邦政府针对外国人的驱逐权——"让我们彻底摆脱外国人对我们的犯罪。"当1931年,规定被判违反禁毒法律和移民法律的非本国公民将被驱逐出境的《外国人法案》(Alien Act)颁布时,胡佛赢得了更高的声望和权威。新成立的联邦缉毒局(Federal Bureau of Narcotics)的缉毒主任协助了胡佛这项事业,他还作证说:"外国人是毒品问题的根源。"[39]

……

这一发展反映出对酒精的战争中还有另一个未被重视的方面,即禁酒战争的孪生兄弟——联邦反毒品战争——它们二者一直是生息共存的。对禁酒令的挑战促使联邦官员更加积极地执行各种禁毒执法,而且这往往还会受到第十八修正案背后的改革家们的鼓励。美国新生的缉毒制度在很大程度上是禁酒法令的"继子",它借用了禁酒战争中运用的假设、逻辑、基础设施和一些主要参与者。然而,它们之间也存在着重要的差异。在没有一个组织严密的平民运动支持的情况下,反毒品运动主要是由国家机构、道德企业家和少数有影响力且富有的私人捐助的,如制药公司的支持。

反毒品运动缺乏的首先是类似禁酒运动的活跃的基层动员,它采用的行动理念是一种普遍假设,即"抑制娱乐性麻醉药物的使用是一项积极的公共利益"。而实际上,娱乐性麻醉药品的使用远没有那么普遍,更主要的是它被确定为会对青年造成威胁。但是与酒精相比,麻醉药品使用与边缘"不正常"群体(如病人)的联系更为密切。实践也证明了,禁毒远远没有禁酒那样复杂,会激起那么多社会争议。总之,禁毒制度也被保留下来了,同样成为那个时代最重要的遗产之一。

某种程度上说，禁毒运动是依赖于国际关于制止全球毒品贩运的国际协定，这是禁酒战争所没有的特点。虽然禁酒局成功地通过和国际组织谈判达成了一些国际协定，去制止酒类走私行为。但是美国新生的缉毒制度则更集中国际、国内毒品管制的双管齐下战略，这是二者之间的区别。尽管1914年哈里森毒品法案（Harrison Narcotics Act）的支持者曾希望从一开始就利用法律这种约束机制，去禁止毒品使用和交易。该法案打着税收法的幌子通过了，但是法案只是规定使用可卡因、鸦片和吗啡的人需要登记和纳税，并没有要求所有者和使用者提供许可公文或许可印章。该法案也没有明确将非医疗用途的麻醉品使用定为犯罪。直到1919年，法院还拒绝配合联邦政府利用法律起诉吸毒者的要求，将这种刑事定罪解释为"超越了国会的初衷"。然而，在1918年12月第十八修正案批准后，法院越来越支持禁毒官员的缉毒行动了。例如，在1919年韦伯等人诉美国案中，最高法院就禁止非医疗目的毒瘾维持行为——而这曾是一种惯常做法。沉迷于毒品的男人和女人——以前被认为是道德上的软弱和可悲，而不是危险——现在逐渐被归类为犯罪。[40]

禁酒令的逻辑是，努力根除一种影响精神状态、损害身体的娱乐物质的交易与使用，这使得公众对麻醉品的看法更加坚定：麻醉品是一种比酒精更容易上瘾、更有害的物质。第十八修正案的通过也引发了新的担忧，即美国的酗酒者可能转向更危险的毒品。反对酒精战争的人也曾提出过同样的论点，但一旦酒精禁令成为法律，这种担忧不可避免地使麻醉药品被采用类似的方法进行打击。1920年，纽约警察局特别执行副局长宣布："现在毒品成为'犯罪浪潮'的核心,而不是酒精。"禁酒令使得罪犯"从威士忌酒转向了毒品"。哈里森法案通过后,美国的缉毒机构建设初具雏形,并随着《禁酒法案》的出台,缉毒机构获得了重要的新权力。在1919年至1920年期间,缉毒机构的财政拨款增加了一倍。缉毒执法部门现在已成为财政部全国禁酒局的一个半自治部门,并受益于颇具优势的新酒精执法基础机构。[41]

国会充分发挥自身的作用,通过了更为广泛的禁毒立法,越来越多的吸毒者和贩毒者被投入监狱。1922年,国会通过《琼斯-米勒法案》(Jones-Miller Act),成立了联邦麻醉品管制局,禁止鸦片和海洛因等其他麻醉药品的进出口。在《哈里森法案》和《琼斯-米勒法案》使美国国内可卡因和鸦片的来源枯竭之后,海洛因却开始悄然流通。具有讽刺意味的是,海洛因交易的增加在很大程度上是由于联邦对所谓危害较小的麻醉品的管制政策的结果。这种商品在非法贸易中获得了有利地位,因为它比鸦片药效更强,性价比更高,而其他国家的制造使其货源供应充足。可卡因也没有鸦片的强烈气味,因此不太容易被执法人员发现。于是犯罪分子转向贩运更有利可图、效果更好的海洛因上来了。这与非法酒类贸易类似,市场从起初贩卖啤酒转向后来贩卖酒性更烈、更容易运输的烈性酒上了。[42]

里士满·霍布森是正统十字军的领袖,他曾支持禁酒令,现在又发起了一场更广泛的"世界大战"——打击毒品罪恶的战争。这位"禁酒令之父",曾经是反酒吧联盟收入最高的演说家,现在又迅速成为反毒品新道德企业家的领袖。1920年,霍布森为各学校推荐了一册关于宣传麻醉药品危害的25页的"教科书"。1923年,他创立了国际麻醉品教育协会(International Narcotics Education

Association），这是一个非营利组织，旨在教育人类"了解酒精、鸦片、吗啡、海洛因、可卡因使用的真相，并根除它们的交易和使用"。1926 年，在国会的资助下，霍布森的反毒品组织主办了一场大型会议。国内外专家、代表，美国药品学会（American Chemical Society）代表、美国退伍军人协会成员、美国政治和社会科学院（American Academy of Political and Social Science），以及大量的医生聚集在一起讨论药物问题。霍布森的演说夸大其词——这是他演讲的特点，他声称有超过一百万的美国人吸毒成瘾——实际上据联邦麻醉品官员估计，吸毒成瘾的人数约为 13 万人。[43]

霍布森曾运用危言耸听和夸张的手法来鼓动人们支持第十八修正案和《禁酒法案》。现在他对这些手法进行了翻新和重新运用，以达到这样一个新目的，即"人类必须找到补救办法，必须知道真相，必须打破桎梏，否则就要走向灭亡"。和早期的禁酒主义者把贫穷和犯罪归咎于喝酒习惯的措辞一致，霍布森宣称："光天化日下的拦道劫持、残忍凶杀和各种暴力犯罪的主要群体是吸毒者，正是他们构成了当今社会骇人听闻的犯罪浪潮。"在 20 世纪 20 年代的数年里，霍布森又以早年投身于禁酒运动的狂热精神状态投入到现在的反毒品运动中。但他没有放弃对禁酒运动的支持。他在禁酒主义者圈子里享有极高的声望，以至于他的禁酒运动追随者在 1936 年还寻求对他的总统提名。但随着国家禁酒令逐渐失去光彩，根除毒品问题成了他和其他"禁酒十字军"共同的新任务。20 世纪 30 年代，对酒精的战争失败了，基督教妇女禁酒联盟开始积极支持新的"反毒品战争"。[44]

尽管霍布森精力旺盛，善于使用危言耸听的鼓动言辞，但他不是堂吉诃德式疯狂而不现实的人物。他是一群致力于反毒品的道德企业家中的一员，他们与美国的国家建设者一起建立了一个国际禁毒制度。在他之前，传教士查尔斯·布兰特（Charles Brent）在美国的"太平洋新领地"推行过鸦片禁令。霍布森的努力现在获得了一些有影响力的公民的支持，并与更广泛的国会运动相关联。礼来公司（Eli Lilly Company）的负责人约西亚·莉莉（Josiah Lilly）是国际麻醉品教育协会的坚定支持者，并定期提供财政捐助。伊雷内·杜邦和埃尔佛雷德一世·杜邦（Alfred I. du Pont）放弃了对联邦权力扩张的疑虑，分别成为霍布森世界麻醉品防御协会（World Narcotic Defense Association）的创始成员和主要贡献者。赫伯特·胡佛也强烈支持"摧毁毒品可怕的威胁"的主张。[45]

尽管反毒品行动的不同部门之间存在着摩擦，但政府高层官员仍与霍布森合作，争取达成国际协议，并在国内进行毒品管制立法。胡佛卸任总统后，霍布森的反毒品运动赢得了富兰克林·D. 罗斯福的司法部长霍默·卡明斯（Homer Cummings）的支持。1935 年，霍布森起草了卡明斯关于毒品"威胁"的演讲，并在一系列广播节目中播出。演讲充满了特有的警惕性，将"我们的大部分罪行"归咎于"毒品罪恶"。基督教妇女禁酒联盟主席艾达·怀斯（Ida Wise）作为特邀嘉宾出席了演讲。反毒品运动得到了一些有影响力的新盟友的支持，比如几个新发展起来的美国制药公司。也得到了禁酒十字军和来自他们仍然活跃的组织的大量支持。[46]

对于霍布森和他的十字军伙伴们来说，切断国际毒品供应源是根除国内非法毒品贩运的关键。1927 年，霍布森成立了世界麻醉品防御协会，以制止全球毒品贸易流通。协会总部设在纽约，并建立了一个国际分支机构，用以支持外国外交官和国际改革者的参与支持。在整个 20 世纪 20 年代，这个国际联盟都是关于毒品贩运活动的国际谈判主要组织。虽然美国不是联盟成员，但其在国际反毒品势力中的领导地位为其赢得了联盟会议的非正式席位。1931 年，总统赫伯特·胡佛派美国代表团参加了国际联盟的会议，代表团由新成立的联邦缉毒局局长哈里·安斯林格率领。尽管美国代表团是非官方的，但他们在会议会谈中发挥了强大的影响力。联盟官员希望，在毒品问题上的合作将使美国与这个羽翼未丰的组织更紧密地联系在一起。[47]

接下来，霍布森在日内瓦（Geneva）建立了国际禁毒协会中心（Le Centre de l'Association Internationale de Défense Contre les Stupéfeciants），以支持美国与该联盟的工作与合作。作为世界麻醉品防御协会直接领导下的分支机构，该组织还聘请了国际代表为美国寻求的麻醉品控制和限制进行四方游说。效果良好，很快联盟就同意成立一个中央控制委员会，授权去控制和协调每个国家的粮食作物和精炼厂的数量。到 1934 年，已经有 41 个国家签署日内瓦限制协议（Geneva limitations）。1931 年至 1934 年间，在美国的领导下，一个极具弹性的全球毒品管制制度的基本架构也建立起来了。自那时以来，它一直是国际禁毒协定的主要内容。对此，总统富兰克林·罗斯福通过电报向霍布森表示祝贺。该国际协议组织反过来又向美国施加压力，要求其通过更严格的国内立法去控制毒品。1932 年美国国会参议院批准日内瓦条约，麻醉品主管哈里·安斯林格、霍布森、司法部长卡明斯和罗斯福主张采用《国家统一禁毒法》（Uniform State Drug Control Law），不仅是为了提高美国的国际声誉，更是"努力去进一步打击国外的贩毒势力"。[48]

在禁酒战争期间，相应的反毒品机构建设也受到了重视，并获取了独立地位。1930 年，赫伯特·胡佛建立了联邦缉毒局。这个新成立的强大的机构独立于那个因受丑闻冲击而正在走向没落的国家禁酒局——据调查发现，禁酒局的部门主管利瓦伊·纳特（Levi Nutt）的儿子和女婿，受雇于最近被谋杀的犯罪头目阿诺德·罗斯坦，在财政部提起的一起逃税案中担任罗斯坦的律师。相反，更强大的、且现在没有丑闻的联邦缉毒局此时迅速向美国公众和国际表明，美国在国内和全球打击非法毒品贩运的决心和承诺。国会则慷慨拨款 170 万美元（经通货膨胀调整后约合 2300 万美元），作为缉毒局的第一年运营经费，这样的丰厚资助在全球经济萧条时期是一个重大的保障。[49]

胡佛任命著名的前禁酒局助理局长哈里·安斯林格领导新的缉毒局。安斯林格也是禁酒运动的坚定支持者，他把禁酒战争中的道德热情和摩尼教观点带到了新使命中。他还精通全球国际事务，曾在国务院游说过关于呼吁外国政府阻止有利可图的贩酒贸易，特别是强烈主张制裁巴哈马群岛走私的英国船只。安斯林格的这种努力，不仅赢得了原本不情愿的英国的合作，还与加拿大、法国和古巴达成了类似的打击国际走私的协议。20 世纪 20 年代，他在"酒精国际外交"方面取得了巨大成功，他也因此获得了禁酒局国外管制局（Foreign Control）局长的职位。他强调"必须严格执法，根除一切违法行为"。[50]

为了有效地执行禁酒令，安斯林格呼吁将购买烈酒定为犯罪，提议对第一次购买烈酒者处以不低于 1000 美元的罚款和 6 个月的监禁，对第二次购买者处以不低于两年的监禁。他要求对酗酒者施以严厉惩罚的呼吁没有取得什么进展，但在新成立的联邦缉毒局的领导下，安斯林格却成功地将这严厉的惩罚手段用在毒品违法者身上。他敦促法官实行把违法者"关进监狱、然后扔掉钥匙"

的严厉处罚。1932 年，在他的指导下，全国统一法律专员会议（National Conference of Commissioner on Uniform Laws）通过了《国家统一麻醉药品法》（Uniform State Drugs Law）。该法案通过后，他敦促各州采用统一的反毒品法，以取缔新的毒品类别，使各州的禁毒立法标准化，并协调联邦政府和各州之间的执法工作。1935 年，罗斯福宣布支持这部统一法案。[51]

《国家统一麻醉药品法》说明了反对酒精和毒品的运动是如何在里士满·霍布森和哈里·安斯林格等领军人物之间逐渐趋于融合的。到胡佛担任总统时，敏锐的观察家们清楚地看到，这项关于酒精的"高尚实验"已经失败，禁酒令将被取消。像安斯林格和霍布森这样的忠实信徒，他们从对酒精的战争中吸取了教训，并把这些教训用到了美国的第一次毒品战争中。与第十八修正案和《禁酒法案》形成鲜明对比的是，《国家统一麻醉药品法》优先考虑了各州在禁毒斗争中发挥的作用。联邦缉毒局不仅制定了麻醉品禁止的标准和禁毒逐步执行的时间安排，而且随后还敦促各州立法机构采取行动。罗斯福的司法部长卡明斯总结道："统一的立法至关重要，但仅凭联邦政府是无法达到这种威慑力的。"到 1939 年，除 9 个州外，其他所有州都在联邦缉毒局的支持下通过了统一的反毒品立法，而且还有更多的州正在陆续制定法律。[52]

由禁酒主义者转型为缉毒领袖的哈里·安斯林格也在试图提高公众对毒品这种新的威胁的认识。从 1913 年在加州开始，西南部的一些州在 20 世纪 20 年代陆续通过了反毒品法。在西南部以外的墨西哥裔美国人聚集的地方，大麻毒品很少受到公众关注。大麻既不流行，也没有被理解为像可卡因或海洛因那样会上瘾或对人有危险。安斯林格起初认为大麻对社会算不上什么大威胁，但在西南部政府官员的压力下,安斯林格最终还是支持通过立法将使用大麻定为犯罪。并非巧合的是,在大萧条的失业危机下,反毒品运动恰逢人们对"外国人"——墨西哥裔美国人的敌意加剧。在赫伯特·胡佛的领导下,为了缓解失业状况,他们通过施压,恐吓策略,以及联邦政府支持的警方突袭,大力驱逐墨西哥族裔,导致超过50万墨西哥裔美国人被驱逐出境。[53]

安斯林格引用了早期反酒精和反毒品十字军的关联说法:"绝大多数强奸、袭击和谋杀案件,与毒品使用直接相关。"他不顾批评家的反对,支持一名国会议员的声明,称大麻"和海洛因一样可怕"。1937年,安斯林格促使《大麻税收法案》(Marijuana Tax Act)成功通过。该法案对销售商、进口商、中间经销商以及其他任何从事大麻交易的人收税。该法案出台后,许多州效仿联邦政府的做法,对违反大麻规定的人处以与海洛因使用者相同的罚款。[54]

冷战期间,美国对毒品走私的关注时起时伏。在美国企图作为世界资本主义"领袖"发挥影响力的广泛努力行动中,安斯林格所属的缉毒局只是扮演了一个小角色,更多的时候是联邦缉毒局将控制毒品走私与秘密行动结合起来,去对付那些被认为对美国利益构成威胁的贩毒组织。如同后来在美国遇到共产主义"威胁"的任何地方,都能发现联邦的机构参与其中。20世纪30年代,随着经济大萧条的加剧,联邦给缉毒局的财政拨款大幅度缩减,而在世界大战后的美国繁荣时期,对与毒品相关的违法者的起诉也减少了。但是"禁酒令时期"所形成的官方组织机构、所倡导的思想,为20世纪70年代美国发起的第二次更为雄心勃勃的禁毒运动奠定了坚实的基础。[55]

……

禁酒令的废除并没有结束联邦政府对其权力的扩张——即结束从1919年开始的在控制犯罪方面的权力扩大,似乎国家权力继续增大和变化是永久性的。随着新政的到来,政府对联邦权力的扩张态度更加明确、权力更大了。1934年,国会顺利通过了九项大法案。司法部长卡明斯宣布:"我们现在正卷入一场威胁我们国家安全的战争……一场与有组织犯罪势力之间的战争。"罗斯福政府打击犯罪的战争也是起源于国家关于禁酒令的战争。与其他早期新政立法类似,这些措施借鉴了胡佛的努力成果,并在新的方向上扩大了这些结果,进一步增加了联邦权力。罗斯福的犯罪控制综合方案不仅扩大了联邦政府对犯罪的管辖权,也扩大了联邦调查局的管辖范围。联邦调查局被赋予处理绑架、银行抢劫案和勒索案的新权力,并授权联邦探员有权进行逮捕,并准许携带武器。其中新立法之一也是首个联邦枪支管制立法的先驱,因为它高度关注猖獗的枪支暴力现象。1929年,简·亚当斯公开表示支持"裁减"禁酒部队的武器:"联邦政府控制枪支销售会更好。"1934年的《国家枪支法》(National Firearms Act)就是出台的这种立法。最早的法案是要求对所有私人枪支持有者都征禁止税的。鉴于全国步枪协会(National Rifle Association)的反对,全国枪支登记处的创建规模才有所缩减。但是全国步枪协会并不是反对所有的枪支立法,比如它支持一项禁止性的枪支转让税,但禁止持有截短的猎枪、机关枪和消音器,并限制进口枪支。[56]

在禁酒令时期,联邦官员的名声被腐败和政府官员糟糕的表现严重玷污了。罗斯福政府试图修复这一声誉损害,于是发起了一场媒体运动,决心重塑联邦执法部门的形象,并淡化和对抗腐败官员与罪犯之间勾结造成的恶劣影响。但是像阿尔·卡彭和约翰·迪林杰这样的大的犯罪人物，在两次世界大战的困难时期，他们在平民中似乎也建立了一些受民众欢迎的声誉，例如，卡彭在西塞罗开设过一个大型救济站，为当时不断增长的失业大军提供食物，并因此获得了媒体的广泛关注；迪林杰试图将自己塑造成现代"罗宾汉"式的英雄人物，他强调自己只杀富济贫、抢劫万恶的资本主义银行——这些银行在 20 世纪 30 年代确实声名狼藉。在后来的《读者文摘》(Reader's Digest) 编辑、保守派富尔顿·奥斯勒的建议下，司法部长卡明斯发起了一项运动，旨在"宣传并塑造联邦调查局的英雄形象"。这场活动由一名驻华盛顿的通讯记者倡导，后来他因此被诟病通过媒体噱头美化联邦调查局的形象。这场广泛宣传活动一方面宣传揭示犯罪团伙的暴力和剥削，另一方面又美化联邦探员如何英勇机智地将罪犯绳之以法。有利的宣传使反犯罪的立法合法化，并消除了有犯罪行为和滥用职权的联邦探员的腐败社会关系——滥用职权现象在全国禁酒令时期曾一度非常猖獗。[57]

　　1919 年至 1933 年的禁酒战争给联邦政府留下的影响太深刻了，使其后来一直倾向于去实施治安维持、监视和惩罚。历史学家、政治学家和其他学者早就注意到现代美国国家的这段特殊演变，特别是与现代西欧国家相比，美国有重胁迫、轻福利的特点。美国的民族国家特点是既独特又矛盾——软弱但好干涉，欠发达却爱胁迫。所以这些矛盾的紧张关系促成了许多美国人与他们的国家政府之间的一种爱恨关系——他们既自豪地爱国，又害怕华盛顿政府。这种评价和概括，一点都不令人意外。这些特征在很大程度上要归因于 20 世纪 20 年代——那个在法制笼罩下的十年的

"社会常态";同样也要归功于更为人熟知的国家建设进步派和新政时代。

禁酒战争期间,年轻的美国联邦政府的强制权、监督权一直在扩大——不仅通过早先成立的禁酒局扩大权力,而且还通过扩大联邦监狱系统、边境巡逻队、联邦调查局和联邦缉毒局等机构和组织去不断地扩大。除了这些执法与惩戒措施,还有运用社会科学专业知识来理解州和国家层面的犯罪、第一次尝试系统地收集国家犯罪和监狱统计数据,以及其他科学的举措。换句话说,联邦政府在执行禁酒令方面的举措,是知识与权力集大成的经典案例——所谓试图"理解人类行为,并控制它"。禁酒令时代构成了联邦刑事国家的形成年代,那个时期形成的运动假设和社会逻辑至今仍在推动着美国国内和全球禁毒事业的发展。

……

与此同时,胡佛对联邦刑事知识的强烈呼吁和对刑事司法系统的专业研究,为国家进行科学自我评估提供了非同寻常的空间。他对社会科学专业知识的敬畏态度,也为后来的另一项意义深远的调查打开了一扇门——全国法律遵守和执行委员会调查,以及一起关于对"建立强制国家"的公诉调查。但这项调查让他后来大为恼火,因为调查结果隐去了委员会的那些毁灭性的、尖锐的问题,只留下一些吸引人的、还未被采用的刑法改革措施。但毋庸置疑,委员会其他一些人确实对刑事司法的现代化和系统化,以及机构重组做出了贡献。

全国法律遵守和执行委员会向公众提供了一次审视"监控型国家"形成过程的机会。一些与该委员会合作的有影响力的法律学者称,这是一个历史性的机遇。他们希望通过这次机会来重塑国家对犯罪和刑事司法的态度。这项工作高层给予了充分重视。据费利克斯·法兰克福说，该委员会主任乔治·维克山姆把他对该委员会的领导视为"一生中最重要的工作"；路易斯·布兰代斯和研究员玛丽·范·克利克（Mary Van Kleek）认为该委员会的工作是"划时代的"；法兰克福大法官称，该委员会的工作"极其重要"。虽然法兰克福极其不重视胡佛在犯罪和刑事司法方面的专业知识，同时他也不是该委员会的正式成员，但是他还是认为该委员会改变了"美国在犯罪和刑事司法方面的长期心理状态"。他形象地将此项工作比同与 19 世纪英国皇家委员会（English Royal Commission）的伟大改革研究。[58]

费利克斯·法兰克福对委员会的工作给予了极大的支持。根据乔治·维克山姆的说法，在工作正如火如荼进行之际，委员会的重量级人物罗斯科·庞德却正在休假，当时他正处于一种精疲力竭的状态。不得已，维克山姆转而向法兰克福寻求建议。法兰克福立即前往维克山姆在长岛的家。之后法兰克福前往华盛顿参加该委员会的第一次会议，共同敲定了他们的工作蓝图，并为至关重要的研究人员的人选提供了建议。他告诉委员会的两位密友，工作的首要任务是确保委员会从"暴政"中解放出来，在"总统的监护和指导"下开展工作。他强调"独立而富有想象力的思考——一种透过表象看到本质、并能照亮黑暗地方的力量"。他还说，必须让"具有创造性调查能力和强大解释能力"的研究人员参与进来。[59]

法兰克福关于从"暴政"中解放出来的倡议，接着被证明，要想把它写进禁酒令报告里是很困难的——被此倡议深深激怒的胡佛，要求委员会对调查结果里那些对禁酒令改革不利的部分进行修正。但它的资金和调查的广度为其他领域的研究提供了很大的余地，包括：犯罪原因、统计数据、警察、起诉、法院、刑事机构、缓刑和假释，以及青少年犯罪、刑事司法与外国出生的人、政府执法人员的不法行为和犯罪成本等，委员会后来都开展了广泛的调查研究。关于禁酒问题，该委员会无视胡佛最初要求关注酒市有组织犯罪现象增长的呼吁，只有一个小组委员会专门关注第十八修正案。最终的独立报告显示，几个最初没有确定的领域的调查研究也在报告中涵盖了，比如警察的暴力行为和《驱逐法》（Deportation Laws）的执行，但它们的结论与该委员会的初衷存在严重分歧。事实上，这些结论与后来的正义的社会精神有更多共同之处，而这种精神在接下来的新政中找到了一席共存之地。[60]

委员会的报告除了陈述的内容不加限定，包罗万象，同时表述也大胆直接，其中关于犯罪原因的措辞和语气都很尖锐。这些都表明，这不是一份客观的普通政府报告。报告宣称："在……的内心深处，美国的政府和社会政策……有某种根本错误的东西。"该委员会的报告揭露了这个"强制民族国家"的不公正现象和腐败，例如，特工执法过分"积极"和政府官员的腐败，以及从禁酒局到移民归化局（Immigration and Naturalization Service）的各种各样"无法无天"缺乏约束的行为。它谴责驱逐法对墨西哥裔美国人造成的影响，经常采用"违宪、暴政和压迫"等方式执法的弊端等。大型长篇报告《无法无天执法之控诉报告》（*Report on Lawlessness in Law Enforcement*）对国家各级警察权力的滥用进行了翔实的阐述。报告里写道："政府官员们应该永远记住，没有什么比为了达到目的而使用非法手段'将罪犯绳之以法'更阴险的诡辩了。"该报告揭示了20世纪早期使用的"三级暴力"（Third Degree）审讯——对通过使用身体暴力和心理暴力刑讯逼供的简称。报告里甚至详细罗列了各种逼供方法,包括"用酷刑折磨犯人":用橡胶软管鞭笞、剥夺睡眠和食物、"水疗法"折磨、武器威胁、鞭刑、暴徒威胁,以及其他"身体伤害或死亡威胁"。报告称:"这些酷刑种类在这个国家的法官和律师圈子里是众所周知的。"报告还谴责了这种行为"在性质和程度上都是令人震惊的"。[61]

1931年6月发布的"刑法机构、缓刑和假释"报告也同样措辞犀利。它谴责"目前的监狱系统"是"过时且低效的",达不到改造罪犯的目的,也不能保护社会。"有理由相信,这种监狱管制和惩教只会使囚犯变得冷酷而强硬,反而会导致犯罪的增加。"研究人员访问了欧洲的惩教机构,这是"跨大西洋交流"更广泛改革思想的一部分,他们得出的结论是"必须发展一种新型的惩教机构,一种在精神、方法和目的上都是全新理念的机构"。作者呼吁对监狱劳动制度进行立法改革,包括向囚犯支付劳动报酬:"这不仅是为了鼓励囚犯们好好改造、努力工作,也是为了维持他们的家庭和促进他们自尊自爱。"[62]

被胡佛任命为新联邦监狱管理局局长的著名刑罚学家桑福德·贝茨,利用维克山姆委员会的调查结果,去支持自己的监狱改革。在一篇题为"我们的监狱辜负了我们吗?"的文章中,贝茨毫不迟疑地答道:"是的,过去那些阴暗的监狱、严厉的惩罚,并不能解决犯罪问题。"贝茨的目标是通过制定新的监狱改造方法把"罪犯"转化成"好公民"。在新政之下,他的"未来监狱"改革计划取得了丰硕成果。他的改革措施,例如对囚犯进行分类、管理程序化和系统化、罪犯改造记录建档以及规范监狱纪律等,都被照搬到其他几个州的联邦监狱进行实践。然而,倡导者所希望的"模式"理想改造环境在这些监狱里从未真正实现过——极端恶劣的条件、体罚、隔离和严厉的纪律仍然是监狱的常态，特别是在州和地方一级的监狱里，情况更恶劣。贝茨的"开拓性"理想是将监狱改造成致力于将"罪犯"转变为"好公民"的惩教机构。但他失败了，他的理想被"监狱作为社会控制工具"这一基本使命扼杀了。[63]

其他的报告并没有如此直接地对公共政策产生影响，但这些报告里的调查结果和发现推翻了胡佛政府的一些核心假设，譬如认为"外国人与犯罪行为是紧密联系在一起的"假设。由芝加哥大学社会服务管理学院院长伊迪丝·阿伯特牵头撰写的一份详细报告——《犯罪与外国出生者》(Crime And The Foreign Born)打破了人们普遍认为外国人或者外国出生的美国公民是罪犯的主要群体的偏见。阿伯特并毫不含糊地宣称，两者之间的这种联系，没有任何事实依据，"纯属偏见"。他这份内容广泛、事实翔实的报告发现，在被指控犯罪的人群中，外国人实际上所占比例并不大。这些发现削弱了在禁酒战争期间盛行的"本土主义话语权"——指以种族或民族身份政治为其政治态度的思想，并促进了多元自由主义潮流的扩大。[64]

其他研究，如《犯罪成本报告》(Report on the Cost of Crime)，批评了用刑法来改革道德的行为。该研究列举了许多减少犯罪成本的方法，包括关于"限制通过刑法手段进行社会控制的尝试"。作者通过引用《禁酒法案》总结说："如果在刑法实施过程中不针对普通守法公民，刑法的实施成本会减少很多。"而委员会的《关于美国禁酒法执行情况的报告》(Report on The Enforcement of The Prohibition Laws of United States)表述并不像其他报告那样大胆，正如委员会成员蒙特·莱曼(Monte Lemann)后来评价的那样："尽管措辞上在这里或那里有让步和保留，但它整个基调难掩反对禁酒令的立场。"一名委员会成员回忆说，当胡佛看到这些调查结果和对禁酒令委婉的批判时，他感觉"颜面扫地"。私下里，胡佛还抱怨说这份报告"烂透了"。他把报告交给了国会，并发表了简短的评论，表示如果"进一步的实验失败"，他不同意拟议中对宪法第十八修正案的修订。他宣布他的责任是"毫不含糊、毫无保留的尽我们所能地执行法律"。胡佛对禁酒令报告大加指责，最终他干脆放弃了其他报告。这些报告于 1931 年公布，报告结论与政府政策向左，调查结果也有力地批评了政府的官方行为，对此，四面楚歌的国家政府和总统没有发表任何评论。[65]

委员会报告最具开拓性的部分是关于犯罪原因论的分析。其中一项调查关注导致犯罪的心理因素，呼应了之前将环境置于"智力缺陷"之下的说法。而另一项调查则将犯罪与社会体制联系起来，并为社会解决犯罪问题指明了方向。研究员玛丽·范·克利克在对纽约州新新监狱因犯工作与犯罪关系的研究中发现，失业是"侵犯财产罪"的一个重要诱因。另一项关于马萨诸塞州就业情况的统计数据和犯罪研究的有力的推断表示："这一结论似乎是必然的，即经济安全的保证可能会带来犯罪数量的显著减少。"类似地，由克利克领导的另一项对纽约州犯罪调查的报告强调，要想更好地"遵守和执行法律"，第一步是提供"就业保障"。报告中的这些发现预示了美国在新政时期，通过社会供给和创造就业机会所采纳的公共政策解决方案。[66]

报告中关于犯罪原因的部分——由艾拉·德·A. 里德（Ira De A. Reid）撰写的关于"黑人与工作和犯罪有关的特殊问题"的调查——看完尤其令人愤慨。调查指出，因犯罪而被起诉和监禁的非裔美国人的人数与他们在总人口中的人数相比严重不成比例，调查是集中在一系列广泛的诱因上的。报告指出，作为一个弱势群体，黑人与所有种族的穷人一样，承受着司法机关强加的不公与歧视。除此之外，还面临着"在法律执行的所有步骤和法院的惩罚中都有种族歧视的可能性"。为了纠正执法中可能存在的歧视，该报告呼吁"雇用黑人警察"和"雇用黑人陪审员"，以便非裔美国人可以由他们同种族的人组成的陪审团审判。调查结果还指出，非裔美国人存在工资极低、经济不安全和失业率高的问题。通过对新新监狱黑人囚犯的调查，研究者发现"失业，以及失业造成的生活水平低而动荡不安，是大多数黑人的实际现状"，并得出结论说"失业无疑是犯罪的一个非常直接和普遍的原因"。[67]

但调查也颠覆了通常关于犯罪的一般讨论，将视角从常见的犯罪定义转移到识别另一系列犯罪的性质："针对黑人的有意识的和无意识的犯罪。"这一系列的问题包括黑人奴仆制的盛行、"用铁链锁铐黑人囚犯"、种族骚乱、剥夺公民权、限制居住、剥夺工作权利和选举权，以及低劣的公共和教育设施等。调查发现，在所有上述问题中，恐怖的私刑是最令人震惊的，有"3533名黑人丧命于私刑"。调查认为，通过立法去打击这种恐怖是非常必要的。[68]

正如艾拉·德·A.里德关于非裔美国人的工作和"法律遵守"的尖锐讨论，维克山姆委员会的大部分工作都表现出了费利克斯·法兰克福所呼吁的勇敢、坦率和宽厚的思想。《纽约时报》等报纸以"维克山姆委员会将犯罪率上升归咎于失业率"、"美国压迫外国人"、"残暴的驱逐方法"和"维克山姆委员会打击严刑逼供和野蛮警察"等大标题报道了委员会的调查结果。来自一个政府机构的如此有力的诸多发现让胡佛政府只有招架之功，毫无还手之力，十分狼狈。这些报告体现了一股社会批评浪潮，促成了新政的自由主义转向。[69]

不过，法兰克福对该委员会可能"有助于改变犯罪和刑事司法"的厚望落空了。虽然这些报告预示着社会改革的新想法，其中一些将在新政期间开花结果，但是调查里更广泛的发现没有得到像"禁酒令报告"那样的广泛关注，"打击犯罪的战争"继续迅速推进着。《纽约时报》的一篇社论评论说，尽管禁酒令"在委员会的广泛范围内处于从属地位，但对大多数人来说，它是首要的，也是最重要的"。另一篇社论呼应了这些观点："然而，对公众来说，这个话题无论是合乎逻辑或是不合逻辑，……在委员会宗旨范围内的所有论题中，人们对禁酒令更具强烈的兴趣。"委员会的禁酒令调查结果给"高尚实验"带来了毁灭性的打击，在这个实验中，政府行为过度扩张，这与大多数人的行为和道德相悖。从移民官员到地方警察，政府当局的野蛮行径和无法无天的行为，以及针对非裔美国人的罪行，这些都被政治评论员们的冷漠无情掩盖而不被揭示，因为对他们并没有造成任何伤害。这些评论员们只是全神贯注于对禁酒令和经济危机的大肆报道。[70]

美国对酒精的战争奠定了20世纪联邦刑法国家的基础。与此同时，在14年时间里，联邦权力和国家行政机构规模的不断扩大，使美国人更加倾向于选择民族国家来解决社会问题，同时也引发了对政府行动范围扩张的矛盾不安。但无论如何，第十八修正案和《禁酒法案》为新政期间政策创新的爆发提前铺平了道路。在禁酒令期间，公众对"社会犯罪"的强烈关注，为关于"强制国家"和"犯罪控制"在国家层面上的讨论开辟了全新的、深入的空间。维克山姆委员会的报告敲响了结构性不平等、失业与犯罪之间的关系警钟,他们呼吁"限制通过刑法手段进行社会控制的程度"。这种呼吁,无论是在现在还是在近一个世纪前,都显得一样的迫切。[71]

第八章　禁酒令的废除

1932年6月19日,在全球经济灾难最严重的时候,《里士满时代快报》刊登了一幅《历史会如何评价我们?》的漫画。画中一位干瘪的"历史老人"手里拿着一本厚重的书——《战后的一代》,"地球"上的人们互相打斗,扬起一片尘土。漫画揭示,他们为之战斗的并不是大规模的银行倒闭、失业危机、排队领取救济的人,或是欧洲法西斯主义的兴起。"尽管我们这个时代的所有重大问题都迫切需要解决……但我们谈论、争辩、为之狂热、思考和梦想的唯一问题就是禁酒令!"这幅漫画刊登得很及时,正好赶在芝加哥民主党全国代表大会(Democratic National Convention)召开的前夕,当时有关第十八修正案的辩论占据了该次大会的中心舞台。尽管一些民主党人试图用"吃饱比喝酒重要"的口号来转移人们对酒类的注意力,但呼吁大胆对经济进行改革的声音还是被对禁酒令的争议掩盖了。会上,当内布拉斯加州参议员吉尔伯特·M. 希区柯克（Gilbert M. Hitchcock）宣布该党承诺废除《禁酒法案》时，会议大厅里爆发出了经久不息的掌声、赞美声和欢呼声。[1]

尽管经历了三年的经济动荡和日益严重的贫困，但从 20 世纪 20 年代末到大萧条的头几年，禁酒令一直是公众争论的焦点。从最高法院的大厅到普通工人的种族联谊会大堂，禁酒令激起了人们的热情。正如首席大法官塔夫脱在给儿子的信中所写的那样："似乎禁酒令比我们在法庭上遇到的其他任何问题都更能引起人们的共鸣。"一位来自宾夕法尼亚州伊利市的旅行推销员承认，他会利用争议来打破与潜在客户之间的僵局，"立即获得"他们"全神贯注的关注"，禁酒令的讨论亦是如此。他说："公众舆论对禁酒令的关注比对当今任何其他公共问题都更强烈。""'禁酒令'成了一个全国性热词，它在这个国家的每一个村庄和城市里都是众所周知的，它影响着这个国家的每一个人。"形形色色的领导人，如委员会大法官肯尼斯·麦金托什（Kenneth Mackintosh），哥伦比亚大学校长尼古拉斯·默里·巴特勒（Nicholas Murray Butler），纽约莫利皮彻俱乐部（New York's Molly Pitcher Club）的创始成员、后来成为另一个反禁酒组织的领导人的路易斯·格罗斯（Louise Gross），他们纷纷都对麦金托什将禁酒令描述为"自奴隶制问题以来最突出的经济和社会问题之一"的观点做出了回应。[2]

这种将禁酒战争与奴隶制冲突进行比较的夸大言辞，显示出在世纪之交，这一争论在同时代人当中已经达到了高潮。正如本书前几章中描述的那样，尽管出现了大量民众的不满，但在禁酒令实施的头几年里，代表精英阶层的"公众情绪"是一直坚定地支持确保该法成功执行。即使是在修正案批准前那些有影响力的反对者中，如首席大法官塔夫脱，在它成为法律后也是持支持态度的。还有那些没有维护国家法律义务的自由派学者,比如哈佛大学教授费利克斯·法兰克福,也认为这项修正案"应该得到公正的对待"。路易斯·格罗斯记得,在禁酒令通过立法之初,"有勇气公开反对禁酒令的少数女性,她们几乎都被贴上了'无政府主义者'的标签"。值得注意的是,直到1928年,即使是颇有经济实力的反对禁酒令修正案协会,在很大程度上也只是一个没有实权的组织。随着修正案被写入宪法,反对者和支持者都有充分的理由相信再去废除它几乎是不可能的,毕竟,在美国之前的历史上没有一项修正案被废除过。反之,许多反对者把努力方向都放在修改《禁酒法案》上了。这种普遍的情绪引发了纽约的禁酒支持者乔治·K.斯坦森(George K. Statham)的不满,他在1928年10月坚定地宣称:"废除第十八修正案的可能性与废除第十三修正案的可能性一样大,要改变就要斗争!……世界从未停止向前发展,但禁酒令不仅没有在道德或社会方面向前迈进一大步,反而使其倒退了一步!"五年后,第二十一修正案的批准速度打破了第十八修正案的记录,它终结了对酒精的战争。[3]

来自社会各方面的一系列力量推动了这一急剧逆转。对法律的普遍不尊重、对禁酒令执法的争议、越来越严苛的立法,以及所谓"夜生活文化实验""诱惑之歌"的糜烂,这些都让禁酒令的前支持者们现在倾向于认为这项法律确实存在弊大于利的问题。此外,民主党内部不断壮大的"反对派"直接将禁酒令废除问题推入了全国政治,并成为废除禁酒令的新政治盟友组织。大萧条时期的经济危机使原本对禁酒有利的天平发生了倾斜,倾向于废除法令。

尽管阿尔·史密斯竞选总统失败了,但他的竞选活动在破坏精英阶层对第十八修正案的原有共识方面起到了很大作用。纽约的路易丝·格罗斯评论说,史密斯对禁酒令"无畏的讨论唤醒了整个国家"。"史密斯州长,"格罗斯打个比方说,"他把导火索放到了炸药上,把事情搞大了……同时,史密斯的竞选也打破了政党内部的讨论壁垒,更多的人士转而支持废除禁酒令。"这让史密斯第一次能够去关注日益增多的移民选民群体的利益和关注点,从而巩固了这个群体对民主党的忠诚。史密斯虽然没能成功赢得总统竞选,但四年后,这群人领导了废除禁酒令的斗争,并最终成为罗斯福新政中经济政策实施的保障力量。[4]

史密斯的对手、获胜的赫伯特·胡佛,他以其特有的效率加强执法,遏制猖獗的违法行为,这无疑会煽起反对的火焰。愈加严厉的新处罚手段和严重的罚款方式激起了更多的反对——这毫不奇怪。1930 年,维克山姆委员会的罗斯科·庞德幸灾乐祸地说,禁酒大佬们"用如此高压的手段管理事务,接踵而至的必然是更多反对者的出现"。事实上,在 1929 年《琼斯法案》通过时就引发了前禁酒令支持者们的公开抵制。曾宣称修正案是"上天的恩赐"的威廉·伦道夫·赫斯特(William Randolph Hearst),现在却猛烈抨击《禁酒法案》反而严重阻碍了禁酒,导致犯罪率上升,监狱人满为患。他宣称,《琼斯法案》是"自《外国人法案》和《煽动叛乱法》(Sedition Laws)以来,玷污这个共和国法典的最具威胁性的压制性立法"。赫斯特新闻公司组织了针对《禁酒法案》铺天盖地的负面报道,并举办了一场关于该法案的替代方案的"最佳提案奖"竞赛活动。赫斯特办公室共计收到了 71248 份关于酒类控制的替代方式的改革建议,据估计,这些建议的容量相当于一个有 2 万册图书的图书馆,平均每册 5 万字。到 1929 年,民众对"禁酒十字军"的怨恨已经从移民少数族裔工人阶级及其盟友,蔓延到以新教徒为主的中产阶级身上。比如，在宾夕法尼亚州伊利市的一场电影放映会上，当看到参议员戴维·沃尔什(David Walsh)痛击联邦探员在马萨诸塞州海岸杀害三名朗姆酒走私贩子的影片片段时，以上流社会群体为观众的人群爆发出热烈的掌声。⁵

甚至胡佛亲自组建的维克山姆委员会——一个旨在评估禁酒令实施和刑事司法体系的组织，也煽动起反对禁酒令的火焰。罗斯科·庞德起草了一份"禁酒令调查报告"，并撰写了报告主体部分，还附上了每个州的数千页禁酒令执行记录作为支撑材料。报告列出了"当前形势的多重不良特征，包括因此项法律而滋生的伪善、腐败，法院的压力和不合理的刑罚制度"。概言之，报告的结论就是"禁酒令这项法律是无法执行下去的"。迫于来自胡佛的压力，这份报告最后给出的建议听上去显得模棱两可。但是之后，两名委员呼吁立即修订《禁酒法案》，还有另一些人坚持"应该继续完成下一个禁酒令实验期限，并且只有在实验失败后才能进行修改"。媒体尖锐地批评了这种双重思维和难以理解的矛盾建议。禁酒令的反对者谴责，该报告未能为公认已存的社会危机提供一个合理的、统一的解决方案，并有效地利用报告的主体去支持那些"反对禁酒战争"的论点。这让胡佛大为惋惜。志愿律师委员会(Voluntary Committee of Lawyers)宣称，该报告"构成了迄今为止废除第十八修正案的最强有力的论据"。参议员罗伯特·瓦格纳(Robert Wagner)得意地宣称，这份报告标志着"终结的开始"。但胡佛私下谴责了这份报告，并预言它"将会导致共和党从上到下的分裂"。⁶

尽管如此，胡佛依然坚持之前坎农主教(Bishop Cannon)和反酒吧联盟的纲领与主张。他不仅拒绝了一些委员要求立即修订《禁酒法案》的要求，还拒绝了在"进一步试验"失败的情况下进行修订的温和建议。由于胡佛对自己委员们的调查结果置若罔闻，关于他"顽固、不开化、是非不明"的印象在国民中更加牢固了，而且经济危机的出现使他的支持率进一步急剧下降。就这样，一场物质危机和一项极不受欢迎的社会法律，共同不幸地、巧合地决定了胡佛的政治命运，同时也决定了禁酒战争的走向。在这一巨大差距中，朝气蓬勃的民主党以历史性的压倒优势将富兰克林·D.罗斯福推上了白宫政治舞台，成为国家总统。

正如第一次世界大战为第十八修正案的颁布提供了有利环境一样，大萧条的严峻形势使政治气候急剧转向有利于废除该法案的方向。1932年，美国进入了经济萎缩的第三个年头。农产品价格严重下跌，5000多家银行倒闭，全国各地的城镇工厂大量破产。这个国家在大规模的失业中步履蹒跚——全国四分之一的工人没有工作。在芝加哥、匹兹堡和辛辛那提等工业城市，失业率更高。光是芝加哥就有60万人在待业、找工作。地方、州和慈善救济组织无法满足急剧增长的社会生存需求。市政当局资金告罄，芝加哥的市政雇员已经数月未领工资。1930年，安东·瑟马克作为反禁酒主义者的领军人物被任命为芝加哥市长，他立即请求联邦政府救济该市的失业惨状。瑟马克警告联邦政府说："现在应该立刻拨款1.5亿美元，否则就准备派遣联邦军队来镇压失业大军的暴乱吧。"随着共产党人组织失业者进行示威活动、讨偿金远征军在华盛顿广场上安营扎寨，人们对社会动荡的恐惧迅速增长。[7]

经济危机，以及随之而来的公共和社区机构的崩溃，改变了围绕酒精战争的辩论格局。长期以来一直反对《禁酒法案》的劳工组织发言人，现在警告说，该法案"给政府施加了压力，让它无法坚持下去，还可能会破坏政府"。在大规模失业的阴云笼罩下，这项法律引发了"数百万人的明显不满"，"反对不公正和不平等的法律"呼声在公民领袖中找到了新的共鸣。美国劳工联合会副主席马修·沃尔（Matthew Woll）宣称，随着经济危机的加剧，工人们"对政府帮助他们的意愿失去了信心"，经济危机加剧了他们因禁酒令而对政府产生的"怨恨"。即使是那些反对经济改革的人，也认识到有必要做些什么来提高工人的士气，证明政府对危机的反应能力。他们意识到，只有废除禁酒令才是出路，即给工人们"他们的那杯啤酒"。这是不触及危机深层根源的情况下，一种缓解移民工人阶级社区不满的手段。[8]

解除禁酒令不仅保证了"工人们目前的态度有明显的缓和趋势"，而且在不增加政府支出的情况下，还为改善失业状况迈出了一小步。酒精战争的结束意味着酒业的振兴和农民粮食市场的改善，并将带来新的就业机会。从合法的酒类贸易中征得的税款还可以给政府带来急需的财政收入。除了这些经济上的理由，最后，像约翰·拉斯科布这样的人也希望废除法案，以能够去支持保守派对"地方自治"的要求、对抗改革者和激进分子的呼吁——他们要求加强中央行动，以防止失业带来的破坏，并对商业进行监管。[9]

美国反对禁酒令修正案协会早就警告说，第十八修正案将太多的权力集中在华盛顿政府，协会承诺将为其他形式的监管打开大门。现在看来，这些担忧是有先见之明的。通过"联合起来"支持废除《禁酒法案》，这让反对改革的人看到了一个逆转形势的好机会。在这种大气候下，动员废除法令的组织如滚雪球般迅速扩大了。1930年，"全国禁酒改革妇女团体""废除第十八修正案妇女委员会""禁酒十字军""教徒志愿者委员会"等以精英阶层为中心的团体纷纷加入了反对禁酒修正案协会。1932年夏天，250万名反禁酒令民众联合成立了"联合废除委员会"（United Repeal Council），主席正是皮埃尔·杜邦。[10]

……

在民众不满、联合行动这片阴云之下，共和党大会于1932年6月14日召开了。关于禁酒令的争议在大会辩论中占了主导地位，这在很大程度上要归功于那些有权有势并且支持废除法令的"新皈依者"们，他们都加入了反禁酒令的共和党阵营。其中最著名的人物是小约翰·D. 洛克菲勒，他和他的父亲是反酒吧联盟最重要的经济支持者。洛克菲勒改变立场的爆炸性消息震惊了"禁酒十字军"。洛克菲勒宣布，废除法律对于"恢复公众对法律的尊重"以及"宪法最初确立的州与国家之间的权力分配"至关重要。胡佛尽力安抚这些有影响力的共和党人，同时又不疏远共和党反酒十字军这一大群人，但最终二者谁都不满意他的做法，"因为他采用了一个模糊的立场——一种'难以理解的骑墙'做法，"一位评论员抨击道。讽刺作家H. L. 门肯（H. L. Menken）也指责道，这种立场唯一的优点就是"简单的人都难以理解它"。胡佛对自己的做法给出的书面阐释冗长得像一篇论文的纲领，一方面宣称支持禁酒令的"强制执行"，以及"即使共和党成员对它持有不同的意见，但任何公职人员或共和党成员都不应该在这个问题上、或他的党派与诚实信念之间做出选择"。另一方面，该纲领要求"在联邦政府中保留所取得成果的权力"，但也要求向州一级的大会提交一项修正案，"不限于保留或废除法令……共和党为了美国人民，从不畏惧，从不后退"。门肯认为这种骑墙的立场是整个大会的象征。"我见证过很多会议，"他报告说，"这是最愚蠢也是最不诚实的一次大会。"

另一位会议观察人士报道称:"共和党代表离开会议时,对这一跨党派方案的失望和悲观情绪是如此之深,以至于我交谈过的大多数人都毫无保留地预测,就算没有其他问题出现,民主党也会在酒的问题上赢得选举。"从这一刻起,在即将到来的选举中,废除法案注定成为一个纯粹的党派问题。[11]

共和党在对酒精的战争上含糊其词,但却坚定地支持胡佛在1928年宣布的对犯罪的斗争。它称赞胡佛对抗"公敌","密集而有效地行动",并承诺"对他进一步的努力将提供全力支持"。共和党还承诺将"继续进行目前对非法毒品的无情打击",并赞扬政府"极大地加强了我们打击毒品贸易的力量"。这些关于打击犯罪和毒品的主张是胡佛早期关于建立法治国家倡议的延续,概括了他建设联邦刑罚和纪律国家的承诺。[12]

新政期间,打击犯罪和毒品的战争仍在继续,或者说事实上在许多方面从未放松过,但对酒精的战争已接近尾声,很大程度上是因为胡佛"愚蠢地"试图在酒精问题上跨界,民主党因此成为公众对酒精战争日益扩大的敌意的主要受益者。自四年前胡佛以压倒性优势获胜以来,情况发生了很大变化,民主党选择处于有利地位,尤其是因为胡佛执政期间经历了三年的经济危机。一位共和党大会观察员说:"如今,赫伯特·胡佛的名字和履历悬挂在代表们的脖子上,就像一块政治'磨刀石'。"该党通过政纲为胡佛过去的政绩进行辩护,称赞总统的"伟大领导能力",并承诺"打破大萧条的阴霾,恢复国家的经济生活"。它呼吁扩大农业信贷和营销,以及对企业、银行和业主的贷款支持。[13]

这个纲领,连同胡佛对经济危机的广泛应对措施,显示出了他通过行使联邦权力应对危机的意愿。胡佛通过新成立的一些机构，例如"重建司"（Reconstruction Finance Corporation）等，为商人和银行家提供贷款。他还支持西部开发项目的公共支出举措，其中最具代表性的项目就是胡佛大坝（Hoover Dam）。然而，这些看似是代表大众利益的提议并非来自普通大众。共和党纲领承认，紧急情况造成了"人民的巨大痛苦"，同时宣布"人民可以自己通过耐心和坚定的努力，去调整自己的事务，能够、并将找到解决办法"。胡佛的"联邦行动主义"（Federal Activism）预示了一股新自由主义思潮，这种思潮在20世纪后期才站稳了脚跟，但在当时依然属于保守主义，适应于一个主要致力于保守政策目标的发展中国家。由于胡佛冷漠地拒绝了为数百万失业者提供任何救济，却花了大量的钱让政府去执行那令人憎恨的禁酒法律，这恰好给了民主党一个绝好机会，宣布支持"废除与繁荣"、结束共和党"奢侈的"开支的倡议。[14]

  共和党全国代表大会召开两周后，民主党人以更为乐观的心态聚集在芝加哥。民主党全国委员会主席约翰·拉斯科布呼吁全国代表大会恢复秩序，他敦促代表们通过一项承诺所有民主党候选人都支持废除禁酒令的纲领。1928年史密斯参加总统竞选后，拉斯科布为该党建立了坚实的组织基础，建立了永久性的总部和新的宣传机构。现在，他试图把废除共和党的政策作为民主党行动的王牌纲领。为了让对"禁酒战争"的关注成为一切行动的最前沿和核心，拉斯科布吸引了成群结队的工人阶级和移民群体投票者加入进来，他对选民承诺将进行"地方自治"，而尽量不谈及那些可能引起分歧的经济改革政策问题。[15]

  几位主要候选人阿尔·史密斯、约翰·南斯·加纳（John Nance Garner）、牛顿·D. 贝克（Newton D. Baker）、阿尔伯特·C.

里奇（Albert C. Ritchie）和富兰克林·D. 罗斯福，他们之间展开了激烈的竞选角逐。史密斯和里奇强烈支持废除《禁酒法案》。另一方面，罗斯福还是担心1924年和1928年震撼民主党的斗争会再次上演。宾夕法尼亚州的民主党主席约瑟夫·古菲试图说服罗斯福："南方正在改变其支持禁酒令的极端态度。"古菲是对的，但是罗斯福希望通过胡佛对经济大萧条的处理来发动一场运动，把北方的城市工业和南方的农业联合起来——如果有什么区别的话，那就是这次先把禁酒令放在一边。与史密斯相反，罗斯福的代表力量主要集中在南部和西部。然而，面对崛起的城市种族集团中废除禁酒令的热情浪潮，罗斯福很快放弃了消除禁酒令争议的希望。[16]

安东·瑟马克，城市种族联盟的领军人，带着做好废除《禁酒法案》的准备来到了全国代表大会。在长达4个小时的激烈辩论会议中，代表们讨论了该党的立场。当一名爱达荷州的代表读到这份集中代表少数族裔利益和关注的报告时，挤满了少数族裔民主党人的芝加哥美术馆里响起一阵唏嘘声。对酒精的战争影响了一切。这些城市民主党支持者希望从可怕的经济危机中解脱出来，但又大声疾呼要结束对酒精的战争。他们中至少有一人在大会召开前写信给罗斯福，以确定总统在这个问题上的立场。J. A. 惠更斯（J. A. Huyge），自称是来自芝加哥后街牲畜围场片区的"普通工人"代表，他告诉罗斯福，他对禁酒令之下的"恶劣环境"怀有"强烈的敌意"。和其他来自东北和中西部工业地区、以工人阶级为主的少数族裔聚居区的选民一样，这位工人在1924年投票支持共和党，但在1928年却转向投票支持纽约州州长阿尔·史密斯。现在他只有一个问题要问罗斯福：总统对第十八修正案的立场是什么？罗斯福现在清楚地看到了形势：如果他此刻站出来，坚决反对修正案，他将赢得政治上的强大支持力量。他说："目前的事态……绝对是灾难性的。"[17]

在这场长达5个小时的激烈辩论中，少数族裔群众代表们激情澎湃，他们嘶哑的喧闹声充斥在会议长廊里。在大会结束的时候，所有人都认为，一切都转向支持废除法案方向。尽管罗斯福广受欢迎，但他意识到了在废除法案上如果继续含糊其词，可能会错失他成为总统候选人的机会。同时，如果代表们向其他有希望的候选人承诺，联合起来"阻止罗斯福"成为候选人，那么罗斯福的提名之路可能会就此中断。这场辩论也提供了一些线索，表明南部和西部各州对禁酒运动支持在弱化。亚拉巴马州、阿肯色州、乔治亚州、堪萨斯州、密西西比州、北卡罗来纳州和俄克拉何马州等，均支持少数族裔党派。但是其他南部和西部的州，包括得克萨斯州、肯塔基州和南卡罗来纳州，现在都支持废除法案。由于形势不妙，罗斯福开始发动民主党代表，让他们投票赞成废除法令的提案。投票结果是934票对213票，最终，废除法案的提议以压倒性优势赢得了投票。民主党的每一位候选人后来都承诺要废除第十八修正案。[18]

在波士顿，坚定的反酒斗士伊丽莎白·蒂尔顿在家里通过收音机收听了大会辩论过程。她对压倒性的废除意见嗤之以鼻，痛斥民主党里的"叛徒"和保守商人："如果资本家们有意让人们忽略经济问题，要把这个问题搞砸，那他们就干得不错！"拉斯科布可能希望这样做，但蒂尔顿所鄙视的少数族裔出于各自的原因，都倾向于支持废除该法案。因为《禁酒法案》不仅给他们的社区带来了前所未有的、势力强大的黑帮和暴力犯罪、官方禁酒执法人员的恐吓，还有随意而粗暴地擅入私人住宅等不安全因素。到 1931 年，甚至连维克山姆委员会也承认，那些"强制执行事件……和搜查房屋"，似乎必然更倾向于针对中等收入的人，而不是那些富裕或有影响力的人。在国家严重的经济危机背景下，新兴的城市民主党有了新的权力意识，少数族裔的忠诚党员抓住了机会，把民主党变成一个工具，去解决他们社区的许多核心问题。[19]

罗斯福通过表达支持废除禁酒令的立场，成功消除了反禁酒主义者对他提名的主要反对意见，并粉碎了阿尔·史密斯第二次参选的希望。废除该法案后，罗斯福迅速成为竞选活动的领跑者，在早期投票中赢得了多数代表的支持。然而，事实证明，接下来要赢得提名所需的三分之二选票是更加困难的。大选决胜日，几轮投票无果，投票活动一直持续到深夜。第二天，当罗斯福提名约翰·加纳为他的副总统人选时，得克萨斯代表团派出了更多的代表去为罗斯福投票。在得克萨斯州，当投票者排着队去投票支持罗斯福时，威廉·麦卡杜正在加州竞选纽约州州长，并获得了胜选所需的三分之二票数。消息传来，罗斯福的支持者从座位上跳起来，欢呼、挥手，叫嚷着表示支持与兴奋。所有主要候选人现在都公布了支持罗斯福的代表人数。但史密斯是个例外，他对失去提名感到如此痛苦，因为他觉得这本应该属于他。主张废除政策的民主党候选人罗斯福和加纳现在票数遥遥领先了。对这个结果蒂尔顿震惊了："我 20 年为之付出的心血，就这样毁掉了。"她关掉了收音机，关掉了卧室的灯，躺在床上在黑暗中悲伤。"亲爱的日记，我们被打败了！"她在日记中这样倾诉着。[20]

……

在接受提名的演讲中，罗斯福呼吁采取行动和确定政党精神。

罗斯福飞往芝加哥，亲自在大会上发表演讲，他打破了政党的传统，以此表明他拒绝被过去的历史束缚。他宣称民主党是"思想自由、行动有计划、具有开明的国际视野和为大多数人谋福利的政党"。他谴责共和党以牺牲大多数人的利益为代价来实现少数人利益的做法。关于这场对酒精的战争，他宣称："这个大会想要废除它，你们的候选人想要废除它，并且我相信整个美利坚合众国都想要废除它。"总而言之，他大胆地宣布了"为所有美国人民服务的新政"。[21]

赢得提名后，罗斯福展开了一场充满活力的竞选活动。他给数千名当地政党组织者写信，询问他们对当地最重要问题的意见。在工业部门，在遭受大规模失业困扰的社区，所有当地的组织者在谈到失业时，他们都反复提到了禁酒令；在伊利诺伊州的森特罗利亚（Centralia），一名当地政党积极分子宣称，"必须采取行动，而且必须迅速，要永久性地缓解失业，否则一定会发生革命"；但是另一群来自芝加哥工业区选区的负责人则大声疾呼"猖獗的私酒交易""巨额金钱被花在执法上"，还有"失业"问题，更不用说胡佛对退伍军人奖金的不合理处理了；来自普利茅斯、马萨诸塞州和宾夕法尼亚州工业区的民主党工作人员也强调"失业和禁酒令"是他们选民关注的核心问题。[22]

因此，罗斯福以"普通大众"的朋友的身份参加竞选，但故意对新政的解决策略具体是什么含糊其词。正如一位选民对罗斯福说："人们喜欢你在禁酒令和农业救济问题上的立场。但他们一遍又一遍地问这个问题——'罗斯福会给我们带来什么样的改革措施？'"罗斯福精明地时而呼吁公共工程以促进就业和救济，时而斥责共和党人"铺张浪费"和"政府缺乏经济来源"。很快，"废除与繁荣"成为他吸引东北和中西部工业地区少数族裔工薪阶层选民的口号，同时又不会疏远正统的政党精英。普通工人阶级敌视酒精战争，他们一直饱受失业之苦。一份竞选宣传册上写道："为什么工薪阶层想要罗斯福和加纳当选？"很明显，他们都突出了通过废除禁酒令以促进经济复苏和创造就业机会。作为失业危机解决方案之一的"废止"措施，是为赢得城市少数族裔工薪阶层的忠诚而量身定做的。[23]

1928年时，从匹兹堡到芝加哥，一度是共和党支持者的产业工人首先为史密斯投票。1928年，匹兹堡坚定的民主党组织者大卫·劳伦斯在动员当地民众支持史密斯方面发挥了重要作用。他同当地所有的种族社区都建立了密切的联系。在波兰山，他确保16名民主党委员中每一位都有波兰背景。波兰和克罗地亚的兄弟协会，以及由一些当地劳工组成的竞选工作组，向他们的成员分发各种文件。在布卢姆菲尔德（Bloomfield）和利伯蒂（Liberty）这两个曾是史密斯的大本营的意大利工薪阶层社区，该党也加强了自己与新选区的联系。意大利裔成立了意大利民主党委员会（Italian Democratic Committee），其分支机构遍布意大利社区。在这些居住区，天主教神职人员甚至在他们的讲坛上进行竞选宣传活动，兄弟会组织也迅速成为传播和推动罗斯福竞选活动的集会场所。[24]

在广大选民热情支持的感染下，劳伦斯写信给罗斯福，敦促他去匹兹堡参加竞选。罗斯福视察了该市的十几个少数族裔社区，并带领数千人走上街头抗议。10月19日，5万多名匹兹堡人挤在福布斯球场欢迎罗斯福。劳伦斯用来自少数族裔兄弟会组织的音乐热场、鼓动群众。为了迎合集会听众的需求和兴趣，罗斯福演讲中承诺会将啤酒合法化，以带来"每年几亿美元的新收入"，并平衡预算。他斥责胡佛的"激进"和非正统的经济理论,以及共和党的奢侈浪费。他向广大群众保证,保护公民免受"饥饿";在公民的各种"迫切需要"上,他将会不吝资金大力支持。在这一呼吁的推动下,民主党在该市以少数族裔工人阶级为主的居民区中又继续壮大了。自 1856 年以来,民主党第一次以 2.7 万票的巨大优势赢得了匹兹堡的支持。从那时起,在这个世纪的剩余时间里,匹兹堡一直是民主党的核心根据地。[25]

1932 年,罗斯福以压倒性优势获胜,巩固了民主党确立的占多数派地位。他的得票率为 57.3%,而胡佛的得票率只有 39.6%,这与四年前胡佛与史密斯几乎势均力敌的得票结果情况完全相反。虽然工业工人和少数族裔工人只是加深了他们对新政党的忠诚,但中产阶级共和党人因为不满胡佛对大萧条的处理和反酒精的战争,这个阶段都转而去支持罗斯福,抛弃了胡佛。这些人直到 1936 年才又重返共和党。[26]

如果说伊丽莎白·蒂尔顿对民主党全国代表大会上废除该法案的热情态势感到不安,那么大会的选举结果则正中了她的要害。"让我死一千次吧!"她在日记中这样夸张地写道,"文明灭亡了!"一个新的城市民主党联盟,在其成立初期就因强烈反对国家对酒精的战争而异常活跃。在这之后,民主党感受到其潜在的力量。在民主党专家的政治手腕和共和党的失误(更不用说经济大萧条了)的"助力"下,它迅速成熟,成为罗斯福新政改革背后可靠的力量。[27]

罗斯福在就职后不久就履行了他的承诺。在上任后充满活力的第一周,他首先通过"拯救银行",恢复了人们对经济体系的信心。接着在新的立法提出一天后,他宣布,"我认为是时候国家应该对啤酒做些什么了",并立即坐下来起草了呼吁国会修改《禁酒法案》的提案,等待禁酒令的废除。1933年3月14日,当提案作为首批新政措施之一被宣读时,会议厅长廊里响起了巨大的欢呼声和掌声。到1933年12月,各州都批准了第二十一修正案,正式结束了宪法上的《禁酒法案》。[28]

……

对酒精的战争结束了。然而,由战争引起的国家权力扩张并没有消失,它只是蹒跚地又向新的方向前进了。在那个观念与政权相对保守、经济紧缩的年代,第十八修正案将公众对于联邦权力的关注推到了社会舆论的风口浪尖。正如拉斯科布和反对禁酒修正案协会的主席威廉·斯泰顿所担心的那样,这样做可能助长了使用这种权力的新欲望。尽管酒精强制执法的努力是令人厌恶的专制,但在面对经济大萧条时,许多人怀念起了这种"专制"但执行力却很强的"行动主义",并试图将其应用于应对紧急的社会问题。一位伊利诺伊州的民主党人明确表示支持二者之间的这种相互关联。1932年,C.O.杰恩斯(C.O.Jaynes)呼吁罗斯福支持"每周工作四天,支付六天的工资"。杰恩斯说:"第十八修正案使联邦政府接管禁酒令的执行权成为可能——而且那些'有能力、有勇气的领导人'很快就会促使另一项宪法修正案通过,该修正案将授权国会缩短全国所有劳动者的工作日。"[29]

全国人民对联邦政府的权力范围和执行效力充满期待。第一次世界大战、紧随其后的禁酒战争,以及经济危机,这都让人们更广泛地接受了联邦权力的长期影响。关于什么样的新酒类控制手段去取代《禁酒法案》的争论,也加深了国家对联邦监管权力的承诺和风险的意识。许多反对禁酒令的人赞成让联邦政府在未来的世界中扮演控制贸易的中心角色。早在1926年，耶鲁大学一项被高度宣传的学生投票就显示，绝大多数人（五分之四）反对《禁酒法案》，几乎一半人支持魁北克计划（Quebec Plan）——这是加拿大省级政府垄断酒精行业的模式。另一位坚定的反对者、马里兰州参议员威廉·布鲁斯（William Bruce），他敦促通过一项修正案，以授权联邦政府接管"酒类贸易的全部管理和控制……排除一切私人利益……一切为了政府的利益"。胡佛的全国法律遵守和执行委员会也支持联邦政府在酒类控制方面发挥重要作用。他们强调：在任何新体系中，"联邦政府必须被授权发挥重要作用，且能有效地执行"。11位委员中有6位赞成所谓"哥德堡制度"（Gothenburg System），即主张联邦政府在规范和控制全国酒类贸易方面应保留重大权力和责任。该报告呼吁成立一个"酒类控制国家委员会"（National Commission on Liquor Control），有权"像国际商会对铁路的控制"一样，对酒类市场和贸易进行管控。这些酒类管控替代方案表明，禁酒令年代——它虽然煽动了民众对政府滥用权力的恐惧——具有讽刺意味的是，也拓宽了大萧条时期美国人可以接受的社会问题解决方案的范围。在这些相反的思潮中，罗斯福勾画出了新政的标志性政治风格：利用监管手段巧妙处理政治野心过大的问题。[30]

《禁酒法案》废除之后，政府并没有退出对酒的管控，这让反对禁酒修正案协会的成员们感到很沮丧。就在"废除提案"加速获得批准的同时，联邦政府的政策制定者同时制定了一套新的监管体系。1933年10月，罗斯福召集了一个跨部门的委员会，包括关键的政策顾问雷克斯福德·塔格韦尔（Rexford Tugwell）、亨利·华莱士（Henry Wallace）和哈罗德·伊克斯。经过他们的讨论，一个新的部门——联邦酒精管理局（Federal Alcohol Control Administration）诞生了。从酒类商品的标签、广告、生产到定价，国家酒类行业都应受到国家复兴管理局（National Recovery Administration）的公平竞争法规的约束。根据新法规，只有承诺遵守新法规的企业可获得从事酒类贸易的许可证。但与许多其他行业由商人自己制定的规则不同的是，酒类法规打破了传统，没有行业利益相关者的参与。这种做法在美国主要产业行业里是前所未有的，令反对禁酒修正案协会的保守派人士感到震惊，他们没有解散原有组织，而是将组织重新命名为"美国自由联盟"（American Liberty League），并承诺采取防卫行动，以反对新政中政府权力的迅速扩张行为。[31]

当最高法院站在这些保守派一边，宣布国家复兴管理局"违宪"时，政府的酒类管制权才最终恢复到由各州行使。然而，国家对酒类的管制，与曾经构成该行业的混乱的地方法规几乎没有可比性。无论是通过垄断控制出售还是对私人经销商的授权，新的国家酒类管理部门将酒类管理系统化了，并且制定了应如何运作有关该贸易的详细要求，包括销售时间、销售场所、与学校和教堂的距离、产品广告、零售商店的特点，以及营业场所室内的通透度（从街上可以看清室内）、客户坐在吧台还是桌边、椅子和酒吧座位的安排距离，等等。所有这些细节都需接受管理部门的监管。[32]

禁酒令废除之后，这些新规范其实隐含着更为宽松的规定，适用于在男女性别混合的新娱乐世界中，"寻求自我"的中产阶级男女、自由的商人等前卫社会群体，这些人曾在禁酒令盛行时期一度混迹于繁荣的地下酒吧。新的酒类管理机构以它们自己的道德假设为标准，将娱乐性酒类的含酒精度数标准降低，确定了一个参数标准。在警察的帮助下,它们很有效地控制住了禁酒令时代的夜生活中那些越界的、前卫的、不受管制的混乱状况。过去大部分福音派资本家一直认为"酗酒是一种罪恶",然而,这种观点一直在淡化,饮酒行为"明禁暗存"的状况一直存在,而且全国各地状况都差不多:密西西比州的禁酒法直到1966年才正式生效;到1973年时,美国有545个县禁止酒类销售、672个县禁止营业场所酒类的销售和消费;在俄克拉何马州,在酒吧喝一杯酒直到1986年才被合法化。[33]

饭后饮酒被纳入中产阶级休闲娱乐的新模式,而且越来越多地在家里进行。1920年以前,大多数啤酒和白酒都是装在木桶里的。禁酒令存续时期,由于瓶装产品技术的发展和20世纪40年代之后家用冰箱的普及,使得在家里瓶装储存啤酒成为可能。到1942年,非娱乐休闲场所酒类消费占据了总消费的绝大部分。但无论是在家里,还是在小酒馆或酒吧间里,尽管白酒具有广泛公认的上瘾性、健康风险和社会成本,但它还是在这场运动之后被保留下来了。如果说它现在和禁酒令时期有什么不同的话,那就是在休闲娱乐中,酒和饮酒的人都被接纳认可了。

……

禁酒令的正式结束并没有阻止联邦政府在犯罪控制方面的权力扩张。民众现在接受了"控制犯罪是政府的终极责任、政府是地方执法的关键后盾"。联邦警察利用人们对禁酒令时代暴力和犯罪率上升的巨大焦虑情绪,赢得了新的权力和力量,向禁酒令开战,扩大了监狱规模,重组了国家机构。州和地方刑罚管理和治安也按照联邦的模式,有样学样,使其结构专业化和官僚化,尤其是重建了曾经因腐败而失去的公众信任和声誉。在社会学家的支持下，对各级犯罪的研究开始在数量上和影响上发生质的变化。

从今天这个庞大的刑罚国家的一角去透视，我们发现，禁酒战争最重要的收获是美国独特的"并行交叉"运动——这个国家同时对非法麻醉品进行的禁止和惩罚管理，使得美国政府在该领域国内和国际上都扮演着主导角色。反毒品战争是和反酒精战争同期进行的，只是规模相对而言要小，但持续时间和产生的效果却更长久。它建立在与禁酒制度相同的社会运动逻辑上，借鉴了禁酒运动的核心思想、基础设施和道德企业家力量。那些最优秀的禁毒人士几乎都是来自禁酒机构。当反对酒精的这场运动失去吸引力、突然变得毫无意义被搁置的时候，那些参与禁酒战争的、有权势的道德企业家和他们有影响力的盟友、政府官员以及执法官员们，便很乐意地转入了竞争不那么激烈的新领域——禁毒领域，开展了新的运动。

后来的史学家们对禁酒时期的这段历史的普遍理解，倾向于认为长达 14 年的禁酒战争是美国历史上的一段畸形的、非常规的历史，是已逝的维多利亚时代一群保守而固执的清教徒狂热分子发起的、坚持错误社会政策的表现，认为这段历史对后来的美国几乎没有留下什么持久的影响。然而这其中，辉格主义（Whiggish Notions）的进步观念，以及同时代人对过去的短视倾向，实际上掩盖了那场战争重要的连续性和持久性影响价值。尽管人们普遍认为禁酒运动是一场引发了毁灭性后果和有根本性缺陷的运动，但它和禁毒战争是同期存在的，并互为精神与政策支持双翼——这一点是毋庸置疑的。决策者、教育工作者和广大公众都理所当然地认为：毒品罪恶所带来的危险，需要一场战争和对吸毒者的严厉惩罚去消灭它。

美国最激烈的一次反毒品运动——20世纪70年代的第二次反毒品运动，它和反酒精运动中间间隔了40年。但是接下来的经济大萧条、第二次世界大战、日益宽松的社会规范，以及国家对打击共产主义的关注，使得对禁毒运动的关注随之边缘化了。在20世纪60年代，社会动荡，伴随而来的中产阶级年轻人对毒品使用的崇尚与迷失，以及对黑人反抗导致的犯罪率上升的焦虑共同作用下，引发了本世纪的第二次道德恐慌。

1971年，理查德·尼克松（Richard Nixon）尖锐地警告说，毒品滥用属于"国家紧急状况"和"头号公敌"。14年后，好战的罗纳德·里根（Ronald Reagan）成倍地扩大了这场战争的规模，这让人想起精力充沛的反酒和禁毒勇士里士满·霍布森。里根在第二次世界大战期间宣称，"美国人立即采取了行动"。现在，公民们必须对"毒品恐怖"发动一场新的战争，"'毒品恐怖'如同一种癌症，它以缓慢但肯定是毁灭性的化学破坏在威胁着美国"。要想终结由毒品使用造成的"人类残骸"，需要一场大规模的"圣战"。里根承诺投入大量财政资源，制定"对吸毒者零容忍"的严厉禁毒政策，以去赢得这场斗争。1980年至1997年间，因非暴力毒品犯罪而在日益拥挤的监狱中服刑的男女人数从5万人飙升至40万人。[34]

这两场战争之间的相似之处是明确无误的——一场发生在20世纪早期，第二场爆发于20世纪后半期、且在未来的时间里仍会肆虐。这两场大规模国家层面的努力都是针对实际社会问题的行动。许多教育工作者、卫生政策官员、科学家、社会工作者和进步改革者支持这些努力，他们目睹了这些有害的东西对弱势群体，特别是贫困人口产生的影响。然而，他们对这些社会问题所采取的类似禁酒主义的解决办法，远远超过了他们提出要解决的问题的破坏性。这些战争表面上是为了保护弱势群体不受有害"恐怖"的伤害,但实际上它们在"狂热中"最终都演变成了由国家批准的、针对这些群体的、严厉而具有破坏性的社会控制形式。[35]

标志着这个国家 14 年禁酒时期的选择性执法,在第二次毒品战争中重新得到了更显著的复制运用,结果使得大型毒品供应企业卡特尔(Cartels)逍遥法外,他们通过公然的暴力和无处不在的腐败网络对各级政府施加巨大压力。另一方面,小规模吸毒者和街头贩卖者被抓进拥挤不堪的监狱里备受煎熬。在州监狱中,大约有四分之一的囚犯因毒品犯罪而服刑。在联邦监狱中,这一数字接近 50%,就像 75 年前违反禁酒令的人让监狱人满为患、不堪忍受一样,近年来,吸毒者在州监狱和联邦监狱都成了最大的一类犯罪人群。从委内瑞拉到圣多明各,从圣保罗到利马,全球范围的毒品战争也使监禁率和帮派暴力激增。就像 20 世纪 20 年代的女性私酒经营者所做的那样,在秘鲁,贫穷妇女作为小毒贩从毒品交易中赚取微薄收入,从而导致了女性囚犯人数急剧上升的悲惨结果。[36]

中产阶级毒品消费者,与富人阶层的禁酒令违反者一样,仍然在很大程度上能免于法律干涉或起诉。非法贸易对大片贫困社区造成了极大的破坏,黑帮战争和争夺地盘的斗争——第一次是近 100 年前在芝加哥,然后在麦德林(Medellín)、库埃纳瓦卡(Cuernavaca)和东洛杉矶——且规模呈指数增长。虽然政府镇压了一些暴力事件,但几乎没有减少非法毒品的供应或公众需求状况。地方和州警察机构之间的执法力度差别很大,本是众人口中的地方性恶性攻击案件,到了另一个地方往往可能被认定为仅是助长社会犯罪现象而已。

在毒品战争中，种族人群在被量刑和选择性执法中扮演了更加核心的角色。由于强调民权，明目张胆的种族控制法律成为非法。如此看来，毒品战争为当局控制少数族裔提供了看似还是比较体现种族中立的手段。使用麻醉品法作为社会控制手段，这是源于之前的国家对酒精战争，但它已经超越了禁酒令而达到了前所未有的水平。在美国的一些州，有关毒品法律的种族选择性适用和歧视性量刑已经如此公开，以至于一个人权组织报告说，乔治亚州违反了禁止种族歧视的国际协定，因为它歧视性地执行麻醉品管制法。[37]

尽管这两场战争有着重要的相似之处，但它们之间的关键差异决定了第二次禁毒战争的规模更为宏大、持续时间更长、韧性更足。酒精的娱乐用途在社会各阶层中非常普遍，而根除它的努力从一开始就争议很大，也更不受欢迎。其他毒品则更容易被污名化，与少数族裔的关系也更密切，这使得人们更容易达成共识，将这些群体定为有罪并欲根除之。另一个重要的区别是，其中一些麻醉品具有替代药品的用途，但酒精几乎没有药用价值。根除大麻运动是由宗教十字军和国家建设者发起的核心，他们对大麻用于娱乐的后果感到焦虑。其他娱乐性麻醉药品的情况则不同。麻醉剂如吗啡、鸦片，甚至古柯叶（Coca）都有药用价值。禁品的这些特点意味着重要的利益相关者、特别是羽翼未丰的制药公司，有兴趣要求严格控制供应。他们是道德企业家和国家官僚的强大盟友，热衷于为公众的道德恐慌煽风点火。与此同时，全球范围内选择生产地点自动带来了各国之间的国际协议和联盟。就像地方执法越界进入社会控制一样，美国政府官员把禁毒与更大规模的运动结合起来，在自己的轨道上企图影响他国的内政。[38]

在对酒精的战争中，政府影响力较弱的州执法往往依靠地方义务警员执行。动员公民组成的非正规禁酒队伍，曾对社会造成了巨大的破坏，并引发了广泛争议。那么建立一个更强大、更专业化、更官僚化的国家监督力量则是第二次毒品战争的核心任务。

庞大的联邦禁毒基础设施是由州一级的大型刑事司法基础设施和有政治组织、财力雄厚的私人财阀支持建设的。具有讽刺意味的是，对于那些没有直接遭受其恶劣条件和对待的人来说，对这个规模更大、更有容纳能力、更有利可图的监狱工业综合体即庞大的戒毒机构的争议反而变少了。其实很多美国人根本看不到，这个时期因非暴力毒品犯罪而在监狱里受苦的国人成千上万，同时在国际上，毒品暴力也十分猖獗。

然而，超越这些相同点和不同点的是一种共同的精神——对麻醉品采取禁止性和惩罚性措施的背后是一种"可敬的"观念共识。20世纪20年代，反对禁酒令的改革者路易丝·格罗斯说，在禁酒令"高尚实验"的最初几年，那些"有勇气公开反对禁酒令的少数女性"几乎都无一例外地被贴上了无政府主义者的标签。即使到了1930年，像埃莉诺·罗斯福这样的进步主义者也公开断言："我相信禁酒令，尽管禁酒令带来了毁灭性的社会后果。"但她也承认"禁酒令的确执行起来有些困难"。自那时以来，对酒精的禁忌已被对麻醉药品带来危险的担忧这种更强有力的共识所取代。然而，滥用毒品所造成的无可争议的破坏，掩盖了关于将吸毒成瘾定为犯罪、不公正地针对少数吸毒者和利用法律进行社会控制所造成的危害的基本辩论。毒品战争和"反叛乱毒品控制运动"（Counter Insurgency Drug-Control Campaigns）也对拉丁美洲国家产生了极大的破坏——从墨西哥库埃纳瓦卡到秘鲁利马，数十万人因禁毒运动而丧生。麻醉品贸易的供应方国家撕破了所谓"意见协商一致"的面纱，声称它们的生存正处于危险之中，呼吁联合国出台取代全球禁毒制度的其他办法。[39]

由敢于挑战共识的精英舆论制造者、视废除法律为通往白宫甚至是党派重组之路的政客们共同形成的强力的公众敌意，使这场对酒精的战争宣告结束。而美国正在进行的州级、国家级和国际级的毒品战争更具人类灾难性代价——而且其规模指数级扩大了。20世纪末之前的时间里，那些研究并改造他们的机构以根除酒类贸易的男女精英们，却反对采取严厉惩罚措施去消除危险的毒品罪恶。相反，他们欣然接受了新政对经济公平和社会供给的初步重视举措。虽然任何简单的废除法令都不足以让我们走出当前反毒品战争的困境和今天持续的监禁危机，但它为努力形成美国毒品战争的惩罚性精神缔造了一个重要的战场。

致　谢

这本书能够顺利出版是一众人努力的成果。如果没有许多个人和机构的鼎力相助，这本书是不可能写成的。在整个写作过程中，我首先很幸运地得到了一群优秀的研究助理的协助。艾米·弗里德曼（Amy Friedman）、简·王（Jane Wang）和埃米特·冯·斯塔克伯格（Emmet Von Stackelberg），他们在我担任拉德克利夫（Radcliffe）学院研究员期间，以及我后来重返哈佛任教时期，作为初级研究合作伙伴为我提供了很有价值的帮助。特别要感谢雷切尔·史蒂文斯（Rachel Stevens），她的勤奋和文献整理能力是我见过的最出色的。我要感谢这些助手们，他们帮助我找到了许多稀缺的资料来源，他们搜集并观看了大量历史微缩胶片，无数次走访哈佛图书馆。在本书写作的早期阶段，芝加哥的莫尼卡·梅尔卡多（Monica Mercado）也提供了宝贵的写作支持。

由于得到了全国各地几十名图书管理员、档案管理员的帮助，我在每个档案馆和图书馆的研究工作更富有成效。我的研究经历让我和我的团队意识到,削减预算、缩短工作时间和减少人员开支可能对原始学术产生威胁。如果没有以下个人和单位的热心帮助,这本书是不可能完成的,是他们的热情态度和专业知识、各馆丰富的藏书和资源,一起帮助我完成了这本书的写作。他们是:芝加哥历史博物馆(Chicago History Museum)、富兰克林·D. 罗斯福总统图书馆(Franklin D. Roosevelt Presidential Library)、哈佛大学法学院图书馆(Harvard Law School Library)、美国国会图书馆(Library of Congress)、国家档案馆与记录管理局(National Archives and Records Administration)、弗吉尼亚图书馆(Library of Virginia)、纽约公共图书馆(New York Public Library)、宾夕法尼亚州档案中心(Pennsylvania Archives Center)、施莱辛格库图书馆(Schlesinger Library),以及许多其他的资料室和历史资源库。我还要感谢纽波特纽斯公共图书馆(Newport News Public Library)、弗吉尼亚阅览室(Virginia Room)的图书管理员们,他们为了帮助我而查阅了他们所拥有的全部城市书籍检索目录。

美国学术协会理事会(American Council of Learned Societies)赋予我慷慨而又急需的支持,允许我脱产一年,不担任教学工作而专注于写作。拉德克利夫高等研究院(Radcliffe Institute for Advanced Study)为写作提供了最佳的环境。我感谢所有与我一起度过这非凡一年的同事们,感谢他们的协助与启发、激励。我以本书的初稿为内容,在瑞士伯尔尼大学(University of Bern)、美国二十世纪英国历史学家协会(Society of British Historians of the Twentieth-Century United States),以及拉德克利夫高等研究院做了公开演讲,因此也非常感谢出席讲座的读者提出的诸多建议。

许多人从自己的工作中抽出时间阅读了我的书稿，并给出了宝贵的建议。赛勒斯·维泽(Cyrus Veeser)不吝时间审读了书稿中的一些章节；埃里克·方纳(Eric Foner)和迈克尔·卡津(Michael Kazin)则通读了书稿全文；查尔斯·福西(Charles Forsey)不仅仔细审读了全书，还给出了许多真知灼见——我感谢他真挚的友谊和敏锐的编辑眼光；和同行莉莲·波比亚(Lilian Bobea)之间的交流启发了我对酒精和毒品政策部分交叉历史的思考；在我坚持不下去的时候，苏珊·休伊特(Susan Hewitt)及时帮助和鼓励我；弗朗茨·布里格迈耶尔(Franz Brüggemeier)也在我困难的时刻挺身而出、大力相助；史蒂夫·福尔曼(Steve Forman)以沉着、耐心和敏锐的编辑眼光使这本书从最初的版本到出版上市，能与他和特拉维斯·卡尔(Travis Carr)一起工作是我莫大的荣幸；我还要感谢我的经纪人桑迪·迪杰斯特拉(Sandy Dijkstra)。

还要感谢我的两个儿子，诺亚(Noah)和帕斯卡(Pascal)，感谢你们提醒我，生活中除了历史之外还有更多的东西，感谢你们容忍我经常对你们事无巨细地唠叨这本书。本书是基于两项研究项目，并在两位历史学家的家庭成员支持下完成的。最后，非常感谢斯文·贝克特(Sven Beckert)，感谢他多年来一直为这个项目所做的无数次学术交流，以及其他诸多方面的支持。

注释中使用的缩写

1. 案卷、手稿和政府书面记录中使用的缩写

BVLHC	Beaver Valley Labor History Collection 比弗谷劳工历史合集, Archives Service Center, University of Pittsburgh Special Collections
CCAR	Chicago Commons Association Records 芝加哥公共协会记录, Chicago History Museum
COFR	Committee of Fourteen Records 十四人纪录委员会, New York Historical Society
CFLPSR	Chicago Foreign Language Press Survey Records 芝加哥外语出版社调查记录, University of Chicago
DNC	Democratic National Committee Papers 民主党全国委员会文件, 1932—1948, Franklin D. Roosevelt Library, Hyde Park, New York
EGP	Emma Guffey Papers 艾玛·古费著述, Schlesinger Library, Radcliffe Institute for Advanced Study
ETP	Elizabeth Tilton Papers 伊丽莎白·蒂尔顿著述, Schlesinger Library, Radcliffe Institute for Advanced Study
FFP	Felix Frankfurter Papers 菲利克斯·法兰克福特著述, Harvard Law School
FDR	Franklin D. Roosevelt Papers 富兰克林·D. 罗斯福著述, Roosevelt Library, Hyde Park, New York
RHP	Richmond P. Hobson Papers 里士满·霍布森著述, Library of Congress
LGP	Louise Gross Papers 路易斯·格罗斯著述, New York Public Library
LDT	Lea Demarest Taylor Papers 利·德马雷斯·泰勒著述, Chicago History Museum

MWW	Mabel Walker Willebrandt Papers 梅布尔·沃克·维勒布兰德著述
NEWWS	New England Watch and Ward Society Records 新英格兰看管所档案记录，1918–1957，Harvard Law School
NCLOE	National Commission on Law Observance and Enforcement 全国法律遵守和执法委员会
PAC	Paul Angle Collection 保罗·安吉拉收藏，Chicago History Museum
VPC	Virginia Prohibition Commission 弗吉尼亚禁酒委员会，Library of Virginia
TPP	Temperance and Prohibition Papers（microform）禁酒文件（微缩版），Michigan Historical Collections
VHS	Virginia Historical Society 弗吉尼亚历史协会
WCR	Wickersham Commission Records 维克山姆委员会记录，Harvard Law School

2. 报纸和杂志名称缩写

AC	*Atlanta Constitution* 亚特兰大章程
AHR	*American Historical Review* 美国历史评论
APSR	*American Political Science Review* 美国政治科学评论
BDG	*Boston Daily Globe* 波士顿环球日报
CDT	*Chicago Daily Tribune* 芝加哥论坛报
CR	*Congressional Record* 国会议事录
CTS	*Cincinnati Times Star* 辛辛那提时代明星报
HC	*Hartford Courant* 哈特福德报
JAH	*Journal of American History* 美国史学刊
JISHS	*Journal of the Illinois State Historical Society* 伊利诺伊历史学会杂志
JSH	*Journal of Social History* 社会史杂志
JUH	*Journal of Urban History* 地方史学刊
LAT	*Los Angeles Times* 洛杉矶时报
MR	*Marion Republican* 马里恩共和报
NAR	*North American Review* 北美评论
NYHT	*New York Herald Tribune* 纽约先驱论坛报
NYT	*New York Times* 纽约时报
PC	*Pittsburgh Courier* 匹兹堡信使报
RTDSSH	*Richmond Times-Dispatch Social Science History* 里士满时报（社会科学史版）
SLPD	*Saint Louis Post-Dispatch* 圣路易邮报
TPP	*Temperance and Prohibition Papers* 禁酒与禁酒令文献
US	*Union Signal* 联合信号报
VQR	*Virginia Quarterly Review* 弗吉尼亚评论（季刊）
WP	*Washington Post* 华盛顿邮报
WMLR	*William and Mary Law Review* 威廉与玛丽法律评论

书中各章节的注释

前言

1. "Roosevelt Beer Message" *NYT*, Mar. 29, 1933, 1; "House Votes on Beer Bill," *NYHT*, Mar. 14, 1933, 1.
2. "Roosevelt Gets Cases of Capital's 3.2 Beer," *NYT*, Apr. 7, 1933, 1; Capital Celebrates Beer's Return," *WP*, Apr. 7, 1933, 1.
3. "Prohibition Repeal... New York Celebrates with Quiet Restraint," *NYT*, Dec. 5, 1933; see, for example, David Kennedy, *Freedom From Fear: The American People in Depression and War*, 1929-1945 (New York, 2005); Anthony Badger, *The New Deal: The Depression Years*, 1933-1940 (New York, 1989). 这些书对禁酒令的论述只有几段。詹姆斯·马隆是少数承认禁酒令是美国发展的重要章节的学者之一。See James Marone, *Hellfire Nation: The Politics of Sin in American History* (New Haven, 2003), 318-349.
4. HenryBourne Joy quoted in David Kyvig, *Repealing National Prohibition* (1979; Kent, OH, 2000), 74.
5. Diana Louise Linden, "The New Deal Murals of Ben Shahn: The Intersection of Jewish Identity, Social Reform and Government Patronage" (PhD diss., CUNY, 1997), 21-45; see also Howard Greenfield, *Ben Shahn: An Artist's Life* (New York, 1998), 100-111; Francis Kathryn Pohl, *Ben Shahn* (New York, 1994), 50-54.
6. Richard Hofstadter, *The Age of Reform* (New York, 1955), 292, 299; Andrew Sinclair, *Prohibition: The Era of Excess* (Boston, 1962), 182.
7. See, for example, Thomas Pegram, *Battling Demon Rum: The Struggle for a Dry America*,

1800–1933(Chicago, 1988); Jack S. Blocker, *American Temperance Movements: Cycles of Reform* (Boston, 1989); James H. Timberlake, *Prohibition and the Progressive Movement*, 1900–1920(1963; New York, 1970); Norman Clark, *Deliver Us from Evil: An Interpretation of American Prohibition* (New York, 1976); John J. Rumbarger, *Profits, Power, and Prohibition: American Alcohol Reform and the Industrializing of America*, 1800–1930 (Albany, 1989); Richard Hamm, *Shaping the Eighteenth Amendment: Temperance Reform, Legal Culture, and the Polity*, 1880–1920 (Chapel Hill, NC, 1995); Ann-Marie Szymanksi, *Pathways to Prohibition: Radicals, Moderates and Social Movement Outcomes* (Durham, NC, 2003). 关于十字军东征的象征性意义，请参阅以下著述：Joseph R. Gusfield, *Symbolic Crusade: Status Politics and the American Temperance Movement* (1963; Urbana, IL, 1986). See also Kyvig, *Repealing National Prohibition*; Michael Lerner, *Dry Manhattan: Prohibition in New York City* (New York, 2007)。Daniel Okrent, *Last Call: The Rise and Fall of Prohibition* (New York, 2010)是个例外，书中对国家禁酒令给予了关注。

8. See, for example, JohnKobler, *Ardent Spirits: The Rise and Fall of Prohibition* (New York, 1973), 221; Herbert Asbury, *The Gangs of Chicago: An Informal History of the Chicago Underworld* (New York, 1940); Gus Russo, *The Outfit: The Role of Chicago's Underworld in the Shaping of Modern America* (New York, 2001); Edward Behr, *Prohibition: Thirteen Years that Changed America* (New York, 1996); Donald L. Miller, *Supreme City: How Jazz Age Manhattan Gave Birth to Modern America* (New York, 2014).

9. 关于"历史学家已经注意到禁酒令对三K党招募的重要性"请参阅以下著述：Leonard J. Moore, *Citizen Klansman: The Ku Klux Klan in Indiana*, 1921–1928 (Chapel Hill, NC, 1991); Kathleen Blee, *Women of the Ku Klux Klan: Racism and Gender in the 1920s* (Berkeley, 1991); Nancy McLean, *Behind the Mask of Chivalry: The Making of the Second Ku Klux Klan* (New York, 1994)。然而，这些著述忽略了三K党在维持社会治安中对法律的工具性使用。

10. Robert Post 在他的书中讨论了这种忽略。关于"行政国家的建立"研究包括以下著述：Stephen Skowronek, *Building a New American State: The Expansion of National Administrative Capacities*, 1877–1920 (New York, 1982); Theda Skocpol, *Protecting Soldiers and Mothers: The Political Origins of Social Policy in the United States* (Cambridge, MA, 1992)。关于"法律学者更加关注刑罚问题"参阅以下著述：Lawrence Friedman, *Crime and Punishment in American History* (New York, 1993). See also Rebecca McLennan, *The Crisis of Imprisonment: Protest Politics and the Making of the American Penal State*, 1776–1941 (New York, 2008)。麦克伦南在其他方面的出色研究超越了禁酒令。威廉·J. 诺瓦克呼吁人们注意，历史学家有必要描绘出美国国家权力的特殊结构，摒弃"赢弱"美国政府的说法。See Novak, "The Myth of the 'Weak' American State," *AHR* 113 (June 2008), 752–772. 对二十世纪刑罚国家形成的审视，旨在为美国国家发展提供新的视角。

11. David Kennedy draws connections between the Hoover administration and the New Deal but ignores the penal side of state building. See Kennedy, *Freedom from Fear*, esp. 1–217. 还有一些学者研究了新政打击犯罪的战争，但没有把它的起源追溯到打击酒精的战争。Claire Potter 是个例外，他进行了这方面的研究。参见 Potter, *War on*

Crime: *Bandits*, *G-Men*, *and the Politics of Mass Culture* (New Brunswick, NJ, 1998).

第一章　激进改革的形成

1. ASL president quoted in "Ask U. S. to Forbid Liquor," *CDT*, Dec. 11, 1913, 5; see also "Unite to Fight Liquor," *WP*, Dec. 10, 1913, 2-3; "Nationwide Prohibition," *American Issue* (Nov. 1913): 1, 21, Reel 5, TPP; "Men First to Hobson," *LAT*, Dec. 10, 1913, 11; "Urge on Liquor War" *WP*, Dec. 8, 1913, 14.
2. T. Jason Soderstrum, "Richmond Pearson Hobson," *Alcohol and Drugs in North America*: *A Historical Encyclopedia*, ed. David M. Fahey and Jon S. Miller (Santa Barbara, CA, 2013), 1: 328; Harvey Rosenfeld, *Richmond Pearson Hobson*, *Naval Hero of Magnolia Grove* (New Mexico, 2000), 81-96; see also "Men First to Hobson," *LAT*, Dec. 10, 1913, 11. Hobson quoted in "Address before the Great Joint Committee" and "War on the Liquor Traffic, Address by Captain Richmond P. Hobson M. C. at a Reformers Conclave," Box 36, RHP.
3. Rosenfeld, *Richmond Pearson Hobson*, 35-64; Walter E. Pittman, Jr. "The Noble Crusade of Richmond P. Hobson and the Struggle to Limit the International Narcotics Trade, 1920-1925," *Alabama Historical Quarterly* 34 (Fall/Winter 1972): 181-193. 关于二十世纪毒品管制制度的形成，请参阅以下著述：William B. McAllister, *Drug Diplomacy in the Twentieth Century* (London, 2000); Walter Earl Pittman, "Richmond P. Hobson, Crusader" (PhD diss., Univ. of Georgia, 1969), 162-164; Anne L. Foster, "Prohibiting Opium in the Philippines and the United States: The Creation of an Interventionist State," in *Colonial Crucible*: *Empire in the Making of the Modern American State*, ed. Alfred W. McCoy and Francisco A. Scarano (Madison, WI, 2009), 95-105。
4. *Intoxicating Liquors*: *Hearings Before the Committee on the Judiciary*, *House of Representatives*, Sixty-Third Congress, Second Session, Dec. 10, 1913, Apr. 15, 1914 (Washington, 1914), 3; "'Dry' Legions to Storm Capitol," *AC*, Dec. 10, 1913, 7.
5. On nascent antinarcotics efforts, see David F. Musto, *American Disease*: *Origins of Narcotic Control* (New Haven, 1973); Peter Andreas, *Smuggler Nation*: *How Illicit Trade Made America* (New York, 2013); McAllister, *Drug Diplomacy in the Twentieth Century*; Jeffrey Clayton Foster, "The Rocky Road to a 'Drug Free Tennessee': A History of the Early Regulation of Cocaine and the Opiates, 1897-1913," *JSH* (Spring 1996): 547-564.
6. Judith McArthur, "Demon Rum on the Boards: Temperance Melodrama and the Tradition of Antebellum Reform," *Journal of the Early Republic* 9 (Winter 1989): 527 (Mather quotation); Jack S. Blocker, *American Temperance Movements*: *Cycles of Reform* (Boston, 1989), 3. See also Norman Clark, *Deliver Us from Evil*: *An Interpretation of American Prohibition* (New York: 1976), 14-15; W. J. Rorabaugh, *The Alcoholic Republic* (New York, 1979).
7. Rorabaugh, *The Alcoholic Republic*, 3, 15.
8. Rorabaugh, *The Alcoholic Republic*, 237. 关于新教宗教虚伪信仰的研究文献太多，无法在此一一列举。On evangelicalism in the twentieth century, see George Marsden, *Fundamentalism and American Culture*: *The Shaping of Twentieth Century Evangelicalism*,

1870-1925 (1982; New York, 2006). 关于宗教潮流对政府权威的重要影响,请参见 John Compton 的著作: *The Evangelical Origins of the Living Constitution* (Cambridge, MA, 2014)。关于道德作为美国"政治试金石"的重要性,请参考 James Marone 的著述: *Hellfire Nation: The Politics of Sin in American History* (New Haven, 2003)。

9. 这种普遍现象的举例,请参阅以下著述: Robert G. Ingersoll, "Denunciation of Alcohol in *Selected Articles on Prohibition of the Liquor Traffic*, comp. Lamar T. Beman (New York, 1915), 32–33; Judith McArthur, "Demon Rum on the Boards: Temperance Melodrama and the Tradition of Antebellum Reform," *Journal of the Early Republic* 9 (Winter 1989): 517–540.

10. Neal Dow, *The Reminiscences of Neal Dow: Recollections of Eighty Years* (Portland, ME, 1898), 331; Clark, *Deliver Us from Evil*, 48.

11. "Powderly's Temperance Views," *CDT*, Aug. 31, 1895, 12; see also Terence Powderly, *Thirty Years of Labor*, 1859–1889 (1889), 594–595; Michael Kazin, *American Dreamers: How the Left Changed a Nation* (New York, 2013), 90–91 (quotation).

12. Janet ZollingerGiele, *Two Paths to Women's Equality: Temperance, Suffrage and the Origins of Modern Feminism* (New York, 1995); Ruth Bordin, *Woman and Temperance: The Quest for Power and Liberty*, 1873–1990 (Philadelphia, 1981); Alison Parker, *Purifying America: Women, Cultural Reform and Pro-Censorship Activism* (Urbana, IL, 1997); Joseph Gusfield, *Symbolic Crusade: Status Politics and the American Temperance Movement* (Urbana, IL, 1963), 162.

13. 关于"贫穷妇女的自身弱点"讨论,请参阅以下著述: Linda Gordon, *Heroes of their Own Lives: The Politics and History of Family Violence* (New York, 1988)。On immigrant women' lives, see Donna Gabaccia, *From the Other Side: Women, Gender, and Immigrant Life in the U. S. 1820-1990* (Bloomington, IN, 1994). 关于早期精英女性对待工人阶级女性的方式,请参阅以下著述: *City of Women: Sex and Class in New York*, 1789–1860 (Urbana, IL, 1986). On the WCTU, see Giele, *Two Paths to Women's Equality*, 63.

14. 关于"联盟"的更多信息,请参阅以下著述: Andrew Sinclair, *Prohibition: The Era of Excess* (Boston, 1962), 65; Peter Odegard, *Pressure Politics: The Story of the Anti-Saloon League* (New York, 1928); see also Austin Kerr, *Organized For Prohibition: A New History of the Anti-Saloon League* (New Haven, 1986), 80–81.

15. On Wheeler, see Daniel Okrent, *Last Call: The Rise and Fall of Prohibition* (New York, 2010), 39–41, 59–61, 131–133, 229–230, 301.

16. John Marshall Barker, *The Saloon Problem and Social Reform* (Boston, 1905), 2.

17. MichaelKazin, *The Populist Persuasion* (1995; New York, 1998), 90 (quotation). On the Volstead Act, see Okrent, *Last Call*, 109–112.

18. John Marshall Barker, *The Saloon Problem and Social Reform*, 66–67.

19. Address by Richmond P. Hobson, "Destroying the Destroyer," Dec. 1913, Box 37, 1, RHP; Kazin, *The Populist Persuasion*, 90–100; Kazin, *American Dreamers*, 90–91. 禁酒运动中出现了一些社会学家所说的"道德恐慌"现象,见以下著述: Erich Goode and Nachman Ben-Yehuda, "Moral Panics: Culture, Politics, and Social Construction," *Annual Review of Sociology* 20 (1994): 149–171.

20. Mae Ngai, *Impossible Subjects: Illegal Aliens and the Making of Modern America* (Princeton, 2004), 1-20; Matthew Frye Jacobson, *Barbarian Virtues: The United States Encounters Foreign Peoples At Home and Abroad*, 1876-1917 (New York, 2000), 59-104; Nancy Foner, "How exceptional is New York? Migration and multiculturalism in the Empire City," *Ethnic and Racial Studies* 30 (Nov. 2007): 1001; Foner, "New York City: America's Classic Immigrant Gateway," in *Migrants to the Metropolis: Rise of Immigrant Gateway Cities*, ed. Marie Price and Lisa Benton-Short (New York, 2008), 51; Charles Merriam, *Chicago: A More Intimate View of Urban Politics* (Chicago, 1929), 134.

21. Charles Merz, *The Dry Decade* (New York, 1931), 12; Sinclair, *Prohibition*, 26; Perry Duis, *The Saloon: Public Drinking in Chicago and Boston*, 1880-1920 (Urbana, IL, 1983), 145-171.

22. Harry G. Levine and CraigReinarman, "From Prohibition to Regulation: Lessons from Alcohol Policy for Drug Policy," *The Milbank Quarterly* 69 (1991): 468; Clark Warburton, *Economic Results of Prohibition* (New York, 1932); Ilkka Henrik Makinen and Therese C. Reitan, "Continuity and Change in Russian Alcohol Consumption from the Tsars to Transition," *Social History* 31 (May, 2006): 171; "Alcohol Consumption United Kingdom," in *Alcohol and Temperance in Modern History: A Global Encyclopedia*, ed. Jack S. Blocker, Jr., Ian M. Tyrell, and David M. Fahrey (Santa Barbara, CA, 2003), 17. 从比较的角度看1910年的人均消费,见以下著述:Jock Phillips, "Alcohol-Prohibition movement, 1880-1919," *Te Ara - The Encyclopedia of New Zealand*, http://www.TeAra.govt.nz/en/graph/40733/alcohol-consumption-in-new-zealand-and-other-countries-1910, accessed Mar. 5, 2014.

23. Clark, *Deliver Us from Evil*, 53; Barker, *The Saloon Problem and Social Reform*, 66-67. On the linkage of saloons and sex trafficking, see Jennifer Fronc, *New York Undercover: Private Surveillance in the Progressive Era* (Chicago, 2009), 66; Jane Addams, "A New Conscience and an Ancient Evil," *McClure's Magazine*, Mar. 1912, 593; Ella Boole on Addams in *Intoxicating Liquors: Hearings Before the Committee on the Judiciary*, Sixty-Third Congress, Dec. 11, 1913, Apr. 15, 1914, (Washington, DC, 1914), 3, 18. See also Sinclair, *Prohibition*, 59.

24. "Old Tim Socialist's Soap Box Really a Beer Box," *The Milwaukee Journal*, Feb. 7, 1971; Jon C. Teaford, *Cities of the Heartland: The Rise and Fall of the Industrial Midwest* (New York, 1995); *Germany and the Americas: Culture, Politics and History*, ed. Thomas Adam (Santa Barbara, CA, 2005), 3: 758.

25. Harold Gosnell, *Machine Politics: Chicago Model* (1937; Chicago, 1968); Alex Gottfried, *Boss Cermak of Chicago: A Study of Political Leadership* (Seattle, 1962); J. T. Salter, *Boss Rule: Portraits in City Politics* (New York, 1935); see also M. Craig Brown and Charles N. Halaby, "Machine Politics in America, 1870-1945," *Journal of Interdisciplinary History* 17 (Winter 1987); Bruce M. Stave, ed., *Urban Bosses, Machines, and Progressive Reformers* (Lexington, MA, 1972); John Allswang, *Bosses, Machines, and Urban Voters* (Baltimore, 1977); David Harold Kurtzman, *Methods of Controlling Votes in Philadelphia* (Philadelphia, 1935), 102-109. 关于其他国家的情况,参见以

下著述：Martin Shefter, *Patronage and its Opponents: A Theory and Some European Cases* (Ithaca, NY, 1977).

26. 关于进步时代改革的讨论，请参见以下著述：Daniel Rodgers, *Atlantic Crossings: Social Politics in a Progressive Age* (Cambridge, MA, 1998); Samuel P. Hays, "The Politics of Reform in Municipal Government in the Progressive Era," *Pacific Northwest Quarterly* 55 (Oct. 1964): 157–169.
27. "The Race Problem," *The Voice*, Oct. 28, 1890, 8 (Willard quotation); see Richmond P. Hobson, "The Truth About Alcohol," in *Selected Articles on Prohibition*, 41.
28. "Mighty Wave of Reform Sweeps the Entire South," *NYT*, June 2, 1907, SM 6. Gregory Mixon, "Good Negro–Bad Negro: The Dynamics of Race and Class in Atlanta during the Era of the 1906 Riot," *Georgia Historical Quarterly* 81 (Fall 1997): 599 ("veritable centers of vice"); John E. White, "Prohibition: The New Task and Opportunity of the South," *South Atlantic Quarterly* 7 (Jan.–Oct. 1908), 136 ("saloon was the ravager").
29. Thomas R. Pegram, "Temperance Politics and Regional Political Culture: The Anti-Saloon League in Maryland and the South, 1907–1915, *JSH* 63 (Feb. 1997): 75; see also "Mighty Wave," *NYT*, June 2, 1907, SM 6; White, "Prohibition: The New Task," 135–137 (quotations).
30. David T. Courtwright, "The Hidden Epidemic: Opiate Addiction and Cocaine Use in the South, 1860–1920," *JSH* (Feb. 1983): 69; see also Pittman, "Richmond P. Hobson, Crusader," 163–182.
31. *Some Scientific Conclusions Concerning the Alcohol Problem and its Practical Relations to Life* 一文是 1909 年在美国酒精和其他麻醉品研究学会半年度会议上宣读的论文。Mar. 17–19 (Washington, DC, 1909) 19 ("Alcohol is a narcotic"); 87–90; 122 ("in the list of dangerous drugs"); 132 ("poisonous"); Richmond P. Hobson, *Alcohol and the Human Race* (Chicago, 1915). See also Sinclair, *Prohibition*, 61–62.
32. Mary Hunt, *A History of the First Decade of the Department of Scientific Temperance Instruction in Schools and Colleges* (Boston, 1892); Elizabeth Tilton, *Retake the Heights*, 97–102, ETP; see also Tilton, "Turning off the Spigot," and *The Survey* Mar. 21, 1914; James H. Timberlake, *Prohibition and the Progressive Movement*, 1900–1920 (1963; New York, 1970), 64–65.
33. *Proceedings of the 43rd National Conference of Charities and Corrections*, Indianapolis, May 10–17, 1916 (Chicago, 1916), 115.
34. Sinclair, *Prohibition*, 113; *Intoxicating Liquors*, 22 (Hobson quotation); *Some Scientific Conclusions*, 19; E. W. Davis to Hobson, July 17, 1915, Box 36, 1, RHP.
35. George Pell, *Revisals of North Carolina, Public and State Statutes*, 1 (Charleston, SC, 1908), 2058a, 2061; Ernest Cherrington, *The Evolution of Prohibition in the United States of America: A Chronological History . . .* (Westerville, OH, 1920); White, "Prohibition," 135; Charles Stelzle, *Why Prohibition?* (New York, 1918), 20.
36. Ernest Cherrington, *A New Plan of Campaign in the Interest of National Prohibition* (Westerville, OH, 1913), 5, 16–19; see also Charles Merriam and Harold F. Gosnell, *Non-Voting: Causes and Methods of Control* (Chicago, 1924).

37. 关于渐进式改革的讨论,见以下书籍:Rodgers, *Atlantic Crossings*; Musto, *American Disease*, 54-68。
38. *Intoxicating Liquors*, 41 (Wheeler quotation); "Georgia Prohis Showed in Front," *AC*, Dec. 11, 1913, 3 ("The government that wisely counts"); *Intoxicating Liquors*, 21 ("moment the federal government").
39. John R. Vile, *A Companion to the United States Constitution and Its Amendments* (Westport, CT, 2006), 202-9; *Intoxicating Liquors*, 21, 27, 31; see also Kerr, *Organized for Prohibition*, 150-151; Okrent, *Last Call*, 54-59 (quotation on 54).
40. 写信感谢霍布森的一个例子是玛丽·E. 多布斯致里士满·P. 霍布森的信。Mar. 12, 1913, Box 38, 6, RHP. On Morris Sheppard, see Escal Franklin Duke, "The Political Career of Morris Sheppard, 1875-1941" (PhD diss., Univ. of Texas, 1958), 317-332; see also Lewis L. Gould, *Progressives and Prohibitionists: Texas Democrats in the Wilson Era* (Austin, TX, 1973).
41. "National Campaign," *American Issue*, Dec. 1913, 1 (quotations from *Portland Telegram* and *Nashville Banner*), TPP.
42. George Kibbe Turner, "The City of Chicago," *McClure's Magazine* 28 (Apr. 1907):578-580; Robert A. Woods, "Winning the Other Half: National Prohibition: A Leading Social Issue," *The Survey*, Dec. 30, 1916.
43. Charles Eliot to Richmond P. Hobson, Sept. 16, 1914, Box 35, 1, RHP; William Howard Taft to Elizabeth Tilton, reprinted in *NYT*, Jan. 24, 1915.
44. Sinclair, *Prohibition*, 96.
45. Tilton, *Retake the Heights*, 14, 40-41, 77-96, 53; Elizabeth Hewes Tilton, biographical and genealogical material, Boxes 1-3, ETP. See also Tilton diaries, July 14, 1918, Nov. 16, 1920, Dec. 12, 1920, Jan. 24, 1923, Reel 993, ETP.
46. Tilton, *Retake the Heights*, 89-92; 96-101, 121. On Laidlaw's Prohibition views, see Harriet Burton Laidlaw to Dr. Henry Goddard Leach, Nov. 27, 1933, Harriett Burton Laidlaw Papers, and additional material related to her work on Prohibition, Reel 7, Women's Studies Manuscript Collections, Schlesinger Library, Radcliffe Institute for Advanced Study.
47. Tilton, *Retake the Heights*, 89-92.
48. Tilton, *Retake the Heights*, 89-92; 96-101, 121.另见传记和家谱资料,第1-3栏。
49. Tilton, *Retake the Heights*, 97-101, 121.
50. MichaelKazin, *A Godly Hero: The Life of Williams Jennings Bryan* (New York, 2007), xiv, 172-179, 209; William Jennings Bryan "Why I am for Prohibition," *The Independent* 87 (July 17, 1916): 89 ("will bring the highest good"); Lawrence Levine, *Defender of the Faith: William Jennings Bryan, The Last Decade, 1915-1925* (New York, 1965), 106 ("impoverish the poor").
51. Sinclair, *Prohibition*, 100; L. Ames Brown, "National Prohibition," *Atlantic Monthly* 115 (1915): 473. See also John J. Rumbarger, *Profits, Power and Prohibition: American Alcohol Reform and the Industrializing of America*, 1800-1930 (Albany, 1989).
52. Tilton, *Retake the Heights*, 99; "Summary of Investigations Conducted by the Committee of Fifty, 1893-1903," 50-53, in *Selected Articles on Prohibition*, 118-119.

53. *Alcohol and Temperance in Modern History*, xii; Brown, "National Prohibition," 735; Mark Schrad, *Vodka Politics: Alcohol, Autocracy and the Secret History of the Russian State* (New York, 2014), esp. 127-185; Laura L. Phillips, *Bolsheviks and the Bottle: Drink and Work Culture in St. Petersburg, 1900-1920* (Dekalb, IL, 2000); see also "Suppression of Vodka," *British Medical Journal* (Jan. 23, 1915): 171-172; Helgi Gunn- laugsson and John F. Galliher, *Wayward Icelanders: Punishment, Boundary Maintenance and the Creation of Crime* (Madison, WI, 2000), 29-47; Else Osterberg, "Finland" in *Alcohol and Temperance in Modern History*, 240-243; Sturla Nordlund, "Norway" in *Alcohol and Temperance in Modern History*, 458-463; John H. Wuorinen, *Prohibition Experiment in Finland* (New York, 1931).
54. Pittman, "Richmond P. Hobson, Crusader," 147, 151; Philip P. Campbell, "The Hobson Amendment," *CR* 52 (Dec. 22 1914), in *Selected Articles on Prohibition*, 24-25. See also Ernest Cherrington, *Prohibition Textbook: Facts and Figures Dealing with the Liquor Traffic* (Westerville, OH, 1915), 6; Okrent, *Last Call*, 395; Robert Woods, "Winning the Other Half: National Prohibition: A Leading Social Issue," *The Survey* (Dec. 30, 1916): 350; Julius Liebmann and response by Elizabeth Tilton, *The Survey* (Feb. 20,1915): 566.
55. *Alcohol and Temperance in Modern History*, xii; see also "Prohibition Wave Sweeping Britain," *NYT*, Dec. 31, 1916, 3; Brown, "National Prohibition," 735; Campbell, "The Hobson Amendment," 24-25; Robert Woods, "Winning the Other Half: National Prohibition: A Leading Social Issue," *The Survey*, (Dec. 30, 1916): 350; Liebmann and Tilton, *The Survey* (Feb. 20, 1915): 566.
56. W. G. Nice to Richmond Hobson, Jan. 26, 1915; E. W. Davis to Hobson, July 17, 1915, Box 36, RHP; Merz, *The Dry Decade*, 25-50.
57. Sinclair, *Prohibition*, 117; Fronc, *New York Undercover*, 149-152.
58. *Hearings Before a Subcommittee of the Senate Committee of the Judiciary*, 65th Congress, 2nd session, S3529, 309 as in Sinclair, *Prohibition*, 121.
59. C. Child, "The German American in Politics, 1914-1917" (PhD diss., Univ. of Wisconsin, 1939) 111 as in Sinclair, *Prohibition*, 120. See also Okrent, *Last Call*, 83-84, 99; Clark, *Deliver Us from Evil*, 14-15.
60. Merz, *The Dry Decade*, 26-27.
61. Merz, *The Dry Decade*, 25-50; Tilton, Diary, Apr. 2, 1918, Reel 993; see also Tilton, *Retake the Heights*, 161.
62. Tilton, *Retake the Heights*, 97; Kazin, *Populist Persuasion*, 101.
63. "Enforcement Bill Passed," *Christian Science Monitor*, July 23, 1919, 1; "Senate Passes Dry Law," *NYHT*, Sept. 6, 1919; "Enforcement Bill Passed," *AC*, Sept. 6, 1919, 1; see also Okrent, *Last Call*, 108-112.
64. "Meeting Minutes," Jan. 17, 1920, WCTU Flint, Michigan, chapter, Minute Book 11, Reel 48, TPP; "John Barleycorn burned in Effigy" *AC*, Jan. 16, 1920, 1-2; "Reformers of Nation Join in Watch Meeting to Usher in New Law," *Denver Post*, Jan. 17, 1920; John Kobler, *Ardent Spirits: The Rise and Fall of Prohibition* (New York, 1973), 12 (Sunday quotation); Anna Gordon, Presidential Address, *Report of the Forty-Eighth*

Annual Convention of the National Woman's Christian Temperance Union, 1922, 60, reel 9 TPP.

第二章 贩卖、假酒和家庭酿造

1. "Prohibition Protested by 50,000 on Common," *BDG*, Apr. 1, 1919, 1.
2. "25,000 'Wets' Parade Today," *Baltimore Sun*, June 3, 1919; "25,000 Parade for Wets," *NYT*, June 3, 1919, 12. The newspaper mention of the "anti‐Prohibition League" likely referred to the American Association Against the Prohibition Amendment (AAPA).
3. "Prohibition Protested," *BDG*, Apr. 1, 1919; see also "Labor Unites in Wet Protest," *CDT*, June 14, 1919, 1.
4. "'Wets' Mobilize at Capitol to Protest Dry Law," *CDT*, June 15, 1919, 5; James H. Timberlake, *Progressives and Prohibition* (New York, 1970), 95; "Move to Save Wine and Beer Lost in House," *NYT*, Jun. 18, 1919, 4; "Mild Beer Demanded by Labor," *Cincinnati Enquirer*, Jun. 15, 1919, 1 (Gompers quotation).
5. Central Federated Union leader Ernest Bohm claimed that 500,000 rank-and-file unionists endorsed the campaign: see "Beer Strike Gains Support," *NYT*, Mar. 8, 1919, 4; "No Beer-No Work Strikes are Voted," *BDG*, Feb. 22, 1919, 1; "No Beer, No Work Strike Referendum is Started," *NYHT*, Feb. 12, 1919, 1; see also Nuala McGann Drescher, "The Opposition to Prohibition, 1900–1919: A Social and Institutional Study" (PhD diss., Univ. of Delaware, 1963), 297-301; Tilton diaries, March–April 1919, Reel 993, ETP.
6. "Fewer than 20,000," *NYT*, July 5, 1921, 1 (quotation). 书中后边提及的工人阶级 "美国精神",参见以下著述:Gary Gerstle, *Working-Class Americanism: The Politics of Labor in a Textile City*, 1914-1960 (1989; Princeton, 2002)。Liz Cohen 关于二十世纪 20 年代芝加哥的著作认为,当时的少数民族产业工人已经接受了更广泛、更民族的工人阶级身份,思想不那么狭隘了。作者在书中关注的是大众文化、大众消费和福利资本主义对社会发展的重要性,而不是禁酒令。see Lizabeth Cohen, *Making a New Deal: Industrial Workers in Chicago*, 1919-1939 (1990; New York, 2008).
7. Charles Merriam, *Chicago: A More Intimate View of Urban Politics* (New York, 1929), 12. 关于不同种族社区的概述,参见以下著述:*Ethnic Chicago*, ed. Melvin G. Holli and Peter d'A Jones (1977; Grand Rapids, MI, 1984); "Greek Wets Flay Prohibition," *Saloniki*, June 28, 1919, Box 20, 181, CFLPSR。
8. Charles Joseph Bushnell, *The Social Problem and the Chicago Stockyards* (Chicago, 1902), 44, 76-78; Breckinridge and Abbott, "University of Chicago Settlement Report" (1908) as in Norman Sylvester Hayner, "The Effect of Prohibition in Packingtown" (PhD diss., Univ. of Chicago, 1921), 13 ("most hospitable place"). See also "The Social Function of the Saloon," (July–Sept. 1898), Box 23, 2, CCAR. Chicago Commons Settlement House director Lea Taylor remarked that "our neighborhood saloons…never were markedly disorderly and vicious." See "Prohibition Survey of the Stockyards Community," Box 8, 5, LDT; Perry Duis, *The Saloon: Public Drinking in Chicago and*

Boston, 1880-1920 (Urbana, IL, 1983); Madelon Powers, *Faces along the Bar: Lore and Order in the Workingman's Saloon, 1870-1920* (Chicago, 1998).

9. "AufZum Protest," *AP*, May 23, 1906, 4; "Das Volk Stand Auf!" *AP*, May 28, 1906, 5; see also "US Flay Blue Laws," *CDT*, March 26, 1906; Maureen Flanagan, "Ethnic Entry into Chicago Politics: United Societies for Local Self-Government and the Reform Charter of 1907," in *JISHS* (Spring 1982): 5, 8, 44-45; Alex Gottfried, *Boss Cermak of Chicago: A Study of Political Leadership* (Seattle, 1962), 44; Michael Willrich, *City of Courts: Socializing Justice in Progressive Era Chicago* (Chicago, 2003), 44-45.

10. Gottfried, *Boss Cermak of Chicago*, 84; "44,155 Wets in Parade," *CDT*, Nov. 8, 1915, 1.

11. "Parade of Degenerates," *CDT*, Nov. 8, 1915, 3; Harold Gosnell, *Machine Politics: Chicago Model* (1937; Chicago, 1968): 145-146; see also "Chicago Wet By a Majority of 247,228," *CDT*, Apr. 2, 1919, 3; "Register Protest Against Prohibition," *AP*, Mar. 4, 1919; "Grave of Liberty," *AP*, Oct. 10, 1919, Box 13, 2, CFLPSR.

12. For a discussion of the strike, see Cohen, *Making a New Deal*, 1-52; nationally, see David Brody, *Labor in Crisis: The Steel Strike* of 1919 (Urbana, IL, 1965).

13. For scientific management efforts to alter the workplace, see David Montgomery, *Workers' Control in America: Studies in the History of Work, Technology, and Labor Struggles* (New York, 1980), 32-40, 91-133.

14. "Prohibition Survey of the Stockyards Community," Box 8, 5, LDT; William E. McLennan, "Prohibition in Settlement Neighborhoods," 9, Box 1, 4, LDT. On Boston, see Alice Garnett, "Synopsis of Opinion on Law Enforcement in Congested Neighborhoods," in*Neighborhood* 4, 3 (Mar. 1930), 32-37.

15. Duis, *The Saloon*, 274-300; Roy Rosensweig, *Eight Hours for What We Will: Workers and Leisure in an Industrial City, 1870-1920* (New York, 1985), esp. 191-221. 即便《禁酒法案》是酒吧文化的掘墓者，且新形式多样化的大众文化竞争削弱了酒吧的发展，但若我们比较一下二十一世纪英国充满活力的酒吧文化发展经历就不难发现，酒吧文化也会继续存在。

16. *CDT*, Feb. 1, 1920; see also, for example, "Hinky Dink Puts the Tubs Away for All Time," *CDT*, Feb. 2, 1920, 16.

17. McLennan, "Prohibition in Settlement Neighborhoods," Box 1, 4, LDT ("stranglehold"); MarthaBenley Bruere, *Does Prohibition Work: A Study of the Operation of the Eighteenth Amendment Made by the National Federation of Settlements* (New York, 1927), 186("drinkery not a political center"). 关于《禁酒法案》的正面评价，参见以下文献: Harry S. Warner, "Prohibition: A Step in a Process," in American Academy of Political and Social Science, *Prohibition: A National Experiment* 163 (Philadelphia, 1932), 158。

18. Hayner, "The Effect of Prohibition," 37 (McDowell quotation); McLennan, "Prohibition in Settlement Neighborhoods," Box 1, 4, LDT (Boston reformer quotation); Bruere, *Does Prohibition Work*, 18; Warner, "Prohibition: A Step in a Process," 156-158 (Wald quotation). See also Ernest B. Gordon, *The Wrecking of the Eighteenth Amendment* (New York, 1943), 73.

19. On Whiskey Row, see Hayner, "The Effect of Prohibition," 39-49. 关于中部城区的状况调查,参见以下著述:Marian Winthrop Taylor, "The Social Results of Prohibition: A Study Made in the Central District of the United Charities" (PhD diss., Univ. of Chicago, 1923), 6; "Study of Prohibition," Box 24, 2, CCAR ("flourishing saloons"); Bruere, *Does Prohibition Work*, 4 (Charles Cooper quotation)。
20. "Hinky Dink Puts Tubs Away for All Time," 16; Hayner, "The Effect of Prohibition," 44-46; Marian Winthrop Taylor, "The Social Results of Prohibition," 6; "March 1928 Bulletin: Prohibition Committee," Box 1, 6, LDT ("unwashed windows").
21. Frederic Milton Thrasher, *The Gang: A Study of* 1,313 *Gangs in Chicago* (1927; Chicago, 1960), 447-454; "Investigative Reports," Boxes 36-55, COFR; Thomas Pegram, "Brewing Trouble: Federal, State, and Private Authority in Pennsylvania Prohibition Enforcement under Gifford Pinchot, 1923-1927," *Pennsylvania Magazine of History and Biography* (Apr. 2014), 163-191. On Peak's Philadelphia saloon, see "Dry Agents Fight with 200 Men," *BDG*, Jan. 7, 1923.
22. See Thrasher, *The Gang*, 438-442, 447-454.
23. For beer prices prior to Prohibition, see, for example, "Now Higher Cost of Living May Extend to Price of Beer," *Detroit Free Press*, Apr. 8, 1911, 3; "Plans of Tribune Readers," *CDT*, Dec. 8, 1912, F 6; "Prohibition: Survey of the Stockyards Community." 在禁酒令颁布之前,一桶啤酒可以在城市的畜牧场以低至 5 美分的价格买到。到 1930 年,啤酒的价格涨到了 25 美分到 50 美分一杯。see Clark Warburton, *Economic Results of Prohibition* (New York, 1932), 155. In Chicago, whiskey once 15 cents a glass went for about 75 cents per glass for moonshine of very cheap quality. Hayner, "Effect of Prohibition," 20 ("Stuff is too high"). For workers' complaints on budgets, see interviews, 40-48, Carton 1, Western Electric Company, Hawthorne Studies Collection, 1924-1961, Baker Library, Harvard Business School.
24. Warburton, *Economic Results of Prohibition*, 233-239; 262-263; Investigation, by Stanley Root, Box 1, WCR (quotation); Norman Clark, *Deliver Us from Evil: An Interpretation of National Prohibition* (New York, 1976), 146; David Kyvig, *Repealing National Prohibition* (1979; Kent, OH, 2000), 31.
25. On sources of supply, see "Prohibition: Survey of the Stock Yards Community," Box 8, 5, LDT; Hayner, "The Effect of Prohibition," 47-48 (quotation on 47).
26. Hayner, "The Effect of Prohibition," 16-26 (quotation); "'I will' is Chicago Motto," Box 24, 4, CCAR ("the great baking companies").
27. Hayner, "The Effect of Prohibition," 48, 31; McLennan, "Prohibition in Settlement Neighborhoods," 8, Box 1, 4, LDT.
28. "Prohibition Survey of the Stock Yards Community," 7, Box 8, 5, LDT; McLennan, "Prohibition in Settlement Neighborhoods," 8, Box 1, 4, LDT.
29. For evidence for women's role in Chicago's trade see, for example, Michael Willrich, "'Close that Place of Hell': Poor Women and the Cultural Politics of Prohibition," *JUH* 29 (2003), 553-559; 568. 虽然 Willrich 指出贫穷妇女一直在为关闭酒吧而奔走努力,但书中大量记载也揭示了妇女在酒业及其贸易中的参与和作用。我的观点与

此相反,我发现了大量贫穷妇女反对禁酒法律的证据。居住在公租房及附近区域的不同种族的贫穷妇女"一致认为"禁酒法律让一切变得更糟了。一个有组织的波兰母亲团体不仅要求修改该法案,而且要求恢复酒馆存在。see "Neighborhood Interviews and Opinions," Box 24, 4, CCAR. See also "Prohibition Survey of Stockyard Community," Box 8, 5; McLennan, "Prohibition in Settlement Neighborhoods," Box 1, 4, LDT.

30. Addams observations reported in " 'I will' is Chicago Motto"; Herbert Asbury, *The Great Illusion: An Informal History of Prohibition* (New York, 1950), 227.
31. " 'I will' is Chicago Motto," Box 24, 2, 4, CCAR (quotation).
32. On the history of earlier violence, see Jeffrey S. Adler, *First in Violence, Deepest in Dirt: Homocide in Chicago*, 1875-1920 (Cambridge, MA, 2006). For crime in Chicago from the Progressive Era through the 1920s, see Willrich, *City of Courts*, esp. 281-312; Herbert Asbury, *Gem of the Prairie: An Informal History of the Chicago Underworld* (1940; DeKalb, IL, 1986); John Landesco, *Organized Crime in Chicago* (Chicago, 1929); Humbert S. Nelli, *The Business of Crime: Italians and Syndicate Crime in the United States* (New York, 1976); Howard Abadinsky, *Organized Crime: An Examination of the Function, Structure, and Historical Background of United States Criminal Organizations from the late 19th Century to the Present* (Chicago, 1985), esp. 130-152.
33. Robin Einhorn, "Political Culture," in *The Encyclopedia of Chicago*, ed. James R. Grossman et al. (Chicago, 2004); "Vice Kings and Police," *CDT*, July 24, 1914, 3; "Neighborhood Interviews," Box 24, 4, 2, CCAR ("tremendous amount of graft") "Thompson," *CDT*; Apr. 19, 1931, 14 ("international reputation").
34. "Chicago Gangland Killings Show Close Alliance with Chicago Politicians," *CDT*, Mar. 31, 1929, G1 ("not ashamed"; "He drank with them").
35. National Federation of Settlements "Prohibition Committee," Mar. 1928, Box 1, 6, LDT; Thrasher, *The Gang*, 481; "Neighborhood Interviews," Box 24, 4, CCAR.
36. "Neighborhood Interviews"; Gottfried, *Boss Cermak of Chicago*, 141.
37. Thrasher: *The Gang*: 468, 480; see also Herbert Asbury, *The Gangs of Chicago: An Informal History of the Chicago Underworld* (New York, 1940); John Kobler, *The Life and World of Al Capone* (New York, 1971); Gottfried, *Boss Cermak*, 210-215.
38. Thrasher: *The Gang*: 468, 480.
39. " 'I will' is Chicago Motto," Box 24, 4, CCAR.
40. McLennan, "Prohibition in Settlement Neighborhoods"; see also " 'I will' is Chicago Motto"; Federal Council of Churches report quoted in Herbert Asbury, *The Great Illusion*, 227-228; McLennan, "Prohibition in Settlement Neighborhoods" (Polish banker quotation).
41. NCLOE, *Report on Crime and the Foreign Born* (Washington, DC, 1931); " 'I will' is Chicago Motto."
42. See Asbury, *The Great Illusion*, 228.
43. *Danish Times*, Oct. 30, 1931, Box 9, 181, CFLPSR; Asbury, *The Great Illusion*, 287.
44. Asbury, *The Great Illusion*, 287; John P. Morgan, "Jamaica Ginger Paralysis," *JAMA* 248 (Oct. 15, 1982): 1864-1867; see also L. A. Turley, H. A. Shoemaker, and D.

T. Bowden, *Jake Paralysis* (Norman, OK, 1931); "The Public Health Service and Jamaica Ginger Paralysis in the 1930s," *Public Health Service Chronicles* 110 (May–June 1995): 363; John P. Morgan and Thomas C. Tulloss, "The Jake Walk Blues: A Toxicologic Tragedy mirrored in American Popular Music," *Annals of Internal Medicine* 85 (1976): 804–808.

45. Hayner, "The Effect of Prohibition," 20; "Neighborhood Interviews," Box 24, 4, CCAR (Italian doctor quotation); see also Marian Winthrop Taylor, "The Social Results of Prohibition."

46. Constantine Panunzio, "The Foreign Born and Prohibition," in Annals of the American Academy of Political and Social Sciences, *Prohibition: A National Experiment* (Philadelphia, 1928), 49 (quotation); Hayner, "The Effect of Prohibition," 42 (quotation); crowd action identified as a "news item," no date, in Thrasher, *The Gang*, 261. 这种抵制在其他工业城市也多有发生。在匹兹堡,联邦对其中九家酒馆的突击搜查,招致"群众行动"抗议的新闻事件;在另一次突袭行动中,一家餐馆老板的妻子挥舞着一把椅子,威胁突袭人员;在对 Foyzey 酒馆和 Lutz 酒馆的突袭中,一群"外国人"甚至组成了一个人体路障抗议。see "Nine Saloons on Northside Raided," *Pittsburgh Post-Gazette*, Oct. 24, 1920, 2.

47. Hayner, "The Effect of Prohibition," 24–25, 42; "Neighborhood Interviews," Box 24, 4, CCAR; see also National Federation of Settlements, "Prohibition Committee," Mar. 1928, Box 1, 6, LDT; Thrasher, *The Gang*, 468.

48. See "Neighborhood Interviews," Box 24, 4, CCAR.

49. *Danish Times*, Oct. 30, 1931.

50. Robert Stanley, *Dimensions of Law in the Service of Order: The Origins of the Federal Income Tax* 1861–1913 (New York, 1993); Stephen Skowronek, *Building a New American State: The Expansion of National Administrative Capacities*, 1877–1920 (New York, 1982); see also Brian Balogh, *A Government Out of Sight: The Mystery of National Authority in Nineteenth-Century America* (New York, 2009), esp. 379–400.

51. Gottfried, *Boss Cermak of Chicago*, 15–16, 18, 22.

52. "In Behalf of Personal Freedom," *Denni Hlasatel*, Mar. 20, 1922, Box 1, 182, CFLPSR (Cermak quotation); see also Gottfried, *Boss Cermak of Chicago*, 115.

53. Gottfried, *Boss Cermak of Chicago*, 111–117; "Cermak's Stand," *CDT*, Oct. 16, 1922.

54. "Cermak's Stand," *CDT*, Oct. 16, 1922; Gottlieb, *Boss Cermak of Chicago*, 111–117.

55. Gottfried, *Boss Cermak of Chicago*, 111–117; "Brittens Biervorlag," *AP*, Nov. 1, 1922; "*Nass oder Trocken?*" and "Die Prohibitionsfrage am 7 November," *AP*, Oct 25, 1922; "This is our Fight," Oct. 17, 1922, 1–6, *Denni Hlasatel*, Box 1, 182, CFLPSR.

56. "Czechoslovaks Protest Against Prohibition," Oct. 4, 1922, Oct. 6, 1922, *Denni Hlasatel*.

57. "Czechoslovaks Protest Against Prohibition," Oct. 4, 1922, Oct. 6, 1922, *Denni Hlasatel*, Box 1, 182, CFLPSR; "This is Our Fight," Oct. 27, 1922, *Denni Hlasatel*, Box 1, 183, CFLPSR; John Allswang, *A House for All Peoples: Ethnic Politics in Chicago*, 1890–1936 (Lexington, KY, 1971), 11, 121–123; Gosnell, *Machine Politics*, 145.

58. On increased immigrant voting, see Cohen, *Making a New Deal*, especially 210–211; see

also Kristi Anderson, The*Creation of a Democratic Majority* (Chicago, 1979), 9, 32; Allswang, *A House for All Peoples*; Charles Merriam and Harold F. Gosnell, *Non-Voting: Causes and Methods of Control* (Chicago, 1924).

第三章 选择性执法

1. "Izzy Einstein's 'Revenuer's Blues' is Grand Slam," *WP*, Mar. 9, 1922, 1.
2. "Izzy and Moe Trap 48" *NYT*, May 8, 1922, 5 (quotations); "Izzy and Moe," *BDG*, Nov. 22, 1925, A24; "Two Barkeeps Faint," *NYT*, July 17, 1922, 6; "Izzy and Moe put on Blackface," *NYT*, Mar. 3, 1922, 6; see also Herbert Asbury, "The Noble Experiment of Izzie and Moe," in *Aspirin Age, 1919–1941*, ed. Isabel Leighton (New York, 1949), 34–50; Isidor Einstein, *Prohibition Agent No. 1* (New York, 1932).
3. "Izzy and Moe," *BDG*, Nov. 22, 1925, A24 (quotations). John Kobler labeled them the "most honest and effective agents: see Kobler, *Ardent Spirits: The Rise and Fall of Prohibition*, 294–295 (New York, 1973); Andrew Sinclair called them the "heroes of the enforcement service," Sinclair, *Prohibition: The Era of Excess* (New York, 1962), 184, 314. Daniel Okrent 报道: "爱因斯坦声称逮捕了近5000名违规者。" see Okrent, *Last Call: The Rise and Fall of Prohibition* (New York, 2010), 136, 188–189, 258–263, 295–298, 355. See also Charles Merz, *The Dry Decade* (New York, 1931), 135; Michael Lerner, *Dry Manhattan: Prohibition in New York City* (New York, 2007), 114; David Kyvig, *Repealing National Prohibition* (1979; Kent, OH, 2000), 27; Lawrence Friedman, *Crime and Punishment in American History* (New York, 1993), 266 ("Prohibition is often described").
4. "List of persons killed or fatally injured by officers of the Bureau of Prohibition," 15, Circular 55, Nov. 2, 1929, Box 13, 5, WCR.
5. Merz, *The Dry Decade*, 68; Athan Theoharis, *The FBI: A Comprehensive Reference Guide* (Phoenix, AZ, 1999); Kobler, *Ardent Spirits*, 221 (Kramer quotation). 1920年禁酒局的第一笔预算拨款是500万美元,到1930年,拨款接近1500万美元。然而,由于海岸警卫队也被授权执行禁酒法律,执法支出总体上更大了。禁酒令存在期间,联邦大约一半的支出用于酒类法律的执法。除了专款,其他拨款估计还有1300万美元。相比之下,1936年新更名的联邦调查局的初始预算仅为80万美元,耗费要少得多。See Merz, *The Dry Decade*, 110; Clark Warburton, *Economic Results of Prohibition* (New York, 1932), 245–246; Sinclair, *Prohibition*, 184. See also Claire Potter, *War on Crime: Bandits, G-Men and the Politics of Mass Culture* (New Brunswick, NJ, 1998), 196.
6. William G. Brown, "State Cooperation in Enforcement," American Academy of Political and Social Science, *Prohibition: A National Experiment* 163 (Philadelphia, 1932), 30–38.
7. NCLOE, Enforcement of the Prohibition Laws. *Official Records of the National Commission on Law Observance and Enforcement*, 4 (Washington, 1931), 1082; 59, 68–69, 74; Okrent, *Last Call*, 145; see also Thomas Pegram, "Brewing Trouble: Federal State and Private Authority in Pennsylvania Prohibition Enforcement under Gifford Pinchot, 1923–1927," *Pennsylvania Magazine of History and Biography* (Apr. 2014): 148; 153–156,

163-191.
8. William G. Brown, "State Cooperation in Enforcement," 32; U. S. Department of Commerce, Bureau of the Census, *Religious Tables*, Denominations, K-Z, statistics, history, doctrine, and work, 1936 (Washington, DC, 1941).
9. On Cannon and Prohibition in Virginia, see Robert A. Hohner, *Prohibition and Politics: The Life of Bishop Cannon* (Columbia, SC, 1999); Hohner, "Prohibition Comes to Virginia: The Referendum of 1914," *Virginia Magazine of History and Biography* 75 (Oct. 1967): 473-488; Mark Benbow, "The Old Dominion Goes Dry: Prohibition in Virginia," *Brewery History* 138 (Winter 2010): 20-53.
10. Hugh Harrington Frasier, "J. Sidney Peters and Virginia Prohibition 1916-1920," (master's thesis, Univ. of Richmond, 1971), 19-20; Hohner, "Prohibition Comes to Virginia," 473-488; Benbow, "The Old Dominion Goes Dry," 20-58. For a wider discussion of Virginia's extremely narrow electoral participation, see J. MorganKousser, *The Shaping of Southern Politics: Suffrage Restriction and the Establishment of the One-Party South*, 1880-1910 (New Haven, 1974); see also Alexander Keyssar: *The Right to Vote: The Contested History of American Democracy* (New York, 2000), esp., 117-171.
11. Rev. John E. White, "Prohibition: The New Task and Opportunity of the South," *South Atlantic Quarterly* 7 (Jan.-Oct. 1908): 135-141 (quotations); see also William Henry Gravely, "Can the Water be made fine? An essay on Southern Politics, Primaries, Prohibition, Labor, the Negro Question" (1921), Box 3, Virginia ASL Collection, McConnell Library Archives, Radford University, Rad ford, VA.
12. Carl V. Harris, "Reforms in Government Control of Negroes in Birmingham, Alabama, 1890-1914," in *JSH* 38 (Nov. 1973): 576 (quotation); "Mighty Wave of Reform Sweeps the Entire South," *NYT*, SM, June 2, 1907; White, "Prohibition," The New Task," 140-147; Thomas Pegram, "Temperance Politics and Regional Political Culture: The Anti-Saloon League in Maryland and the South, 1907-1915," *JSH* (Feb. 1997): 75.
13. Hugh Frasier, "J. Sidney Peters: The First Commissioner of Prohibition, *Virginia Cavalcade* 22 (1987): 28-35; J. A. Knowles to J. Sidney Peters, n. d., and J. H. Bray to J. Sidney Peters, May 8, 1916; H. H. Sherman to J. Sydney Peters, April 13, 1916; J. Sydney Peters to C. T. Jordon, June 10, 1916, Box 6A, VPC.
14. Frasier, "J. Sidney Peters" 19-20, 28-35, 30-48; *Official Records of the NCLOE* 4, 1059.
15. "Dry Law Fees will be Reduced," *RTD*, Feb. 1, 1926, 1; see also "Dangerous Police Fees," editorial, *RTD*, Feb. 14, 1926, 6; "Seventeen Years in the Desert," *RTD*, Nov. 20, 1933, 2.
16. Wilbur R. Miller, *Revenuers and Moonshiners: Enforcing Federal Liquor Law in the Mountain South*, 1865-1900 (Chapel Hill, NC, 1991); *Official Records of the NCLOE* 4, 1075; anonymous letter, Galax, VA, Apr. 9, 1927, provided by Frank E. Dobson to John R. Saunders, Box 29, 10, and E. Frank Dobson to John R. Saunders, Jan. 22, 1927, Box 8, 26, VPC.

17. John R. Saunders to Frank Dobson, n. d., Box 29, 10; H. B. Smith to E. Frank Dobson, Nov. 14, 1923, Box 29, 10, VPC.
18. Department of Prohibition, *Report to the Governor and General Assembly*, Eleventh Report, 1928 (Richmond, VA, 1929).
19. Department of Prohibition, *Report to the Governor and General Assembly* 6, 1922–1923 (Richmond, VA, 1924); Department of Prohibition, *Report to the Governor and General Assembly*, Eleventh Report, 1928. For arrests overall, see 拘捕总人数, 参见 "Seventeen Years in the Desert," *RTD*, Nov. 16, 1933, 4; Nov. 9, 1933, 6.
20. Virginia, State Board of Charities and Corrections, *Annual Report of the State Board of Charities and Corrections to the Governor of Virginia for the Year ending September* 16–23; Arthur A. James, *The State Becomes a Social Worker: An Administrative Interpretation* (Richmond, VA, 1944), 64–125, esp. 124–125.
21. *Official Records of the NCLOE* 4, 1048, 1060. 弗吉尼亚州的报告所提供的数据显然不完整。例如许多条目没有列出违规者服刑地点, 在那些一年内被"评论"过的违规者中 (被起诉的 7274 名违规者中有 3105 人), 有 1327 人是在路上服刑的。Department of Prohibition, *Report to the Governor and General Assembly*, Sixth Report of the Department of Prohibition, 1922–1923 (Richmond, VA, 1924). See also United States, Prison Industries Reorganization Administration, *The Prison Problem in Virginia: A Survey* (Washington, DC, 1939). 1946 年, 一项全面禁止在公路部队和监狱中"殴打、鞭笞或对囚犯实施任何残酷体罚"的禁令通过, 这标志着从单纯惩罚到教育改造的转变。在此之前, 弗吉尼亚监狱的管理理念纯粹是惩罚性的。see *A Report on an Administrative Survey of the Virginia Convict Road Force* (Charlottesville, VA, 1955).
22. J. T. Crute to H. B. Smith, Nov. 15, 1921, Box 54, 6; K. T. Crawley to John R. Saunders, Mar. 16, 1922, Box 54, 6; "Daily Report Records," Box 56, 7, VPC.
23. J. T. Crute to H. B. Smith, Box 54, 6; Crute, "Daily Report," Box 56, 7; "Daily Report," Feb. 12, 1923, Box 56, 7, VPC.
24. J. T. Crute, "Daily Reports" for May 30, 1922 Feb. 29, 1923. 他逮捕的人中, 有 39 人是"黑人"或"有色人种", 34 人是白人。see Crute, "Inspectors Daily Reports," Box 54, Folder 6; Box 56, Folder 7, VPC; *Official Records of the NCLOE* 4 (Washington 1931), 1068.
25. "List of Persons Killed or Wounded by Bureau of Prohibition Agents," Circular 55, Nov. 2, 1929, Box 13, 5; WCR, 1928–1931; *PC*, Mar. 23, 1929.
26. *Official Records of the NCLOE* 4, 1068.
27. *RTD*, Mar. 17, 1925; "Law Seeking White Power," *PC*, Mar. 23, 1929.
28. See W. B. Turner arrest report and J. T. Crute to H. B. Smith, Dec. 21, 1921, Box 54, 6, VPC.
29. Chase 所做的"关于在 1924 年 6 月至 1925 年 1 月期间, 因违反禁酒令而逮捕的人数"记录显示: 有 59 名"有色人种"或"黑人", 45 名白人和 1 名"混血儿"。每次的突袭行动逮捕的都不止一人。See A. S. Chase, "Inspectors Reports," June 1924–Jan. 1925, Box 61, 11; "Daily Report," arrest of Arthur Faulkner, Box 61, 11, VPC. Income statistics drawn from "Wages and Hours of Labor in Virginia, 1928," *Monthly Labor Review*, 31 (July 1930), 165.

30. Crute, "Daily Report," Jan. 11, 1923, Box 56, 7, VPC; "Dry Agents Kill Negro," *WP*, June 29, 192, 3.
31. Crute, "Daily Report," Nov. 18, 1922, Box 56, F. 7 VPC; Crute, "Daily Report," Dec. 14, 1922, Box 56, 7, VPC.
32. Frasier, "J. Sidney Peters," 19–20 ("apologists for lawbreakers"); "Mrs. Willebrandt says Law Can be Enforced" *NYHT*, April 20, 1926 (Cannon and Willebrandt quotations); Mabel Walker Willebrandt, *Inside Prohibition* (Indianapolis, 1929), 122; see also "Dry Agents, Facing Guns, Sometimes Must Shoot," *LAT*, Aug. 8, 1929; American Association Against the Prohibition Amendment, "Reforming America With a Shot Gun: A Study of Prohibition Killings" (Washington, DC, 1929).
33. Joseph Era, "Prohibition in Richmond" (master's thesis, Univ. of Richmond, 1996), 77, 91; *Official Records of the NCLOE* 4, 1071. 在罗阿诺克地区也有类似的不成比例的逮捕率。see *Official Records of the NCLOE* 4, 1071–1074. 这些数字也是奴隶制遗留下来的不平等种族监禁历史的一部分。See, for example, State Board of Charities and Corrections, *Annual Report of the State Board of Charities and Corrections to the Governor* (Richmond, VA, 1912), 51–93. 全州禁酒令报告显示，非裔美国人和白人违法者的比例更为"均衡"。这种差异表明，虽然在某些城市，非裔美国人比白人更容易成为袭击目标，但在其他特殊地理区域——种族隔离区，反而使他们避开了联邦和州警察窥探的目光。在新奥尔良，对私酒的起诉主要落在白人身上。See Tanya Marie Sanchez, "The Feminine Side of Bootlegging," *Louisiana History* 41 (Autumn 2000): 403–433. 在贩酒供应链组织严密的地区，参与贸易的风险对非裔美国人来说可能太高了。他们需要对不同的地理区域进行更多的研究，以便得出关于种族隔离对选择性执法的更广泛的、动态的影响的明确结论。
34. "Report of arrests, search warrants executed, and seizures made under the Prohibition Law," Apr. 1923, Richmond Police Department, Box 38, 33; "Report of arrests, search warrants executed, and seizures made under the Prohibition law," Feb. 1925, Box 38, 34, VPC. 从被捕者的居住地信息来看，完全是一种针对穷人、工人阶级和非裔美国人社区的执法模式。see also Era, "Prohibition in Richmond," 53; *RTD*, Jan. 25, 1925, 12 ("whirlwind crusade").
35. "Smash Doors in Raid," *RTD*, Jan. 28, 1925, 3; *Official Records of the NCLOE* 4, 1064; "Report of arrests," Feb. 1925, Apr. 1923. Names of individuals were tracked in *Richmond Virginia City Directory Hill Directory*, 1921–1925, Richmond Historical Society.
36. *Richmond Police Department: A Legacy of Excellence* (Dallas, 2001), 23, 28–29, VHS. 关于禁酒战争导致的国家刑罚权力的扩大，这部分内容可以参考该书的第七章。See also Erik Monkonnen, "History of Urban Police," *Crime and Justice* 15 (1992): 547; Nathan Douthit, "Police Professionalization and the War Against Crime in the United States, 1920–1930s," in *Police Forces in History*, ed. George L. Mosse (Beverly Hills, 1975); William Thomas Allison, "The Militarization of American Policing: Enduring Metaphor for a Shifting Context," in *Uniform Behavior: Police Localism and National Politics* ed. Stacy McGoldrick and Andrea McArdle (New York, 2006), 15–16; *RTD*, Jan. 25, 1925, 12; "Smash Doors in Raid," *RTD*, Jan. 28, 1925, 3. 关于更广

泛的警察制度改革的内容,参见以下著述: Nathan Douthit, "August Vollmer, Berkeley's First Chief of Police, and the Emergence of Police Professionalism," *California Historical Quarterly* 54 (Summer, 1975): 101-124; see also Gene E. Carte and Elaine H. Carte, eds., *Police Reform in the United States: The Era of August Vollmer*, 1905-1932 (Berkeley, 1976)。

37. 在纽波特纽斯,一份1921年三个月的逮捕记录抽查显示,被控"持有、制造、储存和运输毒品"的非裔美国人的定罪比例过高。在可以进行种族鉴定的情况下,被捕的非洲裔美国人约有一半被定罪。在白人中,绝大多数指控最后都会被撤销。被定罪者的罚款从60美元到120美元不等(按现在美元计算,罚款在800美元左右)。Newport News, "Report of Prohibition Cases Handled by the division of Police," City of Newport News, Virginia, Box 38, 29, VPC. 联邦人员通过当地城市的职业和种族目录信息即可查到犯罪人的姓名。see City of Newport News, City Directory, 1920, 1923, Virginia Room, Newport News Public Library.

38. "Mob Storms Jail, Lynches Man," *RTD*, Mar. 21, 1925; "Klansmen Flog Negro in Northern Neck,' *RTD*, Apr. 10, 1926, 10.

39. *Official Records of the NCLOE* 4, 45; *Richmond Planet*, Jan. 17, 1920, 4.

40. Edward B. Rembert to Herbert Hoover, May 20, 1930; "George Hughes lynching in Sherman...," May 1930, Department of Justice Classified Subject Files on Civil Rights, 1914-1949, National Archives, College Park, MD, Record Group 60, ProQuest History, Folder 101767-016-0217.

41. "New Bill Hits Illegal Search by Dry Agents," *PC*, Jan. 11, 1930, 20.

42. *The Oregonian*, Jan. 5, 1924; Feb. 5, 1924; April 6, 1924. See also Kenneth D. Rose, "The Labbe Affair and Prohibition Enforcement in Portland," *Pacific Northwest Quarterly* 77 (April 1986): 42-51.

43. "Profits of Vice,"*PC*, Jan. 11, 1930, 10.

44. Booker T. Washington to Mr. W. H. Morgan, April 29, 1912, Box 35, 3, RHP. 早些时候,华盛顿政府曾公开支持乔亚州的禁酒令。这些情绪可能表达了一种观点的改变或反对联邦政府的做法,而不是反对所有限制性的酒类立法。For Washington's earlier views, see "Prohibition and the Negro," *Outlook*, Mar. 14, 1908; "Dry of Booze, Wet with Tears, *PC*, Dec. 6, 1924; *Richmond Planet*, Mar. 6, 1920, Jan. 3, 1920, Jan. 17, 1920; *PC*, Apr. 13, 1929; Lerner, *Dry Manhattan* (New York, 2007), 201, 223-225.

45. W. James, *The State Becomes a Social Worker*, 152-154; see, for example, Harris, "Reforms in Government Control of Negroes," 594.

46. Nicholas Bravo, "Spinning the Bottle: Ethnic Mexicans and Alcohol in Prohibition Greater Los Angeles" (PhD diss., Univ. of California-Irvine, 2011), 95-96, 100-101, 120. On Vollmer and the LAPD, see Douthit, "August Vollmer, Berkeley's First Chief of Police," 101-124.

47. Bravo, "Spinning the Bottle, 9, 98-99, 108, 116.

48. Bravo, "Spinning the Bottle," 75.

49. Douglas Bukowski, "William Dever and the Mayoral Elections of 1923 and 1927, *Chicago History* (Spring 1978): 109; Willrich, *City of Courts: Socializing Justice in Progres-

sive Era Chicago (Chicago, 2003). 561; Lerner, Dry Manhattan, 116.
50. Julien Comte, "Let the Federal Men Raid: Bootlegging and Prohibition in Pittsburgh," Pennsylvania History (Spring 2010): 77, 172; Bert Iacobucci interview transcript, Oct. 23, 1979, BVLHC.
51. OrmondMontini, interview transcript, Aug. 2, 1978, BVLHC.
52. LouTadora, interview transcript, Oct. 30, 1979, BVLHC.
53. See, for example, "Bootleg Queen, Cultured and Exotic," New Orleans Times Picayune, Oct. 22, 1925, in Sanchez, "The Feminine Side of Bootlegging," 404; Lerner, Dry Manhattan, 157; Bert Iacobucci interview transcript; "Women Bootleggers," PC, Nov. 23, 1929, 3 ("75 percent").
54. Mary Murphy, "Bootlegging Mothers and Drinking Daughters: Gender and Prohibition in Butte, Montana," American Quarterly 46 (June 1994): 185; Sanchez, "The Feminine Side of Bootlegging," 403–433, esp., 415–419.
55. Sanchez, "The Feminine Side of Bootlegging," 411–420.
56. Sanchez, "The Feminine Side of Bootlegging," 408, 420.
57. "Women Bootleggers," PC, Nov. 23, 1929, 3.
58. Willrich, "'Close that Place of Hell': Poor Women and the Cultural Politics of Prohibition," JUH 29 (July 2003): 558, 568.
59. Dorothy Marie Brown, Setting a Course: American Women in the 1920s (New York, 1987), 54–56, 154; Sanchez, "The Feminine Side of Bootlegging," 415.
60. Official Records of the NCLOE 4, 426, 68, 575.
61. Official Records of the NCLOE 4, 926. 在穆迪执政期间，非裔美国人占得克萨斯州囚犯的40%，但不到该州人口的四分之一。违反禁酒令者构成了囚犯人口数量的很大一部分。See Paul M. Lucko, "A Missed Opportunity: Texas Prison Reform during the Dan Moody Administration, 1927–1931," Southwestern Historical Quarterly 96 (July 1992): 36–46.
62. "Report of James J. Forrester and Interviews with Labor Representatives in Indianapolis, Lafayette and Vicinity," July 16, 1930, 1, 5, 6, 12 (quotations), Circular 291, Box 19, 2, WCR.
63. "Report of James J. Forrester," 5.
64. Lerner, Dry Manhattan, 117.

第四章　勇敢的抗争

1. Lewis A. Erenberg, Steppin' Out: New York Nightlife and the Transformation of American Culture, 1890–1930 (Chicago, 1981), 244; "Why We Go to Cabarets," New Yorker, Nov. 27, 1925, 7.
2. "Minutes, Fourth Annual Report of the Women's Committee for Repeal of 18th Amendment," 3, Jan. 24, 1930, Box 1, LGP.
3. Herbert Asbury, The Great Illusion: An Informal History of Prohibition (New York, 1950), 195–197; Erenberg, Steppin' Out, 238 (quotation). 其他关于纽约夜生活转变的记载描述包括以下著述：Donald Miller, Supreme City: How Jazz Age Manhattan Gave Birth to

Modern America (New York, 2014); Michael Lerner, *Dry Manhattan: Prohibition in New York City* (Cambridge, MA, 2007), 199-226; Chad Heap, *Slumming: Sexual and Racial Encounters in American Nightlife, 1885-1940* (Chicago, 2009), 189-276。
4. "Ritz case" and "Report by Raymond Perry," Feb. 1, 1928, Box 10, 13, NEWWS; see also Asbury, *The Great Illusion*, 196; Investigation Report, 1920, Box 34; Investigation, "speakeasies," Box 37, COFR; Miller, *Supreme City*, 115.
5. Investigation Report, 1920, Box 34; Investigation, "speakeasies," Box 37; Moskowitz & Lupowitz restaurant, Investigation Report, Aug. 17, 1920, Box 34, COFR.
6. Miller, *Supreme City*, 124; Investigation Report, "Nightclubs, Speakeasies," 1928, Box 37, COFR.
7. Investigation Report, 1920, Dec. 8, 1920, Box 34; InvestigationReport, 1920, Dec. 1928, Box 34, Investigation Report; "Speakeasies not included in nightclub list investigated, 1928," Box 37, COFR; Lerner, *Dry Manhattan*, 155-160.
8. Kevin Mumford, *Interzones: Black/White Sex Districts in Chicago and New York in the Early Twentieth Century* (New York, 1997), 144; Investigation Report, 1920, June 15, 1920, Box 34; Investigation Report, Dec. 8, 1920, Box 34, Investigation Report, June 25, 1924; Investigation of Vice Conditions during the Democratic Convention, 1924, Box 35, COFR.
9. Heap, *Slumming*, 17-153.
10. 关于女性在战争期间和战后工作变化的讨论,可以参阅以下著述:Alice Kessler-Harris, *Out to Work: The History of Wage-Earning Women in the United States* (1982; New York, 2003), 217-249; see also Investigation Report, "Speakeasies, not included in nightclub list investigated, 1928", Box 37, COFR; Stanley Walker, *The Nightclub Era* (New York, 1933), 30-31。
11. Investigation Report, "Speakeasies not included in nightclub list investigated, 1928," Box 37, COFR.
12. MarthaBenley Bruere, *Does Prohibition Work: A Study of the Operation of the Eighteenth Amendment Made by the National Federation of Settlements* (New York, 1927), 282; David Augustine Murphy, *The Eighteenth Amendment* (NY, 1923), 1.
13. *Pittsburgh Courier*, Sept. 4, 1924, 2. On the "panzy craze" and Prohibition-era newly transgressive nightlife scene, see George Chauncey, *Gay New York: Gender, Urban Culture, and the Making of the Gay Male World, 1890-1940* (New York, 1994), 327-335.
14. Heap, *Slumming*, 160; Mumford, *Interzones*, 15, 131, 150 (quotation); see also Elizabeth Schroeder Schlabach, *Along the Streets of Bronzeville: Black Chicago's Literary Landscape* (Urbana, IL, 2013), 10-15. Devarian Baldwin notes the geographic segregation of vice in Chicago's African-American South Side by 1910; see Deverian L. Baldwin, *Chicago's New Negroes: Modernity, the Great Migration and Black Urban Life* (Chapel Hill, NC, 2007), 24-26; Khalil Gibran Muhammad, *The Condemnation of Blackness: Race, Crime and the Making of Modern Urban America* (Cambridge, MA, 2010), 88-145.
15. Mumford, *Interzones*, 15, 131; Schlabach, *Along the Streets of Bronzeville*, 10-15; Lern-

er, *Dry Manhattan*, 220; Heap, *Slumming*, 202; Baldwin, *Chicago's New Negros*, esp. 21-51. On the Savoy, see Karen Hubbard and Terry Monaghan, "Negotiating Compromise on a Burnished Wood Floor: Social Dancing at the Savoy," in *Ballroom, Boogie, Shimmy Sham, Shake: A Social and Popular Dance Reader*, ed. Julie Malnig (Champaign, IL, 2009); Joel Dinnerstein, *Swinging the Machine: Modernity, Technology and African-American Culture Between the World Wars* (Amherst, MA, 2002); Jervis Anderson, *This Was Harlem* (New York, 1981), 312-313.

16. Heap, *Slumming*, 213 (Lil Hardin Armstrong quotation); Jay D. Smith, *Jack Teagarden: Story of a Jazz Maverick* (New York, 1960), 69-70; Nicholas M. Evans, *Writing Jazz: Race, Nationalism, and Modern Culture in the 1920s* (New York, 2000); William Howland Kenney, *Chicago Jazz: A Cultural History, 1904-1930* (New York, 1993); Geoffrey C. Ward, *Jazz: A History of America's Music* (New York, 2000).

17. David Levering Lewis, *When Harlem Was in Vogue* (New York, 1997); Baldwin, *Chicago's New Negroes*. Baldwin 认为,新兴的音乐俱乐部和南区闲适的夜生活方式是黑人们的主要精神生活方式。See also Schlabach, *Along the Streets of Bronzeville*; Heap, *Slumming*; Nathan Irvin Huggins, *Harlem Renaissance* (New York, 1971); George Hutchinson, *Harlem Renaissance in Black and White* (Cambridge, MA, 1995); Ann Douglas, *Terrible Honesty: Mongrel Manhattan in the 1920s* (New York, 1995).

18. Heap, *Slumming*, 190, 215-216.

19. *Carl Van Vechten and the Harlem Renaissance: A Portrait in Black and White* (New Haven, 2012); Leon Coleman, *Carl Van Vechten and the Harlem Renaissance: A Critical Assessment* (New York, 1998); Van Vechten, *Nigger Heaven* (New York, 1926). See also Robert F. Worth, "Nigger Heaven and the Harlem Renaissance," *African American Review* 29 (Autumn 1995): 461-473; John Lowney, "Haiti and Black Transnationalism: Remapping the Migrant Geography of Home to Harlem," *African American Review* 34 (2000): 413.

20. Heap, *Slumming*, 206 ("city administration"); Kathleen Morgan Drowne, *Spirits of Defiance: National Prohibition and Jazz Age Literature, 1920-1933* (Columbus, OH, 2005), 109 ("White New Yorkers"); Lerner, *Dry Manhattan* (New York, 2007), 200 ("modern-day plantation").

21. Allon Schoener, ed., *Harlem on My Mind: Cultural Capital of Black America (1900-1968)* (New York, 1968), 80; Clyde Vernon Kiser, *Sea Island to the City: A Study of St. Helena Islanders in Harlem and Other Urban Centers* (New York, 1932), 4 ("serious offenses"); "Child Slain, 4 shot as Gangsters Fire on Beer War Rival," *NYT*, July 29, 1931, 1; "Gang Murder of Boy Stirs Public Anger," *NYT*, July 30, 1931; Schlabach, *Along the Streets of Bronzeville*, 1-15; "Bomb damages Southside Café and Shoe Shop," *CDT*, July 10, 1926; Lerner, *Dry Manhattan*, 225; Heap, *Slumming*, 225; see also Winthrop D. Lane, "Ambushed in the City: The Grim Side of Harlem," *The Survey* 54 (March 1925): 692-694.

22. Howard Abadinsky, *Organized Crime: An Examination of the Function, Structure, and Historical Background of United States Criminal Organizations from the late 19th Century to the Present* (Chicago, 1985), esp. 98-99. Rothstein 以赌博生意起家,在禁酒令期

间扩展到走私,然后依托和利用他的威士忌运输船只建立了一个国际毒品走私网络。See also Jenna Weissman Joselit, *Our Gang: Jewish Crime and the New York Jewish Community*, 1900–1940 (Bloomington, IN, 1983); Humbert S. Nelli, *Italians and Syndicate Crime in the United States* (Chicago, 1976); Heap, *Slumming*, 77; Joseph Spillane, "The Making of an Underground Market: Drug Selling in Chicago, 1900–1940," *JSH* 32, no. 1 (Autumn, 1998): 27–48; "Bystander is Shot...Bullets Fly in the Street," *NYT*, May 18, 1934, 32.

23. Spillane, "The Making of an Underground Market," 27–48, esp. 38–39.
24. Heap, *Slumming*, 124, 194; Schlabach, *Along the Streets of Bronzeville*, 24.
25. "The National Prohibition Law, Hearings before the Subcommittee of the Committee on the Judiciary," Sixty-Sixth Congress, April 5–24, 1926, 1: 600; Drowne, *Spirits of Defiance*, 74.
26. *Ohio State Lantern*, Jan. 9, 1922, quoted in Paula Fass, *The Damned and the Beautiful: American Youth in the 1920s* (New York, 1997), 307; Nancy Cott, *Grounding of Modern Feminism* (New Haven, 1987), 150.
27. On the committee's early composition, see JenniferFronc, *New York Undercover: Private Surveillance in the Progressive Era* (Chicago, 2009), 2, 36–38, 66–69. 尽管该委员会采取了不同于其他组织运用的方法来根除恶习,但在公众眼中,这依然是和禁酒十字军的严格道德规范密切相关。On the campaign and response, see "City Vice Conditions Worst in Twenty Years Survey Declares," *NYT*, June 9, 1928, 1; "Warren Denies Vice as Bad as Reported by Reform Leaders," *NYT*, July 10, 1928; "Women's Clubs Act to End Vice Spies," *NYT*, Feb. 7, 1931, 16; William F. Fuerst, Secretary, New York Foundation, Oct. 1, 1931; William Fuerst to William Baldwin, Jan. 1931, Box 8; Confidential Bulletin, April 30, 1930; "Broadening the Committee's Work" and "Plans for Slightly Enlarging the Committee's Work," Box 38, COFR.
28. Fred Siegal, *Revolt Against the Masses: How Liberalism Undermined the Middle Class* (New York, 2013), 41.
29. Eric Foner, *The Story of American Freedom* (New York, 1998), 185–187.
30. Foner, *The Story of American Freedom*, 197; Ken Kersch, *Constructing Civil Liberties: Discontinuities in the Development of American Constitutional Law* (New York, 2004), esp. 66–88.
31. 关于二十世纪20年代公民自由重要性的讨论,见 Foner, *The Story of American Freedom*, esp. 163–194。see also Fred Siegel, *The Revolt Against the Masses*。虽然我不能赞同西格尔书中的主要论点,但我同意他强调20世纪20年代是现代自由主义思想形成的关键时期。See also Ken Kersch, *Constructing Civil Liberties*, esp. 66–88.

第五章 公民勇士

1. Roy Haynes, *Prohibition Inside Out* (New York, 1923), 225.
2. 对这些状况的描述,可以参阅以下著述:S. Glenn Young, *Life and Exploits of S. Glenn Young: World Famous Law Enforcement Officer* (Herrin, IL, 1938), 92–94, 112; "New League for Law Enforcement," *MR*, June 22, 1922. For a detailed account of events in

Williamson, see Paul Angle, *Bloody Williamson: A Chapter in American Lawlessness* (New York, 1952), 117–205; "Form League for Law Enforcement," *MR*, June 21, 1922; "New League for Law Enforcement," *MR*, June 22, 1922.
3. Arlie Boswell, 马里昂地区三K党领袖, 她后来承认其实所有抢酒的人都是三K党。Masatomo Ayabe, "Ku Kluxers in a Coal Mining Com- munity: The Ku Klux Klan Movement in Williamson County, Illinois, 1923– 1926," *JISHS* 102 (Spring 2009): 75.
4. 关于公民志愿者的动员, 参阅以下书籍: Chris Capozzola, *Uncle Sam Wants You: World War I and the Making of the Modern American Citizen* (New York, 2008), esp. 83–143; Charles Merz, *The Dry Decade* (New York, 1931), 88–110.
5. *Enforcement: An Address by Roy A. Haynes, Issued by the Sub-Committee on Temperance with the Approval of the Friends General Conference* (Philadelphia, 1922), 3; Haynes, *Prohibition Inside Out*, 303–305; Bureau of Prohibition, *Public Cooperation in Prohibition Law Enforcement* (Washington, 1930), 47–53.
6. *US*, Aug. 5, 1920; Addams quoted in "What American Women Think about Prohibition," May 31, 1927, untitled news clipping, and *Oakland Post-Enquirer*, Sept. 17, 1928; "Effects of Prohibition Fairly Tested," *CDT*, July 19, 1924; Reel 19, Jane Addams Papers (UMI Microfilm, Ann Arbor, 1985).
7. Baker quoted in "Report of Purley Baker to the Executive Committee" July 14, 1921, Anti-Saloon League Records, in Kerr, *Organized for Prohibition: A New History of the Anti-Saloon League* (New Haven, 1986), 216; Taft quoted in *Law vs. Lawlessness: Addresses delivered at the Citizenship Conference*, ed. Fred B. Smith, Washington, DC, Oct. 13–15, 1923 (New York, 1924), 20; Law Enforcement League, *Address by Honorary Joseph Buffington, Fourth Anniversary Banquet, Law Enforcement League of Philadelphia*, Mar. 11, 1926 (Philadelphia, 1926), 6; Felix Frankfurter, "National Policy for the Enforcement of Prohibition," *Annals of the American Academy of Political and Social Science* 109 (Sept. 1923): 193–195.
8. Warren G. Harding, State of the Union Address, Dec. 8, 1922, American Presidency Project, University of California Santa Barbara, http://www.presidency.ucsb.edu; Robert Post, "Federalism, Positive Law and the Emergence of the American Administrative State: Prohibition and the Taft Court Era," *WMLR* 48 (2006): 7; L. T. Frazier, "Every Citizen an Enforcer," in *Law Observance: Shall the People of the United States Uphold the Constitution*, ed. W. C. Durant (New York, 1929), 252.
9. "Legislative Program," *Report of the Crusade Anniversary Convention of the National Woman's Christian Temperance Union*, 1923, Reel 9, TPP. On early membership, see Janet Zollinger Giele, *Two Paths to Women's Equality: Temperance, Suffrage and the Origins of Modern Feminism* (New York, 1995), 63–65, 112. For WCTU membership statistics from 1920 to 1930, see Joseph Gusfield, *Symbolic Crusade: Status Politics and the American Temperance Movement* (Urbana, IL, 1963), 162; Ines Haynes Irwin, *Angels and Amazons: A Hundred Years of American Women* (New York, 1934); "Report of the Forty-Sixth Annual Convention of the National Woman's Christian Temperance Union," 1919, esp. 71–79, Reel 9, TPP; Elizabeth Putnam, *Women Torch-Bearers: The Story of the Woman's Christian Temperance Union* (Evanston, IL, 1924); see also Alison Parker,

Purifying America: *Women*, *Cultural Reform and Pro-Censorship Activism*, 1873–1933 (Urbana, IL, 1997), 29.
10. Ian Tyrell, *Woman's World*: *Woman's Empire*: *The Woman's Christian Temperance Union in International Perspective*, 1880–1990 (Chapel Hill, NC, 1991). On "peace" and purity," *US*, May 20, 1920; see also Alison M. Parker, *Purifying America*: *Women*, *Cultural Reform and Pro-Censorship Activism*, 1873–1993 (Urbana, IL, 1997), 134–194; Anna Gordon, Presidential Address, *Report of the Forty-eighth Annual Convention of the National Woman's Christian Temperance Union*, 1921, 60–61 (quotations); "Resolutions," *Report of the Forty-Ninth Annual Convention of the National Woman's Christian Temperance Union*, 1922, 33, 42–44, Reel 9, TPP.
11. "Resolutions," *Report of the Forty-Eighth Annual Convention* 33. 有关海报和小册子的示例列表，请参阅以下著述：*US*, Apr. 1, 1920, and "Material for Study," *US*, Nov. 14, 1925, 13; Minute Book, Apr. 24, 1922, Woman's Christian Temperance Union, Flint, Michigan, chapter, Reel 48, TPP; see also "The Time to Educate for Law Enforcement is Now" and "Is the Work of the Temperance Forces Finished?" *US*, Mar. 11, 1920. On plays, see *US*, Apr. 1, 1920。
12. Meeting Minutes, Nov. 28, 1926, Flint, Michigan, chapter, Reel 48, TPP; *Report of the Forty Annual Convention of the National Woman's Christian Temperance Union*, 1921, 33, 42–44, Reel 9, TPP; see also "Law Enforcement Plans," *US*, June 6, 1925; *US*, Mar. 24, 1928, 7.
13. Fannie L. Taylor, "Missouri Mid-Year Executive Stirs Women on Law Enforcement," *US*, July 8–15, 1920.
14. Cook County WCTU Minute Book, Dec. 1, 1925, in RachelBohlmann, "Drunken Husbands, Drunken State: Woman's Christian Temperance Union's Challenge to American Families and Public Communities in Chicago, 1874–1920, (PhD diss., Univ. of Iowa, 2001), 363; Meeting Minutes, Apr. 24, 1922, Annual Report of Flint Central, Flint, Michigan, chapter, Reel 48, TPP; Bohlmann, "Drunken Husbands," 364 (quotation).
15. On Carrie Nation see Fran Grace, *Carry A. Nation*: *Retelling the Life* (Bloomington, IN, 2001); Anna Gordon, Presidential Address, *Report of the Forty-Eighth Annual Convention*, 1921, 60–70 Reel 9, TPP; Cook County WCTU Minute Book, Dec. 1, 1925, in Bohlmann, "Drunken Husbands," 363–365.
16. "WCTU Points of Excellence," *US*, June 24, 1920, 7; "Legislative Program," *Report of the Crusade Anniversary Convention of the National Woman's Christian Temperance Union*, 1923, 137 ("officers of the law"); see also "Legislative Program," *Report of the Golden Jubilee Convention*, 1924, 72–75, Reel 9, TPP; Bohlman, "Drunken Husbands," 366; Leonard J. Moore, *Citizen Klansmen*: *The Ku Klux Klan in Indiana*, 1921–1928 (Chapel Hill, NC, 1991), 34. 组织成员们关于强制性"阅读圣经"的立法工作，参阅以下著述："The Bible in the Public Schools," *Report of the Crusade Anniversary Convention*, 1923, 202–204, Reel 9, TPP.
17. 1922年12月14日，WCTU报告了当地居民"寻找并确保证据"的决心，并要求治安官在每个社区委派可靠的人配合行动。For an account of the league's struggles, see

K. Austin Kerr, *Organized for Prohibition: A New History of the Anti-Saloon League* (New Haven, 1985), 211-254 (Ernest Cherrington quotation, 219-221).

18. Kerr, *Organized for Prohibition*, 221; *National Prohibition Enforcement Manual* (Westerville, OH, 1921), 31, Reel 6, TPP ; *National Prohibition Law Enforcement Manual*, Reel 6, TPP. 这些努力在俄亥俄州联盟的"禁酒执法联盟"运动讲述中有详细记载。俄亥俄州联盟任命了一个县执法组织,并在县和地方一级组织了会议。See, for example, letters from T. M. Ware, Oct. 22, 1922, June 13, 1923, Mar. 31, 1923, Reel 1, TPP.

19. See James H. Madison, *Indiana Through Tradition and Change: A History of the Hoosier State and its People*, 1920-1945 (Indianapolis, 1982), 40-41, 301-302; Peter Odegard, *Pressure Politics: The Story of the Anti-Saloon League* (New York, 1928), 1-35. On Webb's activities, see W. J. Millburn to Purley, July 8, 1921, Reel 83, TPP; Atticus Webb, *Dry America: A Study for the Use of Churches, Sunday Schools, Young People's Societies, Women's Organizations, etc.* (Nashville, TN, 1931); United States Senate, *Hearings before the Subcommittee of the Judiciary*, Apr. 5-26, 1926, 1 (Washington, DC, 1926), 3889; "Wet Amendments Buried in the House," *NYT*, Dec. 9, 1922, 4.

20. See "resolutions adopted," in Minutes of the Meeting of the Executive Committee of the ASL, Jan. 15-16, 1920, Reel 83, TPP; see also Kerr, *Organized for Prohibition*, 220, 230-233; Robert Smith Bader, *Prohibition in Kansas: A History* (Lawrence, KS, 1986), 209; Thomas Pegram, "Hoodwinked: The Anti-Saloon League and the Ku Klux Klan in 1920s Prohibition Enforcement," *Journal of the Gilded Age and the Progressive Era* 7, no. 1 (January 2008): 89-119.

21. James White, Ohio League Superintendent, Nov. 20, 1920; see also White, Nov. 2, 1920, Nov. 4, 1920, Nov. 22, 1920, Reel 1, TPP. See also William D. Jenkins, *Steel Valley Klan* (Kent, OH, 1990), 25; "Restaurant is Raided Again," *Youngstown Vindicator*, July 27, 1923, 15; Jenkins, *Steel Valley Klan*, 29, 34-35.

22. "Dry League's Pet Measure in Ohio faces Disaster," *CDT*, Oct. 17, 1927, 4; Editorial, "Outrageous," *Cleveland Plain Dealer*, Nov. 8, 1926, 10, in Robert Post, "federalism, Positive Law, and the Emergence of the American Administrative State: Prohibition and the Taft Court Era," *William and Mary Quarterly Review* 48 (2006): 114.

23. Jenkins, *Steel Valley Klan*, 29, 34-35.

24. Nancy McLean, *Behind the Mask of Chivalry: The Making of the Second Klan* (New York, 1994), 5; David Chalmers, *Hooded Americanism: The History of the Ku Klux Klan* (Durham, NC, 1987), esp. 32-37; see also Thomas Pegram, *One Hundred Percent American: The Rebirth and Decline of the Ku Klux Klan in the 1920s* (Lanham, MD, 2011), 16.

25. John Moffatt Mecklin, *The Ku Klux Klan: A Study of the American Mind* (New York, 1924), 24-25, 27; Christopher Cocoltchos, "The Invisible Government and the Viable Community: The Ku Klux Klan in Orange County California during the 1920s," (PhD diss., UCLA, 1979), 1, 120; Shawn Lay, "Imperial Outpost on the Border: El Paso's Frontier Klan No. 100," in *The Invisible Empire in the West: Toward a New Historical*

Appraisal of the Ku Klux Klan in the 1920s, ed. Shawn Lay (Urbana, IL, 1994), 76; Charles C. Alexander, *The Ku Klux Klan in the Southwest* (Louisville, KY, 1965), 30–32; Goldberg, *Hooded Empire*, 27 ("money and politics"); Stanley Coben, *Rebellion Against Victorianism: The Impetus for Cultural Change in 1920s America* (New York, 1991), 139; Leonard J. Moore, *Citizen Klansmen: The Ku Klux Klan in Indiana, 1921–1928* (Chapel Hill, NC, 1998), 32–33, 78–79, 138–139; McLean, *Behind the Mask of Chivalry*, 107–111.

26. David Horowitz, "Order, Solidarity, and Vigilance: The Ku Klux Klan in La Grande, Oregon," in *The Invisible Empire in the West*, 205 ("aid the officers"); Robert A. Goldberg, "Denver: Queen City of the Colorado Realm," in *Invisible Empire in the West*, 41 (we... assist"); Goldberg, *Hooded Empire: The Ku Klux Klan in Colorado* (Urbana, IL, 1981), 62–63 ("If our officials"); *CDT*, Feb. 18, 1923, cited in *Fiery Cross*, Feb. 23, 1923 ("going in and handling").

27. *The Inglewood Raiders: Story of the Celebrated Ku Klux case at Los Angeles, and speeches to the Jury* (Los Angeles, 1923); Glenn Feldman, *Politics, Society, and the Klan in Alabama, 1915–1949* (Tuscaloosa, AL, 1999), 46; Jenkins, *Steel Valley Klan*, 65–69.

28. Goldberg, "Denver, Queen City," 48; Horowitz, "Order, Solidarity, and Vigilance," 205; *The Inglewood Raiders*; Jenkins, *Steel Valley Klan*, 117–52; Glenn Feldman, *Politics, Society, and the Klan in Alabama, 1915–1949* (Birmingham, AL, 2015), 29–30; William Snell, "The Ku Klux Klan in Jefferson County, Alabama, 1916–1930" (master's thesis, Stamford University, 1967), 63–67; Chalmers, *Hooded Americanism*, 86, 29; Norman Weaver, "The Knights of the Ku Klux Klan in Wisconsin, Indiana, Ohio and Michigan," (PhD diss., Univ. of Wisconsin, 1954), 139–141.

29. Moore, *Citizen Klansmen*, and Kathleen Blee, *Women of the Klan: Racism and Gender in the 1920s* (1991; Berkeley, 2008), emphasize the social attractions of the Klan; Nancy McLean pays closer attention to Klan vigilantism, see McLean, *Behind the Mask of Chivalry*, esp., 149–173; Richard Tucker, *The Dragon and the Cross: The Rise and Fall of the Ku Klux Klan in Middle America* (Hamden, CT. 1991), 8 (*Fiery Cross* quotation).

30. James Martin Miller, *The Amazing Story of Henry Ford: The Ideal American and the World's Most Private Citizen* (Chicago, 1922), 175 ("idea of drink"); "The Jewish Element in Bootlegging Evil," *Dearborn Independent*, Dec. 31, 1921 ("bootlegging"). See "How Jews Gained American Liquor Control," *Dearborn Independent*, Dec. 17, 1921; "Gigantic Jewish Liquor Trust and its Career," *Dearborn Independent*, Dec. 24, 1921; *Colonel Mayfield's Weekly*, Feb. 4, 1922, 238, as in Marni Davis, *Jews and Booze: Becoming American in the Age of Prohibition* (New York, 2012), 160 ("My fight").

31. *The Dawn*, Apr. 21, 1922; Alex Ruggeri interview by Paul Angle, July 30, 1951, Box 1, 2a, PAC; *MR*, Jan. 11, 1924; Father E. Senese interview by Paul Angle, Sept. 5, 1951, PAC.

32. Goldberg, *Hooded Empire*, 152; Horowitz, "Order, Solidarity, and Vigilance," in Lay, ed., *The Invisible Empire in the West*, 189.

33. Horowitz, "Order, Solidarity, and Vigilance," 189.

34. Max Bentley, "The Ku Klux Klan in Indiana," *McClure's Magazine* 57 (May 1924); Tucker, *The Dragon and the Cross*, 83; Madison, *Indiana Through Tradition and Change*, 49. Leonard Moore 承认，一些三 K 党成员在马贼侦探协会的领导下活动，但他没有说明他们具体的袭击细节。Moore, *Citizen Klansmen*, 123.
35. 国会的调查将注意力集中在三 K 党的治安维持活动上。See United States, House of Representatives, *The Ku Klux Klan, Hearings before the Committee on Rules*, (Washington, DC, 1921). See, for example, "Raids in Mitchell," *Fiery Cross*, Mar. 16, 1923.
36. Cocoltchos, "The Invisible Government and the Viable Community," 179; see also Madison, *Indiana Through Tradition and Change*, 42.
37. Bohlman, "Drunken Husbands," 366; Moore, *Citizen Klansmen*, 34.
38. Blee, *Women of the Ku Klux Klan*, 110–111. On the WCTU, see, for example, "Citizens Committees Help in Law Enforcement." 该报告称，当地居民决心"寻找并获取"酒类违法行为的证据，并要求治安官在每个社区委派可靠的人，*US*, Dec. 14, 1922, 3.
39. Shumaker quoted in "Gillom's Case Against the Indiana Klan," in Tucker, *Dragon and Cross*, 112; James Benson Sellers, *The Prohibition Movement in Alabama*, 1702–1945 (Chapel Hill, NC, 1943), 83, 194–195; Feldman, *Politics, Society and the Klan*, 65; Snell, "The Ku Klux Klan in Jefferson County, Alabama," 124; Pegram, "Hoodwinked," 89–119 (Darrow quotation on 91); Odegard, *Pressure Politics*, 29; Kerr, *Organized for Prohibition*, 230–232.
40. Odegard, *Pressure Politics*, 1–35. 大量地方层面的研究证实了虔诚的牧师作为三 K 党领袖和支持者的重要作用。See Snell, "The Ku Klux Klan in Jefferson County, Alabama," 50–58; Cocoltchos, "The Invisible Government and the Viable Community," 136, 189; McLean, *Behind the Mask of Chivalry*, 91–95; Goldberg, *Hooded Empire*, 64, 187–188; Jenkins, *Steel Valley Klan*, 16–38.
41. For earlier precedents, see Chris Capozzola, *Uncle Sam Wants You: World War I and the Making of the Modern American Citizen* (New York, 2008).
42. Carroll Binder, "Herrin: Murder Trial or Holy Cause," *The Nation*, Oct. 11, 1922, 357–358; Irving Bernstein, *The Lean Worker: A History of the American Worker*, 1920–1933 (New York, 1960), 367–377; McAlister Coleman, *Men of Coal* (New York, 1969); see also Angle, *Bloody Williamson*, 117–140.
43. McAlister Coleman, "The Herrin Trial and Its Background," *Call Magazine*, Nov. 26, 1922, 1–2; Binder, "Herrin: Murder Trial or Holy Cause," 357–358; Bernstein, *The Lean Worker* (New York, 1960), 367–377; John Stewart, [Jury] Foreman, "Complete Text: Grand Jury Report," Sept. 23, 1922, transcribed, PAC.
44. Coleman, "The Herrin Trial and Its Background," 1–2; Stewart, "Complete Text: Grand Jury Report," PAC.
45. Stewart, "Complete Text: Grand Jury Report," PAC.
46. "Successful Massacre," *The Outlook*, Aug. 9, 1922, 591; Illinois Mine Massacre, *Literary Digest*, July 8, 1922, 591. 对于大陪审团的调查结果摘要，参阅以下著述："Complete Text: Grand Jury Report," PAC。Paul Angle's *Bloody Williamson* 是对 19 世纪末至 20 世纪 30 年代赫林暴力事件最好的叙述。我很感激安格尔在芝加哥历

史博物馆保存的丰富的研究资料,我的研究从这些资料里受益良多。总之,研究者应该对历史持以严谨的态度。关于暴力执法研究的另一部详尽记载的著作是由日本学者 Ayabe 撰写的, Ayabe 相信三 K 党关于反酒运动不是反移民的说法。他声称,"一些三 K 党成员开始表现得更像不守规矩的恶霸,而不是有改革思想的义务警员",这似乎可以做出质的区别,并宣称意大利移民是"对当地社区健康秩序的威胁"。Ayabe, Ku Klux Klan Movement in Williamson County, Illinois (PhD diss., Univ. of Illinois, Champaign, 2005), 70, 264, 284, 315.

47. Rudolph Lasker, *Bloody Herrin* (Washington DC, n. d); *Life and Exploits of S. Glenn Young*, 92-94; NCLOE, Enforcement of the Prohibition Laws, *Official Records of the National Commission on Law Observance and Enforcement* 4 (Washington, DC, 1931), 206-7.

48. *Life and Exploits of S. Glenn Young*, 117; "County Wants Liquor Banned," *Marion Republican*, June 12, 1923; *Chicago Daily Tribune*, Feb. 10, 1924.

49. "New Law and Order Organization," June 27, 1922, *MR*; "Form League for Law Enforcement," *MR*, June 21, 1922. 矿工是威廉姆森县最大的职业群体,他们对于禁酒运动的态度也分为对立的两派。三 K 党吸引了相当数量的本土白人新教徒矿工加入他们的队伍。事实证明,他们对小企业主的吸引力更大,因为在三 K 党队伍中,小企业主的比例高于他们在总人口中的比例。队伍的领导人往往是"上等人",包括商人、店主、批发杂货商和县官员。然而,三 K 党的工会成员与矿工联合会发生了冲突,导致全国组织在 1924 年禁止三 K 党的成员加入他们的队伍。由于担心三 K 党对工会的影响,伊利诺伊州的 4000 名工会矿工曾威胁要实施罢工,直到三 K 党所有成员都被赶出工会队伍。See *MR*, Feb. 1, 1924; *CDT*, Feb. 11, 1924. On the membership of the Klan in Williamson County, see Ayabe, "Ku Kluxers in a Coal Mining Community," 73-100.

50. See *Official Records of the NCLOE* 4 (Washington DC, 1931), 216-220; see also United States, 1920 *Census of the Population*, *Williamson County*, www.ancestry.com. 对意大利移民的敌意导致 1915 年约翰斯顿市的一名意大利矿工被以私刑处死,see Ayabe, "The Ku Klux Klan Movement in Williamson County," 67-100."

51. *MR*, Jan. 16, 1923; interview with Father E. Senese by Paul Angle, Sept. 5, 1951, Box 1, 2a, PAC. See also *National Prohibition Enforcement Manual* (Westerville, OH, 1921), 31, Reel 1, TPP; William Chenery, "Why Men Murder in Herrin," Century Magazine (Dec. 1924), 187-194.

52. *MR*, May 26, 1923; June 27, 1923; see also *MR*, Aug. 24, 1924; Senese interview, *PAC*.

53. *MR*, May 21, 1923; "KKK visits Herrin Church," *MR*, June 25, 1923.

54. "Law and Order meeting held on public square," *MR*, Aug. 20, 1923; see also George Galligan, "My Four Year War with the Klan," *SLPD*, Jan. 27, 1927.

55. Glotfely quoted in *MR*, Aug. 20, 1923; see also *MR*, Aug. 30, 1923, and *MR*, Sept. 8, 1923, for anti-immigrant sentiments; Glotfelty quoted in *MR*, Jan. 12, 1924.

56. *MR*, Sept. 8, 1923 (quotation); *MR*, Jan. 12, 1924; interview with John Smith by Paul Angle, July 30, 1951, Box 1, Folder 2a, *PAC*; Angle, *Bloody Williamson*, 140-150. For another account, see Ayabe, "The Ku Klux Klan Movement in Williamson

County," 25-100.
57. G. B. Young to Paul Angle, July 31, 1950; Irvin Young to Paul Angle, Sept. 7, 1950, Box 1, PAC; Angle, *Bloody Williamson*, 142-145; *MR*, Dec. 24, 1923, Dec. 26, 1924; *CDT*, Dec. 25, 1923, Jan. 10, 1924.
58. *MR*, Dec. 24, 1923, Dec. 26, 1923; Jan. 9, 1924; *CDT*, Dec. 25, 1923; see also Angle, *Bloody Williamson*, 141-145. 一位马里恩三K党领袖承认,所有抢酒的人都是三K党成员。Ayabe, "Ku Kluxers in a Coal Mining Community," 75.
59. Ruggeri interview, PAC; *MR*, Jan. 11, 1924; Senese interview, PAC; *MR*, Jan. 9, 1924, Jan. 11, 1924, Jan. 15, 1924; *CDT*, Jan. 11, 1924.
60. *MR*, Jan. 10, 1924, Feb. 4, 1924; *CDT*, Jan. 12, 1924; Prohibition Bureau Office Order 131, July 18, 1929, Circular, Box 1, 4, WCR.
61. "More raids made in county by Glenn Young," *MR*, Jan. 20, 1924, Jan. 25, 1923 (Stearns quotation), Feb. 6, 1924; *SLPD*, Jan. 30, 1927; *CDT*, Feb. 14, 1924 (state attorney general quotation); see also *CDT*, Mar. 14, 1924.
62. Senese interview, PAC; *CDT*, Feb. 10, 1924; Feb. 14, 1924; Angle, *Bloody Williamson*, 151-156.
63. *CDT*, Feb. 10, 1924; *SLPD*, Feb. 13, 1924, Feb. 14, 1924; *MR*, Feb. 13, 1924; *NYT*, Feb. 11, 1924.
64. The *St. Louis Post-Dispatch* ran a multipart series on events in Williamson; see *SLPD*, Jan. 30, 1927, Feb. 6, 1927, Feb. 13, 1927, Feb. 20, 1927, Feb. 27, 1927; see also Angle, *Bloody Williamson*, 165-168.
65. See "KKK Experiment in Journalism," Box 2, 6, *PAC*; "Factions Meet with Governor Small," Feb. 5, 1925; *SLPD*, Feb. 8, 1925; see also "Klan cannot Parade Masked," *MR*, Sept. 18, 1925.
66. *MR*, Jan. 25, 1923; *SLPD*, Feb. 8, 1925. 威廉姆森县在20世纪20年代人口大量流失,毫无疑问,病态的煤炭工业也起到了一定作用。1920年,人口为61012人,10年后为53880人。离开和留下来的人之间的巨大差异强化了三K党在驱逐移民和非裔美国人方面的作用。在离开的人中,只有不到十三分之一的人是土生土长的白人。相比之下,超过三分之一的移民及其子女离开了美国,人数不多的非裔美国人也有四分之一到三分之一离开了美国。换句话说,三K党彻底改变了这个县的人口结构。United States, *Census of the Population*, 1920, and United States, *Census of the Population*, 1930. Historical Census Browser, University of Virginia Geospatial and Statistical Data Center, http://mapserver.lib.virginia.edu.
67. For an account of the revival meeting, see HalTrovillion, *Persuading God Back to Herrin* (Herrin, IL, 1925), 18-25; see also Angle, *Bloody Williamson*, 220-225; "Religion and Social Service: the Reformation of Herrin," *Literary Digest*, Aug. 1, 1925, 28-29.
68. "Religion and Social Service," 28-29.
69. *NYT*, June 22, 1924; "Herrin The "sore spot" of the Nation," Nation, Sept. 14, 1924; Clarence Darrow, "Name Your Poison," *Plain Talk* 1 (Oct. 1927), 3, 8.

第六章 新崛起的政治力量

1. Dorothy Brown, *Mabel Walker Willebrandt: A Study of Power, Loyalty, and Law* (Knoxville, TN, 1984), 49–80; Claire Potter, *War On Crime: Bandits, G-Men and the Politics of Mass Culture* (New York, 1998), 16; Mabel Walker Willebrandt to parents, May 11, 1924, May 23, 1924, June 2, 1924, June 30, 1924, June 2, 1925, Boxes 3–4, MWW.
2. Speech before the Ohio Conference of Methodist Ministers, Sept. 7, 1928, 12, Box 4, MWW; *NYT*, Sept. 8, 1928, 1; Sept. 24, 1928, 1; Brown, *Mabel Walker Willebrandt*, 159–162.
3. Brown, *Mabel Walker Willebrandt*, 159–162; Mabel Walker Willebrandt, *The Inside of Prohibition* (Indianapolis, 1929), 303–317.
4. Franklin Delano Roosevelt to Willmoore Kendall, Aug. 20, 1928, Box 13, Campaign of 1928 Papers, FDR; Roy Peel and Thomas Donnelly, *The 1928 Campaign: An Analysis* (New York, 1931), 58 (Work quotation); Brown, *Mabel Walker Wille-brandt*, 163–64; *Tribuna Italiana Trans-Atlantica*, July 7, 1928, July 14, 1928, July 1, 1928, in John Allswang, "Portrait of a Campaign: Alfred E. Smith and the People of Chicago" (master's thesis, Univ. of Iowa, 1960), 53, 63–69.
5. Elizabeth Tilton diaries, June 26, 1928, June 28, 1928, Reel 993, ETP; *Danish Times*, Dec. 30, 1931, CFLPSR. 我的观点与 Elizabeth Cohen 关于20世纪20年代芝加哥工人中孤立的种族身份的崩溃的观点相交义。然而,科恩并没有广泛地讨论禁酒令,而是更多地把大萧条作为工人政治忠诚转变的关键时刻。See Lizabeth Cohen, *Making a New Deal: Industrial Workers in Chicago*, 1919–1939 (1990; New York, 2008).
6. Carl N. Degler, "American Political Parties and the Rise of the City: An Interpretation," *JAH* (June 1964): 41–59; David Burner, *The Politics of Provincialism: The Democratic Party in Transition*, 1918–1932 (New York, 1968).
7. Burner, *The Politics of Provincialism*, 18; V. O. Key, "The Future of the Democratic Party, *VQR* (Spring 1952): 195, 163 (quotation); see also Walter Dean Burnham, *Critical Elections and the Mainsprings of American Politics* (New York, 1970).
8. Harold Gosnell, *Machine Politics: Chicago Model* (1937; Chicago, 1968); Alex Gottfried, *Boss Cermak of Chicago: A Study of Political Leadership* (Seattle, 1962); J. T. Salter, *Boss Rule: Portraits in City Politics* (New York, 1935); *Urban Bosses, Machines, and Progressive Reformers*, ed. Bruce Stave (Lexington, MA, 1972); John Allswang, *Bosses, Machines, and Urban Voters* (Baltimore, 1977); Martin Shefter, "Party and Patronage: Germany, England, and Italy," *Politics and Society* 7 (1977): 403–651.
9. George Schottenhamel, "How Big Bill Thomson Won Control of Chicago," *JISHS* 45 (Spring 1952): 30–49, esp. 35; John M. Allswang, "The Chicago Negro Voter and the Democratic Consensus: A Case Study, 1918–1936," *JISHS* 60 (Summer 1967): 145–175; Edward R. Kantowicz, *Polish-American Politics in Chicago*, 1888–1940 (Chicago, 1975), 122–126; Eric Leif Davin, *Crucible of Freedom: Workers' Democracy in the Industrial Heartland*, 1914–1960 (Lanham, MD, 2010), 19–21; David Harold Kurtzman,

Methods of Controlling Votes in Philadelphia (Philadelphia, 1935); see also Walter Dean Burnham, *Critical Elections and the Mainsprings of American Politics* (New York, 1970), 50-51.

10. See V. O. Key, "The Future of the Democratic Party," *VQR* 28 (Spring 1952): 195; see also Burner, *The Politics of Provincialism*, 15-27; Degler, "American Political Parties and the Rise of the City," 41-59.
11. Republican Party Platform and Democratic Party platform of 1920, University of California Santa Barbara, Presidency Project, www.presidency.ucsb.edu.
12. On La Follette and Progressive Republicans, see David P. Thelen, *Robert M. La Follette and the Insurgent Spirit* (Madison, WI, 1976); Brett Flehinger, *Public Interest: Robert M. La Follette and the Economics of Democratic Progressivism* (Cambridge, MA, 1997). 在与简·亚当斯的一次交流中,他主张支持史密斯。亚当斯的具体观点,可参阅以下著述:"What American Women Think about Prohibition," May 31, 1927, untitled news clipping, and *Oakland Post-Enquirer*, Sept. 17, 1928; "Effects of Prohibition Fairly Tested," *CDT*, July 19, 1924 all in, Reel 19, Jane Addams Papers (UMI microfilm, Ann Arbor, 1985)。
13. John Allswang, *A House for All Peoples: Ethnic Politics in Chicago*, 1890-1936, (Lexington, KY, 1971), 111. 政治学家和历史学家长期以来一直在争论1928年至1936年选举的意义,可引用的文献太多了。对此我的观点是,1928年的选举使移民的少数民族工人阶级选民第一次成为一个集团,为新政联盟奠定了基础。See also Burner, *The Politics of Provincialism*, 236; Alan Lichtman, *Prejudice and the Old Politics: The Presidential Election of* 1928 (Chapel Hill, NC, 1979), esp. 107-121; Gerald H. Gamm, *The Making of the New Deal Democrats: Voting Behavior and Realignment in Boston*, 1920-1940 (Chicago, 1989); Samuel Lubell, *The Future of American Politics* (New York, 1952); V. O. Key, "A Theory of Critical Election," *Journal of Politics* 17 (Feb. 1955): 3-18; Cohen, *Making a New Deal*; Kristi Anderson, The *Creation of a Democratic Majority* (Chicago, 1979); James E. Campbell, "Sources of the New Deal Realignment: The Contribution of Conversion and Mobilization," *Western Political Quarterly* 38 (Sept. 1985): 357-376; James L. Sundquist, *Dynamics of the Party System: Alignment and Realignment of Political Parties* (Washington, DC, 1983), 191-211。
14. "Die DeutscheFüren," *AP*, Sept. 25, 1928.
15. Alex Gottfried, *Boss Cermak of Chicago: A Study of Political Leadership* (Seattle, 1962), 142; "Volstead Law Expands Jails," Sept. 16, 1927, *CDT*, 10 ("rumrunning"); *Dennie Hlasatel*, Oct. 6, 1922 ("champion"); "Darrow Tilts with Dever," Oct. 22, 1924, *CDT* (Darrow quotation).
16. 捷克团体、库克县爱尔兰裔美国人协会和伊利诺伊州波兰联谊联盟,以及该州几乎所有的波兰组织,都承诺"全心全意地支持"切尔马克和公投。瑟马克的立场比他本人获得了更多的支持,最终瑟马克以2万张选票的微弱优势获胜。Gottlieb, *Boss Cermak*, 136.
17. Arthur W. Thurner, "Impact of Ethnic Groups on the Democratic Party in Chicago, 1920-1928" (PhD diss., Univ. of Chicago, 1966), 96; Allswang, *A House for All Peoples*,

11, 121-123; Gosnell, *Machine Politics: Chicago Model* (1937; Chicago, 1968), 149 (quotations).
18. "Why Chicago Did It," *New Republic*, Apr. 20, 1927, 234-235; Ralph A. Stone, "Prosperity, Depression and War, 1920-1945," in John Hoffman, ed., *Guide to the History of Illinois* (Westport, CT, 1991), 95.
19. "Why Chicago Did It," 234-236.
20. Gottfried, *Boss Cermak*, 11-117; "Britten's Biervorlage" *AP*, Nov. 1, 1922; "Nass oder Trocken" and "Die Prohibitionfrage am 7 November," *AP*, Oct. 25, 1922; "Czechoslovaks Protest," Oct. 4, 1922, Oct. 6, 1922, "This is Our Fight," Oct. 17, 1922, Aug. 27, 1922, in *Denni Hlasatel*, Box 1, 1-6, 182, CFLPSR.
21. Burner, *The Politics of Provincialism*, 77; see also David Farber, *Everybody Ought to be Rich: The Life and Times of John J. Raskob, Capitalist* (New York, 2013); Robert A. Slayton, *Empire Statesman: The Rise and Redemption of Al Smith* (New York, 2001); Oscar Handlin, *Al Smith and His America* (1958; Boston, 1987), Christopher M. Finan, *Alfred E. Smith: The Happy Warrior* (New York, 2002).
22. Farber, *Everybody Ought to be Rich*, 182-187.
23. Burner, *The Politics of Provincialism*, 114-115.
24. Burner, *The Politics of Provincialism*, 117-128.
25. Jan. 4, 1925, 18, as in Burner, *Politics of Provincialism*, 165 (Dial quotation).
26. Burner, *The Politics of Provincialism*, 200; Roy Peel and Thomas Donnelly, *The 1928 Campaign: An Analysis* (New York, 1931), 34; Al Smith to Roosevelt, n. d., "Prohibition Issue," Box 15, Campaign of 1924 Papers, FDR.
27. Farber, *Everybody Ought to be Rich*, 225, 229-233.
28. Farber, Everybody Ought to be Rich, 233.
29. Farber, *Everybody Ought to be Rich*, 236 ("storage advocate"); 237 (Thomas quotations). David Kyvig, *Repealing National Prohibition*, (1979; Kent, OH, 2000), 40-79, 236, 238.
30. Allswang, *A House for All Peoples*, 19; Alfred E. Smith, *Campaign Addresses of Governor Alfred E. Smith, Democratic Candidate for President* 1928 (Washington, D. C.; 1929), 202.
31. "Conference between Representatives of Organized Labor and members of the subcommittee on Prohibition," May 22, 1930, 17, Box 10, 3, WCR; Farber, *Everybody Ought to be Rich*, 250 ("taking a crack"); Kyvig, *Repealing National Prohibition*, 143.
32. Farber, *Everybody Ought to be Rich*, 250, 253 (quotations); "Hears Smith Gains in Pennsylvania, *NYT*, Aug. 25, 1928, 6.
33. William Ogburn and Nell Talbot 得出结论,在这两个问题中,禁酒令影响更大。Ogburn and Talbot, "A Measurement of the Factors in the Presidential Election of 1928" *Social Forces* 8 (Dec. 1929): 175-183; Burner, *The Politics of Provincialism*, 175-183; see also Sam Adams to Roosevelt, Aug. 8, 1928, Box 2; H. M. Anderson to Roosevelt, Oct. 17, 1928, Box 14; Willmoore Kendall to Roosevelt, Aug. 20, 1928, Box 13, Campaign of 1928 Papers, FDR.
34. 关于阿什维尔宣言和坎农领导的反史密斯运动,可参阅以下著述:Robert A.

Hohner, *Prohibition and Politics: The Life of Bishop James Cannon, Jr.* (Columbia, SC, 1999), 221-234; Emma Guffy-Miller, Nov. 14, 1928 (quotation); Ellis Ellsworth to Emma Guffey Miller, item 39, Reel 6, EGP。

35. Farber, *Everybody Ought to be Rich*, 248; See also Hohner, *Prohibition and Politics*, 221-234; "Confidential Inter-Office Memorandum," Aug. 10, 1928, Roosevelt to Chairman Raskob and Senator Gerry; Scott Ferris, Democratic National Committee, Oklahoma City, to Roosevelt, Aug. 7, 1928, Campaign of 1928 Papers, Box 13, FDR.
36. "Confidential Inter-Office Memorandum," Roosevelt to Raskob and Sen. Gerry, Aug. 10, 1928; Scott Ferris to Roosevelt, Aug. 7, 1928, Box 13, Campaign of 1928 Papers, FDR.
37. 在竞选期间,民主党几乎在所有的外语刊物上做了广告。对此的详细分析请参阅以下著述:Allswang, "Portrait of a Campaign," 53, 63, 201; see also "Deutsches Al Smith-Bureau eröffnet," *AP*, Sept. 25, 1928; "Der Letzte Registrierungstag," *AP*, Sept. 26, 1928; "Democrats Aim Biggest Guns in Illinois," *CDT*, Sept. 26, 1928。
38. *Denni Hlasatel*, Aug. 23, 1928; Oct. 27, 1928; *Dziennik Zwiazkowy*, July 2, 1928, 4; Nov. 2, 1928, 14; *Polonia*, July 5, 1928 and Sept. 27, 1928, in Edward Kantowicz, *Polish-American Politics in Chicago*, 1888-1940 (Chicago, 1975), 127-129. 1928 年 9 月,3500 名波兰裔美国商人为 Al Smith 举办了一场晚宴。See also *CDT*, Sept. 16, 1928, 2, as in Allswang, "Portrait of a Campaign," 73.
39. "Die Deutschen Füren," *AP*, Sept. 25, 1928; "Deutsches Al Smith-Bureau eröffnet," Sept. 26, 1928; see also "Der Letzte Registrierungstag," *AP*, Oct. 8, 1928; "Reifenbeteiligung bei der National-Wahl," *AP*, Oct. 19, 1928.
40. "DerLetze Registrierungstag," *AP*, Sept. 25, 1928. On registration, see also "Reifenbeteiligung bei der National-Wahl," *AP*, Oct. 8, 1928.
41. *La Tribuna Italiana Trans-Atlantica*, July 1, 7, 14, 21, 28, 1928, as in Allswang, "Portrait of a Campaign," 68-70.
42. For a detailed study of the campaign, seeAllswang, "Portrait of a Campaign," 53, 63, 201. 在史密斯10月中旬访问芝加哥期间,他接待了以萨巴斯议员为首的 17 个民族代表团。*Chicago Daily News*, Oct. 19, 1928, in Thurner, "Impact of Ethnic Groups," 319. On the enthusiastic reception, *CDT*, Oct. 20, 1928, 1, 4 and Oct. 17, 1928; "Smith spricht am 16 Oktober im Coliseum," *AP*, Sept. 25, 1928; "Gov. A. E. Smith wird Heute Abend in Chicago sein," *AP*, Oct. 17, 1928; "Demokratische Wardorganisationen" and "Chicago bietet Al Smith sturmisches Willkömmen," *AP*, Oct. 18, 1928. For religious tolerance and Prohibition as central issues, see *CDT*, Oct. 20, 1928, 1, 4; Mississippi WCTU report, 1928, 12-14, Nellie Somerville Papers, Schlesinger Library, Radcliffe Institute for Advanced Study (quotations).
43. On "ethnic class consciousness," see Davin, *Crucible of Freedom*, 20-21. 戴维注意到"史密斯运动"的重要性,但很少谈到禁酒令。See also John Bodnar, *The Transplanted: A History of Immigrants in Urban America* (Bloomington, IN, 1985); Philip Klein, *A Social Study of Pittsburgh: Community Problems and Social Services in Allegheny County* (New York, 1938); Richard Polenberg, *One Nation Divisible: Class, Race, and Ethnicity in the United States Since 1938* (New York, 1980), 36.

44. Davin, *Crucible of Freedom*, 20-21; David Harold Kurtzman, *Methods of Controlling Votes in Philadelphia*; Bruce M. Stave, *The New Deal and the Last Hurrah: Pittsburgh Machine Politics* (Pittsburgh, 1970), 1-66. 以前的工人一再证明，投票给共和党实际上是就业的一个条件。See, for example, Bert Iacobucci interview, Dec. 5, 1979, 7, 29-33, Box 2, 49, BVLHC.

45. Eric Leif Davin, "Blue-Collar Democracy: Ethnic Workers and Class Politics in Pittsburgh's Steel Community, 1914-1948" (PhD diss., Univ. of Pittsburgh, 1999) 39 (Zahorsky quotation); John Bodner, *Worker's World: Kinship, Community and Protest in an Industrial Society*, 1900-1940 (Baltimore, 1982), 122. See also Bud Schultz and Ruth Schultz, *It Did Happen Here: Recollections of Political Repression in America* (Berkeley, 1989), 70-71; Ormond Montini interview, Aug. 2, 1975, transcript, Box 2, 30, Beaver Valley Historical Society, University of Pittsburgh, Archive Service Center.

46. Ormond Montini interview, Aug. 2, 1975, 30-31; Davin, *Crucible of Freedom*.

47. Stave, *The New Deal and the Last Hurrah*, 66; see also Michael P. Weber, *Don't Call Me Boss: David L. Lawrence, Pittsburgh's Renaissance Mayor* (Pittsburgh, 1988), 19; *Pittsburgh Post-Gazette*, Nov. 2, 1928; "Hears Smith Gains in Pennsylvania," *NYT*, Aug. 25, 1928, 6.

48. *Pittsburgh Post-Gazette*, Aug. 10, 1928, 2; Oct. 16, 1928, 17; Oct. 11, 1928, 13; Sept. 25, 1928, 4; Nov. 2, 1928, 4; Oct. 28, 1928. 尽管有志愿投票观察员，劳伦斯仍然担心共和党的投票欺诈。他聘请了一家侦探事务所和一名律师来监视投票过程。Michael Weber, *Don't Call Me Boss: David L. Lawrence, Pittsburgh's Renaissance Major* (Pittsburgh, 1988), 35-36.

49. "All for Al," *Pittsburgh Courier*, Nov. 3, 1928; *Chicago Defender*, Oct. 20, 1928; Allswang, "Portrait of a Campaign," 95; Samuel O'Dell, "Blacks, the Democratic Party, and the Presidential Election of 1928: A Mild Rejoinder," in *Phylon: Atlanta University Review of Race and Culture* (Spring 1987): 5-8. See also *Pittsburgh Courier*, Oct. 27, 1928. 一位来自西弗吉尼亚州的支持者在 1928 年 10 月注意到了非裔美国人这种转变，并写信给罗斯福说："有色人种正在组建比以往任何时候都多的民主党俱乐部，他们的言论似乎非常坚定。" H. M. Anderson to Roosevelt, Oct. 17, 1928, Box 24, Campaign of 1928 Papers, FDR.

50. Nancy Weiss, *Farewell to the Party of Lincoln: Black Politics in the Age of FDR* (Princeton, 1983), 8; Allswang, "The Chicago Negro Voter," 160.

51. Allswang, "Portrait of a Campaign," 95; *Chicago Defender*, Oct. 20, 1928, Nov. 3, 1928; *CDT*, Nov. 3, 1928; Allswang, "The Chicago Negro Voter," 161; *Chicago Defender*, Oct. 27, 1928.

52. Allswang, "The Chicago Negro Voter," 160; "Negroes Cheer as Democrats attack Hoover," *CDT*, Oct. 4, 1928; *Chicago Defender*, Oct. 20, 1928. See also Lisa Materson, *For the Freedom of Her Race: Black Women and Electoral Politics in Illinois*, 1877-1932 (Chapel Hill, NC, 2009), 151-168.

53. *Negro World*, Oct. 10, 1928 ("no soul"; "broad humanities"); July 7, 1928 ("we are with him"; "prostituted"); Nov. 3, 1928 ("recent heavy"; "To the Polls").

54. 1924年,在匹兹堡以黑人为主的第五选区,民主党候选人只赢得了5%的黑人选票。1928年,史密斯获得了38.4%的选票。1932年,罗斯福获得了8.2%的选票,其中非洲裔美国人的选票占46.6%。1936年,大多数非裔美国人转而支持民主党。See Bruce Stave, *The New Deal and the Last Hurrah: Pittsburgh Machine Politics* (Pittsburgh, 1970), 34. David Burner对纽约卫生区的研究发现,有大量黑人居民返回,他们中的41%投票给史密斯。See Burner, *The Politics of Provincialism*, 237. 另一方面,Nancy Weiss在她对纽约回报率的研究中引用了一个黑人返回率较低的数字,与伯纳的研究结果并不一致。参见 See Weiss, *Farewell to the Party of Lincoln*, 8. 尽管这一突破很小,但Samuel O'Dell指出了这一突破的重要性。See O'Dell, "Blacks, the Democratic Party," 1–11. See also Alls-wang, "Portrait of a Campaign," 163, and "The Chicago Negro Voters," 145–175.
55. JohnAllswang, *The Political Behavior of Chicago's Ethnic Groups*, 1918–1932 (New York, 1980), 38, 57–59, 127, 183–190, 209 (quotation on 38).
56. *CDT*, May 19, 1930; Thurner, "Impact of Ethnic Groups on the Democratic Party," 268, 329, 368.
57. Weber, *Don't Call Me Boss*, 35–36; Stave, *The New Deal and the Last Hurrah*, 37, 40–41; Davin, "Blue Collar Democracy," 110; Lubell, *The Future of American Politics*, 39–40, 56.
58. On Boston's Italian voters see Key, "The Future of the Democratic Party," 161–175; Gerald H. Gamm, *The Making of the New Deal Democrats* (Chicago, 1989), 85–89. On New York, see Burner, *The Politics of Provincialism*, 236; Lubell, *The Future of American Politics*, 28–57.
59. V. O. Key, "A Theory of Critical Elections," *Journal of Politics* (Feb. 1955): 4, 8; Lubell, *The Future of American Politics*, 28–41; Burner, *The Politics of Provincialism*, 13; see also Burnham, *Critical Elections and the Mainsprings of American Politics*.
60. 一位"支持史密斯的共和党人"主席写信给罗斯福,宣称费城"成千上万的阿尔·史密斯共和党人"计划去登记,将选票转投给罗斯福。See Michael J. Colby to Roosevelt, Nov. 3, 1931, Guffey folder, correspondence, Papers as Governor, *FDR*; Degler, "American Political Parties and the Rise of the City," *JAH* (June 1964): 56. 1920年至1936年间,实际选民人数增长了50%至100%,19个移民人口超过50%的城市对民主党的支持率直线上升,平均增长了205%。Anderson, *The Creation of a Democratic Majority*, 9, 32.
61. Lerner, *Dry Manhattan*, 251. Thurner发现,芝加哥的选民登记人数大幅增加,尤其是在种族密集的选区。第19区从1920年的29264人增加到1930年的49463人;同期,第15区从29472人跃升至45820人。Thurner, "Impact of Ethnic Groups," 368–371.
62. See Key, "A Theory of Critical Elections," 3–18; see also Key, "The Future of the Democratic Party," 161, 163.
63. See Key, "A Theory of Critical Elections," 3–18; see also Key, "The Future of the Democratic Party," 161, 163; Lubell, *The Future of American Politics*, 39–41; Anderson, *The Making of a Democratic Majority*; Allswang, *A House for All People*; Kyvig, *Repealing National Prohibition*, 155; Richard Oestreicher, "Urban Working-Class Political

Behavior and Theories of Electoral Politics, 1870–1940," *JAH* 77 (March 1988): 1275, 1281. 虽然禁酒令通常被视为种族文化政治的典型例子, 但它包含了潜在的阶级怨恨, 预示着未来的新政联盟。

64. See Thomas S. Carla, "Publicity Division of the Democratic Party, 1929–1930," *APSR* (Feb. 1931): 68–72; Earl Purdy to Roosevelt, Nov. 10, 1928, Campaign of 1928 Papers, Box 6, FDR.

第七章 联邦刑法国家的建立

1. "Gang Massacre," *BDG*, Feb. 24, 1929; "Killing of 7 Laid to Chicago Police," *NYHT*, Feb. 16, 1929; Michael Willrich, *City of Courts: Socializing Justice in Progressive Era Chicago* (Chicago, 2003), 289.
2. "A New Hoover is Heard," *NYT*, Mar. 5, 1929, 1; 7; Herbert Hoover, Inaugural Address, Mar. 4, 1929, American Presidency Project, http://www.presidency.ucsb.edu.
3. Deok-Ho Kim, "A House Divided: The Wickersham Commission and National Prohibition," (PhD diss., SUNY Stony Brook, 1992), 107. For Wickersham funding, see James D. Calder, *The Origins and Development of Federal Crime Control Policy: Herbert Hoover's Initiatives* (Westport, CT, 1993), 84; "Senate Yields on Wickersham Fund; Votes All," *CDT*, July 4, 1930, 2; Franklin E. Zimring, "Barrock Lecture: The Accidental Crime Commission: Its Legacies and Lessons, *Marquette Law Review* 96 (2013): 995–1013. On the enforcement acts, see Eric Foner, *Reconstruction: America's Unfinished Revolution*, 1863–1877 (New York, 1988), esp., 412–557.
4. For Coolidge's views, see "Coolidge Deplores Rise in Crime, Religion is the only Remedy," *NYT*, Oct. 21, 1925; see also Zimring, "Barrock Lecture: The Accidental Crime Commission."
5. James Calder 在以下书中对胡佛的犯罪控制举措进行了最广泛的讨论。See Calder, *The Origins and Development of Federal Crime Control Policy: Herbert Hoover's Initiatives* (Westport, CT, 1993); see also Glen Jeansonne, *The Life of Herbert Hoover, Fighting Quaker*, 1928–1933 (New York, 2012), 89–112.
6. 法律学者在关于禁酒令作斗争方面比其他人做得更多, 此观点见一下著述:See Robert Post, "Federalism, Positive Law and the Emergence of the American Admin-istrative State: Prohibition and the Taft Court Era," *WMLR* 48 (2006); Lawrence Friedman, *Crime and Punishment in American History* (New York, 1993), 256–266; William Stuntz, *Collapse of American Criminal Justice* (Cambridge, MA, 2011); Ken Kersch, *Constructing Civil Liberties: Discontinuities in the Development of American Constitutional Law* (New York, 2004), esp. 66–88; see also James Marone, *Hellfire Nation: The Politics of Sin in American History* (New Haven, 2003), 318–349。
7. Kim, "A House Divided," 112–117; "Mrs. Sabin Resigns Republican Post," *NYT*, Mar. 9, 1929, 3. On Sabin, see *American Women and the Repeal of Prohibition* (New York, 1996); Grace C. Root, *Women and the Repeal: The Story of the Women's Organization for National Prohibition Reform* (New York, 1934), 3.
8. Calder, *The Origins and Development of Federal Crime Control Policy*, 5; "Hoover De-

mands Respect for Law," *NYT*, Apr. 23, 1929, 1.
9. Post, "Federalism, Positive Law," 103 (Beck quotation); Albert J. Harno, "Crime and Punishment," in *American Law Institute Proceedings* (May 20, 1954): 45; C. P. Connolly, "America-Land of the Lawbreaker," *McClure's Magazine*, July 1923, 40; Harry Elmer Barnes, "Reflections on the Crime Wave," *Bookman*, Sept. 1926, 44, quoted in Post, "Federalism, Positive Law," 103 n. 348.
10. See, for example, "A Carnival of Crime," *HC*, Oct. 6, 1929; "Redlands Carnival of Crime," *LAT*, Oct. 9, 1922; Claire Potter, *War on Crime: Bandits, G-Men, and the Politics of Mass Culture* (New Brunswick, NJ, 1998), 69; Willrich, *City of Courts*, 290.
11. Daniel Okrent, *Last Call: The Rise and Fall of Prohibition* (New York, 2010), 276; Calder, *The Origins and Development of Federal Crime Control*, 130; John Landesco, "Prohibition and Crime," in Annals of the American Academy of Social Science, *Prohibition: A National Experiment* 163 (Sept. 1932), 127; Willrich, *City of Courts*, 290-291, Douglas Bukowski, "William Dever and Prohibition: The Mayoral Elections of 1923 and 1927," *Chicago History* (Summer 1978): 7, 114.
12. Sam Bass Warner, *Crime and Criminal Statistics in Boston* (Cambridge, MA, 1934); Survey of Crime and Criminal Justice in Boston (Cambridge, MA, 1934), 3-34.
13. Friedman, *Crime and Punishment*, 340; United States, National Commission on Law Observance and Enforcement, *Report on the Enforcement of the Prohibition Law* (Washington, DC, 1931), 4; Arthur Evans Wood, "Crime," in *American Journal of Sociology* 35 (May 1930): 1031; see also Marone, *Hellfire Nation*, 324-333.
14. *Missouri Crime Survey* (New York, 1926), 5; Friedman, *Crime and Punishment*, 340 (E. W. Burgess quotation); Landesco "Prohibition and Crime," 125; Post, "Federalism, Positive Law," 103 n. 349 (*New York Times* letter).
15. Landesco, "Prohibition and Crime," 128; Harno, "Crime and Punishment," 522.
16. Rebecca McLennan, *The Crisis of Imprisonment: Protest Politics and the Making of the American Penal State*, 1776-1941 (New York, 2008), 450-455; see also Prison Association of New York, Annual Report (New York, 1929), 95-102; Cornelius F. Collins, "Crime: A Critical Analysis," *NAR* 226 (July 1928): 27-36; Norman Clark, *Deliver Us from Evil: An Interpretation of American Prohibition* (New York, 1976), 194-196.
17. Raymond Moley, *An Outline of the Cleveland Crime Survey* (Cleveland, 1922); see also Sheldon Glueck and Eleanor T. Glueck, "One Thousand Juvenile Delinquents," *Survey of Crime and Criminal Justice in Boston*, conducted by the Harvard Law School, introduction by Felix Frankfurter (Cambridge, MA, 1931), 1-24; Warner, *Crime and Criminal Statistics in Boston*; *Missouri Crime Survey* (New York, 1926).
18. 委员会的研究人员是当时最著名的一些社会科学家。关于社会科学及其与社会政策的交集研究,参见 Dorothy Ross, *The Origins of American Social Science* (New York, 1991), esp. 143-470. For the New Deal period, see Alan Brinkley, *The End of Reform: New Deal Liberalism in Recession and War* (New York, 1996)。
19. Simon A. Cole, *Suspect Identities: A History of Fingerprinting and Identification* (Cambridge, MA, 2001), 161-166; Potter, *War on Crime*, 29.

20. Warner opinion cited in "Progress Report," 1-5, Oct. 24, 1929, Reel 99, *FFP*; Ronald H. Beattle, "Sources of Statistics on Crime and Correction," *Journal of the American Statistical Association* 54 (Sept. 1959): 582-592; Lent D. Upson, Report on Criminal Statistics: Comment, *Michigan Law Review* 30 (Nov. 1931): 70-71; Sam Bass Warner, "Survey of Criminal Statistics in the United States," USNC, Report on Criminal Statistics, 3 (Washington, DC, 1931); Calder, *The Origins and Development of Federal Crime Control*, 88-93; Felix Frankfurter to Max Lowenthal, July 1, 1929, Reel 48, *FFP*. See also Kim, "A House Divided," 204.

21. Beattle, "Sources of Statistics on Crime and Correction," 582-592; Upson, "Report on Criminal Statistics," 70-71; Calder, *The Origins and Development of Federal Crime Control*, 88-93; Felix Frankfurter to Max Lowenthal, July 1, 1929, Reel 48, FFP. 关于统一犯罪报告创建的另一个讨论,而不是关于统计收集的内部辩论,这部分的讨论见以下著述:See Lawrence Rosen, "The Creation of the Uniform Crime Report," *SSH* 19 (Summer 1995): 215-238。

22. Friedman, *Crime and Punishment*, 270; NCLOE, *Report on Enforcement of the Prohibition Laws of the United States* (Washington, DC, 1931), 58; "Dry Law Violators Most Numerous, Says U. S. Prison Official," *CDT*, May 19, 1931, 12 (Moore quotation). 作为联邦囚犯的主要阶层,毒品违法者的数量从未远远落后于酒法违法者,在某些年份甚至超过了他们。尽管存在这种差异,禁酒和毒品违规者构成了监狱过度拥挤问题的核心。See NCLOE, *Report on Enforcement of the Prohibition Laws*, 58. See also Department of Justice, Bureau of Justice Statistics, *Historical Correctional Statistics in the United States*, 1850-1985 (Rockville, MD, 1986), 29-30.

23. David F. Musto, *American Disease: Origins of Narcotic Control* (New Haven, 1973), 204; "3,700 Convicts Riot at Leavenworth," *NYT*, Aug. 2, 1929, 1; see also "3 Convicts Die," *NYHT*, Dec. 12, 1931, 1. 胡佛在暴乱后呼吁增加监狱数量,这部分内容见以下著述:*NYT*, Aug. 7, 1929, 1. See also Calder, *The Origins and Development of Federal Crime Control*, 48-49; Arthur Evans Wood, "Crime," *American Journal of Sociology* 35 (May, 1930): 1027, 1028; "Convicts Kidnap Warden," *NYT*, Dec. 12, 1931, 1。

24. Friedman, *Crime and Punishment*, 309 ("There is less room"); Calder, *The Origins and Development of Federal Crime Control*, 44-45. On Texas prison conditions, see Paul M. Lucko, "A Missed Opportunity: Texas Prison Reform during the Dan Moody Administration, 1927-1931," *Southwestern Historical Quarterly* 96 (July 1992): 27-52. Lucko 发现,非裔美国人占得克萨斯州监狱人口的 40%,尽管他们只占该州居民的 15%。 "Georgia Convict Rolls Increasing," *AC*, Dec. 6, 1921, 1; William Stuntz, *The Collapse of American Criminal Justice* (Cambridge, MA, 2011), 43, 49; Arthur W. James, *The State Becomes a Social Worker: An Administrative Interpretation* (Richmond, VA, 1942), 162-163; Ethan Blue, *Doing Time in the Great Depression* (New York, 2012), 3.

25. Calder, *The Origins and Development of Federal Crime Control*, 154, 167-173; see also "Hoover Backs Mass Drive... Need of More Prisons is Stressed," *NYT*, Apr. 30, 1930, 1. See also "Hoover Demands Passage of Dry Enforcement Bills," *NYT*, Apr.

29, 1929, 1. 关于这个时期监狱的数量, 以下网址可以查询: http://www. allgov. com/departments/department-of-justice/federal-bureau-of-prisons-bop? agencyid = 7204, accessed Nov. 29, 2014.

26. Calder, *The Origins and Development of Federal Crime Control*, 154. 美国人口普查局于1926年发布了关于州和联邦监狱和感化院囚犯的年度系列报告。早期的报告是不可靠、不完整的,主要是依赖于管理员对"拥挤情况"的自愿报告。他们的数字只包括被关押在联邦和州监狱的人,不包括州和县监狱、监狱农场和公路部队的人,并且数字低估了被监禁的人数。For a discussion of statistics, see Ronald H. Beattle, "Sources of Statistics on Crime and Correction," 582-592.

27. "All Time High Set for U. S. Prisoners," *NYT*, Oct. 20, 1935, E7; Calder, *The Origins and Development of Federal Crime Control*, 170. 在过去的几十年里,州和联邦监狱囚犯数量的信息,参见以下著述: United States Bureau of the Census, *Historical Statistics of the United States: Colonial Times to 1970* (Washington, DC, 1975); "Federal and State Institutions, Prisoners, 1926-1970," Series 1135-1143, p. 420; see also "Federal Prison System," in *Encyclopedia of Prisons and Correctional Facilities* (Thousand Oaks, CA, 2004), 312-319; Department of Justice, Bureau of Justice Statistics, *Historical Correctional Statistics in the United States*, 1850-1985 (Rockville, MD, 1986), 29-30。某些州,如加利福尼亚州,在1933年废除禁酒令后,赦免了所有违反禁酒令的人,以缓解监狱人满为患的状况,但其他违规者必须向州长请求赦免。See, for example, Alabama, Governor's Office, Benjamin Miller, Board of Pardons, "Executive Orders for the Remission of Fines and Forfeitures, 1931-1939, Alabama," Dept. of Archives and History. 禁酒令废除后,违法者仍未缴纳重新征收的酒精税而被判刑。犯罪学家注意到,从1940年到1970年,犯罪率与人口比例的增长相对平稳,但除了少数学者外,他们没有绘制出禁酒令时期的早期飞跃图,尤其是因为系统的年度报告直到1926年才开始发布,这是监禁率上升的结果。威廉姆斯是一个例外,监禁率出现第一次飙升时他就注意到了。参见 Stuntz, *The Collapse of American Criminal Justice*, 43, 158-314。20世纪20年代至40年代,伊利诺伊州、俄亥俄州、田纳西州和肯塔基州等州监狱人口激增,随后监禁率下降。See the charts in Alfred Blumstein and Soumyo Moitra, "An Analysis of the Time Series of the Imprisonment Rate in the States of the United States: A Further Test of the Stability of Punishment Hypothesis," *Journal of Criminal Law and Criminology* 70 (Autumn 1979): 384, 385, 388. Blumstein 和 Moitra 通过观察1925年和1970年的数据来解释他们的数据,指出总体稳定,但他们的稳定理论忽略了剧烈的历史波动——首先是禁酒令开始的高峰,在1940年达到顶峰,随后下降,1970年开始再次急剧上升,这将使他们对"稳定"的静态分析停止。

28. 到1925年,只有弗吉尼亚州和密西西比州没有规定假释囚犯的法律。See Illinois, Committee on the Study of the Workings of the Indeterminate-Sentence Law and Parole, *The Workings of the Indeterminate-Sentence Law and the Parole System in Illinois* (1928), 48; William G. Brown, "State Cooperation in Enforcement," American Academy of Political and Social Science, *Prohibition: A National Experiment* 163 (Philadelphia, 1932), 30-38; Friedman, *Crime and Punishment*, 305; L. W. Kolakoski and T. W. Broecker, "The Pennsylvania Parole System in Operation," *Journal of Criminal Law and*

Criminology 23 (Sept. 1932): 427–438; Calder, *The Origins and Development of Federal Crime Control*, 175.
29. Friedman, *Crime and Punishment*, 266; "44,022 Liquor Law Violators Convicted," *WP*, Sept. 29, 1926, 9; Willrich, *City of Courts*, 285–286; Calder, *The Origins and Development of Federal Crime Control*, 218. See also "Hoover Will Investigate Federal Court System," *BDG*, Mar. 9, 1929, 1.
30. See John F. Padgett, "Plea Bargaining and Prohibition in the Federal Courts, 1908–1934," *Law & Society Review* 24 (1990): 413–450; George Fisher, *Plea Bargaining's Triumph: A History of Plea Bargaining in America* (Stanford, CA, 2003), 6–7; Kenneth M. Murchison, *Federal Criminal Law Doctrine: The Forgotten Influence of National Prohibition* (Durham, NC, 1994), 22, 41, 170; Post, "Federalism, Positive Law," 47–103.
31. Post, "Federalism, Positive Law," 66, 58.
32. This discussion draws upon Robert Post's arguments on Prohibition and the Taft Court. See Post, "Federalism, Positive Law," 3.
33. Charles Merz, *The Dry Decade* (New York, 1931), 233–234; Randall Holcombe, "The Growth of the Federal Government in the 1920s," *Cato Journal* 18 (Fall 1996): 175–199.
34. Potter, *War on Crime*, 20, 196; Francisco E. Balderrama and Raymond Rodriguez, *Decade of Betrayal: Mexican Repatriation in the 1930s* (Albuquerque, NM, 1995), 9; Merz, *The Dry Decade*, 236, 259; see also NCLOE, *Report on the Enforcement of the Prohibition Laws*, 16.
35. Potter, *War on Crime*, 26.
36. 据《华盛顿先驱报》报道，从1920年到1930年，有1550人被杀，其中包括494名军官和助手，1056名平民。See Landesco, "Prohibition and Crime," 120–129, 127; Colonel Charles Askins, *Unrepentant Sinner: Autobiography of Colonel Charles Askins* (Boulder, CO, 1985), 52–53. Herbert Hoover宣布，边境巡逻队的职责是阻止非法"人员和货物"入境，边境巡逻队承担了这项任务。NCLOE, *Report on the Enforcement of the Prohibition Laws*, 19. See also Kelly Lytle Hernandez; *Migra! A History of the U.S. Border Patrol* (Berkeley, CA, 2010), 59–63; Askins, *Unrepentant Sinner*, 53; NCLOE, *Report on the Enforcement of the Prohibition Laws*, 19; "Border Patrol Plan to Mean New National Military Force," *BDG*, Jan. 15, 1930, 32; "Hoover Plan Wins" *BDG*, July 2, 1930, 17; "Proposed Armed Border Guard Becomes Hoover's Stepchild," *Baltimore Sun*, Jan. 24, 1930, 1.
37. Potter, *War on Crime*, 22, 33, 33–44.
38. Calder, *The Origins and Development of Federal Crime*, 86, 149 (Loesch quotation).
39. On Hoover's statement on "aliens," see "Hoover, Annual Message to Congress," *WP*, Dec. 3, 1930; Calder, *The Origins and Development of Federal Crime Control*, 144; John C. McWilliams: *The Protectors: Harry J. Anslinger and the Federal Bureau of Narcotics*, 1930–1962 (Newark, 1990), 57–58; see also Jeansonne, *The Life of Herbert Hoover*, 89–112.
40. Walter Earl Pittman, Jr., "Richmond P. Hobson, *Crusader*," (PhD diss., Univ. of

Georgia, 1969), 168; Musto, *American Disease*, 121–132, 260–261; Peter Andreas, *Smuggler Nation: How Illicit Trade Made America* (New York, 2013), 253–290.

41. "Simon Says Drugs Cause Crime Wave," *NYT*, Dec. 19, 1920, 2; Musto, *American Disease*, 121–132, 155, 157, 260–261.
42. Andreas, *Smuggler Nation*, 264. For the government campaign, see, for example, "Halt that Demon Drug, Cry of Uncle Sam," *WP*, Apr. 27, 1924, SM 3.
43. Pittman, "Richmond P. Hobson, Crusader," 174–179; "The Struggle of Mankind Against his Deadliest Foe," broadcast, Mar. 1, 1928, *Narcotics Education* 1, 51–54 (1928), in Musto, *American Disease*, 168; Richmond P. Hobson, "The Peril of Narcotics," *Western Osteopath* 18 (Apr. 1924); Musto, *American Disease*, 190–191; see also James Inciardi, *The War on Drugs: Heroin, Cocaine, Crime, and Public Policy* (Berkeley, 1986), 98.
44. Hobson, "The Peril of Narcotics"; Musto, *American Disease*, 190–191; "America Must Lead in the World War Against the Illicit Narcotic Drug Traffic," transcript by Richmond P. Hobson, Oct. 16, 1930, Box 67, 3, RHP; Pittman, "Richmond P. Hobson, Crusader," 179; Ida B. Wise to Richmond Hobson, Jan. 31, 1936; "Remarks... on the radio broadcast of WCTU President Ida Smith," Box 66, 6, RHP; see also "Officers of Oklahoma Narcotic Educational Association," Box 68, 7, RHP; "Special issue on Narcotics Education Week," *US*, Jan. 25, 1936; "Drug Addicts are One Answer to Why Kidnappings and Other Brutal Crimes," *US*, Jan. 30, 1937; and "Federal Bureau of Narcotics asks WCTU Help," *US*, Jan. 30, 1937, 69, 72; Inciardi, *The War on Drugs*, 98.
45. On earlier drug entrepreneurs, see Musto, *American Disease*, 1–120; Richmond P. Hobson to Josiah K. Lilly, Apr. 25, 1930; Josiah K. Lilly to George W. March, Dec. 3, 1930; June 4, 1930; Apr. 22, 1936; Hobson to Irénée du Pont, Apr. 17, 1931; Herbert Hoover to Richmond P. Hobson on the occasion of the INEA annual conference, Box 33, RHP; see also "A message from the White House," Box 67. Hobson, proposed resolutions at the semiannual meeting of the World Narcotics Defense Association, 1935, Box 69. Richmond P. Hobson, Mar. 15, 1935, Box 66, RHP; "Remarks... on the radio broadcast of WCTU President Ida Smith," Box 66, 6, RHP.
46. 1935年世界麻醉品防御协会半年度会议上提出的各项决议,参见 Box 69, RHP; Hobson to Roosevelt, Oct. 19, 1933 and Nov. 6, 1933; Roosevelt to Hobson, Nov. 11, 1933, Box 68, 8, RHP; Hobson to Homer Cummings, Mar. 14, 1935; Speech by Homer Cummings and Homer Cummings to Hobson, Mar. 15, 1935, Box 66, RHP.
47. "Report of the Centre del' Association Internationale de Défense contre les Stupéfiants, Summary of Activities, July–Dec. 1931"; "Projet de Programme du Centre," 1932, Box 65, 6, RHP. 在拉丁美洲,霍布森的机构得到了泛美联盟的支持。See Pan American Union Director General L. S. Rowe to Hayne Davis, Mar. 31, 1933; L. S. Rowe to Richmond Hobson, June 20, 1933; telegram from Richmond P. Hobson to L. S. Rowe, Dec. 20, 1935, Box 69, 2, RHP. 关于美国在建立国际毒品管制制度中作用的精彩讨论,见以下著述:William B. McAlister, *Drug Diplomacy in the Twentieth Century: An International History* (London, 2000); see also Musto, *American Disease*,

202-209；Kathleen Frydl, *The Drug Wars in America*, 1940-1973（New York, 2013）, 22-27。这些原本相当出色的研究并没有追踪禁酒和禁药制度之间的联系、互相借用的政治逻辑以及共同拥有的道德企业家。See also Calder, *The Origins and Development of Federal Crime Control*, 118.

48. "Report of the Centre deL' Association Internationale de Défense contre les Stupéfiants, Summary of Activities, July-Dec. 1931"; "Projet de Programme du Centre," 1932, Box 65, 6; Raymond Mage to Georgina Brewster, Apr. 26, 1932, Box 65, 6; Raymond Mage to Richmond P. Hobson, Feb. 20, 1936, Box 65, 8, RHP. See also "A Brief Survey of the Activities of the INEA, the World Conference on Narcotic Education, the WNDA, their Center of International Relations and their National Committees" presented to the League of Nations Commission on Opium and Other Dangerous Drugs, Mar. 1936, Box 65, 8; Roosevelt telegram to Richmond Hobson, Dec. 8, 1933, Box 68, 8; Attorney General Homer Cummings Speech, 1935, 2; Roosevelt to Richmond Hobson, Mar. 31, 1935; Hayne Davis to Homer Cummings, Oct. 13, 1934, Box 66, 6, RHP. 关于这些协定作为以后各项协定的基础的重要性，见以下著述：McAllister, *Drug Diplomacy*, 79-101; 208-209。

49. Levi Nutt 很快就被降职了，但大陪审团的调查证明了缉毒组的清白。See McWilliams, *The Protectors*, 42. 与麻醉品局的资金相比，禁酒局在 1929 年获得了 1500 万美元用于镇压规模更大、利润更高的酒类贸易。Musto, *American Disease*, 190-212; NCLOE, *Report on the Enforcement of the Prohibition Laws*, 18.

50. Lawrence Spinelli, *Dry Diplomacy: The United States, Great Britain and Prohibition*（Wilmington, DE, 1989）, 59-83; McWilliams, *The Protectors*, 30-34.

51. Musto, *American Disease*, 212; McWilliams, *The Protectors*, 78; Harry Anslinger, "Organized Protection Against Organized Predatory Crime: Drug Peddling Narcotic Drugs," *Journal of Criminal Law and Criminology* 24（Sept. -Oct. 1933）: 636-655; "Roosevelt Asks Narcotic War Aid," *NYT*, Mar. 22, 1935, 7.

52. Homer Cummings, transcript of radio address drafted by Richmond Hobson, Mar. 1935, Box 66, 6, RHP; Frank Smith, "Narcotic Law Enforcement," *American Journal of Nursing* 48（Oct. 1939）: 1117-1119.

53. Francisco E. Balderrama and Raymond Rodriguez, *Decade of Betrayal: Mexican Repatriation in the 1930s*（Albuquerque, NM, 1995）.

54. McWilliams, *The Protectors*, 82-90; see also McAllister, *Drug Diplomacy in the Twentieth Century*, 156-211.

55. McWilliams, *The Protectors*, 82-90; McAllister, *Drug Diplomacy in the Twentieth Century*, 156-211; Frydl, *The Drug Wars in America*, 59-119. 从 1947 年到 1950 年，平均每年只有 115 名囚犯因毒品指控进入加州监狱。相反，1985 年的数字是 3609 人，1990 年是 13751 人。See Friedman, *Crime and Punishment*, 356-357.

56. Kenneth O'Reilly, "A New Deal for the FBI: The Roosevelt Administration, Crime Control, and National Security," *JAH* 69（Dec. 1982）: 638-658; American Association Against the Prohibition Amendment, "Government Lawlessness,"（Westerville, OH, 1929）, 2（Addams quotation）; O'Reilly, "A New Deal for the FBI," 643.

57. O'Reilly, "A New Deal for the FBI," 643.

58. Kim, "A House Divided," 114, 184, 187; Felix Frankfurter Memo, June 16, 1929, Reel 99; Felix Frankfurter Memo, June 2, 1929, Reel 48; Felix Frankfurter to Monte Lemann, May 23, 1929, Reel 46, FFP.
59. George Wickersham to Felix Frankfurter, June 4, 1929, Reel 48; Memo, June 16, 1929, Reel 99; Memo, "Outline of Commission Work," June 4, 1929, Reel 48; Felix Frankfurter to Monte Lemann, June 2, 1929, Reel 46; Felix Frankfurter to Max Lowenthal, July 1, 1929, Reel 48; FFP; see also Kim, "A House Divided," 114, 184, 187.
60. See, for example, Robert Oppenheimer, "Deportation of Aliens," *NCLOE*, *Report on the Enforcement of the Deportation Laws of the United States* 5 (Washington, DC, 1931), 177.
61. Morris M. Ploscowe, "Some Causative Factors in Criminality," in NCLOE, *Report on the Causes of Crime* 13, v. 1 (Washington, DC, 1931), 137; NCLOE, *Report on Lawlessness in Law Enforcement* 11 (Washington, DC, 1931), 1; Michael Palmiotto and Prabha Unnithan, *Policing and Society: A Global Approach* (Clifton, NY, 2010), 253–254; NCLOE, *Report on Lawlessness in Law Enforcement* 11, 19, 153–155.
62. See Sanford Bates, "Have Our Prisons Failed Us?" *Journal of Criminal Law and Criminology* 23 (Nov./Dec. 1932): 562; NCLOE, *Report on Penal Institutions, Probation, and Parole* 9 (Washington, 1931), 171.
63. Sanford Bates, "Have Our Prisons Failed Us?" 562; Calder, *The Origins and Development of Federal Crime*, 158–159; Blue, *Doing Time in the Great Depression*.
64. NCLOE, *Report on Crime and the Foreign Born* 10 (Washington, DC, 1931).
65. NCLOE, *Report on the Cost of Crime* 12 (Washington, DC, 1931), 444, 447–448; Monte Lemann to Felix Frankfurter, Jan. 27, 1931, Reel 46, FFP; "Ada Louise Comstock: Some of her memories of her life up to 1943," by Roberta Yerkes Blanshard, Ada Louise Comstock, Box 1, 1, Ada Louise Comstock Papers, Schlesinger Library, Radcliffe Institute, Harvard University; Kim, "A House Divided," 327; NCLOE, *Report on the Enforcement of the Prohibition Laws*, iv.
66. NCLOE, *Report on the Causes of Crime* 13, v. 1 (Washington, DC, 1931), 193–218, 312 ("the conclusion"); 330 ("security of employment").
67. NCLOE, *Report on the Causes of Crime*, 167, 222, 233, 237–238, 249.
68. NCLOE, *Report on the Causes of Crime*, 250–251.
69. See, for example, "U. S. Oppresses Aliens... Deporting Methods Called 'Tyrannic,' " *CDT*, Aug. 8, 1931, 4; "Brutal Third Degree Practices by Police Denounced in Report," *HC*, Aug. 11, 1931, 1; "Wickersham Commission Hits Third Degree and Brutal Police," *NYT*, Aug. 11, 1931, 1; "Law Body Hits Brutal Police Third Degrees," *WP*, Aug. 11, 1. 作为对委员会驱逐调查结果的回应,胡佛的劳工部长呼吁制定"切实可行的立法,加强劳工部驱逐'外国犯罪分子'的能力"。*NYT*, Aug. 9, 1931, 5.
70. "An Apple of Discord," *NYT*, July 20, 1929, 6; "A Strong Subcommittee," *NYT*, Aug. 10, 1929, 12.《新共和》报道说,委员会的建议将为这一崇高的实验"敲响丧钟",而且,尽管存在"思想上的两面性",它"标志着一切开始走向结束"。*New Republic*, Feb. 4, 1931, 313. 纽约国会议员罗伯特·瓦格纳同样指出:"这是终结的

起点。" See Wagner quoted in *Congressional Record*, Seventy-First Congress, Third Session, 5162; see also Harry G. Levine and Craig Reinarman, "From Prohibition to Regulation: Lessons from Alcohol Policy for Drug Policy," *Milbank Quarterly* 69 (1991): 461-464; Kyvig, *Repealing National Prohibition* (1979; Kent, OH, 2000), 115.
71. NCLOE, *Report on the Cost of Crime* 12, 447.

第八章 禁酒令的废除

1. *RTD*, June 19, 1932, 3, 4; Arthur Schlesinger, *The Crisis of the Old Order* (1957; Boston, 2003), 302. 要面包不要酒"的口号再现了一战时期相似的禁酒标语。关于禁酒口号在1932年竞选活动中的记载,请参阅以下书籍:The Issue," *Eugene Register-Guard*, Oct. 24, 1932。
2. Robert Post, "Federalism, Positive Law and the Emergence of the American Administrative State: Prohibition and the Taft Court Era," *WMLR* 48 (2006): 11 (Taft quotation); George Wickersham to the members of the Commission, Jan. 29, 1930; Box 1, 1, WCR (traveling salesman quotation); Sept. 24, 1930, *WP*, in Deok-Ho Kim, "A House Divided: The Wickersham Commission and National Prohibition," (PhD diss., SUNY Stony Brook, 1992), 273; Howard Lee McBain, *Prohibition Legal and Illegal* (New York, 1928), 14 (MacIntosh quotation); "National Prohibition" Women's Committee For Repeal of the Eighteenth Amendment, Box 1, LGP.
3. Felix Frankfurter, "A National Policy for Enforcement of Prohibition,"*Annals of the American Academy of Political and Social Science* 109 (Sept. 1923): 193; Louise Gross, "Short History of the Women's Committee for Repeal of the Eighteenth Amendment"; George Stratham to Louise Gross, Oct. 5, 1928, Box 1, LGP.
4. Louise Gross, "National Prohibition," unpublished article, n. d., Box 1, LGP.
5. Pound views cited in Max Lowenthal to Felix Frankfurter, Mar. 21, 1930, Box 1, 2, Max Lowenthal Papers, Harvard Law School; Norman Clark, *Deliver Us from Evil: An Interpretation of Prohibition* (New York, 1976), 197 (Hearst quotations); Temperance or Prohibition? The Hearst Temperance Contest Committee, ed. Francis J. Tietsort (New York, 1929); see also David Kyvig, *Repealing National Prohibition* (1979; Kent, OH, 1986); George Wickersham to Members of the Commission, Jan. 29, 1930, Box 1, 1, WCP.
6. NCLOE, *Report on the Enforcement of the Prohibition Laws of the United States* (Washington, DC, 1931), iv; Kim, "A House Divided," 242-251, 313-314. Walter Lippman attacked a Hoover "plot" to change the report. 相关讨论,参见以下书籍:Kim, "A House Divided," 313-323; "Statement of Board of Managers of the Voluntary Committee of Lawyers," Mar. 22, 1931, Folder 10, Voluntary Committee of Lawyers Papers, Baltimore, MD, Maryland Historical Society; "Four Aspects of the Wickersham Report," *New Republic*, Feb. 4, 1931, 313; *CR*, Seventy-First Congress, Third Session, Feb. 17, 1931, 5158 (Wagner quotation); Henry Stimson Diaries, Nov. 24, 1930, Reel 2, Sterling Library, Yale University, in Kim, "A House Divided," 323; see also Harry G. Levine, "The Birth of Alcohol Control: Prohibition, the Power Elite, and the Problem of Lawlessness," *Contemporary Drug Problems* (Spring 1985): 63-115。

7. NCLOE, *Report on the Enforcement of the Prohibition Laws*, iv; see also Kyvig, *Repealing Prohibition*, 115; Schlesinger, *Crisis of the Old Order*, 250 (quotation).
8. Statement of NesAlifas, president of District 44 of the IAM, NCLOE, *Report on Enforcement of the Prohibition Law* 3, 60. Alifas 提到了"数百万人对不公正、不公平法律的强烈不满"。See also Matthew Woll, Statement before the Wickersham Commission, transcript, 19, Box 24, 9, WCR; Levine, "The Birth of Alcohol Control," 63–115.
9. Levine, "The Birth of American Alcohol Control," 74 ("decidedly soothing tendency").
10. Letter from Robert W. Kenney to "Repealers," Box 19, California Crusaders Papers, Bancroft Library, Berkeley, California; "Voluntary Committee of Lawyers, Inc.," pamphlet; see also George Betts to Thomas Dunlop, Mar. 4, 1929, Folder 7, and "Certificate of Incorporation of the Voluntary Committee of Lawyers, Folder 2, Dec. 1928, Voluntary Committee of Lawyers Papers, Maryland Historical Society. On Pauline Sabin and the Women's Organization for National Prohibition Reform, see Kenneth D. Rose, *American Women and the Repeal of Prohibition* (New York, 1997); Levine, "The Birth of American Alcohol Control," 63–115.
11. See http://www.drugpolicy.org/docUploads/RockefellerLetter1937.pdf, accessed July 22, 2014. See also Levine, "The Birth of American Alcohol Control," 63–115; Kyvig, *Repealing National Prohibition*, 154, 155; Donald Ritchie, *Electing FDR: The New Deal Campaign of* 1932 (Lawrence, KS, 2007), 98; Republican Party Platform, 1932, American Presidency Project, www.Presidency.ucsb.edu; Schlesinger, *Crisis of the Old Order*, 296 (Mencken quotation) 该观点由会议观察员引用自"Convention Spotlights," by A. M., Box 376, Memorandum and Correspondence, 1928–1932, DNC。
12. Republican Party Platform, 1932.
13. Claire Potter, *War on Crime: Bandits, G-Man, and the Politics of Mass Culture* (New Brunswick, NJ, 1998), 122; "Convention Spotlights"; see also Republican Party Platform, 1932.
14. On Hoover's government activism, see, for example, David Kennedy, *Freedom from Fear: The American People in Depression and War* (New York, 1999), esp. 10–103; Republican Party Platform, 1932; "Scrapbooks," 1932 campaign material, Molly Dewson Papers, FDR.
15. David Farber, *Everybody Ought to be Rich: The Life and Times of John J. Raskob, Capitalist* (New York, 2013), 486–490.
16. Joseph Guffey to Roosevelt, Sept. 30, 1931, Box 297, DNC; FrankFreidel, *Franklin D. Roosevelt: The Triumph* (Boston, 1956), 288–290.
17. Schlesinger, *Crisis of the Old Order*, 157; Freidel, *Franklin D. Roosevelt*, 288–290; Elizabeth Tilton Diary, July 29–Aug. 1, 1932, Reel 994, ETP; see also, "Big Majority for Repeal," *NYT*, June 30, 1932, 1; E. J. Huyge to Roosevelt, June 3, 1932; Roosevelt to Huyge, June 13, 1932, Box 81, DNC.
18. "Big Majority for Repeal," *NYT*, June 30, 1932, 1; see also "Roosevelt Victory Predicted," *NYT*, June 30, 1932, 13; "Plank for Dry Law Repeal Accepted by Democrats," *LAT*, June 30, 1932, 1.

19. Tilton, Diary, June 29-July 1, 1932, Reel 994, ETP; NCLOE, Enforcement of the Prohibition Laws, Official Records of the National Commission on Law Observance and Enforcement 1, 400-409; NCLOE, Report of the Enforcement of the Prohibition Laws, 54-55.
20. Schlesinger, *Crisis of the Old Order*, 310-311; Tilton Diary, June 29-July 6, 1932, Reel 994, ETP.
21. Roosevelt, Acceptance Speech, Democratic National Convention, 1932, American Presidency Project, www. presidencyproject. ucsb. edu.
22. Louis McHenry Howe, "Roosevelt Wrote 140,000 Letters to Campaign Workers," *BDG*, Dec. 11, 1932; C. O. Jaynes to Roosevelt, Box 81; Christa Jensen to Roosevelt, Sept. 19, 1932, Box 85; "Report on Chicago Meeting," Sept. 12, 1932, Box 87; James T. Frazier to Roosevelt, Sept. 12, 1932, Box 142; Chas Macdonald to Roosevelt, Aug. 17, 1932; Martin W. Melahn to Roosevelt, Sept. 20; George Luker to Roosevelt, Sept. 7, 1932; Box 87, DNC.
23. Letter to Roosevelt, Sept. 1932, Box 302, DNC; scrapbook, campaign material 1932, "Why Wage Earners Want Roosevelt and Garner," Box 21, MollyDewson Papers, FDR.
24. Michael P. Weber, *Don't Call Me Boss: David L. Lawrence, Pittsburgh's Renaissance Mayor* (Pittsburgh, 1988); Davin, *Crucible of Freedom: Workers Democracy in the Industrial Heartland*, 1914-1960 (Lanham, MD, 2010), 20; 111.
25. David L. Lawrence to Colonel Louis M. Howe, Oct. 7, 1932; David Lawrence to Roosevelt, Oct. 7, 1932, Box 304, DNC; Franklin D. Roosevelt, campaign address on the federal budget at Pittsburgh, PA, Oct. 19, 1932, American Presidency Project, www. presidency. ucsb. edu; Davin, *Crucible of Freedom*, 171-172.
26. Roy V. Peel and Tomas Claude Donnelly, *The 1932 Campaign: An Analysis* (New York, 1935), 108.
27. Tilton Diary, Nov. 6-7, 1932, Reel 994, ETP.
28. "House Votes on Beer Bill," *NYHT*, Mar. 14, 1933, 11; Kyvig, *Repealing National Prohibition*, 177.
29. C. O. Jaynes to Roosevelt, May 25, 1932, Box 81, DNC.
30. NCLOE, Report on the Enforcement of the Prohibition Laws, 79, 104-105; United States Senate, *The National Prohibition Law: Hearings before the Subcommittee of the Committee on the Judiciary*, Sixty-Sixth Congress, April 5-24, 1926, 1, 24, 416; Kim, "A House Divided," 344.
31. Kyvig, *Repealing National Prohibition*, 187-190; see also Levine, "The Birth of Alcohol Control," 76-115; "Distilling Control by Federal Board Fixed by New Board," *NYT*, Nov. 23, 1933, 1.
32. Here I draw on Harry G. Levine's discussion, see Levine, "The Birth of Alcohol Control," esp. 90-110.
33. Levine, "The Birth of Alcohol Control, esp. 90-110.
34. Ronald Reagan, "Speech to the Nation on the Campaign Against Drug Abuse," Sept. 14, 1986, Miller Center, President Speeches, www. millercenter. org/president /speeches; see also http://www. drugpolicy. org/new-solutions-drug-policy/brief -history-drug-war, accessed Aug. 28, 2014.

35. Michelle Alexander, *The New Jim Crow: Mass Incarceration in the Age of Colorblindness* (New York, 2010); Christian Parenti, *Lockdown America: Police and Prisons in the Age of Crisis* (London, 2000). See also Ruth Gilmore, *Golden Gulag*; *Prisons, Surplus, Crisis and Opposition in Globalizing California* (Berkeley, 2007); Marc Mauer, *Race to Incarcerate* (New York, 1999); William Stuntz, *The Collapse of American Criminal Justice* (Cambridge, MA, 2011), esp. 158–195. Stuntz 对美国和欧洲的监禁率进行了比较分析,以惊人的方式揭示了美国极端惩罚性的政策。
36. http://www.washingtonpost.com/blogs/wonkblog/wp/2013/08/13/wonkbook-11-facts-about-americas-prison-population/, accessed Aug. 29, 2014. 关于女性入狱人数的增加及其与贩毒的关系,见以下著述:Chloe Constant, "Trajectories et Dynamiques carcérales au féminin: Le Cas de Lima" (PhD diss., Paris III Sorbonne Nouvelle, 2013). See also Chloe Constant and C. Boutron, "Gendering Transnational Criminality: The Case of Female Imprisonment in Peru," *Signs: Journal of Women in Culture and Society* (2013): 39, 177–195。
37. 关于"种族差异和不公平的量刑",参见以下著述:Alexander, *The New Jim Crow*; Craig Reinarman and Harry G. Levine, eds., *Crack in America: Demon Drugs and Social Justice* (Berkeley, 1997); Kimberly Streeter, "Coin Blood into Gold: A History of the Prison Industrial Complex in Georgia and Tennessee (MLA thesis, Univ. of North Carolina-Asheville, 2004); Human Rights Watch, *Modern Capital of Human Rights? Abuses in the State of Georgia*, Human Rights Watch Report, (New York, July 1996), 7。
38. 有关美国在建立国际禁毒制度中的作用的讨论,请参阅以下著述:William B. McAllister, *Drug Diplomacy in the Twentieth Century: An International History* (New York, 2000)。
39. "Short History of the Women's Committee for Repeal of the 18th Amendment" Box 1, LGP; Eleanor Roosevelt to Mrs. Charlotte Wilkinson, Apr. 12, 1930, Box 9, Eleanor Roosevelt papers, FDR; "Coalition Urges Nations to Decriminalize Drugs and Drug Use," *NYT*, Sept. 9, 2014; Coletta Youngers and Eileen Rosin, eds., *Drugs and Democracy in Latin America: The Impact of U.S. Policy* (Boulder, CO, 2005); Organization of American States, *Scenarios for the Drug Problem in the Americas*, 2013–2015 (Cartagena, Colombia, 2012).

索 引

A

Abbott, Edith, 58, 225
Abendpost, 64, 175-176
Addams, Jane, xviii, 15, 25, 27, 30, 53-54, 124, 129, 163, 220, 290n
African-Americans, xx, 9, 79, 91-92, 102, 110-115, 133, 135, 228, 289n
   Al Smith supported by, 180 - 184 crime and, 226-227
   Democratic Party and, 180-181, 184, 294n
   disenfranchisement of, 17, 66, 73, 74
   drinking by, 17-18 party politics and, 161
   in prisons, 297n
   Prohibition enforcement and, 71, 73, 74, 80-89, 97-98, 99-100, 278n-79n, 280n
   Prohibition opposed by, 90-91, 182
   saloons of, 74-75
   selective enforcement of vice laws against, 91, 182
   as targets of citizen enforcers, 122-123
   as targets of war on narcotics, 253
   temperance movement and, 17-18
   violence against, 75, 87, 88, 227
African Methodist Episcopal Church, 180
Age of Innocence (*Wharton*), 105
Alabama, 4, 5, 32, 140
Alcatraz prison, 203, 210
alcohol:
   home production of, 51-53, 56
   as narcotic, 4-5, 18-19
   war on, see Prohibition; temperance movement wood alcohol and other toxins in, 59-60, 91, 182
   see also beer; bootleg liquor; drinking; liquor
Alderson, W. Va. , 98, 203
Alien Act (1931), 211
Alien and Sedition Acts (1918), 119, 234
Alifas, Nes, 303n
Aliquippa, Pa. , 95, 178, 179
Allegheny County, Pa. , 179
Allegheny River, 177
Allswang, John, 185

American Academy of Political and Social Service, 214
American Chemical Society, 214 American Civil Liberties Union (ACLU), 119-120
American Federation of Labor (AFL), 40, 236
    Metal Trades Department of, 172
American Institute of Criminal Law and Criminology, 196
American League, 24
American Legion, 152, 214
American Liberty League, 248
American Medical Association, 19
American Society for the Study of Alcohol and Other Narcotics, 18-19
Amos, Clara, 85-86
Amos, Edward, 85-86
Amsterdam News, 91
Anaheim, Calif., 134, 139
Anderson, H. M., 173
Anderson, William W., 150
Andres, Eula, 83
Angle, Paul, 287n
Anslinger, Harry, 215, 216, 217-219
Anti-Prohibition League, 39-40
Anti-Saloon League (ASL), xviii, 10-11, 21, 24, 29, 33, 35, 42, 44, 62, 64, 72, 75, 123, 124, 125, 133, 134, 146, 159, 172, 174, 175, 213, 235, 238, 282n
    as citizen enforcers, 129-131, 132
    educational work emphasized by, 129
    evangelical Protestants in, 129
    Executive Committee of, 3, 23-24
    Klan and, 139-141
    law enforcement and, 130
    vigilantism disavowed by, 130-131
anti-Semitism, 133, 135, 136-137
Arkansas, 87, 95-96, 98, 169, 194
    Prohibition laws in, 70-71

Armitage, Victor, 149
Armor, Mary Harris, 3
Armstrong, Lil Hardin, 111
Armstrong, Louis, 115
Arthur, Timothy Shay, 7
Asheville, N. C., 173
Association Against the Prohibition Amendment (AAPA), 61, 73, 84, 101, 154, 170, 172, 188, 233, 237, 246, 248
Association for Local Self-Government, 73
Athens, Ga., 134
"athletic clubs," saloons replaced by, 48, 50
Atlanta, Ga., 36, 133, 201
Atlantic Cabaret, 108
Atlantic City, N. J., 110
Atlantic Monthly, 32
Auburn prison, 202
Australia, liquor-control laws in, 30, 32
automobiles, crime and, 193-194
Ayabe, Masatomo, 287n

B

Back of the Yards (Chicago), 42, 43, 60
Bahamas, 217
Baker, Newton D., 240
Baker, Purley, 124
Baldwin, Roger, 119, 281n
Balkan immigrants, 177
Baltimore, Md., 8, 175
    anti-Prohibition protest in, 39-40
bank robberies, 193-194
Baptists, 10, 140, 141, 142, 173
Barhamsville, Va., 80
Barnes, Harry Elmer, 193
Barton, Arthur J., 173
Bates, Sanford, 203, 224-225
Baumes Law, 197 Beck, James M., 193
beer, 40
    homebrew, 51-52, 56, 95
    increased consumption of, 14

索引　337

postrepeal consumption of, 249
price of, 50, 272n
see also alcohol; drinking
"beer bill," xiii-xiv
Beer Wars, 57, 194
Belgium, 32
Benton, Ill., 149, 151
Berger, Victor, 16
Berkeley, Calif., 92
Best, L. R., 106
Bible, 129
Bill of Rights, 119
"Birds-in-Hand," 14
Birger, Charles, 145, 149
Birmingham, Ala., 134, 135
Birth of a Nation (film), 133
"black and tans" (integrated nightclubs), 110, 111
Blackwell's Island prison, 203
blind pigs, 52, 53, 85, 98
Bloody Williamson (Angle), 287n
Bloomfield (Pittsburgh), 244
blue laws, immigrant opposition to, 43
Blue Ridge mountains, 77
Blumstein, Alfred, 298n
Board of Elections (New York), 186
Board of Temperance, Prohibition and Public Morals, 102
Bohemia, 62
Bohemian immigrants, 14, 42, 50
Bohemian Ladies Union, 64
Bonus Expeditionary Force, 236
Boole, Ella, 15
bootleg liquor:
　cost of, 103
　industrial alcohol used in, 58-59
　wood-alcohol and other toxins in, 59-60, 91, 182
　see also moonshine
bootleg liquor industry, xix, 49

citizen raids on, 122
federal raids on, 107
hotels and restaurants supplied by, 105-106
organized crime control of, 53-54, 99, 113, 165, 196
police protection of, 53-54, 55-56, 94, 96-97, 106-107, 165-166, 196
political corruption and, 94
small-vs. large-scale operations in, 53-54, 72
in Williamson County, 144-145, 149
women in, 96-99, 273n
Border Patrol, 123, 141, 208-209, 211, 221, 299n
Boston, Mass., 14, 19, 35, 40, 41, 47, 105, 161, 162, 175, 177, 195, 196-197, 242
anti-Prohibition protest in, 39
party politics in, 185-186
South End Settlement House in, 25
Boston Associated Charities, 19
Boston Crime Survey, 198
Boston Daily Globe, 39
bourgeois social norms, rebellion against, 104
Bowling, Bradley, 69, 71
Braidwood, Ill., 2
Brandeis, Louis, 206, 222
Brent, Charles, 214
breweries:
　anti-German sentiment and, 33-34
　attacks on, 25
Bridgeport, Conn., 58
Brooklyn, N. Y., 67, 105-106
Brown, Ames, 29
Brown, E. E., 151
Bruce, William, 247
Bryan, William Jennings, 28-29, 120, 161, 162, 168, 174
Buckingham (hotel), 105

Buckner, Emory, 107
buffet flats, 111
Bureau of Identification, 199
Bureau of Investigation, 69, 200-201, 208, 210, 220
　　see also Federal Bureau of Investigation (FBI)
Burgess, E. W. , 196
Burner, David, 294n
Butler, Nicholas Murray, 232
Butte, Mont. , 96, 97

C

Cabell, Royal E. , 73
California, 92, 180, 197, 202, 203, 204, 218, 242, 298n, 301n
Cambridge, Mass. , 26, 27
Canada, 208, 217
Cannon, James, Jr. , 73-74, 75, 84, 173, 235
capitalism:
　　anxiety over, xvii, 7
　　consumer, 116
　　temperance movement and, 29-30
Capone, Alphonsus "Al," xvi, 54, 56-57, 100, 127, 165, 200, 203, 210, 220
Carbondale, Ill. , 122, 149
Caribbean, 96
Carlisle experiment, 32
Carnegie Institute of Technology, 116
Carnegie Music Hall, 179
Carter, Jeanette, 182
Carterville, Ill. , 146, 147, 151
Catholics, Catholicism, xix-xx, 14, 15, 45, 137, 139, 145-46, 148, 163, 165, 170, 171, 177, 178
　　as Klan targets, 133, 135, 136, 137, 138
　　and 1932 election, 244
　　prejudice against, 168-169, 173
　　as targets of citizen enforcers, 122, 142, 148, 168-169

WCTU campaign against, 129
Census Bureau, U. S. , 200, 203, 298n
Central Control Board, 32
Centralia, Ill. , 243
Central Labor Union, 39
Central Park (New York), xv
Centre de l'Association Internationale de Défense Contre les Stupéfeciants, Le, 216
Cermak, Anton, 62-63, 164-165, 167, 176, 181, 185, 236, 291n
　　Prohibition opposed by, 57, 63-64
Charles River, 39
Charlestown, Mass. , 27
Chase, A. S. , 82, 87, 277n
Chautauqua movement, 13
Chavis, Willie, 86
Cherrington, Ernest, 21, 129
Chicago, Ill. , xvi, xvii, xviii, xx, 20, 25, 49, 50, 51, 52, 62-65, 71, 80, 93, 94, 98, 111, 112, 115-16, 120, 128, 134, 142, 143, 146, 149, 159, 161-162, 168, 171, 175-177, 184-185, 186, 189, 196-197, 200, 206, 236, 240, 243, 244, 252, 270n, 272n, 273n
　　anti-Prohibition fight in, 41-45
　　Back of the Yards in, 42, 43, 60
　　beer wars in, 57
　　bootleg industry in, 53-58
　　Central District of, 48
　　City Council of, 63
　　immigrant population of, 14, 41-45
　　labor unions in, 44
　　murder rate in, 194
　　party politics in, 164-167
　　political corruption in, 54-55
　　poor communities in, 56-57
　　prosecutions in, 194-195
　　Whiskey Row in, 42, 48
　　Workingmen's Exchange in, 46-47
Chicago, Ill. , South Side of, 56, 181,

索引 339

182, 281n
crime and violence in, 113, 114–115
drug trade in, 114–115
nightlife in, 110
Chicago, University of, School of Social Service Administration, 225
Chicago Commons Settlement House, 49, 51, 53, 55, 57–58, 60–61
Chicago Daily Tribune, 43
Chicago Danish Times, 61
Chicago Defender, 181
Chicago Federation of Labor, 43
Chicago History Museum, 287n
Chicago Tribune, 55, 181
Chillicothe, Ill., 203
Chinese Americans, 13
 as targets of war on narcotics, 253
Chinese Exclusion Act (1882), 13
Christian, George L., 73
Christian Right, *see* religious right
Christian Scientists, 10
Chrysler, Walter, 172
Church, Samuel Harden, 116
Cicero, Ill., 56, 165, 220
Cincinnati, Ohio, 132, 157, 177, 236
cities:
 crime rates in, 194–195
 Depression and, 236
 immigrant populations of, 41, 167
 party politics in, 16–17, 167, 174–178
 temperance movement's lack of success in, 21–22
civil liberties, *see* constitutional rights
Civil War, U. S., xxi, 3, 8, 13, 23, 161
Clark, J. H., 133, 138
Clarke, Edward Young, 133, 146
class, *see* social class; working class
class warfare, 144
Clayton Act (1913), 22
Cleveland, Ohio, 9, 112, 184, 196–197

Cleveland Plain Dealer, 132
clientelism, 16–17, 45, 46, 63, 161, 177
clothing, Prohibition-era revolution in, 116
coal miners, in Williamson County, 288n *as largely Protestant*, 142–143
 strikebreakers and, 143
 in war with Southern Illinois Coal Company, 143–144
Coast Guard, U. S., 69, 123, 141, 275n
cocaine, 18, 213, 218
Cohen, Lizabeth, 270n, 290n
Cold War, 219
college students, drinking by, 109, 116–117
Colonel Mayfield Weekly, 137
Colorado, 135, 137, 138, 139
 Prohibition laws in, 71
Colosimo, Giacomo "Big Jim," 54
Columbia Broadcasting System, 115
Columbia University, 198, 232
Columbus, Ohio, 195
Committee of Fifty on the Investigation of the Liquor Problem, 30
Committee of Fourteen, 15, 49, 106, 110, 117–118, 120, 282n
Committee on Social Service of the Southern Baptist Convention, 173
Communism, Communists, 178, 219, 236
Comstock Law (1873), 118
Congress, U. S., xiii, xiv, 3, 4, 5, 16, 19, 35, 40, 44, 70, 98, 100, 151, 163, 170, 190, 197, 202–203, 212, 226, 246
 court reform and, 205
 disproportionately rural makeup of, 21–22, 31, 66
 and expansion of federal power, 207–208
 and war on crime, 210–211, 219
 and war on narcotics, 213, 216–217
Congress of Industrial Organizations (CIO), 185
Connecticut, 35

Connie's (nightclub), 110-111
Constitution, U. S. , 24, 137, 158, 174, 175, 182, 233, 238, 246
  double jeopardy protections in, 70, 207
constitutional activism, 23
constitutional rights:
  citizen enforcers' violation of, 141-142, 154
  moral reform vs. , 118-200
  Prohibition and, 88, 206-207
consumer capitalism, 116
Cook County, Ill. , 55, 57, 64, 127, 164-165, 194
Cook County Board of Commissioners, 64
Coolidge, Calvin, 169, 191, 198
Cooper, Charles, 48
corruption, see political corruption
Cotton Club, 71, 110-111, 115
courts, federal, 205-206
Cox, James, 162
crime:
  African-Americans and, 226-227
  causes of, 223, 226-227
  cost of, 225
  drinking as cause of, 12-13
  drug addicts and, 214, 215
  immigrants and, 225
  increase in, Prohibition and, 194, 195, 196
  national statistics on, 200-201
  newspapers' exploitive reporting on, 194
  organized, see organized crime
  Prohibition and, 195-196
  public anxiety about, xxi-xxii, 191, 193-194, 209
  studies on, 196-197, 198, 221, 250
  "tough on crime" laws and, 197
  unemployment and, 226, 227, 229
  violent, 194-195
crime, federal war on, xxi-xxii, 190-229, 238-239
  New Deal and, 219-200

postrepeal, 249-250
Crime and the Foreign Born (Wickersham Commission) , 58, 225
Croatian Americans, 177, 179, 244
Crusaders, 237
Crute, James T. , 79-80, 82, 87
Cuba, 4, 217
Cuernavaca, 252, 254
Cummings, Homer, 215, 216, 218, 219, 220
Customs Bureau, U. S. , 69, 123
Czech Americans, 42, 62-65, 162, 163, 165, 167, 184, 291*n*

D

Dade County, Wis. , 135
Daggett, Aaron S. , 3
Dallas, Tex. , 137
Daniels, Josephus, 33
Dannemora prison, 202
Darrow, Clarence, 91, 119, 140-141, 154, 165
Darwin, Charles, 20
Daugherty, Harry, 157
Davenport, Etta, 86
Davis, E. W. , 20-21
Davis, John W. , 169, 183
Dawn, The, 137
Deach, Inez, 128
Dean Act (1919), 71, 99-100
Dearborn Independent, 137
Declaration of Independence, 182
degeneracy, drinking and, 20-21
Delaware Moral Society, 6
Delmonico's restaurant, 105
Democratic National Committee, 64, 171, 173, 175, 240
Democratic National Convention: of 1924, 168-169
  of 1928, 169, 181
  of 1932, 231-232, 240-243, 245
Democratic Party, Democrats, xx, 15, 16,

47, 63, 65, 66, 102, 157, 158, 159,
  167, 169, 171, 172, 173, 176 – 177,
  178–188,189,233,238,239
African-Americans and,180–181,184,294n
capitalist support for,160
German Americans in,184–185
immigrants and, 163, 164, 179 – 180,
  234,244–246,291n,295n
Irish Americans in,161–162
in 1928 election, 163, 174 – 176, 178,
  184–187,294n
in 1932 election,163,188,235,245
Prohibition repeal and,231–232,240–244
working class support for,160–161,187–
  188,244–245,290n
Deneen,Charles,55
Dennett,Mary Ware,118
Denver,Colo. ,122,134,135
deportation laws,223
Depression,Great,see Great Depression
Detroit,Mich. ,50,100,112
Detroit River,99,210
Dever,William,57,93,98,165–166
Dial,Nathaniel B. ,169
Dickerson orchestra,115
Dillinger,John,220
Disciples of Christ,10,141
Dobson,Frank,77–78
Doerfler,John,16
Doerfler's Saloon,14,16
Dow,Neal,8
drag shows,109–110
drinking:
  by African-Americans,17–18
  in American culture,6–7
  as cause of crime,12–13
  as central to immigrant cultures,42,45–
    46,62,146
  closing of "respectable" venues for,104–
    105,106

by college students,109,116–117
decline in,50–51
domestic violence and,10
in European culture,6–7
in hotels and restaurants,105–106
by Klan members,137–138
postrepeal patterns of,249
poverty and,12–13,28,202
public,47–48
racism and,18
as supposed cause of social ills,12–13
women and,107–109
see also alcohol; beer; liquor; nightlife;
  saloons
drugs,see narcotics
drug stores,alcoholic medicines and tonics sold
  by,51
drug trade,4–5,114,195,201
in Harlem,114–115
modern war on,see war on drugs
Prohibition-era war on,see narcotics,federal
  war on
dual sovereignty,207
Dubois,W. E. B. ,113
du Pont,Alfred I. ,215
du Pont,Irénée,170,215
du Pont,Pierre,170,237
Dyer Act (1919),195

E

Eastern Penitentiary,202
East Los Angeles,Calif. ,92,252
economic security:
  working class and,188
  see also unemployment
Economy Act (1933),xiii
Eighteenth Amendment,see Prohibition
Einstein,Isidor,67–68,71
elections,U. S. :
  of 1920,184

of 1924, 169
of 1928, 102, 157, 158, 163, 167, 169 –
  188, 189, 233 – 234, 240, 244, 245 –
  246, 291n, 294n
of 1930, 185
of 1932, 102, 163, 185, 188, 234, 235,
  240, 243–245
of 1936, 102, 179
Eli Lilly Company, 215
Eliot, Charles, 25
Elk County, Pa., 185
Ellington, Duke, 115
Ellis Island, 94
El Paso, Tex., 203, 209
El Reno, Okla., 203
Emergency Banking Act (1933), xiii
Emmons, Hugh Pat, 140
Enforcement Acts, 191
Enforcement League, 146
England, 6, 26, 32
English Royal Commission, 222
entrapment, 206
Episcopalians, 10
Equal Suffrage League, 27
Erie, Pa., 232, 234
Esposito, "Diamond Joe," 55
Essex, N. J., 41
ethnicity:
  Prohibition and, xvi–xix, xx, 92–94
  temperance movement and, 14, 15
  see also immigrants; *specific ethnic groups*
Europe, 32, 231
  alcohol consumption in, 6–7, 14
evangelical Protestants, xvii – xviii, 29, 37,
  72, 140, 142, 153
  Klan and, 135–136
  temperance movement and, 7, 31, 129

F

Faggen, Jae, 111

Falcon society, 58
Farlan, Kate, 97
Fatzer, Mary, 97
Faulkner, Arthur, 82
Fayetteville, Ind., 122
Federal Alcohol Control Administration, 248
Federal Board of Parole, 205
Federal Bureau of Investigation (FBI), xxi,
  xxii, 69, 201, 203, 208, 275n
  and penal reform, 209
  professionalism of, 209–210
  public relations campaign for, 220–221
Federal Bureau of Narcotics, 211, 215, 216,
  217, 218, 219, 301n
Federal Bureau of Prisons, 204, 224
  annual reports of, 203–204
  establishment of, 203
Federal Council of Churches, 58
federal government:
  expanded powers of, 207–208, 228–229,
    237, 246–248
  regulation by, 61–62, 247–248
  social reform role of, 191–192
  surveillance powers of, 69, 104, 109, 199–
    200, 207, 221, 222, 253
  in war on narcotics, *see* narcotics, federal
    war on; war on drugs
  see also crime, federal war on; penal system, federal; *specific agencies*
Federal Industrial Institution for Women, 203
Federal Narcotics Control Board, 213
Federal Prohibition Bureau, *see*
  Prohibition Bureau
Federal Reserve Board, 22
Federal Trade Commission, xv, 22, 61
Federated Unions of Bohemian Catholic
  women, 64
Ferris, Scott, 174, 186
Fiery Cross, The, 136, 139
Fifteenth Amendment, 181

索引 343

Fifth Amendment, 119
Finland, anti-liquor laws in, 30
Finville, Vaughn, 83
First Baptist Church, Herrin, Ill. , 152
First Baptist Church, Marion, Ill. , 146
First Christian Church, Marion, Ill. , 147
First Methodist Church, Marion, Ill. , 146
Fisher, Irving, 25
Fitzgerald, F. Scott, 115, 116
Flint, Mich. , 36, 126, 127
Fontana, Rose, 97
Food and Drug Administration, 22, 61
Forbes Field, 245
Ford, Henry, 29, 137
Forrester, James, 100-102
Fort Leavenworth, Kans. , 201, 202, 203
Foster, Ann, 96
Fourth Amendment, 88, 119, 181, 206
France, 151, 217
   liquor-control laws in, 32
Frankfurter, Felix, 119, 125, 192, 198, 222-223, 227, 228, 232
Franklin County, Va. , 77, 87, 145
free speech, 119
Fremont, Colo. , 134
French Americans, 151
French-Canadians, 186
Frey, John P. , 172

G

Gale, Moe, 111
Gallagher, Nora, 96
gambling, 54, 113, 196
gangster films, 194
Garner, John Nance, 240, 242, 243, 244
Garvey, Marcus, 183
gender norms, Prohibition and, xx, 109-110
General Electric, Hawthorne Works, 50
General Federation of Women's Clubs of Chicago, 30

General Motors, 160
Geneva, 216
Georgia, 3, 17, 18, 21, 70, 202, 253, 279n
German-American Alliance, 34
German Americans, 33-34, 42, 163
   in move to Democratic Party, 184-185
   in Republican Party, 161-162
Germany, 6, 13, 14, 33, 34
Gerry, Peter G. , 174
Glotfelty, Philip R. , 121, 146, 147, 148
Gloucester, Va. , 80, 82
Goff, Reverend, 146
Gompers, Samuel, 40, 41
Goodman, Benny, 111
Gordon, Anna, 126, 128
Great Britain, 14, 217, 271n liquor-control laws in, 32
Great Depression, xiv, xv, xx, 161, 187, 218, 219, 231, 232, 239, 240, 246, 250, 290n
   federal regulation and, 247
   Hoover and, 245
   Prohibition repeal and, 233, 236
   unemployment and, 236
Great Gatsby, The (Fitzgerald), 116
Great Migration, 111-112
Greek Americans, 14, 42, 179
Griffith, D. W. , 133
Grisoli, Frank, 105-106
Gross, Louise, 232-33, 254
Guffey, Joseph, 180, 240
Guffey-Miller, Emma, 174
Guinan, Texas, 96

H

Hague, The, 214
Hall, Winfield S. , 19
Hamilton, Wilbur, 75-76
Hanson, J. J. , 80
Harding, Warren, 125, 135, 144, 162, 208

Harlem, N. Y., 106, 110–115, 183
Harlem Renaissance, 112–113
Harrison Narcotics Act (1914), 22, 98, 212, 213
Harvard College, 26
Harvard Law School, Boston Crime Survey of, 198
Harvard University, 25, 125, 198, 232
"Have Our Prisons Failed Us?" (Bates), 224–225
Hawthorne Works (General Electric), 50
Haynes, Roy A., 121, 123–24, 148, 149
Hazard, Ky., 68–69, 78
Hearst, William Randolph, 234
Henry Street Settlement House, 47
Hepburn Act (1913), 22
Hernández, Manuel, 93
heroin, 213, 218
Herrin, Ill., xvii, 142, 143–146, 157
  cleanup campaign in, 145–154, 287n
  Italian Americans in, 145–146, 149–151
  massacre in, 143–144, 148
  Prohibition and, 144
Herrin Annex Theater, 153
Highway Commission, Virginia, 79
Hillsboro, Ohio, 123, 125
Hitchcock, Gilbert M., 231–232
Hobson, Richmond P., 4, 13, 17, 19, 20, 24, 25, 31, 43–44, 90, 213–215, 216, 217–219, 251, 300n
"Hobson resolution," 31
Hoffman drops, 51
Hofstadter, Richard, xv–xvi
Holland House (hotel), 105
homebrew, 51–52, 56, 95
Home to Harlem (McKay), 113
Hood, Helen, 128
Hoover, Herbert, xxi–xxii, 77, 88, 91, 100, 127, 171, 174, 176, 179, 183, 185, 209, 215, 216, 217, 218, 219, 224, 234, 235, 238–240, 243, 247, 299n, 302n
  administration, 225, 228, 264n
Hoover, Herbert (*continued*)
  as commerce secretary, 190
  Depression and, 245
  inauguration of, 189–190
  in 1928 election, 158, 187–88, 189, 245
  in 1932 election, 245
  penal system reform by, 190, 192, 198–199, 202–203, 205, 210–211, 222
  as progressive, 190, 191
  Prohibition enforcement and, 188, 190, 235, 245
  on Prohibition violations as part of larger crime problem, 192–193
  in war on crime, *see* crime, federal war on
  Wickersham Commission and, 222, 223, 226, 235
Hoover, J. Edgar, xxii, 69, 208, 209–210
Hoover Dam, 239
Horse Thief Detective Association, 138, 140, 286n
Horse Thieves Act, 138
hotels, bootleg liquor in, 105
House of Representatives, U. S., xiii, 31, 34, 36
Houston, Tex., 169, 181
Huerta, Guadalupe, 93
Hughes, Langston, 112
Hunt, Mary, 19
Hurst, John, 180

I

Iacobucci, Bert, 94, 95
Iceland, anti-liquor laws in, 30
Ickes, Harold, 163, 248, 290n
Illinois, xx, 50, 63, 64, 93, 127, 137, 144, 145, 148, 149, 150, 151, 162, 175, 180, 195, 204, 246, 298n
  Klan in, 146–147, 288n

Little Egypt in, 142
Illinois Anti-Saloon League, 21
Illinois Crime Survey, 196
Illinois National Guard, 151-152
immigrants, 14, 42, 65, 71, 179
   Americanization of, 41
   anti-Prohibition protests and, 41
   anxiety over, xvii, xix
   class consciousness of, 177
   crime and, 225
   Democratic Party and, 163, 164, 179-180, 234, 244-246, 291n, 295n
   drinking as central to culture of, 42, 45-46, 62, 146
   as Klan targets, 133, 135, 136, 138
   newspapers of, 164, 175-176
   in 1928 election, 159, 163
   in 1932 election, 234
   party politics and, 41, 45, 161-162, 167
   prejudice against, 28, 31, 33-34, 58
   Prohibition opposed by, 163-164, 187-188
   Prohibition repeal and, 234, 242-243
   as Prohibition targets, 41, 163-164
   as targets of citizen enforcers, 122, 132, 142, 148, 149-151, 154-155
   WCTU campaign against, 128-129
   see also specific ethnic groups
Immigration and Naturalization Service, 223
income tax, 23-24
Indiana, 100, 128, 135, 136, 138, 139, 140, 142, 194, 204
   Prohibition laws in, 71, 99
Indianapolis, Ind., 138
industrialization, social upheaval caused by, 12-13
Inglewood, Calif., 135
Internal Revenue, 73
International Association of Police Chiefs, 199, 200
International Narcotics Education Association (INEA), 213-214, 215
Interstate Commerce Commission, 22
Ireland, 13
Irish Americans, 27, 42, 167, 185
   in Democratic Party, 161-162
Irish American Society of Cook County, 64, 291n
Italian Americans, 14, 42, 135, 145-146, 149-151, 162, 179, 184, 185, 186, 244, 288n
Italian Democratic Committee, 244

J

Jackson City, Oreg., 134
Jake ginger, 59
"Jake Leg Blues" (song), 59
Jake's (roadhouse), 121, 151
"Jake Walk Papa" (song), 59
Jaynes, C. O., 246
jazz, jazz clubs, 111-112
Jazz Age, xvi
Jewish Americans, 14
   see also anti-Semitism
job creation, 226
Johnson City, Ill., 150
Jones Act (1929), 100, 197, 234
Jones & Laughlin, 94, 95, 177, 178
Jones-Miller Act (1922), 213
Jordan, James, 87
Justice Department, U. S., 203

K

Kansas, 148, 149, 180, 194
Kearney, John J., 39
Kenna, Mike, 46-47, 54
Kennedy, David, 264n
Kentucky, 35, 87, 142, 187, 204, 298n
Kingsley Settlement House, 48
Knickerbocker (hotel), 105
Knights of Labor, 8-9
Knights of the Flaming Circle, 151, 152

Knopf, Alfred and Blanche, 112
Kramer, John, 69
Krock, Arthur, 168
Ku Klux Klan, xx, 87, 122, 132–142, 145, 154, 168, 174, 181, 182, 191, 286n, 288n
  anti-Catholicism of, 133, 135, 136, 137, 138
  anti-Semitism of, 133, 135, 136–137
  as citizen enforcers, 132 – 142, 146 – 153, 287n
  drinking by, 137–138
  erosion of support for, 142
  growing opposition to, 151–152
  in Herrin cleanup campaign, 146–153, 287n
  immigrants targeted by, 133, 135, 136, 138
  law enforcement relations with, 134–135
  membership of, 133
  political activism of, 139, 152
  Prohibition and, xx
  Protestants and, 132, 135 – 138, 147 – 148, 287n
  religious modernists as targets of, 141
  in southern Illinois, 146–453, 288n
  vigilantism of, 134, 138–139
  white supremacist agenda of, 132 – 133, 135

L

Labbe, E. J., 89
Labor Department, U. S., 302n
labor rights, 188
labor strife, xix–xx, 143–144
labor unions, 133
  anti-Prohibition protests and, 40
Lackawanna, Pa., 185
La Fey, 109
La Follette, Robert, Jr., 163
La Follette, Robert, Sr., 160, 163
La Grande, Oreg., 135, 137
Laidlaw, Harriet Burton, 27

Laird, Reverend, 147
Landesco, John, 196, 299n
Larsen, Nella, 112
Latin America, 16, 254
Latinos, 80, 100
Laventia, Hattie, 85
law enforcement:
  abuses by, 223–224
law enforcement (*continued*)
  bootleggers protected by, 53–54, 55–56, 94, 96–97, 106–107, 165–166, 196
  citizen enforcers and, 122–155
  crime statistics as reported by, 200–201
  Klan's relationship with, 134–135
  monetary incentives in, 85–86, 91, 92
  professionalizing of, 249–250
  use of physical force by, 223, 224
  wiretapping by, 199–200
Law Enforcement League, 148
Lawndale (Chicago neighborhood), 63
Lawrence, David, 179–180, 244–245, 293n
Layman's Act (1925), 99
League of Nations, 162
  in war on narcotics, 215–216
Leavitt Street Church, Flint, Mich., 36
Lemann, Monte, 226
Lester, William J., 143
Lever Food and Fuel Control Act (1917), 34
Lewisberg, Pa., 203
Leyvas, Leandro, 93
li berals, constitutional rights and, 118–119
Liberia, 183
Liberty (Pittsburgh), 244
Lightfoot, E. M., 140
Lilly, Josiah, 214–215
Lima, 252, 254
Lindbergh case, 210
Lindy Hop, 111
Lion's Club, 136, 152
liquor:

cost of, 50, 51
home-distilled, see moonshine
postrepeal regulation of, 247-249
taxes on, 23-24
see also alcohol; bootleg liquor; drinking
liquor industry, 11, 12
women's suffrage opposed by, 27
see also bootleg liquor industry
Little Egypt, 142
Little Pilsen, Ill., 57
Loeffler, J. F., 149
Loesch, Frank, 210
Loloy's, 108
London, 26
Los Angeles, Calif., 36, 92, 197, 252
Los Angeles Police Department, 92
Louisville, Ky., 36
Lowenthal, Max, 200
Lutherans, 10, 163
Luzerne County, Pa., 185
Lyerla, Reverend, 147
lynchings, 75, 88, 227
Lythgoe, Gertrude, 96

M

Mackay, Ellin, 103
Mackintosh, Kenneth, 232
Madison, Wis., 135
Magnolia Grove, Ala., 5
Mahoning County, Ohio, 131
Maine, 8
Manhattan Hotel, 105
Mapp Act (1916), 72, 73
marijuana, 218-219
Marijuana Tax Act (1937), 219
Marion, Ill., 121, 142, 146, 147
Marion Courthouse, 148
Marion Law Enforcement League, 122, 145, 147
Marone, James, 263n
Maryland, 70, 247

Massachusetts, 27, 30, 35, 39, 186, 226, 234
Prohibition laws in, 70
Massachusetts Anti-Saloon League, 28, 159
Massachusetts Women's Suffrage Association, 27
Mather, Cotton, 6
McAdoo, William Gibbs, 168, 242
McClure's, 25, 193
McCoy, James, 86
McDowell, Mary, 47
McGurn, "Machine Gun" Jack, 189
McKay, Claude, 113
McLennan, Rebecca, 264n
McNeil Island prison, 201-202
Meat Inspection Act (1906), 22
Medellín, 252
Meeker, John, 153
Mellon, Andrew, 210
Mencken, H. L., 119, 238
mental illness, drinking and, 20
Merriam, Charles, 41-42
Merrimac, USS (collier), 4
methanol (wood alcohol), 59-60, 91
Methodist Board of Temperance, Prohibition and Public Morals, 168-169
Methodist Church Conference, Virginia, 72
Methodist Church South, 76
Methodist Episcopal Council, 173
Methodists, 10, 30, 72, 73, 75, 80, 121, 133, 134, 141, 142, 147, 158, 173
Mexican Americans, 71, 92, 93, 135, 209, 223
Depression-era hostility toward, 218
Prohibition enforcement and, 92-93
as targets of war on narcotics, 253
Mexico, 92, 93, 208, 254
Michigan, Prohibition laws in, 99
middle class, temperance movement and, 6, 9
Mike's Speakeasy, 108
Milan, Mich., 203

Milwaukee, Wis., 14, 15-16, 177
Ministerial Association of Williamson County, 144-145, 147
Minnesota, 36
minorities:
  as targets of citizen enforcers, 142, 154-155
  as targets of war on drugs, 252-253
  see also specific minorities
Mississippi, 35, 249, 298*n*
  Prohibition laws in, 71, 75
Missouri, 142, 180, 194, 197
Missouri Crime Survey, 196
Mistich, Pauline, 96, 97
Mitchell, John, 90-91
Mitchell, William, 210
Moitra, Soumyo, 298*n*
Moley, Raymond, 198, 206
Monongahela River, 177
Montana, 169
Montgomery, Ala., 81-82
Montini, Ormond, 94-95, 178-179
Moody, Dan, 280*n*
moonshine, moonshiners, 51 - 53, 56, 57, 59-60
  citizen raids on, 122
  price of, 272*n*
  in Virginia, 77-83
  see also bootleg liquor
Moore, Joel E., 201
Moore, Leonard, 286*n*
moral crusades:
  constitutional rights vs., 118-120
  Prohibition as, xv, xvii-xviii, 5, 73, 75, 117, 118
  temperance movement as, 7, 10, 19, 31, 37
Morgan, Joe (char.), 7-8
Moseley, Robert, 85
Moskowitz, Belle, 167
Moskowitz & Lupowitz, 106

movies, gangster films in, 194
Mullan-Gage Act (New York), 167
Murray, Mrs. Michael, 96
Muselin, Peter, 178
Musgrove, J. L., 140

N

narcotics, 114, 126
  alcohol as, 18-19
  crime linked to use of, 214, 215
  criminalization of, 212
narcotics, federal war on, xxii, 211 - 219, 221, 238-239
  Anslinger and, 217-219
  Congress and, 213
  Hobson and, 213-215, 216, 217
narcotics, federal war on (continued)
  international agreements and, 211 - 212, 214-216
  minorities as targets of, 253
  postrepeal, 250
  Prohibition enforcement and, 211
  Prohibition Unit and, 213
  see also war on drugs
Nashville, Tenn., 134-135
Nashville Banner, 24
Nation, Carrie, 128
National American Woman Suffrage Association (NAWSA), 27
National Association for the Advancement of Colored People (NAACP), 91, 180
National Commission on Law Observance and Enforcement, *see* Wickersham Commission
National Conference of Charities and Corrections, 20
National Conference of Commissioners on Uniform Laws, 217
National Federation of Settlements, 124
National Firearms Act (1934), 220

National Guard, U. S. , 150
nationalism, white Protestant, xx, 124, 135-136, 153
National Organization of Social Workers, 124
National Prohibition Enforcement Manual, 130
National Recovery Administration, Supreme Court's voiding of, 248
National Rifle Association (NRA), 220
National Women's Republican Study Club, 182
Nava, Antonio, 93
Nebraska, 35, 163, 231
Negro-Republican Al Smith Club, 181
Negro World, 183
neoconservatism, judicial, 207
Newark, N. J. , 41
New Deal, xiii, xiv-xv, xvii, xxi-xxii, 102, 179, 186, 187-88, 191, 192, 197, 198, 199, 202, 207, 221, 223, 225, 226, 234, 239, 243, 244, 246, 247-48, 255, 264n, 291n, 295n
  and federal war on crime, 219-220
  Wickersham Commission and, 228-229
New England, 26, 186
New Jersey, 49, 50, 100, 180
New Jersey Colored Republican State Committee, 180
New Negro Renaissance, 112
New Orleans, La. , 96-98, 203, 278n
Newport News, Va. , 86, 87, 278n-79n *New Republic*, 166, 302n
newspapers, exploitive crime reporting in, 194
New York, N. Y. , xv, xvii, xx, 36, 41, 46, 59, 71, 93-94, 96, 113-116, 119, 161, 162, 167, 168, 175, 177, 183, 184, 186, 196-197, 200, 211, 212, 215, 294n
  Committee of Fourteen in, 15, 49, 106, 110, 117-118, 120, 282n
  immigrants in, 14
  murder rate in, 194

nightlife in, xix, 103-113
  Prohibition enforcement in, 67-68
  speakeasies in, 106-107
New Yorker, The 103
New York State, 49, 99, 102, 158, 159, 166, 167, 171, 197, 202, 226
  Crime Commission of, 197
New York State League of Women Voters, 27
New York State Woman Suffrage Association, 27
New York Times, 32, 154, 180, 193-194, 196, 227-228
New Zealand, liquor-control laws in, 30
Nice, W. G. , 32
Nick's restaurant, 106
Nigger Heaven (Van Vechten), 113
nightlife, 103-117
  criminal control of, 104, 109, 110-111
  postrepeal regulation of, 249
  Prohibition and, xix
  segregation and, 111
  sexual permissiveness and, 109-110
  speakeasies and, *see* speakeasies
Niles, Ohio, 135
Nixon, Richard, 251
No-license League, 32
Norfolk, Va. , 36
Norfolk County, Va. , 82
Normandie (hotel), 105
Normeley, John, 83
Norris, Frank, 163
North Carolina, 21, 81, 142, 202
North College, Ohio, 132
North Dakota, 35
Northwestern University, 19
Norway, liquor-control laws in, 30
Novak, William J. , 264n
Nutt, Levi, 216

O

Oak Park-River Forest Union, 127

O'Banion, Dean, 54
Odd Fellows Hall (Carbondale, Ill.), 122, 149
O'Donnell, M. J., 39
Ogburn, William, 292n
Ohio, xvi, 34, 96, 117, 135, 158, 180, 204, 298n
  citizen enforcers in, 131-132
Ohio League, 285n
Ohio River, 177
Ohio State *Lantern*, 117
Oklahoma, 93, 174, 187, 194, 249
Oklahoma City, Okla., 93
Olmstead, Roy, 200
Olmstead v. United States, 200, 207
Open Door, 108
opium, 4, 213
Orange County, Calif., 133
Oregon, 135
  Prohibition laws in, 71
organized crime, 210, 223
  bootleg industry controlled by, 53-54, 99, 113, 165, 196
  gambling and, 54, 196
  growth of, 190
  nightlife controlled by, 104, 109, 110-111
  political corruption and, 54-55, 196
  political machines and, 47
  poor and, 56-58
  popular romance with, 194, 220-221
  prostitution and, 54, 196
Oursler, Fulton, 220
Ozarks, 87

P

Packingtown (Chicago), 45, 50, 52
Palmer, A. Mitchell, 34
Panama Canal, 36
Pankhurst, Emmeline, 26
Paris, 119

party politics:
  African-Americans and, 161
  in Boston, 185-186
  in Chicago, 164-167
  in cities, 16-17, 167, 174-178
  clientelism in, 16 - 17, 45, 46, 63, 161, 177
  immigrants and, 41, 45, 161-162, 167
  Prohibition and, xvii, xix, xx, 37, 157-188
  saloons and, 15-16
  similarity of Democratic and Republican platforms in, 162-163
patronage, 46
Peak, Thomas, 49
Penal Institutions, Probation and Parole (Wickersham Commission), 224
penal system, federal, xvii, xxi
  alternatives to incarceration in, 205
  court reform in, 205-206
  Hoover's reform of, 190, 192, 198 - 199, 202-203, 205, 210-211, 222
  as means of social control, 229
  progressive reforms of, 197-198
penal system, federal (*continued*) Wickersham Commission reports on, 222-229
  see also prisons, federal
Pennsylvania, 49, 100, 174, 180, 202, 205, 240, 243
Perkins, Frances, 167, 172
Peru, 252, 254
Peters, J. Sydney, 75-76
Philadelphia, Pa., 49, 112, 162, 177-178, 180, 186
Philippines, 4
Phoenix restaurant, 108
Picco, Giovanni, 149-150
Pilsen (Chicago neighborhood), 62
Pilsen Park, Ill., 65
Pinchot, Gifford, 49
"Pineapple Primary," 57

索引 351

Pittsburgh, Pa. , xx, 46, 48, 93, 112, 116,
  149, 157, 162, 183, 184, 185, 186, 236,
  244-245, 274n, 294n
  FDR's campaign trip to, 245
  immigrants in, 177
  party politics in, 177-180
  Polish Hill in, 159, 177, 244
  Prohibition enforcement in, 94-95
Pittsburgh Courier, 81, 88-89, 90, 180
Pittsburgh Post-Gazette, 179
Plantation Club, 71
plea bargaining, 206
Pleasants, Lucy, 85
pluralism, 118, 225
Plymouth, Mass. , 243
police, *see* law enforcement
Polish Americans, 14, 42, 43, 162, 177,
  184, 185, 244
Polish Fellowship League of Illinois, 64, 291n
political corruption, 46, 47, 94
  organized crime and, 54-55, 196
political machines, 15, 16-17, 47, 169
popular culture, Prohibition in, xvi, 194,
  220-221
Portland, Maine, 8
Portland, Oreg. , 89, 157
Portland (Oregon) Telegram, 24
Portsmouth, Va. , 82
Post, Robert, 207
Pound, Roscoe, 198, 222, 234, 235
poverty, the poor:
  disenfranchisement of, 31, 66, 73
  drinking and, 12-13, 20, 28
  organized crime and, 56-58
  Prohibition and, 60-61
  Prohibition enforcement and, xviii, xix,
    71, 73, 74, 86, 87, 90, 91, 98-99
  saloons and, 74-75
  in Williamson County, 142, 143
Powderly, Terence, 8-9

Presbyterian Church, Marion, Ill. , 146
Presbyterian Church in the U. S. A. , Moral
  Welfare Department, 173-174
Presbyterians, 10, 29
Prince, A. E. , 146
Prison Board (Virginia) , 79
*Prisoners in State and Federal Prisons and
  Reformatories*, 203-204
prisons, federal:
  African-Americans in, 297n
  Bates's reform of, 224-225
  drug offenders in, 201, 252, 297n
  expansion of, 202-203, 210, 221
  overcrowding of, 201-203, 234
  postrepeal population of, 204
  Prohibition violators in, 201, 297n
  riots in, 202
  Wickersham Commission critique of,
    224-225
  women's facilities in, 203
prisons, state, 277n
  drug offenders in, 201, 252
  overcrowding of, 202, 234
  postrepeal population of, 204
  Prohibition violators in, 202
  riots in, 202
privacy rights, Prohibition and, 89-90
Progressive Era, xxi, 16, 61, 191, 192, 221
Progressive Party, 162, 163, 214
  labor protection championed by, 160
Progressives, xvi, xviii, 118, 190, 191
  Al Smith as, 171-172
  in anti-saloon campaign, 16-17
  federal regulation as goal of, 22
  penal system reform and, 197-198
  social reform and, 16-17
  temperance movement and, 25
Prohibition:
  absolutism in, 36, 37, 120
  cultural rebellion against, 103-120

historians' views of, xv-xvi, xxi, 250
lasting effects of, xvi, xxi
national preoccupation with, 231-233
in 1913 Washington march, 3-4, 5-6
and 1928 election, 159
in popular culture, xvi, 194, 220-221
Progressives and, 25
ratification of, 35, 39
state building and, xvi, xviii, xxi-xxii, 37, 191-92, 221, 228-29, 264n
unintended consequences of, 37, 81, 114, 117, 190
war on drugs compared to, 250, 251-255
Prohibition, citizen enforcers of, 121-155, 253
  Catholics targeted by, 122, 142, 148, 168-169
  constitutional rights violated by, 141-142, 154
  controversial actions of, 141-142, 233, 242
  immigrants targeted by, 122, 132, 142, 148, 149-151, 154-155
  Klan as, see Ku Klux Klan
  militant Protestants as, 124
  minorities targeted by, 122, 142, 154-155
  "new" women targeted by, 122
  Prohibition Bureau support for, 122, 124, 148-150
  in raids on Prohibition violators, 122, 131, 135, 138-139, 140, 149-151, 152
  religious modernists targeted by, 122
Prohibition, opposition to, xx, 25 – 26, 39 – 41, 60-61, 253
  African-Americans and, 90-91, 182
  Al Smith and, 166-170, 173, 176
  immigrants and, 163-164, 187-188
  working class and, xx, 39 – 40, 41, 101 – 102, 159, 172, 182, 187-188
Prohibition, repeal of, xiii-xiv, xxi, 231-255
  Al Smith 1928 campaign and, 233-234
  and controversial actions of enforcers, 233

Democrats and, 231-232, 243-244
Depression and, 233, 236
FDR and, 240, 241-243, 246
former supporters in call for, 234
immigrant voters and, 234, 242-243
pardons and, 298n
unemployment and, 236, 237, 243-244
Wickersham Commission and, 234-235
Prohibition Bureau, 69, 92, 208-210, 216, 217, 221, 223, 275n, 301n
  budget of, 208
  citizen enforcers supported by, 122, 124, 148-150
  see also Prohibition Unit
Prohibition enforcement, 67-102, 193
  African-Americans and, 71, 73, 74, 80-89, 97-98, 99-100, 182, 278n-279n, 280n
  cost of, 243
  crime rates and, 195-196
  double prosecution in, 70, 207
  ethnicity and, xviii-xix, 92-94; see also specific ethnic groups
  exemptions and loopholes in, 36, 40
  Hoover and, 188, 190, 192, 235, 245
  monetary incentives in, 85-86, 91, 92
  poor and working class, xviii, 71, 73, 74, 86, 87, 90, 91, 98-99, 100-102
  regional differences in, xvii, xviii
  selective nature of, xvi, xviii, xix, 71-72, 84, 85, 94, 100, 102, 251-252
Prohibition enforcement (continued)
  small- vs. large-scale violators in, 71-72, 94, 96-97, 98-99, 166
  state and local laws and, 70-71, 72, 99-100, 139
  use of deadly force in, 83-84
  in Virginia, 72-89
  and war on narcotics, 211
Prohibition Unit, 69, 123, 213
  Foreign Control Division of, 212

inefficiency and corruption in, 208-209
in war on narcotics, 213
see also Prohibition Bureau
prostitution, 54, 107, 113, 196
Protestants, Protestantism, xvi, 5, 12, 13,
  16, 26, 30, 41, 43-44, 45, 65, 66, 72,
  75, 102, 122, 130, 141, 143, 144, 145,
  146, 152, 154, 163-164, 234
  Al Smith attacked by, 173-174
  backlash against, 119-120
  as citizen enforcers, 124
  evangelical, see evangelical
    Protestantism
  Klan and, 132, 133, 136 - 138, 147 -
    148, 287n
  nationalism of, xx, 124, 135-136, 153
  1928 election and, 158, 159
  Prohibition and, xvi
  reform movements and, 28-29
  revivalism in, 7
  temperance movement and, 7, 9, 10-11,
    31, 129
  see also specific denominations
public drinking, Prohibition's effect on, 47-48
Public Works of Art Project, xiv-xv
Puget Sound, 201
Purdy, Earl, 188

Q

Quakers, xxi
Quebec, 247
Quinn, Alderman, 106

R

racial segregation:
  nightlife and, 111
  Prohibition and, xix
racism, 122, 227
  drinking and, 18
Radcliffe College, 26

Ransom, Reverdy, 180
Raskob, John J. , 160, 170-173, 174, 180,
  187, 188, 237, 240, 242, 246
Reader's Digest, 220
Reagan, Ronald, 251
Recent Social Trends (1928 study), 190
Reconstruction, 23, 70, 91, 132, 162,
  191, 192
Reconstruction Finance Corporation, 239
Redmen Hall (Johnson City), 150
Red Moon, 108, 109
Red Scare, 119, 167
reform movements, xv-xvi, xviii, 9
  federal regulation and, 22
  progressivism in, 16-17, 197-198
  as response to social change, xvii
  regulation, federal, xxi, 22
  Depression and, 247
  of liquor, postrepeal, 247-248
  Prohibition-era calls for increase in, 61-62
  see also New Deal
Rehnquist, William, 207
Reid, Ira de A. , 226, 227
religion:
  modernism in, xix-xx, 122, 141
  Prohibition and, xvi-xvii
  temperance movement and, 15
religious right:
  Prohibition and, xvii, xx, 123, 139
  see also evangelical Protestantism
Rembert, Edward B. , 88
Remus, George, xvi, 56, 157
rent parties, 111, 112
Report on Lawlessness in Law Enforcement
  (Wickersham Commission), 223-224
*Report on Prisoners in State and Federal Prison
  and Reformatories* (Census Bureau), 298n
Report on the Cost of Crime (Wickersham
  Commission), 225
Report on the Enforcement of the Prohibition

Laws of the United States (Wickersham Commission), 225-226
Republican National Convention, of 1932, 237-238, 239-240
Republican Party, Republicans, 15, 16, 47, 102, 139, 157, 159, 162 - 163, 170, 173, 175, 176, 177, 178, 179, 180, 181, 183, 184, 185 - 186, 187 - 188, 189, 208, 235, 239 - 240, 243, 244, 245, 246, 293n, 294n
    corporate and manufacturing support for, 161
    German Americans in, 161-162
    national politics dominated by, 162
    Prohibition repeal and, 237-238
    and war on crime, 238-239
Republican Party National Committee, 158, 192
    and 1928 election, 158
restaurants, bootleg liquor in, 105-106
Rhode Island, 35, 174
Richmond, Va., xvii, 73, 75, 76, 84-86, 87, 97, 157, 195
Richmond Chamber of Commerce, 73
Richmond Planet, 87, 90
Richmond Times-Dispatch, 73, 84, 231
Rio Grande, 209
Ritchie, Albert C., 240
Ritz-Carlton, 105
roadhouses, 121, 127
Robinson, Joseph T., 169
Rockefeller, John D., 29
Rockefeller, John D., Jr., 237-238
Rodriguez, John, 92-93
Rome Club, 146
Roosevelt, Eleanor, 174, 254
Roosevelt, Franklin D., xiii, xx, xxii, 33, 102, 159, 163, 170, 173, 174, 179, 183, 184, 186, 188, 198, 215, 216, 217, 219-220, 234, 247, 248, 294n
    New Deal legislation of, *see* New Deal
    at 1932 convention, 240-243

    in 1932 election, 235, 243-245
    Prohibition repeal and, 240, 241-243, 246
Roosevelt, Theodore, 162
Rotary Club, 152
Rothstein, Arnold, 114, 216, 282n
Rubio, Ortiz, 93
Ruggeri, Alex, 149
Russia, 32
    liquor-control laws in, 30
Russian immigrants, 14, 162

S

Sabbath, Anton, 175
Sabin, Pauline, 192
Saint Joseph County, Ind., 140
St. Louis, Mo., 112, 149, 152, 168
St. Valentine's massacre, 189
Salem, Mass., 26
saloons, 107, 144
    African-American, 17, 74-75
    "athletic clubs" as replacement for, 48, 50
    campaign against, 11-12, 15-18, 20-21, 25, 46, 274n
    illicit, 49
    as immigrant social centers, 42
    leisure-time competition to, 46
    party politics and, 15-16
    poor and, 74-75
    Prohibition as demise of, 46-48, 271n
    prostitution and, 15
    as symbols of social upheaval, 12, 14-15
    working class as patrons of, 11-12, 14, 42
Salvation Army, 133
Sánchez, Pedro, 93
Sanchez, Tanya Marie, 278n
S&E's (supper club), 106
Sandoval, Pedro and Marie, 92-93
San Quentin prison, 202
Santiago Harbor, Cuba, 4
Santo Domingo, 252

索引 355

Saō Paulo, Brazil, 252
Sarajevo, 32
Saunders, John R., 76
Savoy (nightclub), 105, 111, 115
Schultz, Dutch, 200
Schwaab, John, 34
Scientific Temperance Federation, 19
Scientific Temperance Instruction, 19
Scientific Temperance Quarterly, 19
Scopes trial, 120
search and seizure, unwarranted, Prohibition and, 88-89, 119, 206
Seattle, Wash., 200
Second Presbyterian Church, Chicago, 43
Selective Service Act (1917), 33
Senate, U. S., 11, 34-35, 36, 181, 185, 216
senators, direct election of, 23
sexual permissiveness, 116, 120, 133
  nightlife and, 109-110
Shahn, Ben, xiv-xv
Shelton brothers, 145
Sheppard, Morris, 11-12, 24
Sherman, H. S., 76
Shirley, J. J., 134-135
Shumaker, E. F., 139, 140
Simmons, William Joseph, 133
Simons, Gus, 149, 154
Sinclair, Upton, 25
Sing Sing prison, 226, 227
Sioux City, N. Dak., 47
Slade, Silas (char.), 7
Sloan, Alfred, 172
Slovakian Americans, 14, 42, 43, 162, 177, 184
Small, Len, 148, 151, 152
Small's Paradise (nightclub), 109, 111
Smith, Alfred E., xx, 102, 178 - 188, 242, 243, 244, 290n, 294n
  African-American support for, 180-184
  anti-Catholic attacks on, 168-169, 173

  as champion of working class, 159-160, 179
  as New York governor, 158, 159, 166, 167
  New York Prohibition law repealed by, 158
  in 1928 election, 158, 159 - 160, 167, 169-171, 173 - 177, 184 - 187, 189, 233-234, 240, 244, 245-246
  progressivism of, 171-172
  Prohibition opposed by, 166 - 170, 173, 176
  Protestant attacks on, 173-174
  Raskob and, 170-171
Smith, Harry, 76
Smith, Moe, 67-68, 71
Smith for President Colored League, 180, 181
smoking, 116-117
social class:
  Prohibition and, xvi-xvii, xviii-xix, 165, 166
  temperance movement and, 6, 9, 15
  see also working class
Socialist Party, 15-16, 171
social norms, Prohibition-era revolution in, 117
Society for the Prevention of Cruelty to Children, 97
South Carolina, 35, 140, 142, 169
Southern Illinois Coal Company, 143
Southern Publicity Association, 133
Southern Publicity Bureau, 146
South Side Planation Café, 114
Spanish-American War, 3, 4
speakeasies, 106-107
  women and, 107-109, 117-118
Spillertown, Ill., 151
sports, 46
Springfield, Ill., 43, 148
Springfield, Ohio, 158
state building, Prohibition and, xvi, xviii, xxi - xxii, 37, 191-192, 221, 228-229, 264n
State Department, U. S., 22, 150, 217
State Farm for Defective Misdemeanants

(Virginia), 79
State Prison Board (Texas), 202
states, regulation of liquor by, 248-249
Statham, George K., 233
Stayton, William, 170, 246
Stearns, Sam, 121, 148, 150
Stelze, Charles, 21
Stephenson, D. C., 138
Stuntz, William, 298n, 305n
Sunday, Billy, 36, 62
Sunday closing laws, see blue laws
Supreme Court, U. S., 70, 118, 200, 212, 232
  federal power expanded by, 207-208
  National Recovery Administration declared unconstitutional by, 248
  Prohibition-era decisions of, 206-208
Survey, 25
Sweden, 6, 13
  liquor-control laws in, 30
Swedish Americans, 43

T

Tadora, Lou, 95
Taft, William Howard, 25 - 26, 124, 162, 205, 206, 207, 232
Talbot, Nell, 292n
taxes, taxation:
  income, 23-24
  on liquor, 23-24
temperance movement, 3-37
  absolutism in, 7, 12
  African-Americans and, 17-18
  anti-democratic impulse in, 17
  anti-immigration sentiment in, 14, 15, 28, 33-34
  capitalist support for, 29-30
  cities as holdouts against, 21-22
  class and, 15
  constitutional amendment as goal of, 21-23, 31, 35
  growing support for, 24-25
  as moral crusade, 7, 10, 19, 31, 37
  Protestants and, 7, 9, 10-11, 31, 129
  religion and, 15
  and rise of middle class, 6, 9
  state and local laws, 5, 8, 18, 21, 32-33, 46, 70, 144
  women's suffrage movement and, 24, 27
Tennessee, 18, 120, 204, 298n
Ten Nights in a Bar-Room and What I Saw There (Arthur), 7-8
Tent (nightclub), 110
Texas, 11, 24, 130, 135, 174, 180, 202, 204, 242, 280n, 297n
  Prohibition laws in, 71, 99-100
  State Prison Board of, 202
Texas Rangers, 130
Theiss, Lewis Edwin, 29
"third degree," 224
Thirteenth Amendment, 233
Thomas, Neval H., 180
Thomas, Norman, 171
Thomas, Ora, 151, 152
Thompson, William Hale "Big Bill," 54, 55, 162, 166, 167
Tilton, Elizabeth, 19, 20, 25-28, 35, 39, 40, 41, 159, 242, 243, 245
Tipton, R. L., 80
Tono Moloni's (roadhouse), 121, 151
Torrio, Johnny, 54, 56
Treasury Department, U. S., 213, 216
  Prohibition Unit of, see Prohibition Bureau; Prohibition Unit
Trentor Hotel, 181
Tria, Marie, 97
Triner's Bitters, 51
Trinity Methodist Church, Youngstown, Ohio, 131
Trovillion, Hal, 153
Tugwell, Rexford, 248

Turner, George Kibbe, 25
Turner, W. B. , 82
Turner, William, 68-69
Twenty-First Amendment, xiv, 50, 233, 246
Tyler, Elizabeth, 133, 138, 146

U

unemployment, 9-10
　crime and, 226, 227, 229
　Depression and, 236
　1932 election and, 240
　Prohibition repeal and, 236, 237, 243-244
Uniform Crime Reports, 200-201, 297n
Uniform State Narcotic Drug Act, 216, 217, 218
Union Signal, 126, 127, 128
Unitarianism, 26
United Mine Workers of America (UMWA), 142-144, 288n
United Nations, 254
United Repeal Council, 237
United Societies for Local Self-Government, 43, 63
United States, alcohol consumption in, 6, 14, 50-51
United States v. Lanza, 70, 206-207
United Victims of Ginger Paralysis Association, 59
Universal Negro Improvement Association (UNIA), 181, 183, 186
University of Chicago Settlement House, 42, 47, 52

V

Valdez, H. , 93
Van Kleek, Mary, 222, 226
Vann, Robert L. , 180
Van Vechten, Carl, 112-113
Variety, 110
Venezuela, 252

vigilantism, 130-131, 134, 138-139, 233, 242, 253
Virginia, xix, 35, 70, 71, 142, 195 - 196, 202, 277n, 298n
　moonshiners in, 77-83
　penal system in, 79, 91
　Prohibition enforcement in, 72-89
　Prohibition laws in, 99
Virginia Bar Association, 73
Virginia Highway Commission, 79
Virginia Prohibition Commission, 76
Virginia Women's Christian Temperance Union, 75
Vollmer, August, 92, 200
Volstead, Andrew, 36
Volstead Act (1920), *see* Prohibition
Voluntary Committee of Lawyers, 235
Volunteer Committee of Laymen, 237
Vukovic, Luke, 149

W

Wagner, Robert, 235
Wald, Lillian, 47-48
Waldo Burton Home, 97
Walker, C. J. , 112
Walker, John, 81
Walker, Stanley, 108
Wallace, Henry, 248
Walsh, David, 234
Walsh, Thomas, 168-169
Warner, Sam B. , 200
war on drugs:
　costs of, 254-255
　global nature of, 252
　government-private infrastructure of, 253-255
　minorities targeted by, 252-253
　Prohibition compared to, 250, 251-255
　small- vs. large-scale offenders in, 252
　see also narcotics, federal war on

Washington, Booker T. ,90,279n
Washington, D. C. , 24, 34, 40, 148, 149, 168,180,188,198,199,236
1913 temperance march in,3-4,5-6
Washington Herald,209,299n
Washingtonians,8
Watson,J. W. ,18
Waverly,Va. ,87
wealth inequality,12
Webb,Atticus W. ,130
Webb et al. v. U. S. ,212
Weiss,Nancy,294n
Westerville,Ohio,24
West Side Union,128
West Virginia,169,173,187,293n
  Prohibition laws in,70
Wharton,Edith,105
Wheeler,Wayne,11,22-23,123,129,141
Whiskey Row (Chicago) ,42,48
White,James,131
White,John E. ,18
White,Lizzie and Fitzhugh,85
White House,xiv
WHW radio station,115
Wickersham,George,190,200,222
Wickersham Commission,77,91,100,172, 190,198-200, 209, 210, 222-224, 225-229,242,247,302n
  Hoover and,235
  Prohibition repeal and,234-235
Willard,Frances,17
Willebrandt, Mabel Walker, 84, 98, 157-158,205
Williams,Howard S. ,153-154
Williamsburg,Va. ,80
Williamson County, Ill. , 121-122, 142-155,288n
  bootleggers in,144-145,149
  citizen enforcers in,145-155
  class warfare in,144

  coal miners in, *see* coal miners, in Williamson County
  exodus of immigrants from,153,289n
  immigrants in,145-146
  Klan in,147-153,289n
  martial law imposed in,151-152
  Ministerial Association of,144-145,147
  poverty in,142,143
  see also Herrin,Ill.
Williamson County Board of Supervisers,148
Willrich,Michael,273n
Wilson,J. Finley,180
Wilson,Woodrow,162
wine,home production of,51-52,94-95
wiretapping,199-200,207
Wisconsin,163
Wisconsin *Daily Cardinal*,116
Wise,Ida,215
WMAQ radio station,115
Woll,Matthew,236-237
Woman's Christian Temperance Union (WCTU), 3, 9, 10, 15, 17, 27, 40, 75, 123, 125-130, 132, 134, 174, 285n,287n
  anti-Catholic sentiments in,129
  anti-immigrant sentiments in,128-129
  evangelical Protestants in,129
  Klan and,139-141
  law enforcement campaign of,126-127
  militancy of,127-128
  vigilantism disavowed by,130-131
  in war on narcotics,126,214,215
women:
  African-American,97-98
  in anti-Prohibition protests,40
  as bootleggers,96-99,273n
  economic independence of,108
  in federal prisons,203
  home alcohol production and, 52-53,

95-96
"new", as targets of citizen enforcers, 122
Prohibition enforcement against, 96-99
in reform movements, 9-10
rights of, 26-27
sexual permissiveness and, 109
social drinking by, 107-109
as speakeasy employees, 108-109, 117-118
as speakeasy patrons, 107-108
wine and beer made by, 95-96
Women of the Ku Klux Klan, 140
Women's Committee for the Repeal of the 18th Amendment, 237
Women's Division of the Massachusetts Anti-Saloon League, 28
Women's Organization for National Prohibition Reform, 101, 192, 237
Women's State Industrial Farm, 79
women's suffrage movement, 26-27
temperance movement and, 24, 27
Women's Trade Union League, 26
wood alcohol (methanol), 59-60, 91
Wooden, Iva, 127
Woodmen of the World, 133
Woods, Robert, 25
Work, Hubert, 159
"Work for Enforcement Where You Are" (song), 126
working class:
Al Smith as champion of, 159-160, 179
Democratic Party supported by, 160-161, 187-188, 244-245, 290n
economic security as issue for, 188
home alcohol production by, 51-53
leisure habits of, xviii, 13, 41, 44, 45

1928 election and, 159
productivity and, 44-45
Prohibition and, xvii, 9-10
Prohibition enforcement and, xviii, 100-102
Prohibition opposed by, xx, 39-40, 41, 101-102, 159, 172, 182, 187-188
Prohibition repeal and, 236-237
as Prohibition target, 39-40, 41, 44
rights of, 188
saloons patronized by, 11-12, 14, 42
unemployment among, 9-10
wages and, 44
working conditions and, 44
Workingmen's Exchange, 14, 46-47
World Narcotic Defense Association, 215, 216, 300n
World War I, xv, xviii, xx, 13, 41, 50, 61, 70, 95, 104, 108, 109, 112, 123, 162, 164, 167, 182, 192, 193, 214, 235-236, 247
Prohibition and, 32-37
U.S. entry into, 33
World War II, xv, 204, 250, 251
Wright, Hamilton, 214
Wright, William, Jr., 49
Wright "bone dry" law, 99

Y

Yale University, 25, 247
Young, Seth Glenn, 148-149, 150-151, 152
Youngstown, Ohio, 131, 135

Z

Zahorsky, Mike, 17

图书在版编目(CIP)数据

对酒精的战争 /（美）丽莎·麦吉尔（Lisa McGirr）著；张虹译. --西安：陕西人民出版社，2024.12
ISBN 978-7-224-14954-8

Ⅰ.①对… Ⅱ.①丽…②张… Ⅲ.①酒—社会问题—美国—20世纪 Ⅳ.①D771.288

中国国家版本馆 CIP 数据核字(2023)第 119652 号

著作权合同登记号　　图字：25-2023-215

The War on Alcohol: Prohibition and the Rise of the American State
Copyright © 2016 by Lisa McGirr
Simplified Chinese edition copyright © 2024 by Shaanxi People's Publishing House
All rights reserved.

出 品 人：赵小峰
总 策 划：关　宁
策划编辑：李　妍　杨舒雯
责任编辑：李　妍　杨舒雯
总体设计：姚肖朋

对酒精的战争
DUI JIUJING DE ZHANZHENG

作　　者	[美]丽莎·麦吉尔
译　　者	张　虹
出版发行	陕西人民出版社
	（西安市北大街 147 号　邮编：710003）
印　　刷	西安市建明工贸有限责任公司
开　　本	787 毫米×1092 毫米　1/32
印　　张	11.75
字　　数	268 千字
版　　次	2024 年 12 月第 1 版
印　　次	2024 年 12 月第 1 次印刷
书　　号	ISBN 978-7-224-14954-8
定　　价	79.00 元

如有印装质量问题，请与本社联系调换。电话：029-87205094